大途教育

名校·名师·名品

基金从业资格考试辅导用书

证券投资基金基础知识

编写：基金从业资格考试命题研究中心
审定：基金从业资格考试命题研究院

复旦大学出版社

图书在版编目(CIP)数据

证券投资基金基础知识/基金从业资格考试命题研究中心编写.
—上海:复旦大学出版社,2016.3(2020.1 重印)
基金从业资格考试辅导用书
ISBN 978-7-309-12141-4

Ⅰ.证… Ⅱ.基… Ⅲ.证券投资—投资基金—资格考试—自学参考资料 Ⅳ.F830.91

中国版本图书馆 CIP 数据核字(2016)第 031632 号

证券投资基金基础知识
基金从业资格考试命题研究中心 编写
责任编辑/岑品杰

复旦大学出版社有限公司出版发行
上海市国权路 579 号 邮编:200433
网址:fupnet@ fudanpress. com http://www. fudanpress. com
门市零售:86-21-65642857 团体订购:86-21-65118853
外埠邮购:86-21-65109143
河北嘉科万达彩色印刷有限公司

开本 787×1092 1/16 印张 20.5 字数 523 千
2020 年 1 月第 2 版第 2 次印刷
印数 5 001—8 000

ISBN 978-7-309-12141-4/F · 2250
定价:50.00 元

前言

自2003年起，基金从业资格考试作为证券从业人员资格考试体系的一部分，一直由中国证券业协会组织。为了落实新《基金法》，2015年1月底财政部、国家发改委下发了《关于重新发布中国证券监督管理委员会行政事业性收费项目的通知》（财税〔2015〕20号），明确了基金业协会组织基金从业资格考试的收费项目，自此基金从业资格考试相关组织事宜正式从证券业协会移交到基金业协会。

新形式下的基金从业资格考试侧重实际应用，主要考核基金从业人员必备的基本知识和专业技能，考试科目包含“基金法律法规、职业道德与业务规范”“证券投资基金基础知识”和“私募股权投资基金基础知识”，考试内容涵盖：行业概览；基金监管与职业道德；基金投资管理；基金运作管理；基金销售管理；基金管理人公司治理、内部控制和合规风险管理；基金的国际化等七部分基本知识以及股权投资基金行业各项基础知识；基本理论；核心运作环节和监管自律规则等内容。为配合基金从业资格考试工作，大途教育特邀知名专家、学者共同编写了本套《基金从业资格考试辅导用书》丛书，以期帮助考生提高复习效率，顺利通过考试。

五大全新板块设计，满足考生对考试的全面需求：

◆考试权威解读

为了适应新形势下的行业发展，基金业协会对考试内容进行了调整。为此，我们分别从考试变革、考试大纲、报考信息、资格注册和备考策略五部分为各位考生解读最新考试内容，解除各位考生对新形式考试的陌生感。

考试变革解读

基金从业资格考试变革一览表：

变化	改革前	改革后
主办单位	中国证券投资基金业协会	中国证券投资基金业协会
考试科目	基金法律法规、职业道德与业务规范 证券投资基金基础知识 私募股权投资基金基础知识	基金法律法规、职业道德与业务规范 证券投资基金基础知识 私募股权投资基金基础知识
题型题量	单项选择题（100道）	单项选择题（100道）
教材名称	《证券投资基金》上下册 《股权投资基金基础知识要点与法律法规汇编》	《证券投资基金》（第二版）上下册 《股权投资基金》

◆最新考纲要求

最新考纲要求

考试大纲	考查要点	能力等级
基金参与证券交易所二级市场的交易与结算	证券投资基金场内证券交易市场和结算机构	★★
	场内证券结算的原则	★★★
	场内证券结算的方式	★★★
	场内证券结算的内容与模式	★
	证券投资基金场内交易与结算涉及的主要费用项目及收费标准	★★
	场内证券交易特别规定及事项	★★

提炼最新考纲要求，提示考生掌握程度，帮助考生构建清晰的知识脉络，让考生学得清楚、学得轻松、学得扎实。

◆核心考点剖析

精心总结、整理教材中的考试内容，大量运用图形、表格呈现知识点，使考生对了解、理解、掌握的内容一目了然，方便学习和记忆。

核心考点解读

第一节　基金参与证券交易所二级市场的交易与结算

考点1　证券投资基金场内证券交易市场和结算机构★★

1. 场内证券交易场所

场内证券交易的场所即证券交易所，是指在证券交易所内按一定的时间、一定的规则集中买卖已发行证券而形成的市场。在我国，根据《证券法》的规定，证券交易所是为证券集中交易提供场所和设施，组织和监督证券交易，实行自律管理的法人。证券交易所的设立和解

◆例题精选精练

例题精选精练▶▶

下列选项中，属于利润表所提供的信息的是(　　)。

A. 反映了企业在特定时点的财务状况

B. 反映企业在一定时间的业务经营状况

C. 投资活动产生的现金流量

D. 报告了企业在某一时点的资产、负债和所有者权益的状况，报告时点通常为会计季末、半年末或会计年末

【答案】B

【解析】利润表所提供的信息有：①展示企业的损益账目；②反映企业在一定时间的业务经营状况；③揭示企业获取利润能力以及经营趋势。

围绕重要考点、高频考点和易混淆点精选例题，直接对接教材，为考生抓重点、释疑难。

◆章节强化训练

在例题的基础上，加入相应练习题，并配以答案和超详尽解析，帮助考生在夯实基础的前提下，提高应试能力。

本章强化训练

下列选项中只有一项最符合题目要求。不选、错选均不得分。

1. 下列选项中，不属于利润表构成的是(　　)。

A. 长期待摊费用　　B. 营业收入

C. 与营业收入相关的生产性费用　　D. 销售费用

2. (　　)是指扣除通货膨胀补偿后的利息率。

A. 浮动利率　　B. 实际利率　　C. 固定利率　　D. 名义利率

北京大途文化传媒有限公司一直致力于职业教育教材类图书的策划、创作、出版、发行工作，秉承“深度开发产品功能、更好满足考生需求、勇于承担行业责任”的企业宗旨，致力于为广大考生研发优质图书，不断提升企业价值。本套丛书是大途文化传媒有限公司的精心诚意之作，期望尽自己的最大的努力和诚心帮助考生顺利通过考试。如有不足之处还望批评指正。

目录

AMAC 权威考试解读

Quan Wei Kao Shi Jie Du

考试变革解读

基金从业资格考试变革一览表：

变化	改革前	改革后
主办单位	中国证券投资基金业协会	中国证券投资基金业协会
考试科目	基金法律法规、职业道德与业务规范 证券投资基金基础知识 私募股权投资基金基础知识	基金法律法规、职业道德与业务规范 证券投资基金基础知识 私募股权投资基金基础知识
题型题量	单项选择题（100 道）	单项选择题（100 道）
教材名称	《证券投资基金》上下册 《股权投资基础知识要点与法律法规汇编》	《证券投资基金》（第二版）上下册 《股权投资基金》

解读：《证券投资基金》（第二版）教材在前一版的基础上进行修订，修订主要体现在：①适应大资管行业发展，优化相关内容；②紧跟行业发展，按照新业务、新法规和自律规则完善更新内容。《股权投资基金》教材重新组编：一方面注重知识体系的完整性；另一方面契合股权投资基金行业的最新实践发展。

考试大纲解读

1. 总体目标

为确保基金从业人员掌握与了解基金行业相关的基本知识与专业技能，具备从业必须的执业能力，特设《证券投资基金基础知识》科目。

2. 能力等级

能力等级是对考生专业知识掌握程度的最低要求，分为三个级别：

（1）掌握：考生须在考试和实际工作中理解并熟练运用的内容。

（2）理解：考生须对该考点的概念、理念、原则、意义、应用范围等有清晰的认识。

（3）了解：作为泛读内容，考生对其有一个基础的认识。

3. 考试内容与能力要求

考生应当根据本科目考试内容与能力等级的要求，掌握从业必须的基础知识与专业技能，并具备在执业过程中综合运用相关知识的执业技能。

注：考试大纲的内容请详见本书每章第一部分“最新考纲要求”的内容。

解读：从大纲要求可以看出，主要考查考生基础知识的掌握情况，以及在执业过程中综合运用相关知识的执业技能。

报考信息解读

1. 报名条件

报名参加从业资格考试的人员，应当符合下列条件：

（1）具有完全民事行为能力。

（2）考试报名截止之日，年满18周岁。

（3）具有高中以上文化程度。

（4）中国证监会及协会规定的其他条件。

2. 报名科目

科目一：基金法律法规、职业道德与业务规范

科目二：证券投资基金基础知识

科目三：私募股权投资基金基础知识

单科考试时间为120分钟，考生可根据需要选择参考科目。

3. 考试方式

（1）考试采取闭卷、计算机考试方式进行。

（2）考试题型均为单选题，每科题量为100道，每题分值1分，总分100分，60分合格。

4. 考试组织实施

（1）报名方式：报名采用网上报名方式。根据考试公告公布的报名时间，登录考试报名网站(http://baoming.amac.org.cn:10080)报名。

（2）考试类型：考试分为全国统一考试和预约式考试。

（3）考试地点：全国统一考试在省会及重点城市同时举行；预约式考试根据市场需求在部分城市举行。

解读：考生报考前要仔细阅读官方报名公告，了解报名信息。

资格注册解读

科目一和科目二考试合格或科目一和科目三考试合格后，在四年内可以通过所在机构向基金业协会申请注册基金从业资格。超过四年未通过机构申请注册基金从业资格的，需重新参加从业资格考试或在注册前补齐最近两年的规定后续培训学时。

解读：已经取得基金从业资格的人员需按照有关规定每年度完成15学时的后续培训，并按要求通过所在机构参加协会组织的从业资格年检。

备考策略解读

1. 把握最新命题规律——方向把握

根据往年的出题规律，本书编委会总结归纳了基金从业资格考试的命题规律：

命题点1：依据教材原话命题。

从往年基金从业资格考试命题情况来看，其考试题库大部分试题出自于教材的原话，而理解计算类题目相对较少。

命题点2：依据法律、法规、政策命题。

根据法律、法规和政策出题，这部分内容相对较多。出题方式既可以是法律、法规本身出题，也可以是其内容延伸出题。

命题点3：依据概念、原则、公式、模型命题。

基金知识涉及的概念、定义非常多，而且是考查的重点。可以从概念的内涵、外延、分类、对比、前提等不同角度出题。

2. 践行最优备考方法——题海战术

由于基金从业资格考试是上机考试，采取题库抽题的方式，所以题海战术是复习中最立竿见影的方法。

（1）章节测试。强化练习把握基础点，自我检测掌握重点，反复学习巩固高频考点。

（2）全真模拟。模拟真实考试时间、题型、题量、难易程度等，让考生早日熟悉考试情况。

（3）历年真题训练。基金从业资格考试中，考查往年的变型题、原题相对较多，通过练习历年真题可以很好地把握基金从业资格考试的出题规律。

解读：知己知彼，方能百战不殆。基金从业资格考试最有效的复习方法是：摸规律，熟考点，勤练习。

第一章 投资管理基础

AMAC

最新考纲要求

考试大纲	考查要点	能力等级
财务报表	资产负债表、利润表和现金流量表提供的信息和作用	★★★
	资产、负债和权益的概念和应用	★★★
	利润和现金流的概念和应用	★★★
财务报表分析	财务报表分析的概念	★
	流动性比率、财务杠杆比率、营运效率比率的概念和应用	★★★
	衡量盈利能力的三个比率：销售利润率（ROS），资产收益率（ROA），权益报酬率（ROE）的概念和应用	★★★
	杜邦分析法	★★★
货币的时间价值与利率	货币的时间价值的概念、时间和贴现率对价值的影响以及 *PV* 和 *FV* 的概念、计算和应用	★★★
	名义利率和实际利率的概念和应用	★★★
	单利和复利的概念和应用	★★★
	即期利率和远期利率的概念和应用	★★★
常用描述性统计概念	平均值、中位数、分位数的概念、计算和应用	★★★
	方差和标准差的概念、计算和应用	★
	正态分布的特征	★
	相关性的概念	★

核心考点解读

第一节　财务报表

财务报表主要包括资产负债表、利润表和现金流量表三大报表，另外还包括所有者权益变动表。根据三大财务报表的信息，投资者可以了解企业财务状况、计算财务比率和分析企业的营运状况、价值和风险特征。

注：依据《证券投资基金基础知识考试大纲》要求，全书中标注★★★表示考生需要掌握的内容；标注★★表示考生需要理解的内容；标注★表示考生需要了解的内容。

考点1 资产负债表、利润表和现金流量表提供的信息和作用★★★

1. 资产负债表、利润表和现金流量表提供的信息（见表1－1）

表1－1 资产负债表、利润表和现金流量表提供的信息

名称	概念	提供的信息
资产负债表	资产负债表称为企业的“第一会计报表”	①报告了企业在某一时点的资产、负债和所有者权益的状况，报告时点通常为会计季末、半年末或年末 ②反映了企业在特定时点的财务状况，是企业经营管理活动结果的集中体现 ③揭示出企业资产要素的信息、长期或短期偿还债务能力、资本结构是否合理、企业经营稳健与否或经营风险的大小以及股东权益结构状况等
利润表	利润表也称损益表，反映一定时期（如一个会计季度或会计年度）的总体经营成果，揭示企业财务状况发生变动的直接原因	利润表是一个动态报告，提供的信息包括： ①展示企业的损益账目 ②反映企业在一定时间的业务经营状况 ③揭示企业获取利润能力以及经营趋势
现金流量表	现金流量表也叫账务状况变动表，所表达的是在特定会计期间内，企业的现金（包含现金等价物）的增减变动等情形	现金流量表的基本结构分为三部分： ①经营活动产生的现金流量（CFO） ②投资活动产生的现金流量（CFI） ③筹资（也称融资）活动产生的现金流量（CFF）

注：现金流量表不是以权责发生制为基础编制的，而是收付实现制（实际现金流量和现金流出）为基础编制的。

例题精选精练▶▶

下列选项中，属于利润表所提供的信息的是（　　）。

A. 反映了企业在特定时点的财务状况

B. 反映企业在一定时间的业务经营状况

C. 投资活动产生的现金流量

D. 报告了企业在某一时点的资产、负债和所有者权益的状况，报告时点通常为会计季末、半年末或会计年末

【答案】B

【解析】利润表所提供的信息有：①展示企业的损益账目；②反映企业在一定时间的业务经营状况；③揭示企业获取利润能力以及经营趋势。

2. 资产负债表、利润表和现金流量表的作用

（1）资产负债表的基本作用

①资产负债表列出了企业占有资源的数量和性质。对于正常运作的企业而言，资产负债表所列示的资源，正是企业获得回报的基础。在市场环境中，企业不占有资源就意味着失去生存竞争的能力和获得利润的机会。

②资产负债表上的资源为分析收入来源性质及其稳定性提供了基础。资本成本（投入资

金）与企业盈利和收入存在重要关联，远远超过企业资本成本的收入往往不具有持续性。若企业盈利离开了资产价值的支持，盈利预期的可靠性和准确性就值得怀疑。

③资产负债表的资产项可以揭示企业资金的占用情况，负债项则说明企业的资金来源和财务状况，有利于投资者分析企业长期债务或短期债务的偿还能力、是否存在财务困难以及违约风险等。

④资产负债表可以为收益把关。作为"第一会计报表"的资产负债表与企业的另外两个报表——利润表和现金流量表密切相关。从某种意义上而言，由于资产负债表是某一特定时刻的资产和负债的简要描述，可以大大限制资产和负债的操纵程度，与利润表相比更加规范和准确。

（2）利润表的基本作用

利润表由三个主要部分构成：第一部分是营业收入；第二部分是与营业收入相关的生产性费用、销售费用和其他费用；第三部分是利润。

利润表的起点是公司在特定会计期间的收入，然后减去与收入相关的成本费用；利润表的终点是本期的所有者盈余。利润表的基本结构是收入减去成本和费用等于利润（或盈余）。

利润表分析是指分析企业如何组织收入、控制成本费用支出以实现盈利的能力，用于评价企业的经营绩效。同时还可以通过收支结构和业务结构分析，评价各部类业绩成长对企业总盈余的贡献度。通过利润表分析，可直接了解企业的盈利状况和获利能力，并通过收入、成本费用的分析，解析企业获利能力高低的原因，进而评价企业是否具有可持续发展能力。

注：企业盈余水平的高低是资本市场投资的基准"风向标"，投资者应高度关注利润表反映的盈利水平及其变化。

（3）现金流量表的基本作用

①反映企业的现金流量，评价企业未来产生现金净流量的能力。

②评价企业偿还债务、支付投资利润的能力，谨慎判断企业财务状况。

③分析净收益与现金流量间的差异，并解释差异产生的原因。

④通过对现金投资与融资、非现金投资与融资的分析，全面了解企业财务状况。

例题精选精练

下列选项中，不属于现金流量表的作用的是（　　）。

A. 有助于评价企业偿还债务、支付投资利润的能力

B. 可以评价企业未来产生现金净流量的能力

C. 可直接了解企业的盈利状况和获利能力

D. 可以分析净收益与现金流量间的差异，并解释差异产生的原因

【答案】C

【解析】现金流量表的作用有：①反映企业的现金流量，评价企业未来产生现金净流量的能力；②评价企业偿还债务、支付投资利润的能力，谨慎判断企业财务状况；③分析净收益与现金流量间的差异，并解释差异产生的原因；④通过对现金投资与融资、非现金投资与融资的分析，全面了解企业财务状况。

考点 2　资产、负债和权益的概念和应用★★★

按照会计恒等式，资产负债表的基本逻辑关系表述为：

$$资产 = 负债 + 所有者权益$$

（1）资产部分表示企业所拥有的或掌握的，以及被其他企业所欠的各种资源或财产。

（2）负债表示企业所应支付的所有债务。

（3）所有者权益又称股东权益或净资产，是指企业总资产中扣除负债所余下的部分，表示企业的资产净值，即在清偿各种债务以后，企业股东所拥有的资产价值。所有者权益包括以下四部分（见表1－2）：

表1－2 所有者权益的内容

部分	内容
股本	按照面值计算的股本金
资本公积	包括股票发行溢价、法定财产重估增值、接受捐赠资产、政府专项拨款转入等
盈余公积	分为法定盈余公积和任意盈余公积
未分配利润	指企业留待以后年度分配的利润或待分配利润

例题精选精练

资产负债表的基本逻辑关系表述为（　　）。

A. 有借必有贷，借贷必相等的原则

B. 资产＝负债＋所有者权益的等式

C. 平行登记的原则

D. 账户的结构

【答案】B

【解析】按照会计恒等式，资产负债表的基本逻辑关系表述为：资产＝负债＋所有者权益。

考点3 利润和现金流的概念和应用★★★

1. 利润

在评价企业的整体业绩时，重点在于企业的净利润，即息税前利润（EBIT）减去利息费用和税费。这其实是从普通股股东的角度去评价公司业绩。投资者若需要预测企业未来盈余和现金流量，则重点分析持续性经营利润。企业盈余稳定地增长是推动股价上升的持续动力。

2. 现金流

净现金流（NCF）的计算公式为：

$$NCF = CFO + CFI + CFF$$

（1）经营活动产生的现金流量（CFO），是与生产商品、提供劳务、缴纳税金等直接相关的业务所产生的现金流量。

（2）投资活动产生的现金流量（CFI），包括为正常生产经营活动投资的长期资产以及对外投资所产生的股权与债权。

（3）筹资活动产生的现金流量（CFF），反映的是企业长期资本（股票和债券、贷款等）筹集资金状况。

例题精选精练

下列各项中，属于经营活动产生的现金流量的是(　　)。

A. 提供劳务收到的现金　　B. 发行债券收到的现金

C. 发生筹资费用所支付的现金　　D. 分得股利所收到的现金

【答案】A

【解析】经营活动产生的现金流量（CFO），是与生产商品、提供劳务、缴纳税金等直接相关的业务所产生的现金流量。B、C、D 项都属于筹资活动产生的现金流量。

第二节　财务报表分析

考点 1　财务报表分析的概念★

财务报表分析是指通过对企业财务报表相关财务数据进行解析，挖掘企业经营和发展的相关信息，从而为评估企业的经营业绩和财务状况提供帮助。

财务报表分析是基金投资经理或研究员进行证券分析的重要内容，通过财务报表分析，可以挖掘相关财务信息进而发现企业存在的问题或潜在的投资机会。

考点 2　流动性比率、财务杠杆比率、营运效率比率的概念和应用★★★

1. 流动性比率

（1）概念

流动性比率是用来衡量企业的短期偿债能力的比率，旨在分析短期内企业在不致使财务状况恶化的前提下，利用手中持有的流动资产偿还短期负债的能力大小。因此，流动性比率重点关注的是企业的流动资产和流动负债。

①企业的流动资产主要包括现金及现金等价物、应收票据、应收账款和存货等，它们能够在短期内快速变现，因而流动性很强。

②企业的流动负债是指企业要在一年或一个营业周期内偿付的各类短期债务，包括短期借款、应付票据、应付账款等。

流动资产和流动负债的一个共同特征是由于存续期较短，它们的市场价值与账面价值通常较接近。

（2）分类

常用的流动性比率主要有流动比率和速动比率两种：

①流动比率（最广为人知、应用最广泛的比率之一），公式为：

$$流动比率=\frac{流动资产}{流动负债}$$

流动比率大于 2，意味着即使流动资产只有一半能在短期内变现，企业也可以足额偿付其短期债务，这是企业的短期债权人所希望看到的。对于短期债权人来说，流动比率越高越好，因为越高意味着他们收回债款的风险越低；对于企业来说，资产比例过大势必影响企业的经营获利或者投资盈利状况。

②速动比率，公式为：

$$速动比率=\frac{流动资产-存货}{流动负债}$$

一般来说，速动比率大于1时，企业才能维持良好的短期偿债能力和财务稳定状况。

注：速动比率总是不会大于流动比率的，相对于流动比率来说，速动比率对于短期偿债能力的衡量更加直观可信；不同行业的企业在销售收款方式、回收应收账款效率等方面往往不尽相同，因此不同行业的行业平均速动比率通常存在差异；流动资产的内部转换不会改变流动比率，但可能改变速动比率。

例题精选精练

关于速动比率，下列说法错误的是(　　)。

Ⅰ. 不同行业的行业平均速动比率通常存在差异

Ⅱ. 速动比率是企业流动资产与流动负债的比率

Ⅲ. 一般认为速动比率为1较为合适

Ⅳ. 流动资产的内部转换不可能改变速动比率

A. Ⅰ、Ⅱ　　B. Ⅱ、Ⅲ　　C. Ⅲ、Ⅳ　　D. Ⅱ、Ⅲ、Ⅳ

【答案】D

【解析】Ⅱ项，速动比率 $=\frac{流动资产-存货}{流动负债}$；Ⅲ项，一般来说，速动比率大于1时，企业才能维持良好的短期偿债能力和财务稳定状况；Ⅳ项，流动资产的内部转换不会改变流动比率，但可能改变速动比率。

2. 财务杠杆比率

(1) 概念

财务杠杆比率衡量的是企业长期偿债能力。由于企业的长期负债与企业的资本结构即使用的财务杠杆有关，所以称为财务杠杆比率。

(2) 分类

常用的财务杠杆比率有资产负债率、权益乘数和负债权益比、利息倍数三种：

①资产负债率（使用频率最高的债务比率），公式为：

$$资产负债率=\frac{负债总额}{资产总额}$$

负债总额包括短期负债和长期负债。由于债务尤其是长期负债的利息具有税盾效应（指利息在企业所得税前支付，利息费用可以减少企业应缴的税收），能提高企业的价值，因而很多企业会使用财务杠杆，举债经营；但过大的债务负担会产生较大的破产成本和财务困境成本等，会削弱甚至抵销税盾效应带来的价值。因而采用多大的杠杆，即资产负债率多大最为合适，是难以精确计算决定的。资产负债率在同行业企业的比较中有较大的参考价值，其余情况下，应该根据企业具体的资本结构与价值关系，遵循适中原则进行判断。

②权益乘数（又称杠杆比率）和负债权益比，公式为：

$$权益乘数=\frac{资产总额}{所有者权益总额}$$

$$负债权益比=\frac{负债总额}{所有者权益总额}$$

由于资产 = 负债 + 所有者权益，所以：

$$权益乘数=\frac{1}{1-资产负债率}$$

$$负债权益比=\frac{资产负债率}{1-资产负债率}$$

③利息倍数，公式为：

$$利息倍数=\frac{EBIT}{利息}$$

式中：EBIT是息税前利润。

对于债权人来说，利息倍数越高越安全。对于举债经营的企业来说，为了维持正常的偿债能力，利息倍数至少应该为1，并且越高越好。若利息倍数过低，企业将面临亏损、偿债的稳定性与安全性下降的风险。

注：资产负债率、权益乘数和负债权益比衡量的是对于长期债务的本金保障程度，数值越大代表财务杠杆比率越高，负债越重；利息倍数衡量的是企业对于长期债务利息保障程度。

例题精选精练

（　　）是用来衡量企业长期偿债能力的指标。

A. 流动性比率　　B. 财务杠杆比率　　C. 营运效率比率　　D. 盈利能力比率

【答案】B

【解析】财务杠杆比率衡量的是企业长期偿债能力。由于企业的长期负债与企业的资本结构即使用的财务杠杆有关，所以称为财务杠杆比率。

3. 营运效率比率

（1）概念

营运效率用来体现企业经营期间的资产从投入到产出的流转速度，可以反映企业资产的管理质量和利用效率。

（2）分类

营运效率比率可以分成短期比率和长期比率两类，短期比率包括存货周转率和应收账款周转率，长期比率主要指总资产周转率。

①存货周转率，公式为：

$$存货周转率=\frac{年销售成本}{年均存货}$$

存货周转率显示了企业在一年或者一个经营周期内存货的周转次数。存货周转率越大，说明存货销售、变现所用的时间越短，存货管理效率越高。利用存货周转率，可以很快算出存货周转一次平均要花多长时间，这就是存货周转天数，公式为：

$$存货周转天数=\frac{365天}{存货周转率}$$

注：在计算存货周转率时，代入计算的年均存货通常是指年内期初存货和期末存货的算术平均数。

②应收账款周转率，公式为：

$$应收账款周转率=\frac{销售收入}{年均应收账款}$$

应收账款周转率显示了企业在一年或一个经营周期内，应收账款的周转次数。应收账款周转率越大，说明应收账款变现、销售收入收回的速度所需的时间越短。利用应收账款周转率，也可以很快算出收回一次应收账款平均要花多长时间，这就是应收账款周转天数。

$$应收账款周转天数=\frac{365天}{应收账款周转率}$$

注：存货周转率告诉我们存货的销售速度能有多快，应收账款周转率则告诉我们能够以多快的速度

收回销售收入。

③总资产周转率，公式为：

$$总资产周转率=\frac{年销售收入}{年均总资产}$$

式中，年均总资产是企业年内期初资产和期末资产的算术平均数。总资产周转率越大，说明企业的销售能力越强，资产利用效率越高。

例题精选精练▶▶

某企业期初存货200万元，期末存货300万元，本期产品销售收入为1 500万元，本期产品销售成本为1 000万元，则该产品存货周转率为(　　)。

A. 3.3　　B. 4　　C. 5　　D. 6

【答案】B

【解析】存货周转率显示了企业在一年或者一个经营周期内存货周转次数。公式为：$存货周转率=\frac{年销售成本}{年均存货}$。所以，$存货周转率=\frac{1\ 000}{(200+300)/2}=4$。

考点3　衡量盈利能力的三个比率：销售利润率（ROS），资产收益率（ROA），权益报酬率（ROE）的概念和应用★★★

企业的盈利能力决定了企业能否在市场上生存和发展下去。评价企业盈利能力的比率有很多，其中最重要的有三种：销售利润率（ROS）、资产收益率（ROA）、净资产收益率（ROE）。这三种比率使用的都是企业的年度净利润（见表1－3）。

表1－3　衡量盈利能力的三个比率

比率	计算公式	各要素关系概述
销售利润率（ROS）	$销售利润率=\frac{净利润总额}{销售收入总额}$	①其他条件不变时，销售利润率越高越好 ②其他条件可变时，销售利润率低也不总是坏事，因为如果总体销售收入规模很大，还是能够取得不错的净利润总额，即薄利多销
资产收益率（ROA）	$资产收益率=\frac{净利润总额}{总资产总额}$	①资产收益率高，表明企业有较强的利用资产创造利润的能力，企业在增加收入和节约资金使用等方面取得了良好的效果 ②资产收益率的特点是，它所考虑的净利润仅是股东可以获得的利润，而资产却是包括股东资产和债权人资产在内的总资产
净资产收益率（ROE）	$净资产收益率=\frac{净利润总额}{所有者权益总额}$	净资产收益率（也称权益报酬率）高，说明企业利用其自由资本获利的能力强，投资带来的收益高；净资产收益率低则相反

注：ROA是应用最为广泛的衡量企业盈利能力的指标之一。ROE是衡量企业最大化股东财富能力的比率。

例题精选精练

某企业的年末财务报表中显示，该年度的销售收入为32万，净利润为16万，企业年末总资产为120万，所有者权益为80万。则该企业的净资产收益率为(　　)。

A. 12.5%　　B. 18.75%

C. 20%　　D. 40%

【答案】C

【解析】净资产收益率（也称权益报酬率），其计算公式为：净资产收益率 $=\frac{\text{净利润总额}}{\text{所有者权益总额}}$，所以该企业的净资产收益率 $=\frac{16}{80}\times 100\% = 20\%$。

考点4　杜邦分析法★★★

1. 概念

杜邦分析法是一种用来评价企业盈利能力和股东权益回报水平的方法，它利用主要的财务比率之间的关系来综合评价企业的财务状况。杜邦分析法的基本思想是将企业净资产收益率逐级分解为多项财务比率乘积，从而有助于深入分析比较企业经营业绩。由于这一分析方法最早由美国杜邦公司使用，因此称为杜邦分析法。

2. 杜邦恒等式

评价企业的盈利能力时，最常用到的是净资产收益率，回顾净资产收益率的定义：

$$\text{净资产收益率}=\frac{\text{净利润}}{\text{所有者权益}}=\frac{\text{净利润}}{\text{总资产}}\times\frac{\text{总资产}}{\text{所有者权益}}$$

$$=\text{资产收益率}\times\text{权益乘数}$$

于是，我们将净资产收益率分解成了资产收益率与权益乘数的乘积。进一步，

$$\text{资产收益率}=\frac{\text{净利润}}{\text{总资产}}=\frac{\text{净利润}}{\text{销售收入}}\times\frac{\text{销售收入}}{\text{总资产}}$$

$$=\text{销售利润率}\times\text{总资产周转率}$$

资产收益率可以分解成销售利润率与总资产周转率的乘积。于是我们得到：

$$\text{净资产收益率}=\text{销售利润率}\times\text{总资产周转率}\times\text{权益乘数}$$

这就是著名的杜邦恒等式。

3. 杜邦分析法分解过程

当分析不同企业同一时期或同一企业不同发展阶段所存在的盈利差异时，可以利用杜邦恒等式，从净资产收益率开始，根据财务报表信息逐步分解计算各指标，对各指标进行企业间的

横向对比分析，或对同一企业不同时期进行纵向对比分析，找到原因所在（见图 1-1）。

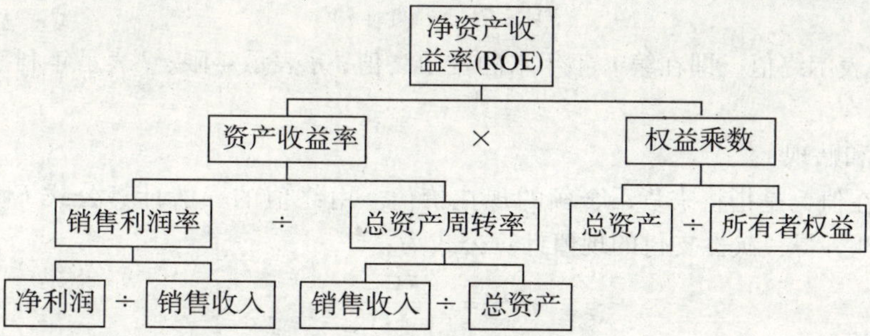

图 1-1　杜邦分析法分解过程

杜邦分析法有助于企业管理层和投资者清晰地看到净资产收益率的各个决定因素，为经营管理和投资决策提供依据。对企业管理者而言，只有协调好各个因素之间的关系，才能使净资产收益率最大化。

例题精选精练

分析师通过计算某公司的财务报表，得出该公司销售净利润率为 8%，总资产周转率为 100%，资产负债率为 75%，则该公司的净资产收益率为(　　)。

A. 25%　　B. 32%　　C. 60%　　D. 44%

【答案】B

【解析】净资产收益率 = 销售利润率 × 总资产周转率 × 权益乘数，权益乘数 = $\frac{1}{1-\text{资产负债率}}$。净资产收益率 $=8\%\times100\%\times\frac{1}{1-75\%}=32\%$。

第三节　货币的时间价值与利率

考点 1　货币的时间价值的概念、时间和贴现率对价值的影响以及 PV 和 FV 的概念、计算和应用★★

1. 货币的时间价值的概念

货币的时间价值是指货币随着时间的推移而发生的增值。

一定金额的资金必须注明其发生时间，才能确切地表达其准确的价值。

把某一项投资活动作为一个独立的系统，在计算期内，资金的收入与支出叫作现金流量。资金的支出叫作现金流出，资金的收入叫作现金流入。某一段时间的净现金流量是指该时段内现金流量的代数和，即：

$$\text{净现金流量}=\text{现金流入}-\text{现金流出}$$

2. 时间和贴现率对价值的影响以及 *PV* 和 *FV* 的概念、计算和应用

（1）终值

已知期初投入的现值为 PV，未来价值即第 n 期期末的终值 FV，也就是求第 n 期期末的本利和，年利率为 i。

资金的时间价值一般都是按照复利方式进行计算的。用复利法计算时，每期期末计算的利息加入本金形成新的本金，再计算下期的利息，逐期滚利。

第 n 期期末终值的一般计算公式为：

$$FV = PV \times (1+i)^n$$

式中：FV 表示终值，即在第 n 年年末的货币终值；n 表示年限；i 表示年利率；PV 表示本金或现值。

（2）现值和贴现

现值即现在值，是指将来货币金额的现在价值。由终值的一般计算公式 $FV = PV \times (1+i)^n$ 转换为求 PV，得一次性支付的现值计算公式为：

$$PV = \frac{FV}{(1+i)^n}$$

将未来某时点资金的价值折算为现在时点的价值称为贴现。因此，在现值计算中，利率 i 也被称为贴现率。

例题精选精练

张先生打算在 5 年后获得 200 000 元，银行年利率为 12%，复利计息，张先生现在应存入银行(　　)元。

A. 120 000　　B. 132 320　　C. 113 485　　D. 150 000

【答案】C

【解析】复利现值的计算公式：$PV = \frac{FV}{(1+i)^n} = \frac{200\ 000}{(1+12\%)^5} = 113\ 485$（元）。

考点 2　名义利率和实际利率的概念和应用★★★

利息率简称利率，是资金的增值同投入资金的价值之比，是衡量资金增值量的基本单位。按照不同的标准可以划分出多种利率类别，其中，按债权人取得报酬的情况，可以将利率分为实际利率和名义利率。

（1）实际利率，是指在物价不变且购买力不变的情况下的利率，或者是指当物价有变化，扣除通货膨胀补偿以后的利率。

（2）名义利率，是指包含对通货膨胀补偿的利率，当物价不断上涨时，名义利率比实际利率高。

我们一般以年为计息周期，通常所说的年利率都是指名义利率。名义利率和实际利率的区别可以用下式（费雪方程式）进行表达：

$$i_r = i_n - p$$

式中：i_n 为名义利率；i_r 为实际利率；p 为通货膨胀率。

例题精选精练

某债券的名义利率为 10%，若一年中通货膨胀率为 5%，则投资者的实际收益率为(　　)。

A. 10%　　B. 15%　　C. 5%　　D. 不确定

【答案】C

【解析】$i_r = i_n - p$，式中，i_n 为名义利率；i_r 为实际利率；p 为通货膨胀率。所以实际利率 = 10% − 5% = 5%。

考点3 单利和复利的概念和应用★★★

单利和复利的内容如下（见表1-4）：

表1-4 单利和复利的内容

项目	内容	计算公式	公式说明
单利	只要本金在计息周期中获得利息，无论时间多长，所生利息均不加入本金重复计算利息	单利利息的计算公式为：$I=PV\times i\times t$ 单利终值的计算公式为：$FV=PV\times(1+i\times t)$ 单利现值的计算公式为：$PV=FV/(1+i\times t)\approx FV\times(1-i\times t)$	式中：I为利息；PV为本金；i为年利率；t为计息时间；FV表示终值
复利	是指不仅本金要计利息，利息也要计利息，也就是通常所说的“利滚利”	复利终值的计算公式为：$FV=PV\times(1+i)^n$ 复利现值的计算公式：$PV=FV/(1+i)^n=FV\times(1+i)^{-n}$	式中：$(1+i)^n$称为复利终值系数或1元的复利终值，用符号(FV,i,n)表示；$(1+i)^{-n}$称为复利现值系数或1元的复利现值，用符号(PV,i,n)表示；n表示年限

例题精选精练

姜女士将1万元存入银行，按复利计算，10年后获取本金共计1.22万元，则复利利率应为（　　）。

A. 1%　　B. 2%　　C. 3%　　D. 4%

【答案】B

【解析】复利终值的计算公式为：$FV=PV\times(1+i)^n$。求解表达式$1\times(1+i)^{10}=1.22$，解得$i=2\%$。

考点4 即期利率和远期利率的概念和应用★★★

1. 即期利率

即期利率是金融市场中的基本利率，常用s_t表示，是指已设定到期日的零息票债券的到期收益率，它表示的是从现在（$t=0$）到时间t的年化收益率。利率和本金都是在时间t支付的。

下面给出了一条即期利率曲线（见图1-2）和其相应的即期利率（见表1-5）：

表1-5 即期利率

%

年	即期利率	年	即期利率	年	即期利率
1	5.571	8	8.304	15	9.661
2	6.088	9	8.561	16	9.789
3	6.555	10	8.793	17	9.904
4	6.978	11	9.003	18	10.008
5	7.361	12	9.193	19	10.103
6	7.707	13	9.365	20	10.188
7	8.020	14	9.520		

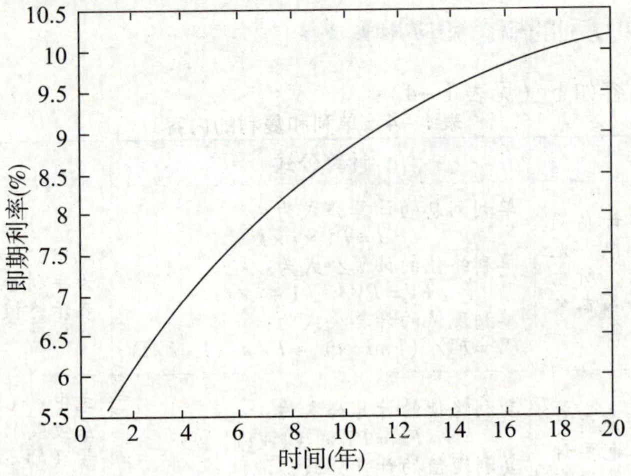

图 1－2　即期利率曲线

2. 贴现因子

一旦即期利率确定，很自然就要在每一个时间点上，定义相应的贴现因子 d_t（$t=1, 2, \cdots, k$）。未来现金流必然通过这些因子成倍折现，以得到相应的现值。

$$d_t = \frac{1}{(1+s_t)^t}$$

式中：s_t 为即期利率。

贴现因子把未来现金流直接转化为相对应的现值。因此已知任意现金流（x_0，x_1，x_2，$\cdots$，x_k）与相应的市场即期利率，现值是：

$$PV = x_0 + d_1 x_1 + d_2 x_2 + \cdots + d_k x_k$$

贴现因子 d_t 的作用就好像时间 k 收到的现金的价格。通过该笔现金流的所有单笔现金用"价格乘以数量"的方法全部加总起来，以确定一笔现金流的值。

3. 远期利率

远期利率指的是资金的远期价格，它是指隐含在给定的即期利率中从未来的某一时点到另一时点的利率水平。其具体表示为未来两个日期间借入货币的利率，也可以表示投资者在未来特定日期购买的零息票债券的到期收益率。

远期利率和即期利率的区别在于计息日起点不同，即期利率的起点在当前时刻，而远期利率的起点在未来某一时刻。

第四节　常用描述性统计概念

考点 1　平均值、中位数、分位数的概念、计算和应用★★★

1. 期望（均值）

随机变量 X 的期望（或称均值，记做 $E(X)$）衡量了 X 取值的平均水平，它是对 X 所有可能取值按照其发生概率大小加权后得到的平均值。

$$E(X) = \sum_{i=1}^{n} p_i x_i = p_1 x_1 + p_2 x_2 + \cdots + p_n x_n$$

在 X 的分布未知时，用抽取样本 X_1，…，X_n 的算术平均数（也称样本均值）$\overline{X}=\frac{1}{n}\sum_{i=1}^{n}X_i$ 作为 $E(X)$ 的估计值。

利用随机变量期望的线性性质，可以计算以任意比例分配资金构造资产组合的总体期望收益率。由 n 项资产 A_1，…，A_n 构成资产组合 $A=w_1A_1+\cdots+w_nA_n$，其中 w_i 为投资于 A_i 资产的资金所占总资金的比例，$\sum_{i=1}^{n}w_i=1$；若 A_i 的期望收益率为 r_i，则资产组合 A 的期望收益率 r 为 $r=w_1r_1+\cdots+w_nr_n$。

2. 中位数

中位数是用来衡量数据取值的中等水平或一般水平的数值。对于随机变量 X 来说，它的中位数就是上 50% 分位数 $X_{50\%}$，这意味着 X 的取值大于其中位数和小于其中位数的概率各为 50%。对于一组数据来说，中位数就是大小处于正中间位置的那个数值。

正是由于中位数能够代表一般水平，在基金投资管理领域中，经常应用中位数来作为评价基金经理业绩的基准。基金经理的个人回报也往往取决于其管理基金的表现相对于中位数基准有多好。

注：与均值相比，中位数的评价结果往往更为合理和贴近实际。

3. 分位数

分位数通常被用来研究随机变量 X 以特定概率（或者一组数据以特定比例）取得大于等于（或小于等于）某个值的情况。

一般来说，设 $0<\alpha<1$，随机变量 X 的上 α 分位数是指满足概率值 $P\{X\geqslant x_\alpha\}=\alpha$ 的数 x_α，下 α 分位数是指满足概率值 $P\{X\leqslant x_\alpha^*\}=\alpha$ 的数 x_α^*。图 1－3 说明了分位数的统计意义。

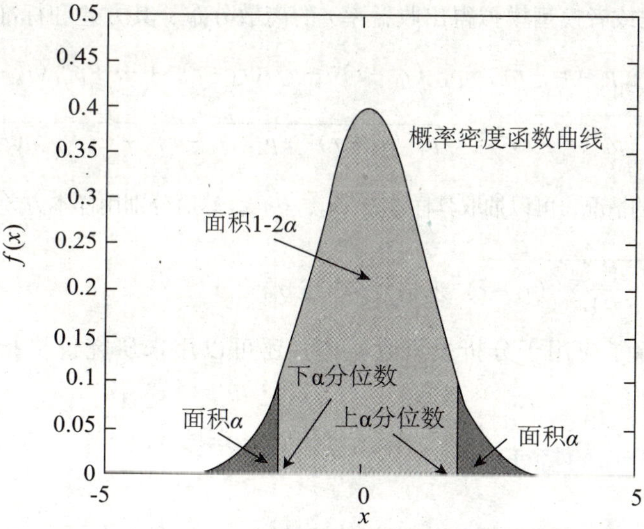

图 1－3　分位数的统计意义

图 1－3 中左右两侧的阴影部分面积均为 α，于是变量 X 会以概率 α 取得不超过下 α 分位数的取值，也以概率 α 取得不小于上 α 分位数的取值。

直接计算 X 的分位数比较困难，尤其是 X 分布未知时，所以我们用样本 X_1，…，X_n 来估计分位数。首先，将样本按照数值从小到大排列成 $X_{(1)}$，…，$X_{(n)}$，然后用样本中第 $n\alpha$ 大的数作为上 α 分位数 x_α，用样本中第 $n\alpha$ 小的数作为下 α 分位数 x_α^*。如果 $n\alpha$ 不是整数，我们就取 $n\alpha$ 相邻两个整数位置的样本值的平均数作为分位数。

例题精选精练

在某企业中随机抽取 7 名员工来了解该企业 2017 年上半年职工请假情况，这 7 名员工 2017 年上半年请假天数分别是：1、6、5、10、0、7、2，则这组数据的中位数是(　　)。

A. 6　　B. 10　　C. 5　　D. 0

【答案】C

【解析】中位数是用来衡量数据取值的中等水平或一般水平的数值。对于随机变量 X 来说，它的中位数就是上 50% 分位数 $X_{50\%}$，这意味着 X 的取值大于其中位数和小于其中位数的概率各为 50%。对于一组数，中位数是处于正中间位置的那个数字，该组数据正中间数值是 5。

考点 2　方差和标准差的概念、计算和应用★

对于投资者而言，不仅关心投资的期望收益率，也关心实际收益率相对预期的收益率可能有多大的偏差，即该投资回报的风险水平。对于投资收益率 r，用方差（σ^2）或者标准差（σ）来衡量它偏离期望值的程度。其中，$\sigma^2 = E(r - Er)^2$，它的数值越大，表示收益率 r 偏离期望收益率 $Er = \bar{r}$ 的程度越大；反之亦然。

假设从历史数据或者模型模拟得出收益率 r 的离散分布，其方差和标准差计算公式为：

$$\sigma^2 = \sum_{i=1}^{n} p_i (r_i - \bar{r})^2 = p_1 (r_1 - \bar{r})^2 + p_2 (r_2 - \bar{r})^2 + \cdots + p_n (r_n - \bar{r})^2$$

$$\sigma = \sqrt{\sum_{i=1}^{n} p_i (r_i - \bar{r})^2} = \sqrt{p_1 (r_1 - \bar{r})^2 + p_2 (r_2 - \bar{r})^2 + \cdots + p_n (r_n - \bar{r})^2}$$

对于 r 分布未知的情况，可以抽取其样本 r_1，r_2，…r_n，然后分别用样本方差 $S^2 = \frac{1}{n-1}\sum_{i=1}^{n}(r_i - \bar{r})^2$ 与样本标准差 $S = \sqrt{\frac{1}{n-1}\sum_{i=1}^{n}(r_i - \bar{r})^2}$ 来估计 σ^2 与 σ。

方差和标准差除了应用于分析投资收益率，还可以用来研究价格指数、股指等的波动情况。

考点 3　正态分布的特征★

如果连续型随机变量 X 的概率密度函数曲线为 $f_{(x)} = \frac{1}{\sigma\sqrt{2\pi}} e^{-\frac{(x-\mu)^2}{2\sigma^2}}$（见图 1－4），则称 X 服从参数为（μ，σ^2）的正态分布，记为 $X \sim N(\mu, \sigma^2)$，其中 μ 是 X 的期望，$\sigma > 0$ 为 X 的标准差。特别的，当 $\mu = 0$，$\sigma = 1$ 时，即 $X \sim N(0, 1)$ 时，称 X 服从标准正态分布。

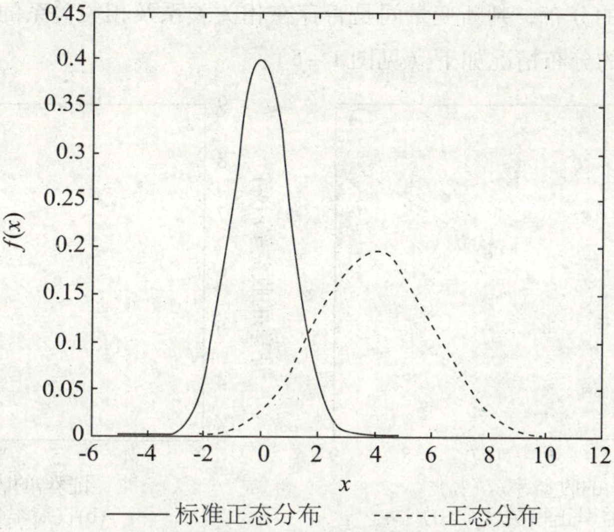

图 1-4　正态分布概率密度函数曲线

正态分布密度函数的显著特点是中间高两边低，由中间（$X=\mu$）向两边递减，并且分布左右对称，是一条光滑的钟形曲线。

正态分布距离均值越近的地方数值越集中，在离均值较远的地方数值则很稀疏，这意味着正态分布出现极端值的概率很低，而出现均值附近的数值的概率非常大。同时图像越“瘦”，正态分布集中在均值附近的程度也越大。

检验一个随机变量是否服从正态分布，可以绘制它的样本频率直方图，如果频率直方图呈现出“钟形”特征，可认为该变量大致服从正态分布。

正态分布的分位数可以用来评估投资或资产收益限度或者风险容忍度。

考点 4　相关性的概念★

相关系数是从资产回报相关性的角度分析两种不同证券表现的联动性。我们通常用 ρ_{ij} 表示证券 i 和证券 j 的收益回报率之间的相关系数，其绝对值大小体现两个证券收益率之间相关性的强弱。

相关系数 ρ_{ij} 总处于 +1 ~ -1，即 $|\rho_{ij}| \leqslant 1$。若 $\rho_{ij}=1$，则表示 r_i 和 r_j 完全正相关；相反，若 $\rho_{ij}=-1$，则表示 r_i 和 r_j 完全负相关。如果两个变量间完全独立，无任何关系，即零相关，则它们之间的相关系数 $\rho_{ij}=0$。

通常情况下两个证券收益率完全相关和零相关的情形都不会出现，其相关系数往往是区间（-1，1）中的某个值，即 $-1<|\rho_{ij}|<1$，这时我们称这两者不完全相关。当 $0<|\rho_{ij}|<1$ 时，r_i 与 r_j 正相关，其中一个数值的增加（降低）往往意味着另一个数值的增加（降低）；而当 $-1<\rho_{ij}<0$ 时，r_i 与 r_j 负相关，其中一个数值的增加（降低）往往意味着另一个数值的降低（增加）。

我们常常用散点图来直观判断两个变量之间的相关性。散点图用两组数据构成多个坐标点，通过观察坐标点的分布，判断变量间是否存在相关关系及相关关系的大小。不同相关系数下，r_i 和 r_j 两组变量的分布情况如下（见图1－5）：

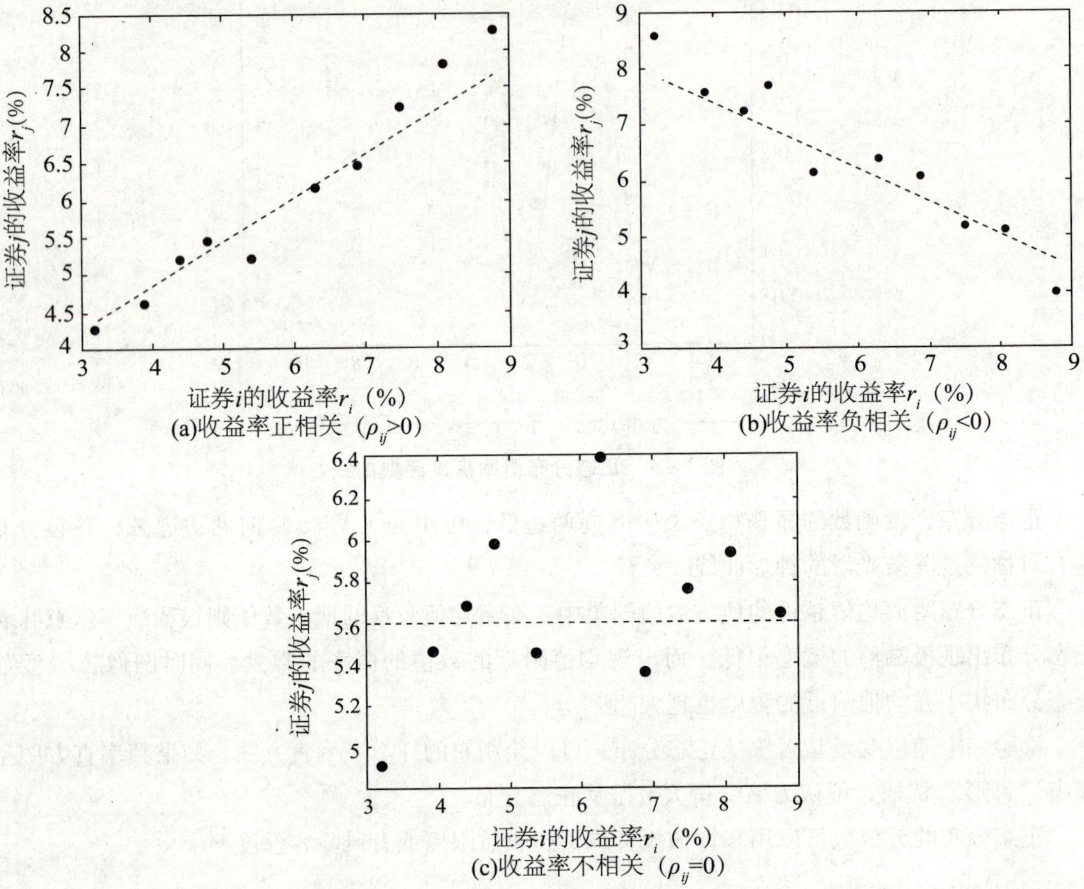

图1－5　相关系数与收益率分布的关系

本章强化训练

下列选项中只有一项最符合题目要求。不选、错选均不得分。

1. 下列选项中，不属于利润表构成的是（　　）。

A. 长期待摊费用　　B. 营业收入

C. 与营业收入相关的生产性费用　　D. 销售费用

2. （　　）是指扣除通货膨胀补偿后的利息率。

A. 浮动利率　　B. 实际利率　　C. 固定利率　　D. 名义利率

3. 即期利率与远期利率的区别在于（　　）。

A. 计息方式不同　　B. 收益不同

C. 计息日起点不同　　D. 适用的债券种类不同

4. 某债券投资者近年的年收益率由低到高分别是－16%、4%、5%、5%、6%、8%，则该投资者的中位数和均值分别是________和________。（　　）

A. 5%；5%　　B. 2%；2%　　C. 2.5%；2%　　D. 5%；2%

5. 面额为100元，期限为10年的零息债券，按年计息，当市场年利率为6%时，其现值是(　　)元。

A. 54.69　　B. 55.84　　C. 56.73　　D. 59.21

6. 关于财务报表，下列说法正确的是(　　)。

Ⅰ. 财务报表主要包括资产负债表、利润表和现金流量表三大报表

Ⅱ. 资产负债表报告时点通常为会计季末、半年末或会计年末

Ⅲ. 利润表被称为企业的“第一会计报表”

Ⅳ. 现金流量表的基本结构分为经营活动产生的现金流量、投资活动产生的现金流量和筹资活动产生的现金流量

A. Ⅰ、Ⅱ、Ⅲ　　B. Ⅱ、Ⅲ、Ⅳ

C. Ⅰ、Ⅱ、Ⅳ　　D. Ⅰ、Ⅲ

7. 财务比率分析可以用来比较不同行业、不同规模企业之间的财务状况，也可以用来比较同一企业的各期变动情况，关于财务比率，下列说法错误的是(　　)。

A. 速动比率 = （流动资产 - 存货）/流动负债

B. 流动性比率是用来衡量企业的短期偿债能力的比率

C. 常用的财务杠杆比率包括资产负债率、权益乘数和负债权益比、利息倍数

D. 营运效率比率包括短期比率、中期比率、长期比率

8. 投资者投资一个项目，该项目5年后将一次性获得10 000元收入，假定投资者希望的年利率为5%，那么按单利计算，投资现值为(　　)元。

A. 8 000　　B. 7 500　　C. 12 500　　D. 10 000

9. 营运效率可以反映企业资产的管理质量和利用效率，下列对于营运效率指标的分析，正确的是(　　)。

A. 存货周转率显示存货的销售速度能有多快

B. 存货周转率越大，说明存货销售、变现所用的时间越长，存货管理效率越低

C. 总资产周转率越小，说明企业的销售能力越强，资产利用效率越高

D. 应收账款周转率越大，说明应收账款变现、销售收入收回的速度所需的时间越长

10. 关于单利和复利的区别，下列说法正确的是(　　)。

A. 单利的计息期总是一年，而复利则有可能为季度、月或日

B. 单利属于名义利率，而复利则为实际利率

C. 用单利计算的货币收入没有现值和终值之分，而复利就有现值和终值之分

D. 单利仅在原有本金上计算利息，而复利是对本金及其产生的利息一并计算利息

11. 下列公式中错误的是(　　)。

A. 样本标准差的计算公式为：$s=\sqrt{\frac{1}{n}\sum_{i=1}^{n}(r_i-\bar{r})^2}$

B. 费雪方程式可以表述为：实际利率 = 名义利率 - 通货膨胀率

C. 权益乘数 = $\frac{1}{1-资产负债率}$

D. 杜邦恒等式为：净资产收益率 = 销售利润率 × 总资产周转率 × 权益乘数

参考答案及解析

1. A【解析】利润表由三个主要部分构成：①营业收入；②与营业收入相关的生产性费用、销售费用和其他费用；③利润。利润表的起点是公司在特定会计期间的收入，然后减去与收入相关的成本费用；利润表的终点是本期的所有者盈余。利润表的基本结构是收入减去成本和费用等于利润（或盈余）。

2. B【解析】实际利率是指在物价不变且购买力不变的情况下的利率，或者是指当物价有变化，扣除通货膨胀补偿以后的利息率。名义利率是指包含对通货膨胀补偿的利率，当物价不断上涨时，名义利率比实际利率高。

3. C【解析】即期利率是金融市场中的基本利率，常用 s_t 表示，是指已设定到期日的零息票债券的到期收益率，它表示的是从现在（$t=0$）到时间 t 的年化收益率。远期利率指的是资金的远期价格，它是指隐含在给定的即期利率中从未来的某一时点到另一时点的利率水平。远期利率和即期利率的区别在于计息日起点不同，即期利率的起点在当前时刻，而远期利率的起点在未来某一时刻。

4. D【解析】均值是对随机变量 X 所有可能取值按照其发生概率大小加权后得到的平均值。中位数是用来衡量数据取值的中等水平或一般水平的数值。所以，收益率的中位数是5%；均值是2%。

5. B【解析】复利现值的计算公式为：$PV=FV/(1+i)^n$。该债券的现值 $=100/(1+6\%)^{10}=55.84$（元）。

6. C【解析】C项，资产负债表被称为企业的“第一会计报表”，报告了企业在某一时点的资产、负债和所有者权益的状况。

7. D【解析】D项，营运效率比率可以分成两类：①短期比率，这类比率主要考察存货和应收账款两部分的使用效率，因为它们是流动资产中的主体部分，又是流动性相对较弱的；②长期比率，主要指的是总资产周转率，考察的是企业账面上所有资产的使用效率。

8. A【解析】单利现值的计算公式为：$PV=FV/(1+i\times t)$，则该投资者的投资现值 $PV=10\,000/(1+5\%\times 5)=8\,000$（元）。

9. A【解析】B项，存货周转率越大，说明存货销售、变现所用的时间越短，存货管理效率越高；C项，总资产周转率越大，说明企业的销售能力越强，资产利用效率越高；D项，应收账款周转率越大，说明应收账款变现、销售收入收回的速度所需的时间越短。

10. D【解析】按照单利计算利息，只要本金在计息周期中获得利息，无论时间多长，所生利息均不加入本金重复计算利息；按照复利计算利息，每经过一个计息期，要将所生利息加入本金再计利息。

11. A【解析】A项，样本标准差的计算公式应为：$s=\sqrt{\frac{1}{n-1}\sum_{i=1}^{n}(r_i-\bar{r})^2}$。

AMAC

第二章 权益投资

最新考纲要求

考试大纲	考查要点	能力等级
资本结构	各类资本在投票权和清偿顺序等方面的区别	★★★
权益类证券	股票价值和价格的概念	★★
	普通股和优先股的区别	★★
	存托凭证	★
	可转换债券的定义、特征和基本要素	★★★
	权证的定义和基本要素	★
	不同种类权益资产的风险收益特征	★★★
	影响公司在外发行股本的行为	★
股票分析方法	股票基本面分析和技术分析的区别	★★
股票估值方法	内在估值法与相对估值法的区别	★★

核心考点解读

第一节　资本结构

考点 1　资本结构概述★

1. 资本结构的定义

资本结构是指企业资本总额中各种资本的构成比例。

最基本的资本结构是债权资本和权益资本的比例，通常用债务股权比率或资产负债率表示。

2. 资本的类型

（1）债权资本

债权资本是通过借债方式筹集的资本。

公司向债权人（如银行、债券持有人及供应商等）借入资金，定期向其支付利息，并在到期日偿还本金。利息的高低与公司经营的风险相关。经营状况稳健的公司支付较低的利息，风险较高的公司则需要支付较高的利息。

（2）权益资本

权益资本是通过发行股票或置换所有权筹集的资本。

权益资本在正常经营情况下不会偿还给投资人。公司可能发行不同类型的权益证券来筹集资本。两种最主要的权益证券是普通股和优先股。

①普通股，是股份有限公司发行的一种基本股票，代表公司股份中的所有权份额，其持有者享有股东的基本权利和义务。大公司通常有很多普通股股东。股东凭借股票可以获得公司的分红，参加股东大会并对特定事项进行投票。

②优先股，是一种特殊股票，它的优先权主要指：持有人分得公司利润的顺序先于普通股，在公司解散或破产清偿时先于普通股获得剩余财产。优先股的股息率往往是事先规定好的、固定的，它不因公司经营业绩的好坏而有所变动。

例题精选精练

关于债权资本与权益资本，下列说法错误的是（　　）。

A. 债权资本是通过借债方式筹集的资本

B. 权益资本是通过发行股票或置换所有权筹集的资本

C. 债权资本在正常经营情况下不会偿还给投资人

D. 两种最主要的权益证券是普通股和优先股

【答案】C

【解析】权益资本是通过发行股票或置换所有权筹集的资本。与债权资本不同的是，权益资本在正常经营情况下不会偿还给投资人。

考点2　各类资本在投票权和清偿顺序等方面的区别★★★

1. 现金流量权与投票权

公司债权方，如债券持有者或银行，对公司事务没有表决权。但不管公司盈利与否，公司的债权人都有权要求公司按期支付利息且到期归还本金。

普通股股东可以选出董事，组成董事会以代表他们监督公司的日常运行。董事会选聘公司的经理，由经理负责公司日常的经营管理。经理拥有对公司大部分业务的决策权，无须经过董事会的同意。但对于一些重大事务的决定，如公司合并、分立、解散等则需要股东投票表决通过。普通股股东有分配盈余及剩余财产的权利。但分配多少股利取决于公司的经营成果、再投资需求和管理者对支付股利的看法。

优先股没有到期期限，无须归还股本，每年有一笔固定的股息，相当于永久年金（没有到期期限）的债券，但其股息一般比债券利息要高一些。优先股一般情况下不享有表决权。实际上，优先股是股东以不享有表决权为代价而换取的对公司盈利和剩余财产的优先分配权。

不同类型证券的现金流量权和投票权不一样，具体内容如下（见表2－1）：

表2－1　不同类型证券的现金流量权和投票权

证券	现金流量权	投票权
普通股	按公司表现和董事会决议获得分红	按持股比例投票
优先股	获得固定股息	无
债券	获得承诺的现金流（本金＋利息）	无

2. 清偿顺序

当公司解散或破产清算时，公司的资产在不同证券持有者中的清偿顺序如下：债券持有者/债权人→优先股股东→普通股股东。

权益证券投资者受到有限责任的保护，即当公司的资产不足以清偿全部债务时，公司的债权人不得要求公司的股东承担超过其出资义务的责任，更不得将其债务转换到其股东身上。公司作为法人（称为公司法人），有自己的独立财产，并且此种财产与公司股东的财产是分开的，公司应当以其全部资产承担清偿债务的责任。把公司人格和股东人格分离，股东的有限责任使股东的损失以其投资金额为限，即最大损失也不会超过股东在公司的投资金额。

3. 风险和收益特征

（1）不管公司盈利与否，公司债权人均有权获得固定利息且到期收回本金；而股权投资者只有在公司盈利时才可获得股息。

（2）股权投资的风险更大，要求更高的风险溢价，其收益高于债权投资的收益。

例题精选精练

公司资产在不同证券持有者中享有不同的清偿顺序，享有公司资产的最高索取权的是(　　)。

A. 优先股股东

B. 普通股股东

C. 债券持有者

D. 实际控股人

【答案】C

【解析】债权资本是一种借入资本，代表了公司的合约义务，因此债券持有者/债权人拥有公司资产的最高索取权。

考点3　最优资本结构★

1. MM 定理

1958 年，莫迪利亚尼和米勒提出关于资本结构与企业价值之间关系的著名理论，即莫迪利亚尼—米勒定理，简称 MM 定理（也被称为资本结构无关原理）。

MM 定理认为，在不考虑税、破产成本、信息不对称并且假设在有效市场里面，企业价值不会因为企业融资方式改变而改变。但 MM 定理的前提是无摩擦环境的资本市场条件，即资本自由进出、平等地获得信息、不存在交易成本和税收等，这些假设显然与经济现实不符。现实世界中的公司市场价值与公司的资本结构是密切相关的，但这一开拓性研究成果标志着企业资本结构理论的开端。

2. 权衡理论

20 世纪 70 年代，学术界提出对负债带来的收益与风险进行适当平衡来确定企业价值的权衡理论，认为随着企业债务增加而提高的经营风险和可能产生的破产成本，会增加企业的额外成本，而最佳的资本结构应当是负债和所有者权益之间的一个均衡点，这一均衡点 D^* 就是最佳负债比率。权衡理论中的公司最佳负债水平如下（见图 2－1）：

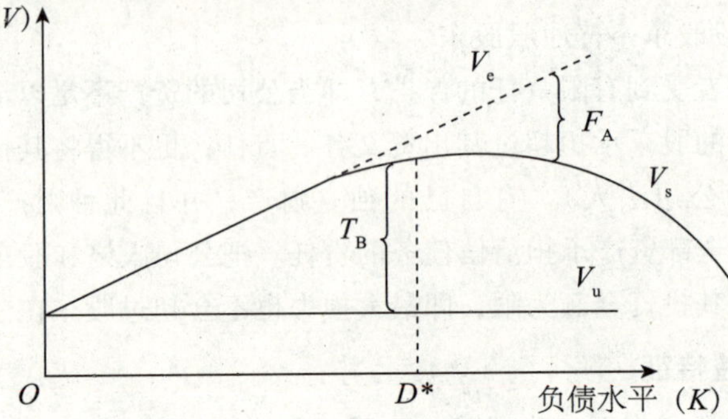

图 2－1　权衡理论中的公司最佳负债水平

图 2－1 中，K 表示公司的负债水平，V 表示公司价值，V_e 表示在税盾效应下无破产成本的企业价值，V_u 表示无负债时的公司价值，V_s 表示存在税盾效应但同时存在破产成本的企业价值，F_A 表示公司的破产成本，T_B 表示税盾效应给企业带来的价值增值，D^* 表示公司的最佳负债水平。

例题精选精练 ▶▶

关于权衡理论中的公司最佳负债水平图，下列说法错误的是（　　）。

A. D^* 表示公司的最佳负债水平

B. V_e 表示存在税盾效应但同时存在破产成本的企业价值

C. V 表示公司价值

D. T_B 表示税盾效应给企业带来的价值增值

【答案】B

【解析】在权衡理论中的公司最佳负债水平图中，V_e 表示在税盾效应下无破产成本的企业价值。

第二节　权益类证券

考点 1　股票价值和价格的概念★★

1. 股票的特征

（1）收益性（最基本的特征），是指持有股票可以为持有人带来收益的特性。持有股票的目的在于获取收益，包括股息和红利两类。

（2）风险性，是指持有股票可能产生经济利益损失的特性。

（3）流动性，是指股票可以依法自由地进行交易的特征。

（4）永久性，是指股票所载有权利的有效性是始终不变的，因为它是一种无期限的法律凭证。

（5）参与性，是指股票持有人有权参与公司重大决策的特性。

2. 股票的价值

有关股票的价值有多种提法，它们在不同场合有不同含义。具体包括以下四类（见表2-2）：

表2-2　股票的价值

种类	定义	内容
股票的票面价值	又称面值，即在股票票面上标明的金额。该种股票被称为有面额股票	①以面值发行称为平价发行，此时公司发行股票募集的资金等于股本的总和 ②发行价格高于面值称为溢价发行，募集的资金大于股本的总和，其中等于面值总和的部分记入股本，超额部分记入资本公积
股票的账面价值	又称股票净值或每股净资产，是每股股票所代表的实际资产的价值	①在没有优先股的条件下，每股账面价值以公司净资产除以发行在外的普通股票的股数求得 ②在盈利水平相同的前提下，股票的账面价值越高，股票的收益越高，股票就越有投资价值
股票的清算价值	是公司清算时每一股份所代表的实际价值	①只有当清算时的资产实际出售额与财务报表上反映的账面价值一致时，每一股的清算价值才会和账面价值一致 ②在实际清算时，大多数公司股票的清算价值低于其账面价值
股票的内在价值	即理论价值，是指股票未来收益的现值	①股票的内在价值决定股票的市场价格，股票的市场价格总是围绕其内在价值波动 ②经济形势的变化、宏观经济政策的调整、供求关系的变化等都会影响股票未来的收益，引起内在价值的变化

例题精选精练

下列关于股票价值的说法错误的是(　　)。

A. 股票的票面价值又被称为“面值”

B. 如果以面值作为发行价，被称为“平价发行”

C. 股票的内在价值决定股票的市场价格

D. 股票的票面价值是公司清算时每一股份所代表的实际价值

【答案】D

【解析】股票的票面价值即在股票票面上标明的金额；股票的清算价值是公司清算时每一股份所代表的实际价值。

3. 股票的价格

(1) 股票的理论价格

从理论上说，股票价格应由其价值决定，但股票本身并没有价值，不是在生产过程中发挥职能作用的现实资本，而只是一张资本凭证。股票之所以有价格，是因为它代表收益的价值，即能给它的持有者带来股息红利。

股票的价值取决于未来收益的大小。将股票的未来收益按市场利率折算成当前价值，即为股票的现值。股票及其他有价证券的理论价格就是以一定利率计算出来的未来收入的现值。

（2）股票的市场价格

股票的市场价格一般是指股票在二级市场上买卖的价格。股票的市场价格由股票的价值决定，但同时受许多其他因素的影响。其中，供求关系是最直接的影响因素，其他因素都是通过作用于供求关系而影响股票价格的。

由于影响股票价格的因素复杂多变，所以股票的市场价格呈现出高低起伏的波动性特征。

例题精选精练 ▶▶

股票的市场价格一般是指(　　)。

A. 股票的发行价格

B. 股票的账面价值

C. 股票的票面价值

D. 股票在二级市场上买卖的价格

【答案】D

【解析】股票的市场价格一般是指股票在二级市场上买卖的价格。

考点 2　普通股和优先股的区别★★

按照股东权利分类，股票可以分为普通股和优先股（见表 2－3）。

表 2－3　普通股和优先股的区别

项目	普通股	优先股
定义	即公司通常发行的无特别权利的股票，是最主要的权益类证券	是一种相对普通股而言有某种优先权利（优先分配股利和剩余资产）的特殊股票
股东权利	普通股股东享有股东的基本权利，概括起来为收益权和表决权	优先股拥有股权和债权的双重属性：承诺付给持有人固定收入，但无表决权；属于一种股权投资
股利/股息率	普通股的股利不固定，在股份公司盈利较多时，普通股股东可获得较高的股利收益；在股份公司解散或破产清算时，普通股股东在其他索赔人（如税务机构、信贷机构、债券持有人与其他债权人、职工等）都得到赔偿后，有权对公司的剩余财产请求分配	优先股的股息率是固定的，在优先股发行时就约定了固定的股息率，无论公司的盈利水平如何变化，该股息率不变
公司盈余与剩余财产分配顺序	普通股股东在公司支付债息和优先股股息之后才能分配股利	优先股股东先于普通股股东
表决权	享有决定公司一切重大事务的决策权	一般无表决权
风险收益	普通股具有较高风险和较高收益	优先股风险较低，当公司盈利多时，优先股相比普通股获利少

例题精选精练

下列关于普通股和优先股的区别，说法正确的是(　　)。

A. 普通股的股利是固定的

B. 优先股在发行时就约定了固定的股息率，无论公司经营状况和盈利水平如何变化，该股息率不变

C. 公司清算，分配剩余财产时，优先股在普通股之后分配

D. 优先股具有较高风险和较高收益

【答案】B

【解析】A 项，普通股的股利不固定，在股份公司盈利较多时，普通股股东可获得较高的股利收益；C 项，在公司盈利和剩余财产的分配顺序上，优先股股东先于普通股股东，但是优先股股东的权利是受限制的，一般无表决权；D 项，普通股具有较高风险和较高收益。

考点 3　存托凭证★

1. 存托凭证的定义

存托凭证是指在一国证券市场上流通的代表外国公司有价证券的可转让凭证。存托凭证一般代表外国公司股票。对发行人来说，发行存托凭证可以扩大市场容量，增强筹资能力；对于投资者来说，购买存托凭证可以规避跨国投资的风险（如汇率风险）。

2. 存托凭证的分类

存托凭证起源于 20 世纪 20 年代的美国证券市场，由 J. P. 摩根首创，当时是为了给美国投资者进行海外投资提供便利而产生的。继美国之后，各国及地区相继推出了适合本国（地区）的存托凭证，比如，全球存托凭证、欧洲存托凭证、中国香港存托凭证、中国台湾存托凭证。

（1）全球存托凭证（GDRs）

全球存托凭证的发行地既不在美国，也不在发行公司所在国家。大多数全球存托凭证在伦敦证券交易所和卢森堡证券交易所进行交易。尽管不在美国的证券市场交易，但是它们通常以美元计价，也可以销售给美国的机构投资者。全球存托凭证不会受到部分国家对于资本流动的限制，因此可给投资者提供更多投资外国公司的机会。

（2）美国存托凭证（ADRs）

美国存托凭证是以美元计价且在美国证券市场上交易的存托凭证。ADRs 是最主要的存托凭证，其流通量最大。按基础证券发行人是否参与存托凭证的发行，美国存托凭证可分为无担保的存托凭证和有担保的存托凭证。

①无担保的存托凭证，是指存券银行不通过基础证券发行公司，直接根据市场需求和自有基础证券的数量自行向投资者发行的存托凭证。无担保的存托凭证目前已经很少应用。

②有担保的存托凭证，是由发行公司委托存券银行发行的。发行公司、存券银行和托管银行三方就存托凭证与基础证券的关系，存托凭证持有者的权利，存托凭证的发行规模、转让、红利的支付及协议三方的权利义务等签署存券协议。

根据交易能力和对基础证券公司要求的不同，有担保的 ADRs 可分为四种类型，分别为一级公募 ADRs、二级公募 ADRs、三级公募 ADRs 和 144A 规则下的私募 ADRs，具体内容如下

（见表2－4）：

表2－4　有担保的ADRs的类型

	一级公募ADRs	二级公募ADRs	三级公募ADRs	144A私募ADRs
美国证券交易委员会登记的要求	有	有	有	有
美国会计准则	无须符合	部分符合	完全符合	无须符合
交易地点	场外交易市场	纽约证券交易所、纳斯达克交易所和美国证券交易所	纽约证券交易所、纳斯达克交易所和美国证券交易所	私下
在美国募集资金的能力	没有	没有	有	有
公司上市的费用	低	高	高	低

注：存托凭证的级别越高，对证券公司的要求就越高。

例题精选精练

有担保ADRs的类型中，属于私下交易的是（　　）。

A. 一级公募ADRs

B. 二级公募ADRs

C. 三级公募ADRs

D. 144A规则下的私募ADRs

【答案】D

【解析】一级公募ADRs的交易地点在场外交易市场；二级公募ADRs和三级公募ADRs的交易地点在纽约证券交易所、纳斯达克交易所和美国证券交易所。

考点4　可转换债券的定义、特征和基本要素★★★

1. 可转换债券的定义

可转换债券简称可转债，是指在一段时期内，持有者有权按照约定的转换价格或转换比率将其转换成普通股股票的公司债券。

2. 可转换债券的特征

（1）可转换债券是含有转股权的特殊债券

在转股前，它是一种公司债券，有规定的期限和利率，体现了公司和可转债持有者之间的债权债务关系；转股后，它变成了股票，可转债持有者变成公司股东，体现所有权关系。

（2）可转换债券有双重选择权

对于投资者来说，拥有转股权，可自行选择是否转股，可转换债券是一种较低债息收益和转股权组合的证券；对于发行人来说，拥有提前赎回的权利，可自行选择是否提前赎回，可转换债券是一种较高债息成本（相比没有赎回条款的债券而言）和提前赎回权组合的证券。

例题精选精练

关于可转换债券，下列叙述错误的是（　　）。

A. 可转换债券具有双重选择权

B. 可转换债券是一种附有转股权的特殊债券

C. 可转换债券是一种混合债券

D. 投资者可自行选择是否转股，而发行人没有实施赎回条款的选择权

【答案】D

【解析】对于投资者来说，拥有转股权，可自行选择是否转股，可转换债券是一种较低债息收益和转股权组合的证券；对于发行人来说，拥有提前赎回的权利，可自行选择是否提前赎回。

3. 可转换债券的基本要素（见表2-5）

表2-5　可转换债券的基本要素

要素	内容
标的股票	标的股票一般是发行公司自己的普通股股票
票面利率	①可转换债券的票面利率是指可转换债券作为债券的票面年利率，它一般低于相同条件的普通债券的票面利率，因为可转换债券持有者有特殊的选择权 ②可转换债券应半年或1年付息1次，到期后5个工作日内应偿还未转股债券的本金及最后一期利息
转换期限	①转换期限是指可转换债券可转换成股票的起始日至结束日的期间 ②我国《上市公司证券发行管理办法》规定，可转换债券的期限最短为1年，最长为6年，自发行结束之日起6个月后才能转换为公司股票
转换价格	转换价格是指可转换债券转换成每股股票所支付的价格。用公式表示为： $转换价格=\frac{可转换债券面值}{转换比例}$ 注：可转换债券的转换价格一般高于其发行时的股票市价
转换比例	转换比例是指每张可转换债券能够转换成的普通股股数。用公式表示为： $转换比例=\frac{可转换债券面值}{转换价格}$
赎回条款	①赎回条款是指发行企业有权在约定的条件触发时按照事先约定的价格赎回所发行的可转债的规定 ②一般在公司股票价格升至超过转换价格一定倍数时，公司为避免股本被过度稀释及支付可转换债券持有者过多的盈利而行使赎回权利
回售条款	①回售条款是指可转债持有者有权在约定的条件触发时按照事先约定的价格将可转债卖回给发行企业的规定 ②一般在股票价格下跌超过转换价格一定幅度时生效

例题精选精练▶▶

下列属于可转换债券基本要素的是(　　)。

Ⅰ. 标的债券　　Ⅱ. 票面利率　　Ⅲ. 转换期限　　Ⅳ. 转换价格

A. Ⅰ、Ⅲ　　B. Ⅱ、Ⅲ、Ⅳ　　C. Ⅱ、Ⅲ　　D. Ⅰ、Ⅱ、Ⅳ

【答案】B

【解析】可转换债券的基本要素包括标的股票、票面利率、转换期限、转换价格、转换比例、赎回条款、回售条款等。

4. **可转换债券的价值**

与普通债券相比，可转换债券的价值包含两部分：纯粹债券价值和转换权利价值，用公式表示为：

可转换债券价值 = 纯粹债券价值 + 转换权利价值

其中，纯粹债券价值来自债券利息收入，定价方式与普通债券并无差异。转换权利价值，即转换价值，是指立即转换成股票的债券价值。转换价值的大小，须视普通股的价格高低而定。股价上升，转换价值也上升；相反，若普通股的价格远低于转换价格，则转换价值就很低。

可转债的市场价值表现为其在二级市场的价格，其市场价值通常高于转换价值。若可转债不能转换成股票，则其价值会是普通债券的价值或者“债券底价”。可转债的价值必须高于普通债券的价值，因为可转债的价值实际上是一个普通债券加上一个有价值的看涨期权。

可转换债券价值、转换价值、债券价值之间的关系如下（见图2－2）：

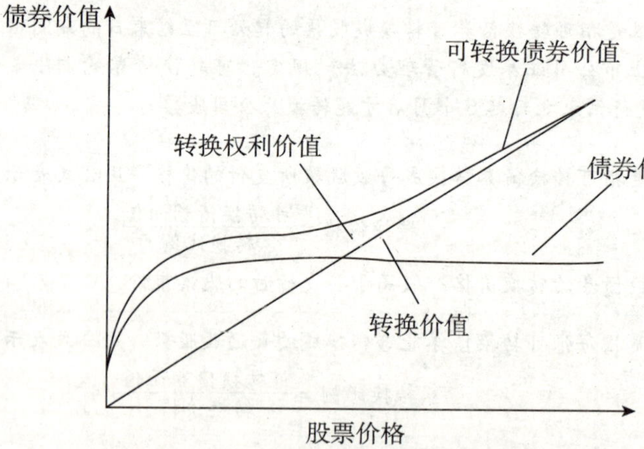

图2－2　作为股价函数的可转换债券价值

当股价很低时，普通债券价值是实际有效的底线，而与转换期权关系不大，可转换债券像普通债券一样交易，可转债的价值主要体现了固定收益类证券的属性；而当股价很高时，可转债的价格主要由其转换价值所决定，并且可转债的价值主要体现了权益证券的属性。

考点5　权证的定义和基本要素★

1. **权证的定义**

权证是指标的证券发行人或其以外的第三人发行的，约定在规定期间内或特定到期日，持有人有权按约定价格向发行人购买或出售标的证券，或以现金结算方式收取结算差价的有价证券。

2. 权证的分类

（1）按照标的资产分类，权证可分为股权类权证、债权类权证及其他权证。我国曾推出过股权类权证，以下介绍的内容也均指股权类权证。

（2）按基础资产的来源分类，权证可分为认股权证和备兑权证。

①认股权证，是股份公司发行的，行权时上市公司增发新股售予认股权证的持有人。

②备兑权证，是由投资银行发行的，行权时备兑权证持有者认兑的是市场上已流通的股票而非增发的，上市公司股本不变。

（3）按照持有人权利的性质分类，权证可分为认购权证和认沽权证。

①认购权证近似于看涨期权，行权时其持有人可按照约定的价格购买约定数量的标的资产。

②认沽权证近似于看跌期权，行权时其持有人可按照约定的价格卖出约定数量的标的资产。

（4）按行权时间分类，权证可分为美式权证、欧式权证、百慕大式权证等。

①美式权证可在权证失效日之前任何交易日行权。

②欧式权证仅可在失效日当日行权。

③百慕大式权证可在失效日之前一段规定时间内行权。

例题精选精练

按照权证持有人行权的时间不同，可以将权证分为（　　）。

Ⅰ. 美式权证　　Ⅱ. 欧式权证　　Ⅲ. 备兑权证　　Ⅳ. 百慕大式权证

A. Ⅰ、Ⅳ　　B. Ⅱ、Ⅲ　　C. Ⅱ、Ⅲ、Ⅳ　　D. Ⅰ、Ⅱ、Ⅳ

【答案】D

【解析】按行权时间分类，权证可分为美式权证、欧式权证、百慕大式权证等。

3. 权证的基本要素

权证的基本要素包括权证类别、标的资产、存续时间、行权价格、行权结算方式、行权比例（见表2－6）。

表2－6　权证的基本要素

要素	内容
权证类别	权证类别即为认购权证或认沽权证
标的资产	①标的资产可以是股票、债券、外汇、商品等 ②股票权证的标的资产可以是单一股票或是一篮子股票组合
存续时间	存续时间即权证的有效期，超过有效期仍未行权，权证自动失效
行权价格	行权价格是发行权证时约定的权证持有人行权时向发行人购买或出售标的资产的价格
行权结算方式	行权结算方式有证券给付结算方式和现金结算方式两种
行权比例	行权比例指单位权证可以购买或出售标的证券的数量

4. 权证的价值

当认股权证行权时，标的股票的市场价格一般高于其行权价格。认股权证在其有效期内具有价值。认股权证的价值可以分为两部分：内在价值和时间价值。一份认股权证的价值等于其内在价值与时间价值之和。

（1）权证的内在价值

认股权证的内在价值是指权证持有者执行权证时可以获得的收益，它等于认购差价乘以行权比例，用公式表示为：

认股权证的内在价值 = Max｛（普通股市价 - 行权价格）×行权比例，0｝

当标的资产的市场价格低于行权价格时，认股权证持有者不会执行权证，因此权证的内在价值等于0。

（2）权证的时间价值

认股权证的时间价值是指在权证有效期内标的资产价格波动为权证持有者带来收益的可能性隐含的价值。

考点6　不同种类权益资产的风险收益特征★★★

1. 权益类证券投资的风险

权益类证券的价值会同时受到系统性风险和非系统性风险的影响。

（1）系统性风险

系统性风险也可称为市场风险，是由经济环境因素的变化引起的整个金融市场的不确定性的加强，其冲击是属于全面性的，主要包括经济增长、利率、汇率与物价波动以及政治因素的干扰等。

当系统性风险发生时，所有资产均受到影响，只是受影响的程度因资产性质的不同而有所不同。

（2）非系统性风险

非系统性风险是由于公司特定经营环境或特定事件变化引起的不确定性的加强，只对个别公司的证券产生影响，是公司特有的风险，主要包括财务风险、经营风险和流动性风险。

①财务风险，又称违约风险，是企业在付息日或负债到期日无法以现金方式支付利息或偿还本金的风险，严重时可能导致企业破产或倒闭。

②经营风险，是指公司在经营过程中由于产业景气状况、公司管理能力、投资项目等企业个体因素，使得企业的销售额或成本显得不稳定，引起息税前利润大幅变动的可能性。

③流动性风险，是指投资者在买入资产后，届时无法按照公平市价进行成交的可能性。投资资产的流动性风险越低，投资者的投资意愿就越强烈；相反，流动性风险越高，投资者的投资意愿就越低。

例题精选精练▶▶

非系统性风险是指个别证券特有的风险，包括企业的（　　）。

Ⅰ. 信用风险　Ⅱ. 经营风险　Ⅲ. 财务风险　Ⅳ. 政治风险

A. Ⅰ、Ⅲ　B. Ⅱ、Ⅲ　C. Ⅱ、Ⅲ、Ⅳ　D. Ⅰ、Ⅱ、Ⅳ

【答案】B

【解析】非系统性风险是由于公司特定经营环境或特定事件变化引起的不确定性的加强，只对个别公司的证券产生影响，是公司特有的风险，主要包括财务风险、经营风险和流动性风险。

2. 权益类证券投资的收益

对于投资者而言，权益类证券本身隐含的风险越高，就必须有越多的预期报酬作为投资者承担风险的补偿，这一补偿称为风险溢价或风险报酬。无论是系统性风险还是非系统性风险，都要求相应的风险溢价。

风险溢价是为风险厌恶的投资者购买风险资产而向他们提供的一种额外的期望收益率，即风险资产的期望收益率由两部分构成，用公式表示为：

风险资产期望收益率 = 无风险资产收益率 + 风险溢价

式中，无风险资产收益率即无风险利率，是指将资金投资于某一项没有任何风险的投资对象而获得的收益率，是为投资者进行投资活动提供的必需的基准报酬。

注：权益类证券的收益率一般高于固定收益类证券（如债券）；在其他条件都相同的情况下，股票投资者对那些风险更高的公司出价更低，要求的期望收益率更高。

考点 7　影响公司在外发行股本的行为★

公司在其成长、成熟或兼并收购时会经历一些重大变化，有些变化会影响公司发行在外的普通股股数。这类公司行为包括：首次公开发行、再融资、股票回购、股票拆分和分配股票股利、权证的行权、兼并收购和剥离等。

1. 首次公开发行

首次公开发行（IPO），是指拟上市公司首次面向不特定的社会公众投资者公开发行股票筹集资金并上市的行为。通常，首次公开发行是发行人在满足必备的条件，经证券监管机构审核、核准或注册后，通过证券承销机构面向社会公众公开发行股票并在证券交易所上市的过程。

一般来说，首次公开发行完成后，公司即可申请到证券交易所或报价系统挂牌交易，成为上市公司。由于发行股票用于公开交易，公司发行在外的股票总数会增加。因而，如果公司原有股东在 IPO 时不再购买股票的话，其持股比例会被稀释。

公司选择上市以众多投资者为发行对象，发行的证券数量多，有利于筹集大量资金，有利于提高企业知名度，有利于增强股票的流动性等。公司上市后，原有股东可能会出售其所持有的部分股份，上市极大地增强了他们所持股票的流动性。但是，上市意味着更加严格的监管和信息披露要求，且上市的成本也较高。

2. 再融资

再融资是指上市公司为达到增加资本和募集资金的目的而再发行股票的行为。

上市公司再融资的方式有：向原有股东配售股份，向不特定对象公开募集，发行可转换债券，非公开发行股票。

（1）向原有股东配售股份，简称配股，是公司按照股东的持股比例向原有股东分配公司的新股认购权，准其优先购买新股的方式。即按老股东持股比例一股配售若干股，以保护老股东的权益及其对公司的控制权。

（2）向不特定对象公开募集，简称增发，是上市公司向不特定对象公开募集股份的行为，是常用的增资方式。

（3）可转换债券，是指在一段时期内，持有者有权按照约定的转换价格或转换比率将债券转换成另一种证券的证券，通常是转换成普通股票。可转换债券持有者行权转股后，公司发行在外的股票增多。

（4）非公开发行股票，也称为定向增发，是上市公司向特定对象发行股票的增资方式。特定对象包括公司控股股东、实际控制人及其控制的企业、战略投资者等。

通常情况下，再融资发行的股票会使流通股股份增加5%~20%。因此，原有股东若在再融资时未增购股票的话，新增股票会稀释老股东的持股比例。

3. 股票回购

股票回购是指上市公司利用现金等方式从股票市场上购回本公司发行在外股票的行为。股票回购会减少流通在外的股份，购回的股票会被注销或以库存股的形式存在。

股票回购的方式主要有三种：场内公开市场回购、场外协议回购、要约回购。

（1）场内公开市场回购，是指按照目前市场价格回购企业股票，此种方法的透明度比较高。

（2）场外协议回购，是指股票发行方通过协议价格向一个或几个大股东回购股票。协议内容包括价格、数量及回购的时间，协议价格一般低于股票的市价。

（3）要约回购，是以一个高于股票市价的价格回购一定数量的股票，此法回购成本较高。

《公司法》规定，公司除减少注册资本、与持有本公司股份的其他公司合并、将股份奖励给本公司职工外，不得回购本公司股票。在进行股票回购时，公司要按相关要求披露其回购目的，回购数量也会被限制在一定范围内。

例题精选精练

股票回购方式包括(　　)。

Ⅰ. 场内公开市场回购　　Ⅱ. 要约回购

Ⅲ. 场外协议回购　　Ⅳ. 直接回购

A. Ⅰ、Ⅲ、Ⅳ　　B. Ⅰ、Ⅱ、Ⅳ　　C. Ⅱ、Ⅲ、Ⅳ　　D. Ⅰ、Ⅱ、Ⅲ

【答案】D

【解析】股票回购的方式主要有三种：场内公开市场回购、场外协议回购、要约回购。

4. 股票拆分和分配股票股利

（1）股票拆分

股票拆分又称为股票拆细，即将一股面值较大的股票拆分成几股面值较小的股票。股票拆分对公司的资本结构和股东权益不会产生任何影响，一般只会使发行在外的股票总数增加，每股面值降低，并由此引起每股收益和每股市价下降，而股东的持股比例和权益总额及其各项权益余额都保持不变。

（2）分配股票股利

分配股票股利是股票分红方式的一种，是指上市公司将留存收益以股票形式支付给股东，又称送股。股票股利不会导致公司现金的流出，只是将资金在不同权益账户之间转移，如从留存收益或盈余公积转到股本，因而股东的持股比例和权益总额不变。分红的另一种形式是现金股利。

股票价格上升太高可导致一些投资者无力购买，流动性因此降低。股票拆分和股票股利在不改变股东权益的情况下，增加公司发行在外的股票总数，股票价格随之按比例回落。股价较高的公司通过股票拆分或发放股票股利的方式降低股价，可以提高股份流动性，增加股东数量并提高被收购的难度，同时可以向投资者传递公司发展前景良好的信息等。

5. 权证的行权

发行权证的上市公司，一旦发生行权，公司发行在外的股份总数会相应增加或减少。当市场价格高于行权价格时，认购权证持有者行权，公司发行在外的股份增加；相反，当市场价格低于行权价格时，认沽权证持有者行权，公司发行在外的股份减少；公司其他股东的持股比例会因此而下降或上升。

6. 兼并收购

公司可以通过现金支付、股票支付或两者混合的方式完成并购的支付。股票支付是指通过换股方式获得目标公司的控制权。

对于被收购公司的股东来说，并购交易的完成意味着其所持有目标公司的流通股转化为现金或收购方的股票。

对于收购公司来说，可能发行新股筹资以完成对被收购公司的现金支付，或者以股票支付的方式直接发行新股给被收购公司股东。

通常情况下收购方公司的股东和被收购方公司的股东会针对收购提案进行投票。

7. 剥离

剥离是指上市公司将其部分资产或附属公司（子公司或分公司）分离出去，成立新公司的行为。剥离后，母公司的资产因为剥离给新公司而减少，母公司的总价值下降；但母公司原有股东持有的新公司的股票份额会弥补他们在母公司损失的价值。

公司的管理层进行剥离操作的目的通常在于试图通过将公司分成两家分离的公司，为股东们创造价值。剥离的合理性在于，通常情况下，市场给予两家相互分离但业务更加聚焦的公司的估值要高于当它们作为母公司的组成部分时的估值。

第三节　股票分析方法

考点1　基本面分析★★

要确定股票的合理价值，投资者必须对公司未来的经营业绩和盈利水平进行预测。我们把诸如分析预期收益等价值决定因素的分析方法称为基本面分析，而公司未来的经营业绩和盈利水平正是基本面分析的核心所在。

对于公司前景预测来说，“自上而下”的层次分析法（三步估价法，宏观—行业—个股）是比较适用的。这种分析法首先从宏观的经营环境出发，主要考察国内外的经济环境及其影响因素，确定外部经济环境对公司所处经营行业的影响；然后，分析行业类型和竞争程度，对公司所在行业位置进行确定；最后，利用权益证券估值模型对公司进行综合评价，从而确定公司的合理市场价值。可见，权益证券评估是考虑众多影响公司价值因素的一项复杂评价系统，这一系统涵盖了宏观经济因素、行业因素和公司因素。

1. 宏观经济分析

（1）宏观经济指标

对一个国家或地区的宏观经济进行评估，首先要对该国家或地区的主要宏观经济指标（变量）进行分析。这些指标（变量）主要包括以下七个（见表2－7）：

表2－7 宏观经济指标（变量）

因素	概念	内容
国内生产总值（GDP）	国内生产总值是指某一特定时期内在本国（或本地区）领土上所生产的产品和提供的劳务的价值总和，是衡量整体经济活动的总量指标 **注：**快速增长的GDP表示该国经济正在迅速扩张，公司的经营环境较为有利	由消费、投资、净出口（出口额减进口额）和政府支出四部分构成，表达式为： $GDP = C + I + (X - M) + G$ 式中：C代表消费；I代表投资；X代表出口额，M代表进口额，$X-M$代表净出口；G代表政府支出
通货膨胀	①通货膨胀的测量主要采用物价指数，如居民消费价格指数、生产者物价指数、商品价格指数等 ②不同的指数有着不同的受测经济范围和不同物品的价格比重	
利率	利率是资金成本的主要决定因素，高利率会减少未来现金流的现值，因而减少投资机会的吸引力	
汇率	汇率的变动直接影响本国产品在国际市场的竞争能力，从而对本国经济增长造成一定影响	
预算赤字	政府的预算赤字是政府支出和政府收入之间的差额	任何一个预算差额都会通过政府借债消除。一般认为，过量的政府借债会对私人部门的借债产生挤出效应，从而使得利率上升，进一步阻碍企业投资
失业率	失业率是评价一个国家或地区失业状况的主要指标，它测度了经济运行中生产能力极限的运用程度	
采购经理指数（PMI）	这是衡量制造业在生产、新订单、商品价格、存货、雇员、订单交货、新出口订单和进口八个方面状况的指数，是经济先行指标中一项非常重要的指标	当PMI大于50时，说明经济在发展；当PMI小于50时，说明经济在衰退

（2）经济周期

经济周期是根据实际国民市场总值将宏观经济运行划分为扩张期和收缩期（见图2－3）。

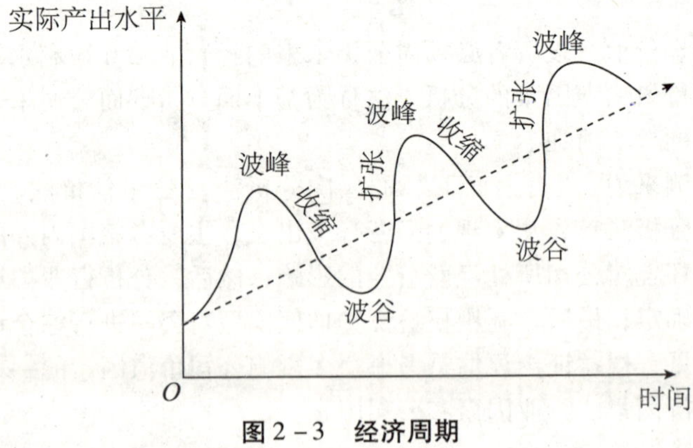

图2－3 经济周期

从长远经济走势看，总体经济增长随时间推移而向上移动，代表长期经济增长趋势。当经济处于收缩期，实际国民生产总值低于长期正常增长率，最低点称为波谷，最终经济扩张达到经济周期的最高点，即波峰。

从波谷到波峰，经济处于扩张阶段；从波峰到波谷，经济处于收缩阶段。由于证券市场与经济周期存在密切关系，如果投资者不能准确预测经济周期，就可能会遭受投资损失。尤其是如果投资者购买了随经济周期变动的股票（通常称为“周期性股票”），一旦经济不景气，这些股票就会使投资者损失惨重。

（3）宏观经济政策

在市场经济体制下，财政政策和货币政策是政府宏观经济调控的最重要的两大政策工具。政府通过运用财政政策和货币政策“熨平”经济周期波动对经济运行的负面冲击，促进国民生产总值稳定增长，从而实现充分就业和物价稳定的宏观经济目标。

①财政政策

财政政策是指政府的支出和税收行为，通常采用的宏观财政政策包括扩大或缩减财政支出、减税或增税等。政府希望通过这些方法控制社会的投资和消费水平，从而提高经济增长率，增加就业水平或降低通货膨胀率。

财政政策是刺激或减缓经济发展的直接方式。政府支出的上升直接增加了对产品和劳务的需求；同样，税收的减少也会增加消费者的收入，从而导致消费水平的提高。

②货币政策

货币政策是通过控制货币供应量和影响市场的利率水平对社会总需求进行管理。中央银行的货币政策采用的三项政策工具有：

▶公开市场操作，其主要内容是中央银行在货币市场上买卖短期国债。

▶利率水平的调节。

▶存款准备金率的调节。

注：存款准备金制度是商业银行和储蓄机构按照有关法律的要求，将存款的一定百分比存入中央银行的专门账户中，以应付商业银行和储蓄机构可能出现的资金流动性问题。

在经济调控过程中，政府往往将货币政策与财政政策组合搭配，进行“逆经济周期”调控。针对经济不同阶段，政府常常采取财政政策与货币政策“双紧”“双松”或“一松一紧”的政策搭配组合，对宏观经济变量进行调节。

2. 行业分析

“自上而下”分析法的第二步是行业分析，着重对行业基本面及行业发展前景等行业因素进行分析。行业因素又称产业因素，影响某一特定行业或产业中所有上市公司的股票价格。这些因素包括行业生命周期、行业景气度、行业法令措施以及其他影响行业价值面的因素。

（1）行业生命周期

任何一个行业都要经历一个生命周期：初创期、成长期、成熟期（平台期）和衰退期（见图2-4）。

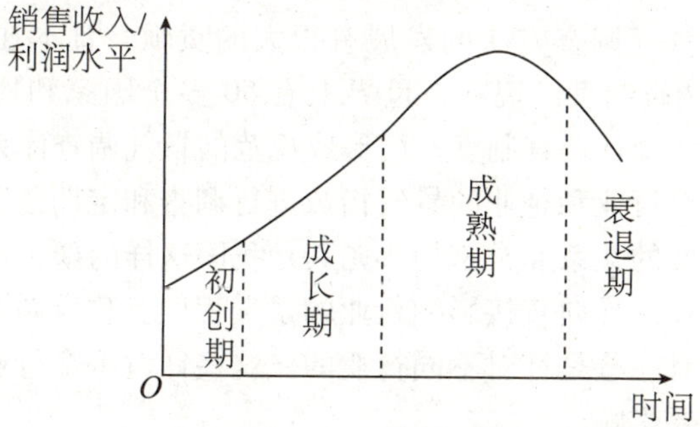

图2-4　行业生命周期

各周期的特点如下（见表2-8）：

表2-8　行业生命周期的特点

周期	特点
初创期	①大量的新技术被采用，新产品被研制但尚未大批量生产，销售收入和收益急剧膨胀 ②公司的垄断利润很高，但风险也较大，公司股价波动也较大 ③有两点需注意：一是关注行业的动态分析，二是关注不同区域或不同国家的分析
成长期	①各项技术逐渐成熟，产品的市场也基本形成并不断扩大 ②行业特征、竞争状况及用户群体已较为明确，企业进入壁垒提高，产品品种及竞争者数量增多 ③行业内，公司利润开始逐步上升，公司股价逐步上涨 ④行业的领导者开始出现
成熟期	①产品标准化 ②市场基本达到饱和，市场份额趋于稳定 ③产品销售的收入为该行业的公司带来稳定的现金流 ④由于行业竞争激烈，边际利润逐渐降低，利润增长缓慢甚至停滞
衰退期	行业的增长速度低于经济增速，或者萎缩，主要由产品过时、新产品的竞争或低成本的供应商竞争所致

例题精选精练

行业生命周期分为四个阶段，其中(　　)阶段的重要职能是研究开发。

A. 初创期　　B. 成长期　　C. 成熟期　　D. 衰退期

【答案】A

【解析】在初创期，大量的新技术被采用，新产品被研制但尚未大批量生产，销售收入和收益急剧膨胀。

（2）行业景气度

景气度又称景气指数，它是对企业景气调查中的定性指标通过定量方法加工汇总，综合反映某一特定调查群体或某行业的动态变动特性。

景气度最大的特点是具有信息超前性和预测功能，可靠性很高。

景气调查方法起源于20世纪20年代，最早由德国伊弗研究所（IFO）研究创立，法国经济研究所（L'INSEE）对景气调查方法的发展有很大的贡献，日本在第二次世界大战后学习IFO的经验也建立了景气调查制度。现在，世界上有50多个国家和地区都在进行行业景气调查，并把它作为一项重要的统计调查制度，已形成规范的景气调查体系。我国主要是国务院发展研究中心和国家统计局对行业和企业的景气指数进行调查和定期公布。

政策扶持与行业景气度的关系非常密切，尤其是我国这样的新兴市场国家，国家发展和改革委员会等政府部门对产业的导向直接影响行业的景气程度。政府颁布的产业政策或法令，有些是针对所有企业的，也有一些是针对不同行业的。这些针对特定行业的政策措施将会对该行业的上市公司股价产生重要影响。

3. 公司内在价值与市场价格

“自上而下”分析法的第三步是利用证券估值模型对公司的内在价值进行判断，进而确定股票的合理市场价格。

（1）内在价值

股票的内在价值决定股票的市场价格，股票的市场价格总是围绕其内在价值波动。但由于未来收益及市场利率的不确定性，各种价值模型计算出的“内在价值”只是股票真实的内在价值的估值。经济形势的变化、宏观经济政策的调整、供求关系的变化等都会影响股票未来的收益，引起内在价值的变化。

（2）市场价格

股票的市场价格是由市场供求关系所决定的，市场价格不仅受到资产内在价值与未来价值因素的影响，还可能受到市场情绪、技术、投机等因素的影响（见图2－5）。

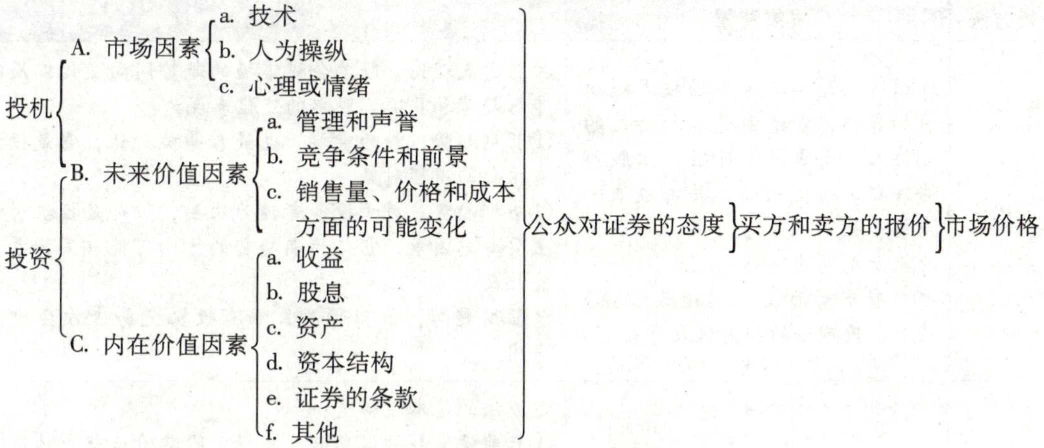

图2－5　市场价格和内在价值的关系

从该图可以看出，所谓的技术因素对市场价格具有间接或部分的影响，而股票价格的内在驱动力主要是投资性因素。

从投资实践看，数据不足或不准确、未来的不确定性、市场的非理性行为等因素是证券分析的主要障碍，导致证券的市场价格经常与内在价值偏离。尽管市场的理性投资力量会使这些偏离得到自我纠正，但是仍存在价格向价值回归迟缓的危险。

考点2　技术分析★★

1. 技术分析的概念

技术分析是指通过研究金融市场的历史信息来预测股票价格的趋势。它是通过股价、成交量、涨跌幅、图形走势等研究市场行为，以推测未来价格的变动趋势。技术分析只关心证券市场本身的变化，而不考虑基本面因素。

2. 技术分析的三项假定

（1）市场行为涵盖一切信息

一家公司盈利、股利和未来业绩变化的有关信息都会自动反映在公司以往价格上。股票过去价格和成交量的图表包含了证券分析师和投资者对于公司的预期变化。

(2) 股价具有趋势性运动规律，股票价格沿趋势运动

根据技术分析，股票价格沿着趋势运行并倾向于延续下去，直到有事件改变了股票的供求平衡，趋势方告结束。因此，一直在上涨的股票将继续上涨，而开始下跌的股票将继续下跌。为此，投资者应该买入开始上涨的股票，继续持有手中的强势股；若股票开始下跌，或“表现弱于大盘”，则应卖出。

(3) 历史会重演

技术分析的基本前提是空间和时间里存在可以复制的模式。技术分析隐含的一个重要前提是资产价格运动遵循可预测的模式，并且没有足够的投资者可以识别这种模式，市场多数投资者是根据情绪而不是理智进行投资决策。

3. 常用技术分析方法（见表 2－9）

表 2－9 常用技术分析方法

分析方法	发展背景	逻辑内容
道氏理论	①道氏理论堪称是市场技术派研究的鼻祖，它是由道琼斯公司的创办人、《华尔街日报》出版商查理斯·道提出的，并由威廉·汉密尔顿等人继承发展，而成为今天所见到的理论 ②《股市晴雨表》《道氏理论》成为道氏理论的经典代表作	按照道氏理论，股票会随市场的趋势同向变化以反映市场趋势和状况。股票的变化表现为： ①长期趋势，最为重要，也最容易被辨认，它是投资者主要的观察对象 ②中期趋势，对于投资者较为次要，但却是投机者的主要考虑因素，它与长期趋势的方向可能相同，也可能相反 ③短期趋势，最难预测，唯有投机交易者才会重点考虑
过滤法则与止损指令	①美国学者亚历山大于1961年在《工业管理评论》杂志发表《投机市场的价格变动：趋势与随机游走》一文中，首次提出的一种检验证券市场是否达到弱式有效的方法 ②过滤法则又称百分比穿越法则，是指当某只股票的价格变化突破事先设置的百分比时，投资者就交易这种股票	过滤法的基本逻辑是： ①只要没有新的消息进入市场，股票价格就应该在其“正常价格”的一定范围内随机波动。如果某只股票的市场价格大大偏离其“正常价格”，市场上的投资者就会买入或卖出该股票，使其价格回到合理的价位，这样股票的价格就有一个上下限 ②若某一新消息出现，一个新的均衡将出现。如果该消息是利好消息，则均衡价格就会上升，围绕它的上下限也将随之上升。投资者在股票价格超过上限后就可以判断这样的上升不是随机的，因此可在股价突破原上限后立即购买，就可以获得超额收益；相反，若此消息是利空消息，则均衡价格就会下降，围绕它的上下限也将随之下降
“相对强度”理论体系	—	①根据“相对强度”理论，投资者应购买并持有近期走势明显强于大盘指数的股票，也就是说要购买强势股 ②对于走势弱于大盘的股票，则应尽可能地采取回避的态度，如果条件允许的话，“卖空”也是可以考虑的

（续表）

分析方法	发展背景	逻辑内容
“量价”理论体系	量价理论最早见于美国股市分析家葛兰碧所著的《股票市场指标》，该理论认为成交量是股市的元气与动力，可利用量价关系判断买卖时机	①按照“量价”理论体系，当一只股票（或大盘）放量上涨或者呈现价升量增的态势时，则表明买方意愿强烈，股票有望再续升势 ②如果一只股票（或大盘）放量下跌，则表明卖压较为沉重，发出空头信号 ③如果一只股票被迫频繁操作买进卖出，其交易成本可能大大超过“买入持有”策略所需要支付的交易成本

注：运用过滤法则和止损指令所基于的假设是：股票价格是序列正相关的，也就是说，过去价格攀升的股票，价格继续上扬而不是下跌的可能性高。根据这套技术体系，可以设定买入点或卖出点（止损点）。如果一只股票触底后转而上涨，如上涨5%（涨跌幅的设定取决于不同投资者的风险偏好），那么据此可以推断一个上升趋势就此确立；反过来，一只见顶后继而下跌5%的股票同样可以认为该股已经走入下降通道中。应当买进自低点上涨5%的股票，并一直持有到股价从此后的高点下挫5%为止，此时便是卖出股票的绝佳时机，如果可能的话，甚至还可以卖空。之后，应当维持空头头寸，直到股价自下一个低点再次反弹5%，方可平仓了结。

4. 技术分析的争议

对于技术分析的有效性，市场一直存在争议。彼得·林奇曾说，图表是预测过去的工具。有研究表明技术分析有一些预测能力，也有研究显示技术分析并不具备对欧美市场指数的样本外预测能力。无论争议情况如何，技术分析方法长期以来一直是投资决策的辅助工具。许多投资者采用技术分析和估值分析相结合的方法。

例题精选精练

（　　）和《道氏理论》是道氏理论的经典代表作。

A. 《股市晴雨表》　　B. 《趋势与随机游走》

C. 《股票市场指标》　　D. 《证券分析》

【答案】A

【解析】道氏理论堪称是市场技术派研究的鼻祖，它是由道琼斯公司的创办人、《华尔街日报》出版商查理斯·道提出的，并由威廉·汉密尔顿等人继承发展，而成为今天所见到的理论。他们所著的《股市晴雨表》《道氏理论》成为道氏理论的经典代表作。

第四节　股票估值方法

考点1　内在价值法★★

内在价值法又称绝对价值法或收益贴现模型，是按照未来现金流的贴现对公司的内在价值进行评估。其具体又分为股利贴现模型（DDM）、自由现金流量贴现模型（DCF）、经济附加值模型等。

1. 内在价值法的现金流贴现原理

股票内在价值法是直接从公司股权价值的内在驱动因素出发对股票进行价值评估，它是按照现金流贴现对公司内在价值进行评估。

按照公司金融理论，企业现金流进行分配的第一个环节是进行投资，支付的这部分现金流为营运资本。第二个环节是为所有资本提供者提供报酬。由于企业资本提供的属性不同，现金流的索取权顺序也存在差异。企业首先向债权人支付负债利息，然后才能向公司股东进行红利分配。但由于企业为了未来发展而需要进行再投资，所以分配给普通股股东的红利往往是再投资和留存收益之后的现金流（见图2－6）。

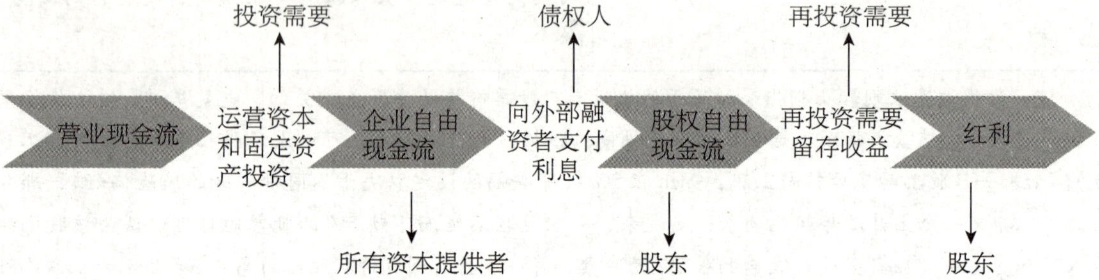

图2－6　现金流分配的过程

因此，不同的现金流决定了不同的现金流贴现模型。其中，股利贴现模型（DDM）采用的是现金股利，权益现金流贴现模型（FCFE）采用的是权益自由现金流，企业贴现现金流模型（FCFF）采用的是企业自由现金流。

2. 股利贴现模型（DDM）

若假定股利是投资者在正常条件下投资股票所直接获得的唯一现金流，就可以建立估值模型对普通股进行估值，这就是著名的股利贴现模型。这一模型最早由威廉姆斯和戈登提出，实质是将收入资本化法运用到权益证券的价值分析中，这在概念上与债券估值方法没有本质性差别。

该模型股票现值表达为未来所有股利的贴现值：

$$D=\frac{D_1}{1+r}+\frac{D_2}{(1+r)^2}+\cdots+\frac{D_t}{(1+r)^t}+\cdots=\sum_{t=1}^{\infty}\frac{D_t}{(1+r)^t}$$

式中：D 表示普通股的内在价值；D_t 表示普通股第 t 期支付的股息或红利；r 表示贴现率，又称资本化率。贴现率是预期现金流量风险的函数。风险越大，现金流的贴现率越大；风险越小，则资产贴现率越小。

根据对股利增长率的不同假定，股利贴现模型可以分为零增长模型、不变增长模型、三阶段增长模型和多元增长模型。

3. 自由现金流（FCFF）贴现模型

按照自由现金流贴现模型，公司价值等于公司预期现金流量按公司资本成本进行折现，将预期的未来自由现金流用加权平均资本成本（WACC）折现到当前价值来计算公司价值，然后减去债券的价值进而得到股票的价值。其公式可表达为：

$$V=\sum_{t=1}^{n}\frac{\mathrm{FCFF}_t}{(1+\mathrm{WACC})^t}$$

式中：V 表示公司价值；$FCFF_t$ 表示公司 t 期的自由现金流；WACC 表示加权平均资本成本，即债务资本价值与股本价值之和。

FCFF 指标体现了公司所有权利要求者，包括普通股股东、优先股股东和债权人的现金流总和，其计算公式为：

$$\text{FCFF} = \text{EBIT} \times (1 - \text{税率}) + \text{折旧} - \text{资本性支出} - \text{追加营运资本}$$

式中：EBIT 为税息前利润。

4. 股权资本自由现金流（FCFE）贴现模型

股权自由现金流量是在公司用于投资、营运资金和债务融资成本之后可以被股东利用的现金流，它是公司支付所有固定资产与营运资产投资，以及所得税和净债务（即利息、本金支付减发行新债务的净额）后可分配给公司股东的剩余现金流量。FCFE 的计算公式为：

$$\text{FCFE} = \text{净收益} + \text{折旧} - \text{资本性支出} - \text{营运资本追加额} - \text{债务本金偿还} + \text{新发行债务}$$

FCFE 贴现模型的基本原理，是将预期的未来股权活动现金流用相应的股权要求回报率折现到当前价值来计算公司股票价值。其计算公式为：

$$V = \sum_{t=1}^{n} \frac{FCFE_t}{(1 + K_e)^t}$$

式中：V 表示公司股权价值；$FCFE_t$ 表示 t 期的股权现金流；K_e 表示根据 CAPM 模型计算的股权成本。

5. 经济附加值（EVA）模型

经济附加值（EVA）指标源于企业经营绩效考核的目的，最早是由斯特恩—斯图尔特管理咨询公司提出并推广的，被许多世界著名大公司（如可口可乐公司）采用。

经济附加值等于公司税后净营业利润减去全部资本成本（股本成本与债务成本）后的净值。计算公式为：

$$\text{EVA} = \text{NOPAT} - \text{资本成本}$$

式中：EVA 表示经济附加值；NOPAT 表示税后经营利润，或称息前税后利润，是指息税前利润 EBIT 扣除经营所得税；资本成本等于 WACC 乘以实际投入资本总额；WACC 表示加权平均资本成本。上述公式也可表示为：

$$\text{EVA} = (\text{ROIC} - \text{WACC}) \times \text{实际资本投入}$$

式中：ROIC 表示资本收益率，即投资资本回报率，为息前税后利润除以实际投入资本。

如果计算出的 EVA 为正，说明企业在经营过程中创造了财富；否则就是在毁灭财富。经济附加值模型之所以被称为当今投资银行进行股票估值的重要工具，在很大程度上是因为应用市盈率指标进行定价估值太简单，容易产生误解，缺乏现金流概念，对亏损企业很难运用。经济附加值指标克服了传统业绩衡量指标的缺陷（股东价值与市场价值不一致问题），比较准确地反映了上市公司在一定时期内为股东创造的价值。

考点 2　相对价值法★★

相对价值法是使用一家上市公司的市盈率、市净率、市售率、市现率等指标与其竞争者进行对比，以决定该公司价值的方法。

1. 市盈率模型

市盈率指标是股票价格和每股收益的比率，该指标表示盈余和股价之间的关系，用公式表达为：

$$市盈率（P/E）=\frac{每股价格}{每股收益（年化）}$$

根据市盈率偏高或偏低，判断股票价格被高估还是低估。

使用包括市盈率模型在内的相对估值方法的一个问题是价格倍数会随着投资者情绪而变化。当投资者保持乐观态度时，收益乘数较高，市场价格也较高；当投资者持悲观态度时，收益乘数较低，市场价格也较低。

2. 市净率模型

账面价值是公司净资产的会计指标。美国经济学家法玛和弗伦奇及其以后学者的研究表明，市价/账面价值比率（*P/B*）是衡量公司价值的重要指标，这就是市净率的表达公式，即：

$$市净率=\frac{每股市价}{每股净资产}$$

$$P/B=\frac{P_t}{BV_{t+1}}$$

式中：BV_{t+1}为公司每股账面价值的年末估计值；P_t 为每股市价。

（1）市净率在使用中的优点：

①每股净资产通常是一个累积的正值，因此市净率适用于经营暂时陷入困难的以及有破产风险的公司。

②统计学证明每股净资产数值普遍比每股收益稳定得多。

③对于资产包含大量现金的公司，市净率是更为理想的比较估值指标。

此外，*P/B* 尤其适用于公司股本的市场价值完全取决于有形账面价值的行业，如银行、房地产公司。而对于没有明显固定成本的服务性公司，其账面价值意义不大。

（2）市净率在使用中的缺点：

①由于会计计量的局限，一些对企业非常重要的资产并没有确认入账，如商誉、人力资源等。

②当公司在资产负债表上存在显著的差异时，作为一个相对值，*P/B* 可能对信息使用者有误导作用。

3. 市现率模型

由于公司盈利水平容易被操纵而现金流价值通常不易操纵，市价/现金比率（市现率）越来越多地被投资者所采用。市现率（*P/CF*）的计算公式为：

$$P/CF=\frac{P_t}{CF_{t+1}}$$

式中：P_t 为 t 期股票的价格；CF_{t+1}为公司在 $t+1$ 期的预期每股现金流。

影响这个比率的因素与影响 *P/E* 的因素相同，即这些变量应该是所采用的现金流变量的预期增长率和由于现金流的不确定性或波动性所带来的股票风险。用来计算的现金流指标通常是扣除利息、税款、折旧和摊销之前的收益（EBITDA）。根据公司性质不同，也可采用其他更能体现公司绩效的现金流（如营运现金流或自由现金流）。同时，合适的市现率也会受到公司资本结构的影响。

4. 市销率模型

市销率也称价格营收比，是股票市价与销售收入的比率，该指标反映的是单位销售收入反映的股价水平。其计算公式为：

$$P/S = \frac{P_t}{S_{t+1}}$$

式中：P_t 为 t 期股票的价格；S_{t+1} 为公司在 $t+1$ 期的每股销售额。

市销率指标的引入主要是为克服市盈率等指标的局限性，在评估股票价值时需要对公司的收入质量进行评价。由于主营业务收入对于公司未来发展评价起着决定性的作用，因此市销率有助于考察公司收益基础的稳定性和可靠性，有效把握其收益的质量水平。

一般而言，价值导向型的基金经理选择的范围都是“每股价格/每股销售收入 < 1”的股票。

5. 企业价值倍数

企业价值倍数（EV/EBITDA）是一种被广泛使用的公司估值指标。它反映了投资资本的市场价值和未来一年企业收益间的比例关系。其中，企业价值（EV）的计算公式为：

$$企业价值 = 市值 + （总负债 - 总现金） = 市值 + 净负债$$

扣除利息、税款、折旧及摊销前的收益（EBITDA）用以计算公司经营业绩。其计算公式为：

$$EBITDA = 净利润 + 所得税 + 利息 + 折旧 + 摊销$$

或：

$$EBITDA = EBIT + 折旧 + 摊销$$

$$EBIT = 净销售量 - 营业费用$$

$$企业价值倍数 = \frac{企业价值}{企业摊销前的收益}$$

EV/EBITDA 和市盈率等相对估值指标的用法一样，EV/EBITDA 使用 EV，即投入企业的所有资本的市场价值代替市盈率模型中的股价，使用 EBITDA 代替市盈率模型中的每股净利润。其倍数相对于行业平均水平或历史水平较高则通常说明高估，较低则说明低估，不同行业或板块有不同的估值（倍数）水平。

P/E 和 EV/EBITDA 反映的都是市场价值和收益指标间的比例关系，只不过 P/E 是从股东的角度出发，EV/EBITDA 则是从全体投资人的角度出发。在 EV/EBITDA 方法中，要最终得到对股票市值的估计，还必须减去债权的价值。在缺乏债权市场的情况下，可以使用债务的账面价值来近似估计。

EV/EBITDA 较 P/E 有明显优势：

（1）由于不受所得税税率不同的影响，使得不同国家和市场的上市公司估值更具可比性。

（2）不受资本结构不同的影响，公司对资本结构的改变不会影响估值，同样有利于比较不同公司的估值水平。

（3）排除了折旧、摊销这些非现金成本的影响（现金比账面利润重要），可以更准确地反映公司价值。但 EV/EBITDA 更适用于单一业务或子公司较少的公司估值，如果业务或合并子公司数量众多，需要做复杂调整，有可能会降低其准确性。

综上，普通股估值的基本模型总结如下（表2－10）。

表2－10 普通股估值的基本模型

<table>
<tr><td rowspan="7">内在价值法
（收益贴现模型）</td><td rowspan="6">现金流
贴现模型</td><td rowspan="4">股利贴现模型
（DDM）</td><td>零增长模型</td></tr>
<tr><td>不变增长模型</td></tr>
<tr><td>三阶段红利贴现模型</td></tr>
<tr><td>多元增长模型</td></tr>
<tr><td rowspan="2">自由现金流量贴现模型
（DCF）</td><td>公司自由现金流（FCFF）贴现模型</td></tr>
<tr><td>股权资本自由现金流（FCFE）贴现模型</td></tr>
<tr><td>超额收益
贴现模型</td><td colspan="2">经济附加值（EVA）模型</td></tr>
<tr><td rowspan="5">相对价值法
（乘数估值模型）</td><td colspan="3">市盈率模型（P/E）</td></tr>
<tr><td colspan="3">市净率模型（P/B）</td></tr>
<tr><td colspan="3">企业价值倍数（EV/EBITDA）</td></tr>
<tr><td colspan="3">市现率模型（P/CF）</td></tr>
<tr><td colspan="3">市销率模型（P/S）</td></tr>
</table>

本章强化训练

下列选项中只有一项最符合题目要求。不选、错选均不得分。

1. 股权投资的风险更大，要求更________的风险溢价，其收益应该________于债权投资的收益。（　　）

A. 高；低　B. 低；高　C. 高；高　D. 低；低

2. 决定股票市场价格的是股票的（　　）。

A. 票面价值　B. 账面价值　C. 内在价值　D. 清算价值

3. 每股股票所代表的实际资产的价值是股票的（　　）。

A. 清算价值　B. 账面价值　C. 票面价值　D. 内在价值

4. 股票的特征包括（　　）。

Ⅰ. 永久性　Ⅱ. 固定性　Ⅲ. 风险性　Ⅳ. 收益性

A. Ⅰ、Ⅲ　B. Ⅱ、Ⅳ　C. Ⅰ、Ⅲ、Ⅳ　D. Ⅰ、Ⅱ、Ⅲ、Ⅳ

5. 与普通股相比，发行优先股的优点是（　　）。

Ⅰ. 有固定股息　Ⅱ. 不需要还本　Ⅲ. 没有到期期限　Ⅳ. 不享有表决权

A. Ⅰ、Ⅲ　B. Ⅱ、Ⅲ

C. Ⅰ、Ⅲ、Ⅳ　D. Ⅰ、Ⅱ、Ⅲ、Ⅳ

6. 下列关于存托凭证的论述，正确的是（　　）。

A. 存托凭证是指在一国证券市场流通的代表本国公司有价证券的可转让凭证

B. 存托凭证一般代表外国公司债券

C. 存托凭证起源于香港证券市场

D. 存托凭证由 J. P. 摩根首创

7. (　　)是由发行公司委托存券银行发行的。

A. 全球存托凭证　　B. 美国存托凭证

C. 无担保的存托凭证　　D. 有担保的存托凭证

8. 我国《上市公司证券发行管理办法》规定，可转换债券的期限最短为 1 年，最长为(　　)年。

A. 2　　B. 4　　C. 6　　D. 8

9. 关于权益类证券投资的风险，下列说法错误的是(　　)。

A. 当系统性风险发生时，所有资产均受到影响

B. 非系统性风险主要包括财务风险、经营风险和流动性风险

C. 财务风险是企业在付息日或负债到期日无法以现金方式支付利息或偿还本金的风险

D. 经营风险是指投资者在买入资产后，届时无法按照公平市价进行成交的可能性

10. 权益现金流贴现模型采用的是(　　)。

A. 权益自由现金流　　B. 企业自由现金流

C. 现金股利　　D. 个人自由现金流

11. 关于各类资本的风险和收益特征表述，下列说法正确的是(　　)。

A. 不管公司盈利与否，股权投资者均有权获得固定利息且到期收回本金

B. 公司债权人只有在公司盈利时才可获得股息

C. 在面临清算时，股权投资的清偿顺序先于债权投资

D. 股权投资的风险更大，要求更高的风险溢价

12. 下列不属于权证的基本要素的是(　　)。

A. 总资产　　B. 存续时间　　C. 行权价格　　D. 行权比例

13. 关于风险溢价，下列说法错误的是(　　)。

A. 无论是系统性风险还是非系统性风险，都要求相应的风险溢价

B. 风险溢价是为风险厌恶的投资者购买风险资产而向他们提供的一种额外的期望收益率

C. 风险较高的权益类证券、风险较高的公司对应着一个较低的风险溢价

D. 风险资产期望收益率 = 无风险资产收益率 + 风险溢价

14. 将一股面值较大的股票拆分成几股面值较小的股票被称为(　　)。

A. 股票回购　　B. 分配股票股利　　C. 公开发行股票　　D. 股票拆细

15. 关于国内生产总值：$GDP = C + I + (X - M) + G$，下列说法错误的是(　　)。

A. C 表示消费　　B. I 表示投资

C. $X - M$ 表示净出口　　D. G 表示政府投资

16. (　　)是资金成本的主要决定因素。

A. 汇率　　B. 利率　　C. 预算赤字　　D. 失业率

参考答案及解析

1. C【解析】股权投资的风险更大，要求更高的风险溢价，其收益应该高于债权投资的收益。

2. C【解析】股票的内在价值决定股票的市场价格，股票的市场价格总是围绕其内在价

值波动。

3. B【解析】股票的账面价值又称股票净值或每股净资产，是每股股票所代表的实际资产的价值。

4. C【解析】股票的特征有：①收益性；②风险性；③流动性；④永久性；⑤参与性。

5. D【解析】优先股没有到期期限，无须归还股本，每年有一笔固定的股息，相当于永久年金（没有到期期限）的债券，但其股息一般比债券利息要高一些。优先股一般情况下不享有表决权。

6. D【解析】A项，存托凭证是指在一国证券市场上流通的代表外国公司有价证券的可转让凭证；B项，存托凭证一般代表外国公司股票，也可以代表债券；C项，存托凭证起源于20世纪20年代的美国证券市场。

7. D【解析】无担保的存托凭证是指存券银行不通过基础证券发行公司，直接根据市场需求和自有基础证券的数量自行向投资者发行的存托凭证；有担保的存托凭证是由发行公司委托存券银行发行的。

8. C【解析】我国《上市公司证券发行管理办法》规定，可转换债券的期限最短为1年，最长为6年，自发行结束之日起6个月后才能转换为公司股票。

9. D【解析】经营风险是指公司在经营过程中由于产业景气状况、公司管理能力、投资项目等企业个体因素，使得企业的销售额或成本显得不稳定，引起息税前利润大幅变动的可能性。流动性风险是指投资者在买入资产后，届时无法按照公平市价进行成交的可能性。

10. A【解析】股利贴现模型采用的是现金股利，权益现金流贴现模型采用的是权益自由现金流，企业贴现现金流模型采用的是企业自由现金流。

11. D【解析】不管公司盈利与否，公司债权人均有权获得固定利息且到期收回本金；而股权投资者只有在公司盈利时才可获得股息。在面临清算时，债权投资的清偿顺序先于股权投资，当剩余价值不够偿还权益资本时，股东只能收回一部分投资；更严重的是，可能损失所有投资。因此，股权投资的风险更大，要求更高的风险溢价，其收益应该高于债权投资的收益。

12. A【解析】权证的基本要素包括：①权证类别；②标的资产；③存续时间；④行权价格；⑤行权结算方式；⑥行权比例。

13. C【解析】风险较高的权益类证券、风险较高的公司对应着一个较高的风险溢价，其期望收益率一般也较高。

14. D【解析】股票拆分，又称为股票拆细，即将一股面值较大的股票拆分成几股面值较小的股票。股票拆分对公司的资本结构和股东权益不会产生任何影响，一般只会使发行在外的股票总数增加，每股面值降低，并由此引起每股收益和每股市价下降，而股东的持股比例和权益总额及其各项权益余额都保持不变。

15. D【解析】国内生产总值表达式为：$GDP = C + I + (X - M) + G$，式中：$C$表示消费；$I$表示投资；$X$表示出口额；$X - M$表示净出口；$G$表示政府支出。

16. B【解析】利率是资金成本的主要决定因素。

第三章
固定收益投资

最新考纲要求

考试大纲	考查要点	能力等级
债券与债券市场	债券市场各参与方的责任以及发行人类型	★
	债券的种类和特点	★★★
	不同债券违约时的受偿顺序以及债券的嵌入条款	★★★
	固定利率债券、浮动利率债券和零息债券	★★
	投资债券的风险	★★★
	中国债券市场体系的发展情况	★
债券价值分析	DCF 估值法的概念和应用	★★
	债券的当期收益率和到期收益率的概念和区别	★★★
	当期收益率和到期收益率与债券价格的关系	★★★
	利率的期限结构和信用利差的概念和应用	★★★
	债券久期（麦考利久期和修正久期）的概念、计算方法和应用	★★★
	债券凸性的概念和应用	★★
货币市场工具	货币市场工具的特点	★★
	常用货币市场工具类型	★★★

核心考点解读

第一节　债券与债券市场

考点 1　债券市场各参与方的责任以及发行人类型★

1. 债券市场的基本概念

债券，通常又称固定收益证券，因为这类金融工具能够提供固定数额或根据固定公式计算出的现金流。

债券市场是债券发行和买卖交易的场所，将需要资金的政府机构或公司与资金盈余的投资者联系起来。债券市场交易的对象是债券。

2. 债券市场各参与方的责任

（1）债券承销商负责债券的发行与承销，其在债券发行人和债券投资人之间起到金融中介作用。

（2）债券发行人通过发行债券筹集的资金一般都有固定期限，债券到期时债务人必须按时归还本金并支付约定的利息。债券是债权凭证，债券持有人与债券发行人之间是债权债务关系。

3. 债券发行人的类型

债券的发行人包括中央政府、地方政府、金融机构及企业。

例题精选精练

债券的发行人包括（　　）。

Ⅰ. 中央政府　　Ⅱ. 地方政府　　Ⅲ. 金融机构　　Ⅳ. 企业

A. Ⅰ、Ⅱ　　B. Ⅰ、Ⅲ、Ⅳ

C. Ⅰ、Ⅱ、Ⅲ、Ⅳ　　D. Ⅱ、Ⅲ、Ⅳ

【答案】C

【解析】债券的发行人包括中央政府、地方政府、金融机构及企业。债券发行人通过发行债券筹集的资金一般都有固定期限，债券到期时债务人必须按时归还本金并支付约定的利息。

考点2　债券的种类和特点★★★

1. 按发行主体分类（见表3－1）

表3－1　按发行主体分类的债券

债券种类	概念	内容
政府债券	政府债券是政府为筹集资金而向投资者出具并承诺在一定时期支付利息和偿还本金的债务凭证	我国政府债券包括国债和地方政府债： ①国债是财政部代表中央政府发行的债券 ②地方政府债包括由中央财政代理发行和地方政府自主发行的由地方政府负责偿还的债券
金融债券	金融债券是由银行和其他金融机构经特别批准而发行的债券	金融债券包括： ①政策性金融债，发行人是政策性金融机构，即国家开发银行、中国农业发展银行、中国进出口银行 ②商业银行债券，发行人是商业银行 ③特种金融债券，是指经中国人民银行批准，由部分金融机构发行的，所筹集的资金专门用于偿还不规范证券回购债务的有价证券 ④非银行金融机构债券，由非银行金融机构发行 ⑤证券公司债和证券公司短期融资券，由证券公司发行
公司债券	公司债券是公司依照法定程序发行、约定在一定期限还本付息的有价证券	①公司债券的发行主体是股份公司，有的国家也允许非股份制企业发行债券 ②公司债券和企业债券合称公司（企业）债券

例题精选精练

(　　)是财政部代表中央政府发行的债券。

A. 国债　　B. 商业银行债券　　C. 政策性金融债　　D. 地方政府债

【答案】A

【解析】我国政府债券包括国债和地方政府债。其中，国债是财政部代表中央政府发行的债券。

2. 按偿还期限分类

按偿还期限分类，债券可分为短期债券、中期债券和长期债券：

(1) 短期债券，一般而言，其偿还期在1年以下（美国的短期国债的期限通常为3个月或6个月）。

(2) 中期债券的偿还期一般为1~10年。

(3) 长期债券的偿还期一般为10年以上。

3. 按计息方式分类（见表3-2）

表3-2　按计息方式分类的债券

债券种类	票面利率	利息	内容
固定利率债券	①固定利率债券有固定的到期日 ②在偿还期内有固定的票面利率和不变的面值	①即使市场利率或者发行人的信用等级改变，债券发行人要偿付的利息也不会变 ②在偿还期内定期支付利息，并在到期日支付面值	固定利率债券是由政府和企业发行的主要债券种类
浮动利率债券	浮动利率债券的票面利率不是固定不变的，通常与一个基准利率挂钩	①浮动利率债券的利息在每个支付期期初都会根据基准利率的变化而重新设置 ②在每个利息支付日利息由上一支付日的基准利率和利差共同决定	①浮动利率可以表达为： 浮动利率＝基准利率＋利差 注：具体内容见表下方“注” ②有些浮动利率债券的条款中利率存在浮动上限，即浮动利率的顶；有些浮动债券设置了利率浮动的下限，即浮动利率的底
零息债券	零息债券和固定利率债券一样有一定的偿还期限	在期间不支付利息，而在到期日一次性支付利息和本金，一般其值为债券面值	①零息债券以低于面值的价格发行，到期日支付的面值和发行时价格的差额即为投资者的收益 ②偿还期是1年或1年以下的债券以零息债券的方式发行，如美国国库券；偿还期在1年以上的零息企业债券，由于利息和本金在到期日一次性支付，其风险较大，除非有较高的预期收益率，投资者通常不愿意购买，发行人的借款成本也会上升

注：①基准利率，通常选用金融市场工具有普遍参照作用的利率人提供的利率。在国际金融市场上，伦敦银行间同业拆借利率是被广泛采纳的基准利率。在我国金融市场上，上海银行间同业拆借利率是被广泛采纳的货币市场基准利率。

②利差，在债券的偿还期内是固定的百分点，即利差不反映已发行债券在其偿还期内发行人信用的改变，但浮动利率债券的利息会通过基准利率的变化随市场利率的波动而波动。国际惯例将利差用基点表示，1 个基点（1 bps）等于0.01%。

例题精选精练▶▶

下列各种债券中，其利率在偿付期限内发生变化的是（　　）。

A. 贴现债券

B. 附息债券

C. 息票累计债券

D. 浮动利率债券

【答案】D

【解析】浮动利率债券的利息在每个支付期期初都会根据基准利率的变化而重新设置。

4. 按付息方式分类

按付息方式分类，债券可分为息票债券和贴现债券。

（1）息票债券，是指债券发行时规定，在债券存续期内，在约定的时间以约定的利率按期向债券持有人支付利息的中、长期债券。债券的持有人于息票到期日，凭债券附带的息票领取最后一期的利息并同时领取债券的本金。

（2）贴现债券，是无息票债券或零息债券，这种债券在发行时不规定利率，券面也不附息票，发行人以低于债券面额的价格出售债券，即折价发行，债券到期时发行人按债券面额兑付。

5. 按嵌入的条款分类

按嵌入的条款分类，债券可分为可赎回债券、可回售债券、可转换债券、通货膨胀联结债券和结构化债券等。

（1）可赎回债券

可赎回债券为发行人提供在债券到期前的特定时段以事先约定价格买回债券的权利。约定的价格称为赎回价格，包括面值和赎回溢价。大部分可赎回债券约定在发行一段时间后才可执行赎回权，赎回价格可以是固定的，也可以是浮动的。

通常债券发行人都偏好纳入这一款债券，因为如果在债券发行后，市场利率下跌，发行人可选择赎回债券再以较低的利率发行新的债券来融资。

注：和一个其他属性相同但没有赎回条款的债券相比，可赎回债券的利息更高，以补偿债券持有者面临的债券提早被赎回的风险（赎回风险）。

（2）可回售债券

可回售债券为债券持有者提供在债券到期前的特定时段以事先约定价格将债券回售给发行人的权利，约定的价格称为回售价格。大部分可回售债券约定在发行一段时间后才可执行回售权，回售价格通常是债券的面值。

注：和一个其他属性相同但没有回售条款的债券相比，可回售债券的利息更低，因为此条款可降低投资者的价格下跌风险。

（3）可转换债券

可转换债券是一种混合债券，是指在一段时间后，持有者有权按约定的转换价格或转换比率将公司债券转换为普通股股票。

对于标准的可转换债券，在价值形态上，可转换债券赋予投资人一个保底收入，即债券息票支付与到期本金偿还构成的普通附息债券的价值，同时，它还赋予了投资人在股票上涨到一定价格的条件下转换成发行人普通股票的权益，即看涨期权的价值。

（4）通货膨胀联结债券

通货膨胀通过影响债券现金流而降低投资者的购买力，而大多数的通货膨胀联结债券的面值（而不是票面利率）在每个支付日会根据某一消费价格指数调整来反映通货膨胀的变化。

此类债券的利息通过面值的调整也得到相应调整。美国政府发行的通货膨胀保护债券（TIPS）、英国的指数联结金边债券、我国香港特别行政区的通货膨胀挂钩债券都是通货膨胀联结债券。

（5）结构化债券

资产证券化是指以其他债券或贷款组成的资产池为支持，构建新的债券产品形式。此类新购建的债券称为结构化债券，主要是住房抵押贷款支持证券（MBS）和资产支持证券（ABS）。

①住房抵押贷款支持证券，是以居民住房抵押贷款或商用住房抵押贷款组成的资金池为支持的，资金流来自住房抵押贷款人定期还款，由金融中介机构打包建立资产池。

②资产支持证券，其种类是其他债务贷款，如汽车消费贷款、学生贷款、信用卡应收款等。

MBS和ABS的现金流可组成资金池打包成更复杂的金融工具。不同于传统债券的持有者每季度或半年或一年得到利息，购买结构化债券的投资者通常定期获得资金池里的一部分现金，包括本金和利息。

在我国证券市场，ABS作为债务性新型金融创新工具刚刚兴起，具有巨大的发展潜力。

例题精选精练▶▶

在债券到期前的特定时段以事先约定的价格将债券回售给发行人的是（　　）。

A. 可交换债券

B. 可转换公司债券

C. 可回售债券

D. 可赎回债券

【答案】C

【解析】可回售债券为债券持有者提供在债券到期前的特定时段以事先约定价格将债券回售给发行人的权利，约定的价格称为回售价格。

考点3　不同债券违约时的受偿顺序以及债券的嵌入条款★★★

在企业破产时，债务人优先于股权持有者获得企业资产的清偿。在企业有足够资金清偿时，面值和拖欠的利息是债权人能获得的最多支付。然而不是所有的债券都有平等的受偿等级。不同种类债券违约时受偿等级顺序如下（见图 3－1）。

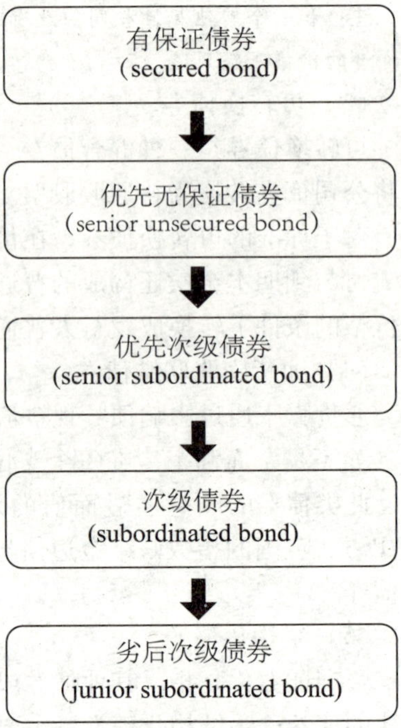

图 3－1　债券违约时的受偿顺序

债券有无保证是影响债券信用等级的重要因素，因此可分为有保证债券和无保证债券。

1. 有保证债券

有保证的债券意味着投资者对相关资产及其产生的现金流有直接受偿权。

有保证债券中最高受偿等级的是第一抵押权债券或有限留置权债券，前者的保证物是实体资产，后者的保证物可以是房屋也可以是专利、品牌等资产。此外还有第二抵押权债券、第三抵押权债券等，对保证资产的受偿权依次递减。

有保证债券根据保证的形式不同，可分为抵押债券、质押债券和担保债券。抵押债券的保证物是土地、房屋、设备等不动产；质押债券的保证物是债券发行者持有的债权或股权，而非真实资产；担保债券是由另一实体提供保证发行的债券。

2. 无保证债券（信用债券）

无保证债券只是对债务人的资产有普遍的受偿权，在破产清偿时在有保证债券之后获得清偿。

在无保证债券中，受偿等级最高的是优先无保证债券，这也是公司债的主要形式。接下来依次是优先次级债券、次级债券、劣后次级债券，这些等级的债券在清偿时仅有少量补偿甚至没有。

有保证的债券融资成本较低；无保证债券发行成本低于股票，且不会稀释股权，监管比股票松。投资者是否愿意购买无保证债券取决于其期望收益能否补偿其风险。

例题精选精练 ▶▶

下列关于有保证债券的说法，错误的是（　　）。

A. 有保证债券中最高受偿等级的是第一抵押权债券或有限留置权债券

B. 抵押债券的保证物是土地、房屋、设备等不动产

C. 质押债券的保证物是债券发行者持有的债权或股权，而非真实资产

D. 有保证的债券融资成本较高

【答案】D

【解析】D 项，有保证的债券融资成本较低；无保证债券发行成本低于股票，且不会稀释股权，监管比股票松。

考点 4　投资债券的风险★★★

1. 信用风险

（1）信用风险概述

债券的信用风险又叫违约风险，是指债券发行人未按照契约的规定支付债券的本金和利息，给债券投资者带来损失的可能性。发行人财务状况越差，债券违约风险越大，意味着不会

按计划支付利息和本金的可能性越大。

注：债券投资者也可能面临由于信用风险上升而带来的债券价值的损失。

(2) 信用评级机构

为评估违约风险，许多投资者会参考独立信用评级机构发布的信用评级，债券评级是反映债券违约风险的重要指标。国际上知名的独立信用评级机构有三家：穆迪投资者服务公司、标准·普尔评级服务公司、惠誉国际信用评级有限公司。这三大国际信用评级机构的债券信用等级分类如下（见表3－3）。

表3－3 国际信用评级机构的债券信用等级

类别	标准·普尔（Standard & Poor's）	穆迪（Moody's）	惠誉（Fitch）	等级
投资级债券	AAA	Aaa	AAA	最高级别
	AA＋	Aa1	AA＋	
	AA	Aa2	AA	
	AA－	Aa3	AA－	
	A＋	A1	A＋	中高级别
	A	A2	A	
	A－	A3	A－	
	BBB＋	Baa1	BBB＋	中下级别
	BBB	Baa2	BBB	
	BBB－	Baa3	BBB－	
投机级债券	BB＋	Ba1	BB＋	低级别或投机级别
	BB	Ba2	BB	
	BB－	Ba3	BB－	
	B＋	B1	B＋	
	B	B2	B	
	B－	B3	B－	
	CCC＋	Caa1	CCC	
	CCC	Caa2		
	CCC－	Caa3		
		Ca		
		C		
		C	DDD	已违约
			DD	
	D		D	

注：投机级债券又被称为高收益债券或垃圾债券，该类债券的信用风险较高。

(3) 我国的信用评级

1987年，债券信用评级行业在我国首次出现。同年3月，国务院颁布了《企业债券管理暂行条例》，开始对债券进行统一管理，并要求发债企业公布债券还本付息方式及风险责任。目前，国内主要的债券评级机构包括大公国际资信评估有限公司、中诚信国际信用评级有限公司、联合资信评估有限公司、上海新世纪资信评估投资服务有限公司和中债资信评估有限责任公司等。

例题精选精练

下列选项中，属于国内主要债券评级机构的是(　　)。

Ⅰ. 大公国际资信评估有限公司　　Ⅱ. 中诚信国际信用评级有限公司

Ⅲ. 联合资信评估有限公司　　Ⅳ. 惠誉国际信用评级有限公司

A. Ⅰ、Ⅱ、Ⅲ、Ⅳ　　B. Ⅰ、Ⅲ、Ⅳ　　C. Ⅰ、Ⅱ、Ⅲ　　D. Ⅱ、Ⅲ

【答案】C

【解析】我国主要的债券评级机构包括大公国际资信评估有限公司、中诚信国际信用评级有限公司、联合资信评估有限公司、上海新世纪资信评估投资服务有限公司和中债资信评估有限责任公司等。

2. 利率风险

利率风险是指利率变动引起债券价格波动的风险。债券的价格与利率呈反向变动关系：利率上升时，债券价格下降；利率下降时，债券价格上升。

3. 通货膨胀风险

所有种类的债券都面临通货膨胀风险，因为利息和本金都是不随通货膨胀水平变化的名义金额。通货膨胀使得物价上涨，债券持有者获得的利息和本金的购买力下降。浮动利息债券因其利息是浮动的而在一定程度上降低了通货膨胀风险，但其本金可能遭受的购买力下降而带来的损失无法避免，因此仍面临一定的通货膨胀风险。对通货膨胀风险特别敏感的投资者可购买通货膨胀联结债券，其本金随通货膨胀水平的高低进行变化，而利息的计算由于以本金为基准也随通货膨胀水平变化，从而可以避免通货膨胀风险。

4. 流动性风险

债券的流动性或者流通性，是指债券投资者将手中的债券变现的能力。如果变现的速度很快，并且没有遭受变现可能带来的损失，那么这种债券的流动性就比较高；反之，如果变现速度很慢，或者为了迅速变现必须承担额外的损失，那么这种债券的流动性就比较低。

通常用债券的买卖价差的大小反映债券的流动性大小。买卖价差较小的债券的流动性比较高；反之，流动性较低。

债券的流动性风险是指未到期债券的持有者无法以市值，而只能以明显低于市值的价格变现债券形成的投资风险。交易不活跃的债券通常有较大的流动性风险。

5. 再投资风险

再投资风险指在市场利率下行的环境中，附息债券收回的利息或者提前于到期日收回的本金只能以低于原债券到期收益率的利率水平再投资于相同属性的债券，而产生的风险。

6. 提前赎回风险

提前赎回风险又称为回购风险，是指债券发行者在债券到期日前赎回有提前赎回条款的债券所带来的风险。债券发行人通常在市场利率下降时执行提前赎回条款。

考点5 中国债券市场体系的发展情况★

中国债券市场是从20世纪80年代开始逐步发展起来的，经历了以柜台市场为主、以交易所市场为主和以银行间市场为主三个发展阶段。

1. 以柜台市场为主（1988－1991年）

这一时期国债和企业债交易市场刚刚起步，还处于初级阶段，此时的债券投资者以个人投资者为主体，因此债券交易市场以柜台市场为主，通过商业银行和证券经营机构的柜台进行交易。这种市场模式符合个人投资者的交易需求，在一定程度上促进了债券市场的发展。

2. 以交易所市场为主（1992－2000年）

1990年12月，上交所成立，国债逐步进入了交易所交易。1997年，国务院开始规范银行资金，要求商业银行退出交易所市场，将托管在交易所的债券全部转到中央结算公司，并通过全国银行间同业拆借中心提供的交易系统进行交易。1997年6月16日，银行间同业拆借中心开始办理银行间债券回购和现券交易，全国银行间市场正式运行。此阶段，中国的债券市场形成了场内交易所市场和场外银行间市场并存的格局，并且以交易所市场为主。

3. 以银行间市场为主（2001年至今）

目前，我国债券市场形成了银行间债券市场、交易所市场和商业银行柜台市场三个基本子市场为主的统一分层的市场体系。

第二节 债券价值分析

考点1 DCF估值法的概念和应用★★

根据贴现现金流（DCF）估值法，任何资产的内在价值等于投资者对持有该资产预期的未来的现金流的现值。

1. 零息债券估值法

零息债券是一种以低于面值的贴现方式发行，不支付利息，到期按债券面值偿还的债券。债券发行价格与面值之间的差额就是投资者的利息收入。由于面值是投资者未来唯一的现金流，所以零息债券的内在价值由以下公式决定：

$$V = M\frac{1}{(1+r)^t}$$

式中：V表示零息债券的内在价值；M表示面值；r表示年化市场利率；t表示债券到期时间，单位是年。

由于多数零息债券期限小于一年，因此上述零息债券内在价值公式应简单调整为：

$$V = M\left(1 - \frac{t}{360}r\right)$$

式中：V表示贴现债券的内在价值；M表示面值；r表示年化市场利率；t表示债券到期时间，单位是天。

2. 固定利率债券估值法

固定利率债券是一种按照票面金额计算利息，票面上附有（也可不附有）作为定期支付利息凭证的期票的债券。投资者不仅可以在债券期满时收回本金（面值），而且可以定期获得固定的利息收入。所以，投资者未来的现金流包括了两部分——本金和利息。固定利率债券内在价值公式如下：

$$V=\frac{C}{1+r}+\frac{C}{(1+r)^{2}}+\cdots+\frac{C}{(1+r)^{n}}+\frac{M}{(1+r)^{n}}$$

式中：V 表示固定利率债券的内在价值；C 表示每期支付的利息；M 表示面值；r 表示市场利率；n 表示债券到期时间。

3. 统一公债估值法

统一公债是一种没有到期日的特殊债券，其内在价值的计算公式为：

$$V=\frac{C}{1+r}+\frac{C}{(1+r)^{2}}+\cdots+\frac{C}{(1+r)^{n}}=\frac{C}{r}$$

式中，$r>0$，$\left|\frac{1}{1+r}\right|<1$，$n\to\infty$。

考点 2　债券的当期收益率和到期收益率的概念和区别★★★

1. 当期收益率

当期收益率，又称当前收益率，是债券的年利息收入与当前的债券市场价格的比率。其计算公式为：

$$I=\frac{C}{P}$$

式中：I 表示当期收益率；C 表示年息票利息；P 表示债券市场价格。

由公式可知，当期收益率没有考虑债券投资所获得的资本利得或损失，只是债券某一期间所获得的现金收入相较于债券价格的比率。

例题精选精练

假定某投资者按 960 元的价格购买了面额为 1 000 元、票面利率为 10%、剩余期限为 6 年的债券，那么该投资者的当期收益率为(　　)。

A. 9.87%　　B. 10.42%　　C. 10.64%　　D. 17.22%

【答案】C

【解析】该投资者的当期收益率 $I=\frac{C}{P}=\frac{1\,000\times10\%}{960}\times100\%=10.42\%$。

2. 到期收益率

到期收益率（YTM），又称内部收益率，是可以使投资购买债券获得的未来现金流的现值等于债券当前市价的贴现率。它相当于投资者按照当前市场价格购买并且一直持有至到期可获得的年平均收益率。其中，到期收益率隐含两个重要假设：一是投资者持有至到期，二是利息再投资收益率不变。

到期收益率一般用 y 表示，债券市场价格和到期收益率的关系式为：

$$P=\sum_{t=1}^{n}\frac{C}{(1+y)^{t}}+M\left(\frac{1}{1+y}\right)^{n}$$

式中：P 表示债券市场价格；C 表示每期支付的利息；n 表示时期数；M 表示债券面值。

由公式可知，到期收益率的影响因素主要有以下四个：

（1）票面利率。在其他因素相同的情况下，票面利率与债券到期收益率呈同方向增减。

（2）债券市场价格。在其他因素相同的情况下，债券市场价格与到期收益率呈反方向增减。

（3）计息方式。不同的计息方式会使得投资者获得利息的时间不同，在其他因素相同的情况下，固定利率债券比零息债券的到期收益率要高。

（4）再投资收益率。在市场利率波动的情况下，再投资收益率可能不会维持不变，会影响投资者实际的持有到期收益率。

例题精选精练

关于到期收益率的影响因素，下列说法错误的是（　　）。

A. 票面利率与债券到期收益率呈同方向增减

B. 债券市场价格与到期收益率呈反方向增减

C. 债券市场价格与到期收益率呈同方向增减

D. 在其他因素相同的情况下，固定利率债券比零息债券的到期收益率要高

【答案】C

【解析】到期收益率一般用 y 表示，债券市场价格和到期收益率的关系式为：$P=\sum_{t=1}^{n}\frac{C}{(1+y)^t}+M\left(\frac{1}{1+y}\right)^n$。式中：$P$ 表示债券市场价格；C 表示每期支付的利息；n 表示时期数；M 表示债券面值。由公式得出，在其他因素相同的情况下，债券市场价格与到期收益率呈反方向增减。

考点3　当期收益率和到期收益率与债券价格的关系★★★

（1）债券市场价格越接近债券面值，期限越长，则当期收益率就越接近到期收益率。

（2）债券市场价格越偏离债券面值，期限越短，则当期收益率就越偏离到期收益率。但是不论当期收益率与到期收益率近似程度如何，当期收益率的变动总是预示着到期收益率的同向变动。

例题精选精练

债券市场价格越________债券面值，期限越________，则当期收益率就越偏离到期收益率。（　　）

A. 偏离；短　　B. 接近；短　　C. 接近；长　　D. 偏离；长

【答案】A

【解析】债券当期收益率与到期收益率两者之间的关系如下：①债券市场价格越接近债券面值，期限越长，则其当期收益率就越接近到期收益率；②债券市场价格越偏离债券面值，期限越短，则当期收益率就越偏离到期收益率。

考点4　利率的期限结构和信用利差的概念和应用★★★

1. 利率期限结构

利率期限结构，是指在某一时点上，各种不同期限债券的收益率和到期期限之间的关系。将这种关系在以期限为横坐标、收益率为纵坐标的直角坐标系上表示出来，就得到收益率曲线。中央国债登记结算有限责任公司、中证指数有限公司、上海清算所等机构会定期发布我国

各类债券的收益率曲线。

收益率曲线有四种基本类型（如图3－2）：

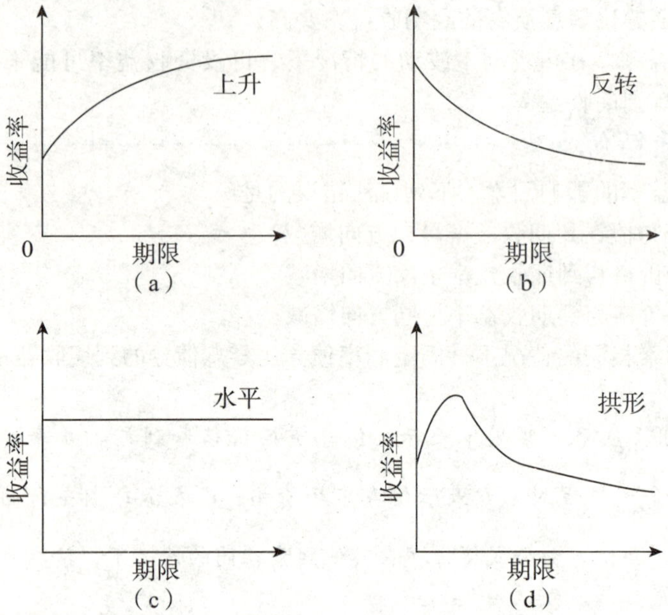

图3－2　收益率曲线的基本类型

（1）上升收益率曲线（图a），也叫正向收益率曲线，其期限结构特征是短期债券收益率较低，而长期债券收益率较高。

（2）反转收益率曲线（图b），其期限结构特征是短期债券收益率较高，而长期债券收益率较低。

（3）水平收益率曲线（图c），其期限结构特征是长短期债券收益率基本相等。

（4）拱形收益率曲线（图d），其期限结构特征是，期限相对较短的债券，利率与期限成正向关系，而期限相对较长的债券，利率与期限呈反向关系。

除这四种基本类型外，收益率曲线还可能出现M型等更加复杂的形态。在不同的市场阶段可以观察到不同的收益率曲线形态。通常情况下，投资者对期限较长的债券会要求较高的风险溢价，造成长期债券的收益率高于同类短期债券的收益率。上升收益率曲线是最常见的形态。

例题精选精练▶▶

收益率曲线的类型包括（　　）。

Ⅰ. 正向收益率曲线　Ⅱ. 反转收益率曲线　Ⅲ. 拱形收益率曲线　Ⅳ. 水平收益率曲线

A. Ⅰ、Ⅱ、Ⅳ　　B. Ⅰ、Ⅲ、Ⅳ　　C. Ⅱ、Ⅲ　　D. Ⅰ、Ⅱ、Ⅲ、Ⅳ

【答案】D

【解析】收益率曲线有四种基本类型：①上升收益率曲线（或称正向收益率曲线）；②反转收益曲线；③水平收益曲线；④拱形收益率曲线。

2. 信用利差

（1）信用利差概述

信用利差，是指除了信用评级不同外，其余条件全部相同（包括但不限于期限、嵌入条款等）的两种债券收益率的差额。一般而言，投资者会要求更高的收益来补偿较高的违约风险，即违约风险越高，投资收益率也应该越高。

为度量违约风险与投资收益率之间的关系，将某一风险债券的预期到期收益率与某一具有相同期限和票面利率的无风险债券的到期收益率之间的差额，称为风险溢价。

（2）信用利差的特点

一般而言，信用利差有以下三个显著特点：

①对于给定的非政府部门的债券、给定的信用评级，信用利差随着期限增加而扩大。

②信用利差随着经济周期（商业周期）的扩张而缩小，随着经济周期（商业周期）的收缩而扩张。

③信用利差的变化本质上是市场风险偏好的变化，受经济预期影响。信用利差可以作为预测经济周期活动的指标。

考点 5　债券久期（麦考利久期和修正久期）的概念和计算方法★★★

1. 久期的概念

债券的到期期限是最后归还本金的期限，没有反映附息债券在存续期内利息偿付的期限。为了全面反映债券现金流的期限特性，美国学者麦考利（Macaulay）于 1938 年引入久期概念，将其定义为债券本息所有现金流的加权平均到期时间，即债券投资者收回其全部本金和利息的平均时间。

2. 久期的计算方法

（1）对于半年付息一次，且无内含选择权的固定利率债券，其价格计算公式为：

$$P=\frac{C}{1+y}+\frac{C}{(1+y)^2}+\cdots+\frac{C}{(1+y)^n}+\frac{M}{(1+y)^n}$$

式中：P 为债券价格；C 为每次付息金额；y 为每个付息周期应计收益率（半年付息即为年化收益率的一半）；n 为付息周期数（半年付息一次时为年数 ×2）；M 为面值。

要确定收益率发生微小变动时债券价格变化，可在上式基础上对收益率求一阶导数：

$$\frac{\mathrm{d}P}{\mathrm{d}y}=-\frac{1}{1+y}\left[\frac{1C}{1+y}+\frac{2C}{(1+y)^2}+\cdots+\frac{nC}{(1+y)^n}+\frac{nM}{(1+y)^n}\right]$$

该公式表示了当收益率发生微小变化时，债券价格的变化。两边同时除以债券价格 P，可以得到价格变动百分比：

$$\frac{\mathrm{d}P}{\mathrm{d}y}\frac{1}{P}=-\frac{1}{1+y}\left[\frac{1C}{1+y}+\frac{2C}{(1+y)^2}+\cdots+\frac{nC}{(1+y)^n}+\frac{nM}{(1+y)^n}\right]\frac{1}{P}$$

该公式中，方括号部分除以价格 P，即为麦考利久期：

$$D_{\text{mac}}=\left[\frac{1C}{1+y}+\frac{2C}{(1+y)^2}+\cdots+\frac{nC}{(1+y)^n}+\frac{nM}{(1+y)^n}\right]\frac{1}{P}$$

$$=\frac{\sum_{t=1}^{n}\frac{tC}{(1+y)^t}+\frac{nM}{(1+y)^n}}{P}$$

麦考利久期的计算过程是计算每次支付金额的现值占当前债券价格的比率，然后以此比例为权重，乘以每次支付的期限，得到每次支付的加权期限，再将每次的加权期限加总，即得到债券的久期。

（2）对于零息债券，其久期等于到期期限；对于附息债券，在债券到期之前的每一次付息都会缩短加权平均到期时间，因此付息时间的提前或者付息金额的增加都会使债券的久期缩短。

由公式：

$$\frac{dP}{dy}\frac{1}{P}=-\frac{1}{1+y}\left[\frac{1C}{1+y}+\frac{2C}{(1+y)^2}+\cdots+\frac{nC}{(1+y)^n}+\frac{nM}{(1+y)^n}\right]\frac{1}{P}$$

可推导出：

$$\frac{dP}{dy}\frac{1}{P}=-\frac{1}{1+y}D_{mac}$$

麦考利久期除以（$1+y$）被定义为修正久期，即：

$$D_{mod}=\frac{D_{mac}}{1+y}$$

将该公式带入上式，可得到：

$$\frac{dP}{P}=-D_{mod}dy$$

该公式说明，在给定收益率变化下，债券价格的百分比变化与修正久期变化方向相反。修正久期越大，由给定收益率变化所引起的价格变化越大。

考点6　债券凸性的概念★★

价格—收益率曲线的曲率就是债券的凸性。凸性意味着债券的价格—收益曲线的斜率随着收益率而变化（见图3－3）。

如图可知，对于凸性为正的债券（不含期权的债券都有正的凸性），收益率升高时，斜率是较小的负值，久期估算价格的下降幅度大于实际价格的下降幅度；收益率降低时，斜率是较大的负值，久期估算价格的上涨幅度小于实际价格的上涨幅度。图中，债券B与债券A在切点位置斜率相同，但由于债券B的凸性更大，随着收益率的变化，债券B的价格将优于债券A。凸性对投资者是有利的，在其他特性相同时，投资者应当选择凸性更高的债券进行投资。

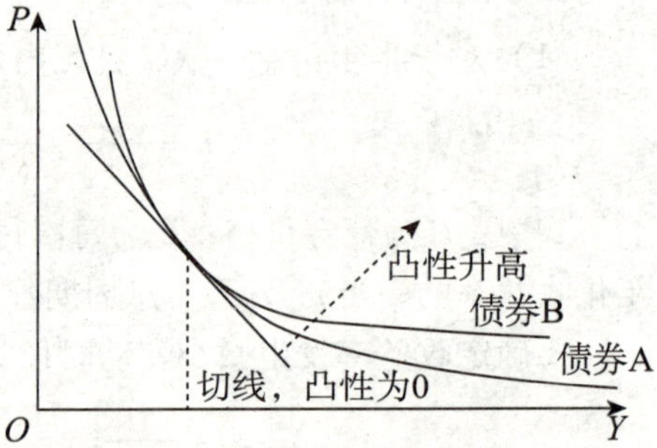

图3－3　债券的凸性

例题精选精练 ▶▶

由于大多数债券价格与收益率存在凸性，当收益率降低时，估算的价格上涨幅度（　　）实际的价格上涨幅度。

A. 小于　　B. 大于　　C. 小于等于　　D. 大于等于

【答案】A

【解析】对于凸性为正的债券（不含期权的债券都有正的凸性），收益率升高时，斜率是较小的负值，久期估算价格的下降幅度大于实际价格的下降幅度；收益率降低时，斜率是较大的负值，久期估算价格的上涨幅度小于实际价格的上涨幅度。

考点7 久期和凸性的应用★★

久期和凸性对债券价格波动的风险管理具有重要意义，债券基金经理可以通过合理运用这两种工具实现资产组合现金流匹配和资产负债有效管理。如果债券基金经理能够较好地确定持有期，那么就能够找到所有的久期等于持有期的债券，并选择凸性最高的那种债券。这类策略称为免疫策略。

选择免疫策略，就是在尽量减免到期收益率变化所产生负效应的同时，还尽可能从利率变动中获取收益。常用的免疫策略主要包括：所得免疫、价格免疫和或有免疫，下面主要讲前两种。

1. 所得免疫

所得免疫策略保证投资者有充足的资金可以满足预期现金支付的需要。这对于养老基金、社保基金、保险基金等机构投资者具有重要的意义，因为这类投资者对资产的流动性要求很高，其投资成败的关键在于投资组合中是否有足够的流动资产可以满足目前的支付。

有效的投资策略可以使投资的债券投资组合，获得的利息和收回的本金恰好满足未来现金需求。可选择的方法有：

（1）现金配比策略，该策略限制性强，弹性很小，有可能会排斥许多缺乏良好现金流量特性的债券。

（2）久期配比策略，该策略只要求负债的久期和债券投资组合的久期相同即可，因而有更多的债券可供选择。其不足之处在于如为了满足负债的需要，债券管理者可能不得不在价格极低时抛出债券。

为此，有必要将两种配比策略的优点结合起来，即水平配比策略。按照这一策略要求，投资者可以设计出一种债券投资组合，在短期内运用现金配比策略，在较长的时期内运用久期配比策略。这样，既具有了现金配比策略中的流动性强的优点，又具有了久期配比策略中的弹性较大的优点。

2. 价格免疫

价格免疫由那些保证特定数量资产的市场价值高于特定数量负债的市场价值的策略组成。价格免疫使用凸性作为衡量标准，实现资产凸性与负债凸性相匹配。

例题精选精练▶▶

债券基金经理合理运用免疫策略实现资产组合现金流匹配和资产负债有效管理，常用的免疫策略不包括(　　)。

A. 所得免疫　　B. 价格免疫

C. 或有免疫　　D. 市场免疫

【答案】D

【解析】债券基金经理可以通过合理运用这两种工具实现资产组合现金流匹配和资产负债有效管理。如果债券基金经理能够较好地确定持有期，那么就能够找到所有的久期等于持有期的债券，并选择凸性最高的那种债券。这类策略称为免疫策略。常用的免疫策略主要包括：所得免疫、价格免疫和或有免疫。

第三节　货币市场工具

考点1　货币市场工具的特点★★

1. 货币市场工具的概念

货币市场工具一般指短期的（1年之内）、具有高流动性的低风险证券，具体包括银行回购协议、定期存款、商业票据、银行承兑汇票、短期国债、中央银行票据等。

注：在我国，剩余期限在397天以内（大约13个月）的债券也归为货币市场工具。其主要原因是节假日会影响发行和兑付的日期从而导致债券剩余期限的延长；且从流动性和风险的角度看，365天与397天并无太大区别。但是绝大多数情况下，货币市场工具的投资期限为1年以内（含1年）。

2. 货币市场工具的功能

货币市场工具产生于信用活动，交易价格为利率，是固定收益证券的一部分。因其具有良好的流动性和对经济环境的敏感性，在金融市场中发挥着十分重要的功能：

（1）货币市场工具为商业银行管理流动性以及企业融通短期资金提供了有效的手段。

（2）因货币市场工具交易而形成的短期利率在整个市场的利率体系中充当了基准利率，为市场上其余证券利率的确定提供了重要的参考依据，是判断市场上银根松紧程度的重要指标。

3. 货币市场工具的特点

（1）均是债务契约。

（2）期限在1年以内（含1年）。

（3）流动性高。

（4）大宗交易，主要由机构投资者参与，个人投资者很少有机会参与买卖。

（5）本金安全性高，风险较低。

例题精选精练▶▶

短期的（1年之内）、具有高流动性的低风险证券属于（　　）。

A. 期货市场工具

B. 资本市场工具

C. 现货市场工具

D. 货币市场工具

【答案】D

【解析】货币市场工具一般指短期的（1年之内）、具有高流动性的低风险证券，具体包括银行回购协议、定期存款、商业票据、银行承兑汇票、短期国债、中央银行票据等。

考点2　常用货币市场工具类型★★★

在发达国家，货币市场工具主要有银行间短期资金（同业拆借）、短期政府债券、短期金融债券、中央银行票据、商业票据、商业汇票、大额可转让存单、银行贷款等。

在我国，货币市场工具主要包括现金，期限在1年以内（含1年）的银行存款、债券回购、中央银行票据、同业存单，剩余期限在397天以内（含397）的债券、非金融企业债务融资工具、资产支持证券，以及中国证监会、中国人民银行认可的其他具有良好流动性的其他货币市场工具。

1. 银行定期存款

定期存款指银行与存款人双方在存款时事先约定期限、利率，到期后支取本息的存款，是银行资金的主要来源。

定期存款可以提前支取本金或部分本金；若提前支取，则提前支取部分的利息按支取日的活期利率付息。定期存款一般有3个月、6个月、1年、2年、3年、5年等期限；一般情况下，期限越长，利率越高。对投资者来说，定期存款具有期限确定、金额选择余地大，利息收益较稳定等特点。

2. 短期回购协议

（1）回购协议的概念

回购协议是指资金需求方在出售证券的同时与证券的购买方约定在一定期限后按约定价格购回所卖证券的交易行为。其中，证券的出售方为资金借入方，即正回购方；证券的购买方为资金贷出方，即逆回购方；正、逆回购是一个问题的两个方面。本质上，回购协议是一种证券抵押贷款，抵押品以国债为主。

（2）回购协议的功能

证券回购协议的主要功能有三个：

①中国人民银行以此为工具进行公开市场操作，方便中央银行投放（收回）基础货币，形成合理的短期利率。

②为商业银行的流动性和资产结构的管理提供了必要的工具。

③各类非银行金融机构可以通过证券回购协议实现套期保值、头寸管理、资产管理、增值等目的。

（3）回购协议市场

①我国金融市场上的回购协议以国债回购协议为主。由于历史沿革的因素，我国存在两个分离的国债回购市场——场内交易市场与场外交易市场。

▶场内交易，指上交所和深交所开办的国债标准回购业务，参与者包括个人投资者和企业。因为标准化的缘故，场内交易的回购协议对国债种类、期限、合约金额、清算方式都有极其严格的规定。

▶场外交易，指银行间国债回购市场，参与者包括中国人民银行、商业银行（包括非国有商业银行）、证券公司、基金管理公司等金融机构。

②货币基金在银行间回购市场兼有资金需求方和资金供给方的角色。货币基金使用回购协议作为其资金的来源有两方面原因：

▶基金的资产中存在大量的政府债券，可以作为回购协议的抵押品。

▶回购协议市场交易量大，可以方便地获得资金。同时基金会将部分资金配置在短期回购协议，以保持基金有适当的流动性和收益。

（4）回购协议的主要类型（见表3－4）

表3－4 回购协议的主要类型

<table>
<tr><th>划分标准</th><th colspan="2">内容</th></tr>
<tr><td>按回购期限划分</td><td colspan="2">我国在交易所挂牌的国债回购可以分为1天（隔夜回购）、2天、3天、4天、7天、14天、28天、91天以及182天
注：国债回购作为一种短期融资工具，在各国市场中最长期限均不超过1年</td></tr>
<tr><td rowspan="2">按逆回购方是否有权处置回购协议的标的国债划分</td><td>质押式回购（回购市场目前以质押式回购为主）</td><td>在交易期间，质押的国债的所有权属于国债的出让方（正回购方），受让方（逆回购方）无权处置，国债被证券交易中心冻结</td></tr>
<tr><td>买断式回购（开放式回购）</td><td>出售的国债的所有权转移给国债的受让方（逆回购方），受让方有权处置该国债，只需在到期日按约定价格回售先前的国债</td></tr>
</table>

注：开放式回购业务与质押式回购业务的性质是相同的，只是质押式回购业务是通过网上交易办理，而开放式回购业务是针对不能在网上交易但又托管在国债登记公司的一些企业债券开办的一项业务，回购双方通过纸质的合同在网下进行交易，通过一笔即期债券交易和一笔远期债券交易来实现。

（5）影响回购协议利率的因素

①抵押证券的质量。抵押证券的流动性越好、信用程度越高，回购利率越低。

②回购期限的长短。一般来说，回购期限越短，抵押品的价格风险越低，回购利率越低。

③交割的条件。若采用实物交割，回购利率较低。目前的大部分回购协议尤其是期限较短的回购协议一般不采用实物交付，而是将抵押的证券交付至贷款人的清算银行的保管账户或借款人专用的证券保管账户中。

④货币市场其他子市场的利率。货币市场的各个子市场的利率主要反映市场短期的流动性情况，并且具有很强的联动性，其他子市场如同业拆借市场、票据市场等利率的高低会对回购市场利率的高低产生正向影响。

（6）回购协议的定价

$$回购价格=本金\times\left(1+\frac{回购时应付的利率\times回购协议的期限}{360}\right)$$

（7）回购协议的风险

①回购协议中的信用风险存在以下两类：

►到期时，证券的出让方（正回购方）无法按约定价格赎回，证券的受让方（逆回购方）只能保留作为抵押品的证券。此时，若适逢利率上升，则该抵押品价格下降，抵押品的价值便低于出借资金的价值，客户蒙受损失。

►到期时，证券的受让方（逆回购方）不愿意按约定价格将抵押的证券回售给证券的出让方（正回购方）。此类信用风险一般发生在利率下跌、抵押品价格上涨的情形下。

②减少上述信用风险的方法主要有两种：

►对抵押品进行限定，且倾向于流动性高、容易变现的抵押物，如只接受短期国债或中央银行票据为抵押品。

►提高抵押率的要求。一般要求提供更多的抵押品。

例题精选精练

在货币市场工具中，下列关于回购的表述中正确的是(　　)。

A. 回购协议是指资金需求方在出售证券的同时与证券的购买方约定在一定期限后按约定价格购回所卖证券的交易行为

B. 抵押品以企业债券为主

C. 回购协议是一种信用贷款协议

D. 证券的购买方为正回购方，证券的出售方为逆回购方

【答案】A

【解析】B项，回购协议抵押品以国债为主。C项，本质上，回购协议是一种证券抵押贷款。D项，证券的出售方为资金借入方，即正回购方；证券的购买方为资金贷出方，即逆回购方。

3. 中央银行票据（见表3－5）

表3－5　中央银行票据的内容

项目	内容
概念	中央银行票据是由中央银行发行的用于调节商业银行超额准备金的短期债务凭证，简称央行票据或央票
形式	①中国人民银行公开市场业务操作室每周二、周四分别发行1年期和3年期中央银行票据，确定价格的方式则采用利率招标和数量招标 ②流通在市场上的中央银行票据的期限还包括3个月、6个月和远期票据，其中以1年期以下的央票为主
产生原因	①为了控制货币供给，中央银行通过发行中央银行票据冲销购汇带来的货币供给的扩张，一定程度上缓解了国内流动性过剩的压力 ②我国的国债结构以中期为主，中国人民银行无法通过国债市场实现短期的、大规模的公开市场业务操作。而央票弥补了我国国债期限不合理的缺点，为公开市场操作提供了有效的市场工具
特征	中央银行票据市场的参与主体只有中央人民银行及经过特许的商业银行和金融机构。中国人民银行通过与商业银行进行票据的交易改变商业银行超额准备金的数量（商业银行一般会配合中国人民银行的行为），从而影响整个市场的货币供给水平
分类	①普通央行票据，即中国人民银行在公开市场操作中使用的票据 ②专项央行票据，主要用于置换商业银行和金融机构的不良资产，发行本身并不会改变市场上基础货币的供给水平

例题精选精练

(　　)是由中央银行发行的用于调节商业银行超额准备金的短期债务凭证。

A. 银行承兑汇票　　B. 商业票据　　C. 中央银行票据　　D. 短期国债

【答案】C

【解析】中央银行票据是由中央银行发行的用于调节商业银行超额准备金的短期债务凭证，简称央行票据或央票。

4. **短期政府债券**

（1）短期政府债券的概念

短期政府债券，是由一国的政府部门发行并承担到期偿付本息责任的，期限在1年及1年以内的债务凭证。

①广义的短期政府证券不仅包括国家财政部发行的债券，还包括地方政府及政府代理机构所发行的证券。

②狭义的短期政府债券仅指由财政部发行的政府债券。本章的短期政府债券指狭义的短期政府债券。

短期政府债券以贴现的形式发行，为无息票债券，投资者获得的投资收益是证券的购买价和证券票面价值的差额。短期政府债券投资收益根据拍卖竞价决定，因此不存在发行过多或发行不足的问题。

（2）短期政府债券的特点

短期政府债券主要有三个特点：

①违约风险小，由国家信用和财政收入作保证，在经济衰退阶段尤其受投资者喜爱。

②流动性强，交易成本和价格风险极低，十分容易变现。

③利息免税，根据我国相关法律规定，国库券的利息收益免征所得税。

例题精选精练

短期政府债券的特点包括(　　)。

Ⅰ. 违约风险小　Ⅱ. 流动性强　Ⅲ. 利息免税　Ⅳ. 收益高

A. Ⅲ、Ⅳ　B. Ⅱ、Ⅲ　C. Ⅰ、Ⅱ、Ⅲ　D. Ⅰ、Ⅲ、Ⅳ

【答案】C

【解析】短期政府债券主要有三个特点：①违约风险小，由国家信用和财政收入作保证，在经济衰退阶段尤其受投资者喜爱；②流动性强，交易成本和价格风险极低，十分容易变现；③利息免税，根据我国相关法律规定，国库券的利息收益免征所得税。

5. **短期融资券**

（1）短期融资券的概念

2005年，中国人民银行颁布了《短期融资券管理办法》《短期融资券承销规程》《短期融资券信息披露规程》，允许符合相应条件的企业按相关规定向机构投资者发行短期融资券。

中国的短期融资券是境内具有法人资格的企业发行的，仅在银行间债券市场上流通的短期债务工具。短期融资券的期限不超过1年，交易品种有3个月、6个月、9个月、1年。其特征与商业票据十分相似。

（2）短期融资券的发行

短期融资券由商业银行承销并采用无担保的方式发行（信用发行），通过市场招标确定发行利率。发行者必须为具有法人资格的企业，投资者则为银行间债券市场的机构投资者。企业发行短期融资券的主要目的是获得短期流动性，由于对资金用途并无明确限制，深受企业喜爱。

（3）短期融资券在我国的发展状况

截至2011年，短期融资券的发行总量超过了企业债和公司债的发行规模之和，虽然与中央银行票据、国债、金融债相比还有很大的差距，但在发行主体为非金融企业的债券品种中发行量遥遥领先。2010 年年底，银行间市场交易商协会宣布正式启动超短期融资券业务（SCP），进一步丰富了短期融资券的期限结构。

6. 中国证监会、中国人民银行认可的其他具有良好流动性的货币市场工具

（1）同业拆借（见表 3－6）

表 3－6　同业拆借的内容

项目	内容
概念	同业拆借是指金融机构之间以货币借贷方式进行短期资金融通的行为
期限	同业拆借的期限一般较短，最短的是隔夜拆借，最长的接近一年
交易主体	同业拆借市场属于银行间市场，交易主体为商业银行、保险公司、证券公司、基金公司等大型金融机构。交易过程涉及资金的拆入方（借方）和拆出方（贷方）
意义	拆借的资金一般用于缓解金融机构短期流动性紧张、弥补票据清算的差额等： ①对资金拆入方来说，同业拆借市场的存在降低了金融机构的流动性风险 ②对资金拆出方来说，同业拆借市场的存在提高了金融机构的获利能力，使得原本存放在中央银行无法生息的资产实现利息收入 ③对中央银行来说，可以通过提高存款准备金率来影响同业拆借利率，从而实现货币政策的传导 ④对整个市场来说，同业拆借市场是对短期流动性最敏感的市场，同业拆借利率作为市场的基准利率，是衡量市场流动性的重要指标，为市场上其他利率的确定提供了重要的参考依据
起源	同业拆借活动起源于存款准备金制度，各国央行规定商业银行获得的存款必须按一定比例计提存款准备金（不生息），若准备金数额不足，将受到一定的经济处罚
对象	同业拆借的对象包括商业银行的超额准备金、商业银行的同业存款、证券交易商及政府拥有的活期存款
目的	拆借的目的包括满足准备金的需求，解决临时性、季节性资金需求，轧平票据的差额等
交易过程	同业拆借市场的整个交易过程通过中央银行的电子资金转账系统实现。同业拆借既可以通过交易商完成，也可以由双方直接联系完成交易。市场中的交易商有两类： ①专门从事货币市场各子市场交易中介业务的交易商 ②由一些大银行组成的兼营交易商： ▶美国的联邦资金市场，是美国的银行间同业拆借市场，主要目的是调剂联邦储备银行会员银行的准备金头寸 ▶英国伦敦的银行间同业拆借市场，是世界上规模最大的同业拆借市场之一，交易的货币包括欧洲美元、英镑及其他欧洲货币 ▶伦敦同业拆借利率（LIBOR），是国际金融市场中大多数浮动利率的基础利率，是衡量全球市场流动性的重要指标 ▶上海银行间同业拆借利率，衡量的是我国市场的短期流动性水平，于 2007 年 1 月 4 日正式运行
具体内容（我国的同业拆借市场）	①我国同业拆借市场上交易活跃的品种有 1 天（隔夜）、7 天、14 天、1 个月、3 个月、6 个月、9 个月和 1 年 ②同业拆借的利息是按日结算的 ③拆息率根据剔除该品种每天最高和最低的报价后的算术平均数得到，并于每天上午 11：30 对外发布。各个品种的拆息率每天都会调整，灵敏度极高

例题精选精练▶▶

下列关于同业拆借的表述，错误的是(　　)。

A. 期限最短的是隔夜拆借，最长的接近一年

B. 拆借的资金一般用于缓解金融机构长期流动性紧张

C. 中央银行可以通过提高存款准备金率来影响同业拆借利率

D. 同业拆借活动起源于存款准备金制度

【答案】B

【解析】同业拆借是指金融机构之间以货币借贷方式进行短期资金融通的行为，拆借的资金一般用于缓解金融机构短期流动性紧张、弥补票据清算的差额等。

(2) 银行承兑汇票（见表3－7）

表3－7　银行承兑汇票

项目		内容
概念		银行承兑汇票是由在承兑银行开立存款账户的存款人出票，向开户银行申请并经银行审查同意承兑的，保证在指定日期无条件支付确定的金额给收款人或持票人的票据，是商业票据的一种
功能		银行承兑汇票的主要功能是方便商业交易活动，减少了因售货方对购货方信用不了解而产生的不信任，在对外贸易中运用较多
主要业务		银行承兑汇票的业务在我国全部票据业务中占比超过90%，主要体现在银行承兑汇票的承兑和贴现业务上： ①承兑业务，由银行提供，其本质是由银行将其信用出借给企业，因此企业必须缴纳一定的手续费 ②贴现业务，是持票人或收款人有资金需求时，将未到期的银行承兑汇票向银行申请贴现，银行扣除贴现息后将余额支付给持票人或收款人。贴现银行可在到期日时凭该票据向承兑行收取票款。本质上，贴现业务就是像企业提供短期贷款。一般票据的贴现期不超过6个月，贴现期从贴现日起计算至票据到期日
其他业务	转贴现	①银行A在持有贴现获得的银行承兑汇票的期间，因短期资金需要将该汇票向银行B（不包括中央银行及其分支机构）贴现的行为便是转贴现 ②转贴现大致存在两类： ▶若转贴现后该汇票的所有权归银行B，银行A不再买回，则称其为买（卖）断式转贴现 ▶若银行A转贴现后与银行B约定在某一到期日重新买回该汇票，则称其为回购式转贴现
	再贴现	银行A在持有贴现获得的银行承兑汇票的期间，因短期资金需要将该汇票向银行B（若银行B是中央银行或其分支机构）贴现的行为称为再贴现

(3) 商业票据(见表3-8)

表3-8 商业票据的内容

项目	内容
概念	①我国《境内机构发行外币债券管理办法》中对商业票据的定义为:商业票据指发行主体为满足流动资金的需求所发行的期限为2天至270天的、可流通转让的债务工具 ②广义的商业票据指在金融市场上流通的商业汇票和商业本票 ③狭义的商业票据仅指商业本票
特点	①面额较大 ②利率较低,通常比银行优惠利率低,比同期国债利率高 ③只有一级市场,没有明确的二级市场
发行方式	①直接发行,指发行主体直接将票据销售给投资人,大多数资信好的公司采用这种发行方式 ②间接发行,指发行主体通过票据承销商将票据间接出售给投资者 ③贴现发行的方式。货币市场利率越高,贴现率越高;发行主体资信越好,贴现率越低

注:80%的商业票据是持有到期的。

(4) 大额可转让定期存单(见表3-9)

表3-9 大额可转让定期存单的内容

项目	内容
概念	大额可转让定期存单是银行发行的具有固定期限和一定利率的,且可以在二级市场上转让的金融工具
产生	大额可转让定期存单的产生与美国20世纪60年代的"Q条例"中禁止活期存款支付利息的规定有关
特点	与普通的银行定期存款相比,大额可转让定期存单有以下特点: ①定期存款记名且不可转让;大额可转让定期存单不记名,并且可以在二级市场上转让,可转让是其最大的特点 ②定期存款的金额一般由存款者自身决定,有零有整;大额可转让定期存单一般面额较大,且为整数 ③定期存款的投资者可以是个人投资者、机构投资者、企业等;由于面额较大,大额可转让定期存单的投资者一般为机构投资者和资金雄厚的企业 ④定期存款的利率固定;大额可转让定期存单的利率可以是固定的,也可以是浮动的,且一般比同期的定期存款利率要高,一般也高于同期国债的利率 ⑤定期存款可以提前支取,但需要罚息;大额可转让定期存单原则上不能提前支取,只能在二级市场上转让 ⑥定期存款期限较长,一般都在1年以上;而大额可转让定期存单的期限较短,一般在1年以内,最短的是14天,以3个月、6个月为主

（续表）

项目	内容	
市场分类	一级市场（即发行市场，发行人多为大银行）	①发行时按面额平价发行，票面利率取决于银行的信用级别、存单期限、存单面额、存单的供求关系、货币市场其他子市场的利率水平以及相关的法律法规 ②存单发行的形式有两类： ▶批发式发行，即发行银行将发行数量、面值大小、利率、发行日期、期限等信息预先公布，供投资者自行认购 ▶零售式发行，即为满足投资者的不同需求，不定时发行，利率、罚息方式也与投资者协商后确定
	二级市场（一般采取做市商制度）	做市商的主要功能有两个： ①以自有资金买入存单后再零售给投资者获取资本利得 ②为投资者提供流动性充足的二级市场 **注：**做市商会通过回购协议将部分大额可转让定期存单抵押出去以获得资金，但存单回购利率要高于国债回购利率。二级市场流动性的大小取决于做市商的数量
风险	①信用风险，指发行存单的银行在期满时无法偿付本金和利息 ②市场风险，指投资者无法在二级市场上立即变现或不能以合理的价格变现	

例题精选精练

大额可转让定期存单的特征不包括（　　）。

A. 可以转让流通　　B. 金额较大　　C. 不记名　　D. 能提前支取

【答案】D

【解析】大额可转让定期存单是银行发行的具有固定期限和一定利率的，且可以在二级市场上转让的金融工具。大额可转让定期存单原则上不能提前支取，只能在二级市场上转让。

（5）同业存单

同业存单是存款类金融机构在全国银行间市场上发行的记账式定期存款凭证，其投资和交易主体为全国银行间同业拆借市场成员、基金管理公司及基金类产品（包括信托公司）。目前，同业存单已经成为银行业存款类金融机构的重要短期融资工具。

作为同业存款的替代性产品，该产品目前仍处在试点初期。根据中国人民银行在2013年12月制定并实施的《同业存单管理暂行办法》规定，同业存单的利率参考同期限SHIBOR，发行期限原则上不超过1年，主要包括1个月、3个月、6个月、9个月和1年；浮动利率的同业存单则以SHIBOR为基准，发行期限原则上在1年以上，包括1年、2年和3年。同时，存款类金融机构在当年发行备案额度内，自行确定每期同业存单的发行金额、期限，但单期发行金额不得低于5 000万元人民币。

本章强化训练

1. 下列不属于货币市场工具的是（　　）。

A. 商业票据　　B. 中长期债券　　C. 银行回购协议　　D. 短期政府债券

2. 债券到期收益率隐含两个重要假设，一个是投资者持有至到期，另一个是(　　)。

A. 计算方式不发生变化　　B. 利息再投资收益率不变

C. 票面利率不变　　D. 债券市场价格不变

3. 某种贴现式国债面额为100元，贴现率为3.8%，到期时间为90天，则该国债的内在价值为(　　)元。

A. 90.05　　B. 97　　C. 99.05　　D. 100

4. (　　)可以使投资购买债券获得的未来现金流的现值等于债券当前市价。

A. 当期收益率　　B. 当前收益率　　C. 再投资收益率　　D. 到期收益率

5. (　　)是指债券发行人有可能在债券到期日之前回购债券的风险。

A. 逆回购风险　　B. 违约风险　　C. 提前赎回风险　　D. 信用风险

6. 货币市场工具的特点不包括(　　)。

A. 均是债务契约　　B. 期限在1年以内（含1年）

C. 流动性高　　D. 交易额较小

7. 影响回购协议利率的因素包括(　　)。

Ⅰ. 回购协议的定价　Ⅱ. 抵押证券的质量　Ⅲ. 回购期限的长短　Ⅳ. 交割的条件

A. Ⅰ、Ⅱ、Ⅳ　　B. Ⅰ、Ⅱ　　C. Ⅱ、Ⅲ、Ⅳ　　D. Ⅰ、Ⅱ、Ⅲ

8. 流通在市场上的中央银行票据的期限不包括(　　)。

A. 2年　　B. 3年　　C. 6个月　　D. 1年

9. 关于债券的偿还期限，下列描述错误的是(　　)。

A. 按偿还期限分类，债券可分为短期债券、中期债券和长期债券

B. 中期债券的偿还期一般在12年以下

C. 短期债券的偿还期一般在1年以下

D. 长期债券的偿还期一般为10年以上

10. 面值在每个支付日会根据某一消费价格指数调整来反映通货膨胀变化的债券是(　　)。

A. 通货膨胀联结债券　　B. 结构化债券

C. 可赎回债券　　D. 浮动利率债券

11. 大额可转让定期存单的二级市场流动性的大小取决于(　　)。

A. 存单发行的形式　　B. 做市商的种类

C. 做市商的数量　　D. 投资者的数量

参考答案及解析

1. B【解析】常用的货币市场工具有：①银行定期存款；②短期回购协议；③中央银行票据；④短期政府债券；⑤短期融资券；⑥中国证监会、中国人民银行认可的其他具有良好流动性的货币市场工具。其中，中国人民银行认可的其他具有良好流动性的货币市场工具有：①同业拆借；②银行承兑汇票；③商业票据；④大额可转让定期存单和同业存单。B项，中长期债券属于资本市场工具。

2. B【解析】到期收益率又称内部收益率，是可以使投资购买债券获得的未来现金流的

现值等于债券当前市价的贴现率。它相当于投资者按照当前市场价格购买并且一直持有至到期可获得的年平均收益率。其中，到期收益率隐含两个重要假设：一是投资者持有至到期，二是利息再投资收益率不变。

3. C【解析】贴现债券是无息票债券或零息债券，这种债券在发行时不规定利率，券面也不附息票，发行人以低于债券面额的价格出售债券，即折价发行，债券到期时发行人按债券面额兑付。该国债的内在价值 $V=M\left(1-\frac{t}{360}r\right)=100\times\left(1-\frac{90}{360}\times3.8\%\right)=99.05$（元）。

4. D【解析】到期收益率又称内部收益率，是可以使投资购买债券获得的未来现金流的现值等于债券当前市价的贴现率。

5. C【解析】提前赎回风险又称为回购风险，是指债券发行者在债券到期日前赎回有提前赎回条款的债券所带来的风险。债券发行人通常在市场利率下降时执行提前赎回条款。

6. D【解析】货币市场工具的特点有：①均是债务契约；②期限在1年以内（含1年）；③流动性高；④大宗交易，主要由机构投资者参与，个人投资者很少有机会参与买卖；⑤本金安全性高，风险较低。

7. C【解析】影响回购协议利率的因素包括：①抵押证券的质量；②回购期限的长短；③交割的条件；④货币市场其他子市场的利率。

8. A【解析】目前，中国人民银行公开市场业务操作室每周二、周四分别发行1年期和3年期中央银行票据，流通在市场上的中央银行票据的期限还包括3个月、6个月和远期票据，其中以1年期以下的央票为主。

9. B【解析】按偿还期限分类，债券可分为短期债券、中期债券和长期债券。但对具体年限的划分，不同的国家又有不同的标准。短期债券，一般而言，其偿还期在1年以下。例如，美国的短期国债的期限通常为3个月或6个月。中期债券的偿还期一般为1～10年，而长期债券的偿还期一般为10年以上。

10. A【解析】通货膨胀通过影响债券现金流而降低投资者的购买力，而大多数的通货膨胀联结债券的面值（而不是票面利率）在每个支付日会根据某一消费价格指数调整来反映通货膨胀的变化。

11. C【解析】大额可转让定期存单的二级市场一般采取做市商制度，做市商会通过回购协议将部分大额可转让定期存单抵押出去以获得资金，但存单回购利率要高于国债回购利率。二级市场流动性的大小取决于做市商的数量。

第四章

衍生工具

最新考纲要求

考试大纲	考查要点	能力等级
衍生工具概述	衍生工具的概念和特点	★★★
	衍生工具的买入和卖出	★
远期合约和期货合约	远期和期货的定义与区别	★★
	远期和期货的市场作用	★★★
期权合约	期权合约的概念和特点	★★
	影响期权定价的因素	★
互换合约	互换合约的概念以及利率互换、货币互换、股票收益互换的基本形式	★★
	影响各类互换合约定价的因子以及各类收益互换合约的应用方式	★
	远期合约、期货合约、期权合约和互换合约的区别	★★

核心考点解读

第一节　衍生工具概述

考点1　衍生工具的概念和特点★★★

1. 衍生工具的概念

衍生工具是由另一种基础资产（股票、债券、货币或商品等）构成或衍生而来的交易合约。衍生工具的价值取决于一种或多种基础资产，这些基础资产通常被称作合约标的资产。合约标的资产可以是股票、债券、货币等金融资产，也可以是黄金、原油等大宗商品或贵金属。常见的衍生工具有远期、期货、期权和互换等。

在远期和期货合约中，在未来买入合约标的资产（或者买入合约标的资产权利）的一方称为多头，在未来卖出合约标的资产（或者卖出合约标的资产权利）的一方称为空头。

例题精选精练▶▶

在远期和期货合约中，在未来买入合约标的资产的一方称为(　　)。

A. 空头　　B. 多头　　C. 卖出方　　D. 买入方

【答案】B

【解析】在远期和期货合约中，在未来买入合约标的资产（或者有买入合约标的资产权利）的一方称为多头。

2. 衍生工具的要素

一般而言，衍生工具可由以下五个共同的要素组成（见表4－1）。

表4－1　衍生工具的要素

要素	内容
合约标的资产	①衍生工具是在合约标的资产基础上创造出来的。所有的衍生品合约追根溯源都是以标的资产作为基础的 ②合约标的资产的例子包括：市场利率，股票，股票市场指数和债券市场指数及小麦、大豆等农产品
到期日	所有的衍生工具都会规定一个合约到期日
交易单位	①交易单位，又称合约规模，是指在交易时每一份衍生工具所规定的交易数量 ②确定期货合约交易单位的大小时，主要应当考虑合约标的资产的市场规模、交易者的资金规模等因素。当合约标的资产的市场规模、交易者的资金规模较大时，交易单位应该较大 **注：**在交易时，只能以交易单位的整数倍进行买卖
交割价格	衍生工具的交割价格是未来买卖合约标的资产的价格。通常取决于合约标的资产的价格和交易双方的预期
结算	①衍生工具的结算可以按合约规定在到期日或者在到期日之前结算 ②一些衍生工具在结算时要求实物交割；其他的衍生工具允许计算出净现金盈亏，用现金结算

在衍生工具的交易中，交易双方中某一方违约的风险被称作交易对手风险。履约保函是第三方（通常是保险公司）开具的当某一方违约时保证偿付的保单。另外，抵押品也能保护交易双方免受违约带来的损失。

例题精选精练

1. 下列选项中，属于衍生工具构成要素的是(　　)。

Ⅰ. 合约标的资产　Ⅱ. 到期日　Ⅲ. 交易单位　Ⅳ. 最后交易日

A. Ⅰ、Ⅱ、Ⅲ　B. Ⅲ、Ⅳ　C. Ⅰ、Ⅲ　D. Ⅱ、Ⅲ、Ⅳ

【答案】A

【解析】一般而言，衍生工具可由以下五个共同的要素组成：①合约标的资产；②到期日；③交易单位；④交割价格；⑤结算。

2. 下列选项中，不属于合约标的资产的是(　　)。

A. 市场利率　B. 股票市场指数　C. 信用等级　D. 债券市场指数

【答案】C

【解析】合约标的资产的例子包括：市场利率，股票，股票市场指数和债券市场指数及小麦、大豆等农产品。

3. 交易单位在交易时，只能以交易单位的(　　)进行买卖。

A. 整数倍　B. 半数倍　C. 三倍　D. 双倍

【答案】A

【解析】交易单位在交易时，只能以交易单位的整数倍进行买卖。

3. 衍生工具的特点

衍生工具具有跨期性、杠杆性、联动性、不确定性或高风险性四个显著的特点，具体内容如下（见表4－2）：

表4－2　衍生工具的特点

特点	内容
跨期性	衍生工具是交易双方根据对价格（如商品价格、利率、股价等）变化的预测，约定在未来某一确定的时间按照某一条件进行交易或有选择是否交易的权利，涉及基础资产的跨期转移
杠杆性	衍生工具只要支付少量保证金或权利金就可以买入
联动性	联动性指衍生工具的价值与合约标的资产价值紧密相关，衍生资产价格与标的资产的价格具有联动性
不确定性或高风险性	①合约标的资产的价格变化会导致衍生工具的价格变动 ②衍生工具面临的风险主要包括： ▶交易双方中的某方违约的违约风险 ▶因为资产价格或指数变动导致损失的价格风险 ▶因为缺少交易对手而不能平仓或变现的流动性风险 ▶因为交易对手无法按时付款或者按时交割带来的结算风险 ▶因为操作人员人为错误或系统故障或控制失灵导致的运作风险 ▶因为合约不符合所在国法律带来的法律风险

例题精选精练▶▶

下列选项中，不属于衍生工具特点的是(　　)。

A. 跨期性　　B. 杠杆性　　C. 联动性　　D. 确定性

【答案】D

【解析】与股票、债券等金融工具有所不同，衍生工具具有跨期性、杠杆性、联动性、不确定性或高风险性的特点。

考点2　衍生工具的分类★★★

衍生工具可以按不同的标准来分类。具体内容如下：

1. 按合约特点分类

衍生工具按其自身的合约特点可以分为远期合约、期货合约、期权合约、互换合约和结构化金融衍生工具五种（见表4－3）：

表4－3　衍生工具按其自身的合约特点的分类

分类		内容
基本的衍生工具（基础性衍生模块）	远期合约	①远期合约是指交易双方约定在未来的某一确定的时间，按约定的价格买入或卖出一定数量的某种合约标的资产的合约 ②远期合约是非标准化的合约，它是交易双方通过谈判后签署的
	期货合约	期货合约是指交易双方签署的在未来某个确定的时间按确定的价格买入或卖出某项合约标的资产的合约，它是标准化合约
	期权合约	①期权合约又称作选择权合约，是指赋予期权买方在规定期限内按双方约定的价格买入或卖出一定数量的某种金融资产的权利的合同 ②约定的价格被称作执行价格或协议价格
	互换合约	互换合约是指交易双方之间约定的在未来某一期间内交换其认为具有相等经济价值的现金流的合约

（续表）

分类	内容
结构化金融衍生工具（结构化产品）	结构化金融衍生工具是指利用“基础性衍生模块”的结构化特性，通过相互结合或者与基础金融工具相结合，开发和设计出的具有复杂特性的金融衍生工具

例题精选精练▶▶

交易双方约定在未来某一时期相互交换某种合约标的资产的合约称为(　　)。

A. 互换合约　B. 期权合约　C. 期货合约　D. 非衍生合约

【答案】A

【解析】互换合约是指交易双方约定在未来某一时期相互交换某种合约标的资产的合约。

2. 按产品形态分类

按照衍生工具的产品形态分类，衍生工具可以分为：

（1）独立衍生工具

独立衍生工具指本身即为独立存在的金融合约，如期权合约、期货合约或者互换合约等。

（2）嵌入式衍生工具

嵌入式衍生工具指嵌入非衍生合约（简称主合约）中的衍生工具，该衍生工具使主合约的部分或全部现金流量将按照特定利率、金融工具价格、汇率、价格或者利率指数、信用等级或信用指数，或类似变量的变动而发生调整。

例题精选精练▶▶

按照衍生工具的产品形态分类，衍生工具可以分为(　　)。

Ⅰ. 嵌入式衍生工具　Ⅱ. 货币衍生工具　Ⅲ. 信用衍生工具　Ⅳ. 独立衍生工具

A. Ⅰ、Ⅱ　B. Ⅲ、Ⅳ　C. Ⅰ、Ⅳ　D. Ⅱ、Ⅲ、Ⅳ

【答案】C

【解析】按照衍生工具的产品形态分类，衍生工具可以分为独立衍生工具和嵌入式衍生工具。

3. 按合约标的资产的种类分类

衍生工具从合约标的资产角度分类，可以分为货币衍生工具、利率衍生工具、股权类产品的衍生工具、信用衍生工具、商品衍生工具以及其他衍生工具（见表4－4）。

表4－4　衍生工具从合约标的资产角度的分类

分类	定义	主要包括
货币衍生工具	货币衍生工具指以各种货币作为合约标的资产的金融衍生工具	远期外汇合约、货币期货合约、货币期权合约、货币互换合约以及上述合约的混合交易合约
利率衍生工具	利率衍生工具指以利率或利率的载体为合约标的资产的金融衍生工具	远期利率合约、利率期货合约、利率期权合约、利率互换合约以及上述合约的混合交易合约
股权类产品的衍生工具	股权类产品的衍生工具指以股票或股票指数为合约标的资产的金融衍生工具	股票期货合约、股票期权合约、股票指数期货合约、股票指数期权合约以及上述合约的混合交易合约

（续表）

分类	定义	主要包括
信用衍生工具	信用衍生工具指以基础产品所蕴含的信用风险或违约风险为合约标的资产（准确地说，这是一种结果）的金融衍生工具，用于转移或防范信用风险	信用互换合约、信用联结票据等
商品衍生工具	商品衍生工具指以商品为合约标的资产的金融衍生工具	各种大宗商品的期货合约
其他衍生工具	非金融变量的基础上开发的金融衍生工具	例如，用于管理气温变化风险的天气期货合约；用于管理政治风险的政治期货合约；用于管理巨灾风险的巨灾衍生产品等

注：信用衍生工具是20世纪90年代以来发展最为迅速的一类金融衍生工具。

例题精选精练▶▶

1. 下列衍生工具中，不属于从合约标的资产角度分类的是(　　)。

A. 独立衍生工具　B. 利率衍生工具　C. 股权类产品的衍生工具　D. 信用衍生工具

【答案】A

【解析】衍生工具从合约标的资产角度分类，可以分为货币衍生工具、利率衍生工具、股权类产品的衍生工具、信用衍生工具、商品衍生工具以及其他衍生工具。A项属于按照衍生工具的产品形态的分类。

2. 20世纪90年代以来发展最为迅速的一类金融衍生工具是(　　)。

A. 信用衍生工具　B. 利率衍生工具　C. 股权类产品的衍生工具　D. 商品衍生工具

【答案】A

【解析】信用衍生工具是20世纪90年代以来发展最为迅速的一类金融衍生工具，主要包括信用互换合约、信用联结票据等。

4. 按交易场所分类

(1) 交易所交易的衍生工具

这是指在有组织的交易所上市交易的衍生工具。例如，在股票交易所交易的股票期权产品，在期货交易所和专门的期权交易所交易的各类期货合约、期权合约等。

(2) 场外交易市场（OTC）交易的衍生工具

这是指通过各种通信方式，不通过集中的交易所，实行分散的、一对一交易的衍生工具。从近年来的发展看，这类衍生工具的交易量逐年增大，已经超过交易所市场的交易额，市场流动性也得到增强，还发展出专业化的交易商。

第二节　远期合约和期货合约

考点1　远期和期货的定义与区别★★

1. 远期合约

(1) 远期合约的定义

远期合约是指交易双方约定在未来的某一确定的时间，按约定的价格买入或卖出一定数量的某种合约标的资产的合约。

远期合约是一种最简单的衍生品合约，它是为了规避未来风险的需要而产生的。

(2) 远期合约的种类

远期合约标的资产通常为大宗商品和农产品（如大豆和石油等），以及外汇和利率等金融工具。金融远期合约主要包括远期利率合约、远期外汇合约和远期股票合约。

例题精选精练▶▶

(　　)是指交易双方约定在未来的某一确定的时间，按约定的价格买入或卖出一定数量的某种合约标的资产的合约。

A. 期货合约

B. 期权合约

C. 近期合约

D. 远期合约

【答案】D

【解析】远期合约是指交易双方约定在未来的某一确定的时间，按约定的价格买入或卖出一定数量的某种合约标的资产的合约。

2. 期货合约

(1) 期货合约的定义

期货合约是指交易双方签署的在未来某个确定的时间按确定的价格买入或卖出某项合约标的资产的合约。期货合约在交易所中交易，一般用现金进行结算。

(2) 期货合约的种类

商品期货是最早产生的期货合约，其标的资产为实物商品。按照实物商品的种类不同，商品期货可分为农产品期货、金属期货与能源期货三种。

随着固定汇率制被浮动汇率制所取代，利率管制等金融管制政策被逐渐取消，金融期货开始被普遍使用。金融期货主要包括货币期货、利率期货、股票指数期货和股票期货四种。

近年来，不少交易所又陆续推出更多新型的期货品种，如房地产价格指数期货、通货膨胀指数期货等。

(3) 我国的商品期货市场的发展（见表4－5）

表4－5　我国的商品期货市场的发展

时间	发展内容
20世纪90年代	我国的商品期货市场开始
2006年9月	中国金融期货交易所正式成立
2010年4月	中国金融期货交易所推出沪深300指数期货，结束了我国股票现货和股指期货市场割裂的局面，对于降低投资者的操作成本，提高资产配置效率，以及完善我国多层次资本市场结构均具有重大的意义
2013年9月6日	首批3个5年期国债期货合约正式在中国金融期货交易所推出

注：我国的各类期货市场处于高速发展期，近几年交易规模年增长率超过50%，远超国际市场20%的增长率。

（4）期货合约的要素（见表4-6）

表4-6　期货合约的要素

要素	定义	内容
期货品种	期货品种是指具有期货商品性能，并经过批准允许进入交易所进行期货买卖的标的资产品种	通常分为商品期货和金融期货两种
交易单位（合约规模）	交易单位是指在期货交易所交易的每一份期货合约上所规定的交易数量	①在交易期货合约时，只能以交易单位的整数倍进行买卖 ②某种标的资产的市场规模较大，交易者的资金规模比较大，则这种期货合约的交易单位就可以相应地设计得比较大
最小变动单位	最小变动单位是指在期货交易所公开竞价过程中，某一商品报价单位在每一次报价时所允许的最小价格变动量	①最小变动单位乘以交易单位，就是该合约的最小变动值 ②在期货交易中，每次报价必须是其合约规定的最小变动单位的整数倍 ③期货合约最小变动单位的确定，取决于该合约标的资产的种类、性质、市场价格波动情况和商业规范等
每日价格最大波动限制（每日涨跌停板制度）	每日价格最大波动限制即期货合约在一个交易日中的交易价格波动不得高于规定的涨跌幅度或者低于规定的涨跌幅度，超过该涨跌幅度的报价将被视为无效，不能成交	①涨跌停板一般是以合约上一交易日的结算价为基准确定的 ②涨跌停板的确定，主要取决于该种标的资产现货市场价格波动的频繁程度和波幅的大小。一般来说，现货的价格波动越频繁、越剧烈，该标的资产合约的每日涨跌停板就应设置得大一些；反之则小一些
合约月份	合约月份是指期货合约到期交收实物的月份	①期货的合约月份由期货交易所规定，期货交易者可自由选择不同合约月份的期货合约 ②在金融期货中，除少数合约有特殊规定外，绝大多数合约的交割月份都定为每年的3月、6月、9月和12月 ③商品期货合约月份的确定，一般由其生产、使用和消费等特点决定，也会受到该合约商品的储藏、保管、流通、运输方式和特点等的影响
交易时间	期货合约的交易时间是固定的，且每个交易所对交易时间都有严格的规定，不同的交易所可以规定不同的交易时间	①一般每周营业日5天，周六、周日及国家法定节假日休息 ②一般每个交易日分为两盘，即上午盘和下午盘 ③各交易品种的交易时间也可以不同，由交易所安排
最后交易日	最后交易日是指期货合约在合约月份中可以进行交易的最后一个交易日	①在期货交易中，绝大多数成交的合约都是通过对冲交易结清的，如果过了最后交易日仍未做对冲，那就必须进行实物交割或现金结算 ②根据不同期货合约标的资产的生产、消费和交易特点，期货交易所确定其不同的最后交易日

（续表）

要素	定义	内容
交割等级	交割等级是指由交易所统一规定的、准许上市交易的标的资产的质量等级	①在进行期货交易时，交易双方没有必要对标的资产的质量等级进行协商，发生实物交割时按期货合约规定的标准质量等级进行交割 ②交易所在制定标的资产的等级时，常常采用国内或国际贸易中最通用和交易量较大的标准品的质量等级作为标准交割等级 **注：** 交货人用交易所认可的替代品代替标准品进行实物交割时，收货人不能拒收。用替代品进行实物交割时，价格需要升水或贴水
其他交割条款	其他交割条款是指由交易所规定的各种期货合约因到期未做对冲平仓而进行实际交割的各项条款	其他交割条款包括交割日、交割方式和交割地点等

例题精选精练

1. 期货合约交易价格的涨跌停板，一般是以合约(　　)交易日的结算价为基准确定的。

A. 当天　　B. 上一个　　C. 下一个　　D. 次日

【答案】B

【解析】每日价格最大波动限制，也称为每日涨跌停板制度。涨跌停板一般是以合约上一交易日的结算价为基准确定的。

2. 期货合约的交易时间是固定的，一般每周营业日(　　)天。

A. 2　　B. 3　　C. 5　　D. 7

【答案】C

【解析】期货合约的交易时间是固定的。一般每周营业日 5 天，周六、周日及国家法定节假日休息。

3. 远期和期货的区别（见表 4－7）

远期合约与期货合约相比，既有优点也有缺点（见表 4－7）：

表 4－7　远期和期货的区别

区别		内容
优点	远期合约相对期货合约较灵活	①远期合约是一种非标准化的合约 ②远期合约一般不在交易所进行交易，而是在金融机构之间或金融机构与客户之间通过谈判后签署的 ③远期合约通常用实物交割 ④已经签订的远期合约也可以在场外市场交易。在签署远期合约之前，双方可以就交割地点、到期日、交割价格、交易单位和合约标的资产的质量等细节进行谈判，以便尽量满足双方的需要

（续表）

区别		内容
缺点	远期合约市场的效率偏低	远期合约没有固定的、集中的交易场所，不利于市场信息的披露，也就不能形成统一的市场价格
	远期合约的流动性比较差	每份远期合约在交割地点、到期日、交割价格、交易单位和合约标的资产的质量等细节上差异很大，给远期合约的流通造成很大不便
	远期合约的违约风险会比较高	远期合约的履行没有保证，当价格变动对其中一方有利时，交易对手有可能没有能力或没有意愿按规定履行合约

例题精选精练▶▶

关于远期合约的缺点，下列说法错误的是(　　)。

A. 远期合约的收益率较低　　B. 远期合约的流动性比较差

C. 远期合约的违约风险会比较高　　D. 远期合约市场的效率偏低

【答案】A

【解析】远期合约有一些明显的缺点：①远期合约市场的效率偏低；②远期合约的流动性比较差；③远期合约的违约风险会比较高。

考点2　远期和期货的市场作用★★★

1. 远期的市场作用

远期价格是远期市场为当前交易的一个远期合约而提供的交割价格，它使得远期合约的当前价值为零。

由于远期价格是今天签署的远期合约规定的在将来特定时间交割单位标的资产的交割价格，这样就存在与远期合约相关的价格或价值，即交割价格 F_0、远期价格 F 和当前价值 f。

远期价格 F 是这样决定的：

（1）在期初，由于签署远期合约是没有任何货币支付的，因此当前价值 $f=0$，从而此时远期价格等于合约的交割价格，即 $F_0=F$。

（2）初始时间过后，当前价值 f 会随远期价格的改变而发生变化，这种变化实际上取决于标的资产的现货价格、市场利率和其他因素的变化。

下面研究时间 $t=0$ 时签署，时间 T 时交割一种资产的远期合约的远期价格 F 的定价问题。为确定远期价格 F，在此首先假设：

①没有交易成本。

②标的资产是任意可分的。

③标的资产的储存是没有成本的。

④标的资产是可以卖空的。

若标的资产当前的现货价格（时间 $t=0$）为 S_0，理论上的远期价格（到期日为 T）是：

$$F=F_0=S_0e^{rT}$$

式中：r 为无风险利率。

2. **期货的市场作用**

(1) 期货市场的交易制度

①保证金制度

保证金制度，就是指在期货交易中，任何交易者必须按其所买入或者卖出期货合约价值的一定比例交纳资金，这个比例通常为5%～10%，作为履行期货合约的保证，并视价格确定是否追加资金，然后才能参与期货合约的买卖。

期货交易设定保证金是为了维护交易的安全性，防止期货交易者因期货价格波动不能履行支付义务而给期货经纪商或结算公司造成损失。

保证金比率的确定会直接影响期货交易的效率。比率过高会增加交易者的成本，影响期货市场的流动性；过低则会增加市场风险。

交易所在设定各期货合约保证金标准时，必须兼顾安全性及流动性，参考以往价格波动及市场风险状况来决定各期货合约的最低保证金标准。

我国保证金制度与国际上的保证金制度有所不同。国际上各期货交易所保证金分为初始保证金和维持保证金。

►初始保证金，是初次合约成交时应交纳的保证金，相当于我国的交易保证金或保证金。

►维持保证金，是在价格朝买入合约不利方向变动时，初始保证金除去用于弥补亏损外，剩下的余额须达到的最低水平。

一旦保证金账户中的余额低于维持保证金水平，交易所应通知客户追加一笔资金，即追加保证金。追加后的保证金水平应达到初始保证金标准。若客户不及时存入追加保证金，则经纪人将予以强行平仓。

②盯市制度

盯市是期货交易最大的特征，又称为“逐日结算”，即在每个营业日的交易停止以后，成交的经纪人之间不直接进行现金结算，而是将所有清算事务都交由清算机构办理。

清算机构依据清算价进行清算，清算价即每个营业日的收盘前30秒钟或60秒钟内成交的所有交易的价格平均数；或者可以直接采用期货收盘价进行清算。清算机构在每个交易日为其会员公司的账户轧出盈亏。假如经盯市后某会员的账户余额降至维持保证金水平以下，他必须立即追加保证金；反之，在盈利的情况下会员公司则可随时提取超额部分。实际上，除了交易所清算机构与会员经纪人之间在每个营业日末做上述结算外，一般客户在期货经纪人处开立的保证金账户也按此方法办理盯市。

盯市的作用在于使期货合约每天得到结算，而不像远期交易那样一直要等到到期日才对整个合约存续期间发生的盈亏进行一次性收付。这项制度性安排使得期货合约的价格在每个营业日末回到零。

盯市是为了避免因发生违约而导致另一方当事人蒙受巨大损失而设计的，它对于保证期货合约的履行是至关重要的。从实践情况来看，这个制度运行得非常成功，即在期货交易中违约的现象变得非常少见。

③对冲平仓制度

期货交易中的头寸是指多头或空头。无论投资者的初始交易是买入还是卖出期货合约，都把这一行为称为开仓；无论投资者持有多头头寸还是空头头寸，都把这一行为称为持仓。

对冲平仓这一交易行为是指若持仓者在到期日之前改变已有的头寸，在市场上买卖与自己合约品种、数量相同但方向相反的期货。

交易者进行期货交易的目的有两种——套期保值或者进行投机。这种目的决定了期货交易是一种不以实物商品的交割为目的的交易。期货交易中最后进行实物交割的比例很小，一般只有1% ~3%，绝大多数的期货交易者都以对冲平仓的方式了结交易。

④交割制度

交割分为实物交割和现金结算两种形式。如果合约在到期日没有对冲，则一般是交割实物商品的，如小麦或一笔外汇等。有些金融期货合约的标的资产不方便或不可能进行有形交割，只能以现金结算。

多头方在每日盯市结算汇总后得到的总损益为 $S_T - F_0$。S_T 是到期日股票指数的价值，F_0 是最初的期货价格。现金结算很大程度上模拟了实物交割，只是空头方收到期货价格的同时，交割的是等于资产值的现金而非资产本身。

例题精选精练

1. (　　)又称为“逐日结算”，即在每个营业日的交易停止以后，成交的经纪人之间不直接进行现金结算，而是将所有清算事务都交由清算机构办理。

A. 保证金制度　　B. 对冲平仓制度　　C. 盯市制度　　D. 交割制度

【答案】C

【解析】盯市制度是期货交易最大的特征，又称为“逐日结算”，即在每个营业日的交易停止以后，成交的经纪人之间不直接进行现金结算，而是将所有清算事务都交由清算机构办理。

2. 在期货交易中，无论投资者持有多头头寸还是空头头寸，都被称为(　　)。

A. 开仓　　B. 持仓　　C. 对冲平仓　　D. 强行平仓

【答案】B

【解析】期货交易中的头寸是指多头或空头。无论投资者的初始交易是买入还是卖出期货合约，都把这一行为称为开仓；无论投资者持有多头头寸还是空头头寸，都把这一行为称为持仓。

(2) 期货市场的基本功能

一般而言，期货市场的基本功能有以下三种：

①风险管理

现货价格风险是指商品生产者或者商品经营者在生产、经营过程中不可避免地会遇到的风险。即无论价格向哪个方向变动，总会使一部分商品生产者或者商品经营者遭受损失。

期货市场的最基本的功能就是风险管理，具体表现为利用商品期货管理价格风险、利用外汇期货管理汇率风险、利用利率期货管理利率风险以及利用股指期货管理股票市场系统性风险。

在某些特定的假设前提下，期货交易可以使风险在具有不同风险偏好的投资者之间进行转移和再分配，从而有助于投资者获得各自满意的风险类型和数量，优化各自的风险偏好。这将优化金融市场风险结构，增强金融市场的稳定性和抗击重大危机的弹性。

②价格发现

在市场经济条件下，价格是根据市场供求状况形成的。期货市场上来自各个地方的交易者带来了大量的供求信息，标准化合约的转让又增加了市场流动性，期货市场中形成的价格能真实地反映供求状况，同时又为现货市场提供了参考价格，起到了“价格发现”的功能。

期货合约具有的价格发现功能以及降低信息不对称的功能，有利于实现社会资源的合理配置。

③投机

投机者是期货市场的重要组成部分，是期货市场必不可少的润滑剂。投机交易增强了市场的流动性，承担了套期保值交易转移的风险，是期货市场正常运营的保证。

从实际来看，正是因为有投机者参与，套期保值才能顺利进行，而使期货市场具有经济功能。

第三节　期权合约

考点 1　期权合约的概念和特点★★

1. 期权合约的概述

（1）期权合约的概念

期权合约，又称作选择权合约，是指赋予期权买方在规定期限内按双方约定的价格买入或卖出一定数量的某种金融资产的权利的合同。约定的价格被称作执行价格或协议价格。

期权和之前所述的金融衍生产品的不同之处是它的损益的不对称性，以及买方需要事先交付一笔费用（期权费）给卖方。

（2）期权合约的要素（见表 4－8）

表 4－8　期权合约的要素

要素	内容
标的资产	标的资产即期权合约中约定交易的资产，可以是实物商品、金融资产、利率、汇率或各种综合价格指数等
期权的买方	买方为买入期权的一方，即支付费用从而获得权利的一方，也称期权的多头
期权的卖方	卖方为卖出期权的一方，即获得费用因而承担着在规定的时间内履行该期权合约义务的一方，也称期权的空头
执行价格（协议价格）	①执行价格是指期权合约所规定的，期权买方在行使权利时所实际执行的价格 ②执行价格一旦确定，则在期权有效期内，无论期权标的物的市场价格上涨或下降到什么程度，只要期权买方要求执行期权，期权卖方就必须以执行价格履行相应的义务 ③在金融期权交易中，交易所内交易的合约的执行价格是由交易所根据标的资产的价格变化趋势确定的，场外交易的合约的执行价格则由交易双方商定
期权费	①期权费是指期权买方为获取期权合约所赋予的权利而向期权卖方支付的费用 ②期权费支付后，即使买方选择不执行期权，也不能向卖方索回期权费 ③期权费是期权合约中唯一的变量，大小取决于期权合约的要素，包括合约标的资产、到期日和执行价格等 ④对于卖方而言，它是期权的回报；对于买方而言，它是买入期权所遭受损失的最高限度 ⑤期权费是交易双方在期权交易所内竞价形成的
通知日	当期权买方要求履行标的物的交付时，它必须在预先确定的交货和提运日之前的某一天先通知卖方，以便让卖方做好准备，这一天就是通知日
到期日	到期日指期权合约必须履行的时间

注：在金融期权交易中，区分期权费和执行价格是非常重要的。执行价格指的是期权合约中标的资

产的价格；而期权费是期权合约的价格，更准确地说，是期权合约所规定的权利的价格。

例题精选精练▶▶

下列选项中，不属于期权合约要素的是(　　)。

A. 标的资产　　B. 期权的买方

C. 期权的卖方　　D. 交易日

【答案】D

【解析】期权合约的要素主要有以下七个：①标的资产；②期权的买方；③期权的卖方；④执行价格；⑤期权费；⑥通知日；⑦到期日。

(3) 期权合约的常见类型

①按期权买方执行期权的时限分类

▶欧式期权，买方只有在期权到期日才能执行期权（即行使买入或卖出标的资产的权利），既不能提前也不能推迟。如果买方要提前执行权利，期权卖出者可以拒绝履约；如果推迟，期权则将被作废。

▶美式期权，买方既可以在期权到期日这一天行使期权，也可以在期权到期日之前的任何一个交易时段执行期权。超过到期日，美式期权失效。

在其他条件都一样的情况下，美式期权的期权费通常要比欧式期权的期权费高一些。

世界范围内，在交易所进行交易的多数期权均为美式期权，而在大部分场外交易中广泛采用的是欧式期权。

②按期权买方的权利分类

▶看涨期权，是指赋予期权的买方在事先约定的时间以执行价格从期权卖方手中买入一定数量的标的资产的权利的合约，又称买入期权。

▶看跌期权，是指期权买方拥有一种权利，在预先规定的时间以执行价格向期权卖出者卖出规定的标的资产，又称卖出期权。

③按执行价格与标的资产市场价格的关系分类

▶实值期权，是指如果期权立即被执行，买方具有正的现金流。

▶平价期权，是指买方此时的现金流为零。

▶虚值期权，是指买方此时具有负的现金流。

实值期权、平价期权和虚值期权描述的是期权在有效期内的某个具体的时间点上的状态，随着时间的变化，同一期权的状态也会不断变化。有时是实值期权，有时是平价期权，而有时又变成虚值期权。

例题精选精练▶▶

按照执行价格与标的资产市场价格的关系来分类，期权分为(　　)。

Ⅰ. 实值期权　　Ⅱ. 平价期权　　Ⅲ. 虚值期权　　Ⅳ. 看涨期权

A. Ⅰ、Ⅱ、Ⅲ　　B. Ⅱ、Ⅲ、Ⅳ　　C. Ⅱ、Ⅳ　　D. Ⅰ、Ⅲ、Ⅳ

【答案】A

【解析】按照执行价格与标的资产市场价格的关系来分类，期权可以分为实值期权、平价期权和虚值期权三种。

2. 期权合约的价值

(1) 期权合约的价值分类

期权合约的价值可以分为两部分：内在价值和时间价值。一份期权合约的价值等于其内在价值与时间价值之和。

①期权的内在价值，是指多头行使期权时可以获得的收益的现值，即资产的市场价格与执行价格之间的差额。

②期权的时间价值，是指在期权有效期内标的资产价格波动为期权持有者带来收益的可能性所隐含的价值。

(2) 期权合约的盈亏分布

期权合约与远期合约以及期货合约的不同之处主要在于期权合约损益的不对称性。

假设在计算时不包括初始期权成本。见图 4-1，如果以 X 表示执行价格，S_T 代表标的资产的到期日价格，则有：

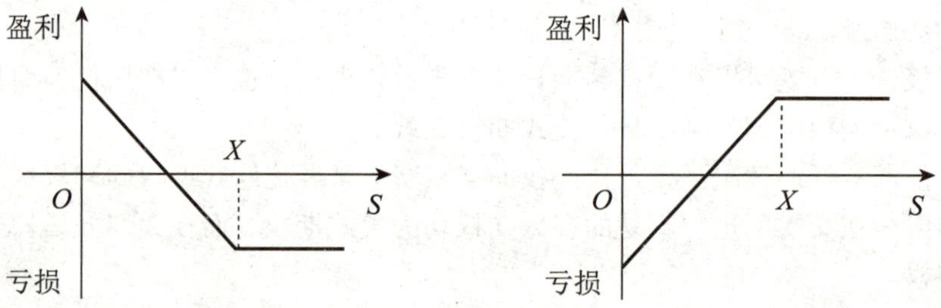

(a) 多头损益　　(b) 空头损益

图 4-1　看跌期权的盈亏分布

欧式看涨期权多头的损益为：max $(S_T - X, 0)$。

欧式看涨期权空头的损益为：min $(X - S_T, 0)$。

欧式看跌期权多头的损益为：max $(X - S_T, 0)$。

欧式看跌期权空头的损益为：min $(S_T - X, 0)$。

例题精选精练

如果以 X 表示执行价格，S_T 代表标的资产的到期日价格，那么欧式看跌期权多头的损益为(　　)。

A. max $(S_T - X, 0)$　　B. min $(X - S_T, 0)$

C. max $(X - S_T, 0)$　　D. min $(S_T - X, 0)$

【答案】C

【解析】A 项是欧式看涨期权多头的损益；B 项是欧式看涨期权空头的损益；D 项是欧式看跌期权空头的损益。

考点 2　影响期权定价的因素★

影响期权价格的因素有合约标的资产的市场价格、期权的执行价格、期权的有效期、无风险利率水平、标的资产价格的波动率和合约标的资产的分红。

各种因素对期权价值的具体影响如下（见表4－9）：

表4－9　影响期权价格的因素及其影响方向

影响因素	影响方向	
	看涨期权	看跌期权
合约标的资产的市场价格↑	↑	↓
期权的执行价格↑	↓	↑
期权的有效期↑	↑	↑
无风险利率水平↑	↑	↓
标的资产价格的波动率↑	↑	↑
合约标的资产的分红↑	↓	↑

例题精选精练▶▶

影响期权价格的因素不包括（　　）。

A. 合约标的资产的市场价格

B. 宏观经济的因素

C. 无风险利率水平

D. 期权的有效期

【答案】B

【解析】影响期权价格的因素包括：①合约标的资产的市场价格；②期权的执行价格；③期权的有效期；④无风险利率水平；⑤标的资产价格的波动率；⑥合约标的资产的分红。

第四节　互换合约

考点1　互换合约的概念以及利率互换、货币互换、股票收益互换的基本形式★★

1. 互换合约的概念

互换合约是指交易双方之间约定在未来某一期间内交换他们认为具有相等经济价值的现金流的合约。

在现实生活中较为常见的两种合约是利率互换合约和货币互换合约，此外还有股权互换、信用违约互换等互换合约。

（1）利率互换合约，是同种货币资金的不同种类利率之间的交换合约，一般并不伴随本金。

（2）货币互换合约，是指两种货币之间的交换合约，在一般情况下，是指两种货币资金的本金交换。

目前，中国外汇交易中心人民币利率互换参考利率包括上海银行间同业拆借利率（含隔夜、1周、3个月期等品种）、国债回购利率（7天）、1年期定期存款利率，互换期限从7天到3年，交易双方可协商确定付息频率、利率重置期限、计息方式等合约条款。

2. 利率互换、货币互换、股票收益互换的基本形式（见表4－10）

表4－10　互换合约的类型

项目	利率互换	货币互换	股票收益互换
定义	利率互换，是指互换合约双方同意在约定期限内按不同的利息计算方式分期向对方支付由币种相同的名义本金额所确定的利息	货币互换，是指互换合约双方同意在约定期限内按相同或不同的利息计算方式分期向对方支付由不同币种的等值本金额确定的利息，并在期初和期末交换本金	股票收益互换中，交易一方或双方支付的金额与特定股票、指数等权益类标的证券的表现挂钩
支付方式	采用净额支付的方式，即互换双方不交换本金，只按期由一方向另一方支付本金所产生的利息净额	以不同货币支付现金利息给对方，而不是只有一方支付现金给另一方	双方按照收益轧差后的净额进行支付，不发生本金交换
形式	①息票互换，即固定利率对浮动利率的互换 ②基础互换，即双方以不同参照利率互换利息支付，如美国优惠利率对LIBOR	根据利息支付方式不同，货币互换可分为三种形式： ①固定对固定，即将一种货币的本金和固定利息与另一种货币的等价本金和固定利息进行交换 ②固定对浮动，即将一种货币的本金和固定利息与另一种货币的等价本金和浮动利息进行交换 ③浮动对浮动，即将一种货币的本金和浮动利息与另一种货币的等价本金和浮动利息进行交换	①我国的股票收益互换业务开始于2012年年底，采用场外协议成交的方式 ②投资者和证券公司之间的股票收益互换有三种模式： ▶固定利率和股票收益的互换 ▶股票收益和固定利率的互换 ▶股票收益和股票收益的互换
原因	双方进行利率互换的原因是双方在固定利率和浮动利率市场上分别具有比较优势，通过利率互换，双方均达到了降低融资成本的目的	货币互换产生的原因是双方在各自国家中的金融市场上具有比较优势，通过货币互换，双方降低了融资成本，获得互换利益	股票收益互换是投资者进行投资理财和风险管理的工具。投资者可以通过股票收益互换，实现策略投资、杠杆交易、股权融资、市值管理和创建结构产品的目的

确定互换方案的基本过程：①建立成本和融资渠道矩阵；②确定各方比较优势；③划分互换利益；④为互换定价，即确定互换合约中各方应支付的利率。

例题精选精练▶▶

确定互换方案的基本过程不包括（　　）。

A. 建立成本和融资渠道矩阵　　B. 确定各方比较优势

C. 划分互换利益　　D. 确定一个新的互换价格

【答案】D

【解析】确定互换方案的基本过程为：①建立成本和融资渠道矩阵；②确定各方比较优势；③划分互换利益；④为互换定价，即确定互换合约中各方应支付的利率。

3. **股票收益互换的实例**

证券公司在与投资者订立股票收益互换交易的同时，会进行风险对冲，将自身风险暴露控制在较低水平。风险对冲后，证券公司最终只赚取类似佣金或利息收入的中间价差。

实例一：对冲股价风险

投资者执行股票买入计划时，面临股价波动的风险。股票收益互换可以帮助投资者锁定买入成本，对冲买入期间价格波动的风险。

举例来说，某投资者看好某只股票，计划 3 个月后对该股票进行增持，但希望将股票价格锁定在现价水平。为实现这一目标，客户可与证券公司订立股票收益互换协议。该互换交易名义本金额为 1 亿元，互换期限为 3 个月。到期时，若实际股价高于现价，则证券公司向投资者支付差价收益；若实际股价低于现价，则投资者向证券公司支付差价补偿。证券公司建立互换头寸的同时，可从市场购入标的股票以对冲风险（见图 4－2）。

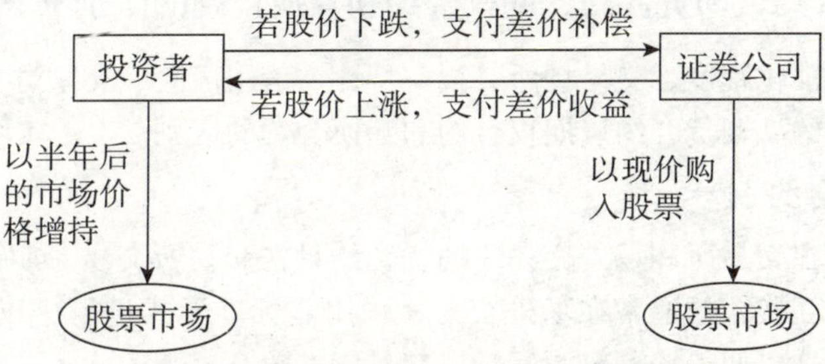

图 4－2　对冲风险的收益互换示例

实例二：将现有股票投资转换为固定收益投资

某投资者持有某只股票已经获得账面盈利，由于某些限制不能及时卖出股票兑现收益，希望锁定目前的盈利，将股票头寸转换为固定收益头寸。为了实现这一目标，该投资者可以和证券公司签订股票收益互换协议。互换交易的名义本金额为 1 亿元，互换期限为 1 年。1 年后，投资者收取固定的利息收入，实际股价涨跌收益均由证券公司承担。若股价上涨，投资者向证券公司支付收益；若股价下跌，证券公司向投资者支付补偿。证券公司建立互换头寸的同时，可以通过卖空标的证券进行风险对冲（见图 4－3）。

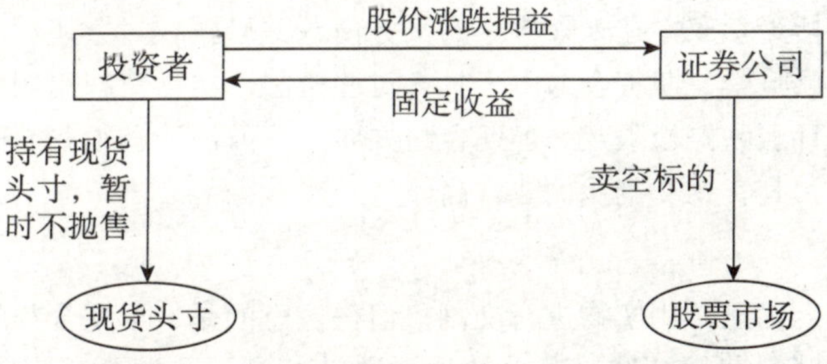

图 4－3　股票投资转换为固定收益投资示意图

实例三：保本投资

为了在本金安全的前提下获得股票上涨收益，投资者可以将现金或固定收益资产期末产生的利息收入支付给证券公司，用于交换证券公司向其支付的与特定股票或指数表现挂钩的上涨收益。

举例来说，投资者与证券公司订立股票收益互换协议，互换交易的名义本金为 1 亿元，互换期限为 3 个月，挂钩某股票的上涨收益。3 个月以后，投资者将 1 亿元本金产生的资金利息支付给证券公司，证券公司向投资者支付与该股票挂钩的上涨收益。如果该股票价格下跌，投资者损失上限是利息，本金不受影响。证券公司通过交易标的股票进行风险对冲（见图4-4）。

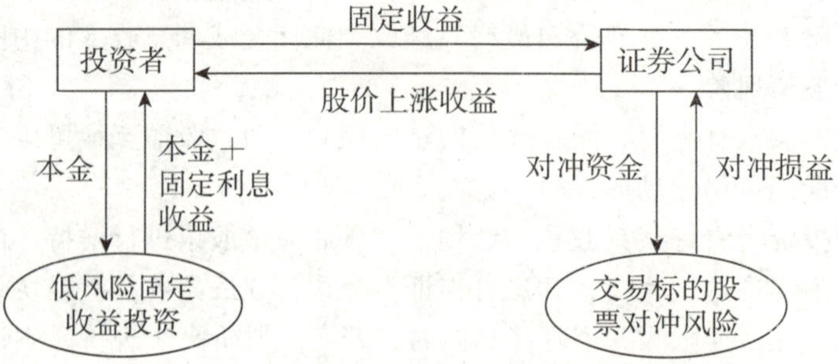

图4-4　应用收益互换进行保本投资示意图

考点2　远期合约、期货合约、期权合约和互换合约的区别★★

我们从合约的标准化程度、交易场所、损益特性、信用风险、交割方式、执行方式、杠杆等角度来分析远期合约、期货合约、期权合约和互换合约的区别。

1. 交易场所与合约

衍生品合约可以在交易所和场外交易。期货合约只在交易所交易。期权合约大部分在交易所交易。远期合约和互换合约通常在场外交易，采用非标准形式进行，以满足交易各方需求，具有较高的灵活性，这也使得谈判较为复杂，交易成本较高。

2. 损益特性

远期合约、期货合约和大部分互换合约都包括买卖双方在未来应尽的义务，因此，它们有时被称作远期承诺或者双边合约。期权合约和信用违约互换合约只有一方在未来有义务，因此被称作单边合约。期权合约和信用违约互换合约使买方可以对卖方行使某种权利。当情形对自己有利或者特定条件被满足时，买方可以行权。期权合约与远期合约以及期货合约的不同之处是它的损益的不对称性。

3. 信用风险

双边合约因为包括买卖双方在未来应尽的义务使双方暴露在对方违约的风险中，单边合约仅使买方暴露在这种风险中，期货合约由于具备对冲机制，实物交割比例非常低，交易价格受最小价格变动单位和日涨跌停板限定。远期合约如要中途取消，必须双方同意，任何单方面意愿是无法取消合约的，其实物交割比例非常高。

4. 执行方式

远期合约和互换合约通常用实物进行交割。值得注意的是，远期合约的两个合约即使是方向相反也不能自动抵消。期货合约绝大多数通过对冲相抵消，通常用现金结算，极少实物交割。而期权合约则是买方根据当时的情况判断行权对自己是否有利来决定行权与否。

5. 杠杆

期货合约通常采用保证金交易，有明显的杠杆效应；期权合约中买方需要支付期权费，卖方需要缴纳保证金，也存在杠杆效应；远期合约和互换合约的杠杆效应应与合约规定的交易方式有关。

本章强化训练

下列选项中只有一项最符合题目要求。不选、错选均不得分。

1. (　　)可以是股票、债券、货币等金融资产，也可以是黄金、原油等大宗商品或贵金属。

A. 合约标的资产　　B. 基础资产

C. 递延资产　　D. 固定资产

2. 衍生工具的(　　)是未来买卖合约标的资产的价格。

A. 约定价格　　B. 交割价格　　C. 交易价格　　D. 指数价格

3. 下列选项中，属于独立衍生工具的是(　　)。

A. 赎回条款　　B. 返售条款　　C. 转股条款　　D. 期权合约

4. 在远期合约交易中，一旦理论价格与实际价格不相等，就会出现套利机会。若(　　)，套利者就可以通过买入标的资产现货、卖出远期并等待交割来获取无风险利润，从而促使现货价格上升，交割价格下降，直至套利机会消失。

A. 交割价格高于远期价格　　B. 交割价格低于远期价格

C. 远期价格等于实际价格　　D. 远期价格不等于实际价格

5. 期货市场的发展所经历的过程包括(　　)。

Ⅰ. 由商品期货到金融期货　　Ⅱ. 由金融期货到商品期货

Ⅲ. 交易品种不断增加　　Ⅳ. 交易规模不断扩大

A. Ⅰ、Ⅱ、Ⅲ　　B. Ⅰ、Ⅲ、Ⅳ

C. Ⅱ、Ⅲ、Ⅳ　　D. Ⅰ、Ⅱ、Ⅳ

6. 在金融期货中，除少数合约有特殊规定外，绝大多数合约的交割月份都定为每年的(　　)。

A. 1月、3月、5月和7月　　B. 3月、6月、9月和12月

C. 2月、4月、6月和8月　　D. 5月、6月、7月和8月

7. 保证金制度，就是指在期货交易中，任何交易者必须按其所买入或者卖出期货合约价值的一定比例交纳资金，这个比例通常在(　　)。

A. 5%~10%　　B. 10%~15%

C. 15%~20%　　D. 20%~25%

8. 当期权买方要求履行标的物的交付时，它必须在预先确定的交货日和提运日(　　)通知卖方。

A. 当天　　B. 之后的某一天

C. 之前的某一天　　D. 提前三天

9. 对于欧式期权，期权合约的有效期________，期权价格________。(　　)

A. 越短；越高　　B. 越长；不变　　C. 越长；越高　　D. 越短；不变

10. 当无风险利率升高时，卖方资金的机会成本会变高，看跌期权的价值会(　　)。

A. 升高　　B. 降低　　C. 不变　　D. 不确定

11. (　　)的买方只有在期权到期日才能执行期权，既不能提前也不能推迟。

A. 欧式期权　　B. 美式期权　　C. 看涨期权　　D. 看跌期权

12. 看涨期权在执行时，其收益等于标的资产的市场价格与执行价格之差。因此，标的资产的价格________、执行价格________，看涨期权的价格________。（　　）

A. 越高；越低；越高　　B. 越高；越低；越低

C. 越低；越低；越高　　D. 越高；越高；越高

参考答案及解析

1. A【解析】合约标的资产可以是股票、债券、货币等金融资产，也可以是黄金、原油等大宗商品或贵金属。

2. B【解析】衍生工具的交割价格是未来买卖合约标的资产的价格，其通常取决于合约标的资产的价格和交易双方的预期。

3. D【解析】独立衍生工具指本身即为独立存在的金融合约，例如期权合约、期货合约或者互换合约等。A、B、C 项属于嵌入式衍生工具。

4. A【解析】一旦理论价格与实际价格不相等，就会出现套利机会。若交割价格高于远期价格，套利者就可以通过买入标的资产现货、卖出远期并等待交割来获取无风险利润，从而促使现货价格上升，交割价格下降，直至套利机会消失；若交割价格低于远期价格，套利者就可以通过卖空标的资产现货、买入远期来获取无风险利润，从而促使现货价格下降，交割价格上升，直至套利机会消失。最终，远期价格又等于实际价格。

5. B【解析】期货市场的发展，大致经历了由商品期货到金融期货，交易品种不断增加，交易规模不断扩大的过程。

6. B【解析】在金融期货中，除少数合约有特殊规定外，绝大多数合约的交割月份都定为每年的 3 月、6 月、9 月和 12 月。

7. A【解析】保证金制度，就是指在期货交易中，任何交易者必须按其所买入或者卖出期货合约价值的一定比例交纳资金，这个比例通常在 5%～10%，作为履行期货合约的保证，并视价格确定是否追加资金，然后才能参与期货合约的买卖。

8. C【解析】当期权买方要求履行标的物的交付时，它必须在预先确定的交货和提运日之前的某一天先通知卖方，以便让卖方做好准备，这一天就是通知日。

9. C【解析】一般情况下（即剔除标的资产支付大量红利这种特殊情况），因为有效期越长，合约标的资产的风险就越大，空头亏损的风险也越大，所以对于欧式期权，期权合约的有效期越长，期权价格越高。

10. B【解析】当无风险利率升高时，卖方资金的机会成本会变高，从而看跌期权的价值随之降低。当无风险利率下降时，无风险利率对看涨期权价格和看跌期权价格的作用则相反。

11. A【解析】欧式期权，指期权的买方只有在期权到期日才能执行期权（即行使买入或卖出标的资产的权利），既不能提前也不能推迟。

12. A【解析】看涨期权在执行时，其收益等于标的资产的市场价格与执行价格之差。因此，标的资产的价格越高、执行价格越低，看涨期权的价格就越高。

第五章 另类投资

最新考纲要求

考试大纲	考查要点	能力等级
另类投资概述	另类投资的主要类型、优点和局限	★★★
私募股权投资	私募股权投资的概念、J曲线、战略形式、组织架构、退出机制和风险收益特征	★★
不动产投资	不动产投资的概念、类型、投资工具和风险收益特征	★★
大宗商品投资	各类大宗商品投资的类型、投资方式和风险收益特征	★★

核心考点解读

第一节　另类投资概述

考点　另类投资的主要类型、优点和局限★★★

1. 另类投资的主要类型

另类投资也称替代投资，其并无明确定义，通常被认为是传统投资之外的所有投资。和传统投资一样，另类投资应当是能够在可接受的风险水平下提供合理回报的投资。

另类投资的主要类型包括：

（1）另类资产，如自然资源、大宗商品、房地产、基础设施、外汇和知识产权等。

（2）另类投资策略，如长短仓、多元策略投资和结构性产品等。

（3）私募股权，如风险投资、成长权益、并购投资和危机投资等，组织形式通常为合伙人、公司、信托契约等。

（4）对冲基金，如全球宏观、事件驱动和管理期货对冲基金等。

除了私募股权、不动产、大宗商品等主流形式外，另类投资还包括黄金投资、碳排放权交易、艺术品和收藏品等投资方式。

注："另类"是一个中性的表述，仅说明其有别于股票、债券等传统资产。另类也并不意味着都是创新，房地产和大宗商品投资都有着悠久的历史。

2. 另类投资的优势与局限

（1）另类投资的优势

①在多元资产配置时代，投资者根据宏观市场环境的变化来不断对自己的投资组合进行调整。另类投资产品给予了这些投资者更多的选择。

②投资者将另类投资产品纳入投资组合当中，主要目的是通过投资组合提高投资回报和分

散风险。

③在多元化投资组合中加入另类投资产品，有可能得到比传统股票和债券组合更高的收益和更低的波动性。

（2）另类投资的局限

①缺乏监管、信息透明度低。

②流动性较差，杠杆率偏高。

③估值难度大，难以对资产价值进行准确评估。

例题精选精练▶▶

另类投资的局限性包括(　　)。

Ⅰ. 缺乏监管，信息透明度低

Ⅱ. 流动性较差，杠杆率偏高

Ⅲ. 估值难度大，难以对资产价值进行准确评估

Ⅳ. 比传统股票和债券组合的波动性更低

A. Ⅰ、Ⅱ、Ⅲ　　B. Ⅲ、Ⅳ　　C. Ⅱ、Ⅲ、Ⅳ　　D. Ⅰ、Ⅱ

【答案】A

【解析】另类投资的局限包括：①缺乏监管、信息透明度低；②流动性较差，杠杆率偏高；③估值难度大，难以对资产价值进行准确评估。

第二节　私募股权投资

考点 1　私募股权投资的概念★★

私募股权投资（PE），是指对未上市公司的投资。私募股权投资起源和盛行于美国，已经有 100 多年的历史。

私募股权投资通常采用非公开募集的形式筹集资金，不能在公开市场上进行交易，流动性较差。尽管人们使用私募“股权”一词，但此类投资既包含股权，也包含债权（市场上少见）。

考点 2　私募股权投资的战略形式★★

私募股权投资包含多种形式，最为广泛使用的战略包括风险投资、成长权益、并购投资、危机投资和投资私募股权二级市场等。

1. 风险投资

风险投资一般采用股权形式将资金投入提供具有创新性的专门产品或服务的初创型公司。

风险投资的收益不是来自企业本身的分红，而是来自企业成熟壮大之后的股权转让。一般说来，由于创业企业掌握了新技术，或是拥有受保护的专利权，能够使科学技术成果迅速商品化，其产品在一定时间内缺少替代品，所以这种垄断或寡头的市场结构就能给企业带来额外收益。

风险资本的投资目的并不是取得对企业的长久控制权以及获得企业的利润分配，而是通过资本的退出，从股权增值当中获取高回报。资本的成功退出，有助于将所获利润投入到新的投资项目中。

注：风险投资被认为是私募股权投资中处于高风险领域的战略。

2. 成长权益

成长权益战略投资于已经具备成型的商业模型、稳定的顾客群和正现金流的公司。有些成长权益投资者擅长于帮助企业上市。

3. 并购投资

并购投资，是指专门进行企业并购的基金，即投资者为了满足已设立的企业达到重组或所有权转变目的而存在的资金需求的投资。并购投资的主要对象是成熟且具有稳定现金流并且呈现出稳定增长趋势的企业，通过控股来确立企业市场地位、提升其内在价值，到最后，通过各种渠道退出并取得收益。

并购投资包含多种不同类型，如杠杆收购（LBO）、管理层收购（MBO）等。

（1）杠杆收购

杠杆收购是指投资者（收购方）利用收购的资产作为债务抵押进行收购的策略，是应用最广泛的形式。收购方以目标公司资产及未来收益作为借贷抵押，通过大规模融资借贷支付大部分交易费用。借贷本息通过被收购公司的未来现金流来支付。因此，目标公司必须能够产生流动性强而可持续的现金流，这样的公司通常是具备一定竞争优势的稳定企业。并购投资者偏好那些近期经营业绩不如同业，但具备可成长空间的公司。

（2）管理层收购

管理层收购是指公司的高级管理层从金融机构或风险投资得到资金的支持，收购公司大部分甚至全部股权，以达到控股目的。

例题精选精练

并购投资包含多种不同类型，其中应用最广泛的形式是（　　）。

A. 管理层收购　　B. 债权转股权方式

C. 承债式并购　　D. 杠杆收购

【答案】D

【解析】并购投资包含多种不同类型，如杠杆收购、管理层收购等形式。其中，杠杆收购是应用最广泛的形式。

4. 危机投资

当企业遭遇财务困境时，企业可能无法偿还债务，造成债务违约甚至面临破产。危机投资即购买违约风险较高的公司债，购买价格相比面值常常有很大折扣。有时，危机投资者可能仅用现有放贷人所持有债权面值的20%～30%的资金来换取债权。

若投资企业顺利生存下来然后得以持续运营，投资者持有的债券价值会上升，危机投资者将获得很大的利润。同时，考虑投资者所投入资金的投资企业是已经濒临破产威胁的企业，因此，危机投资往往被认定为是具有高风险的战略。

5. 投资私募股权二级市场

投资私募股权二级市场，即购买现有私募股权投资的权益。私募股权合伙企业的生命周期通常为10年左右，包括3～4年的投资，然后5～7年收获投资和回流资本。有些私募股权合伙企业的投资者可能在基金的正常生命周期内遇到流动性或者其他问题，因而寻求将其投资出售给他人，这就形成了二级市场。

例题精选精练▶▶

私募股权合伙制度的生命周期最典型的需要(　　)年左右。

A. 10　　B. 15　　C. 20　　D. 25

【答案】A

【解析】私募股权合伙制度的生命周期最典型的需要10年左右，包含3~4年的投资和5~7年的收回投资的过程。许多私募股权投资有限合伙人考虑到私募股权投资本身的流动性差的性质，愿意在二级市场进行交易，这也是中国私募股权二级市场的未来值得期待的主要理由之一。

考点3　私募股权投资基金的组织架构★★

私募股权投资基金通常可分为公司型、合伙型和信托型三种。

1. 公司型基金

公司型基金是指私募股权投资基金以股份公司或有限责任公司形式设立。公司型基金是企业法人实体，具有完整的公司结构和运作方式。其组织结构如下（见图5－1）：

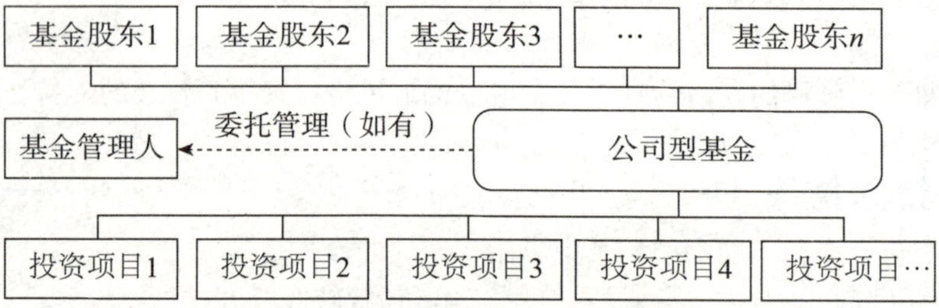

图5－1　公司型私募股权投资基金组织结构图

投资者依法享有股东权利，并且和其他公司的股东一样，以其出资额为限承担有限责任。公司型私募股权投资基金中，基金管理人通常作为董事或独立的外部管理人员参与股权投资项目的运营。基金管理人会受到股东的严格监督管理。

2. 合伙型基金

合伙型股权投资基金采用有限合伙企业的组织形式，参与主体主要有普通合伙人（GP）、有限合伙人（LP）和基金管理人。合伙型基金不具有独立的法人地位，其组织结构如下（见图5－2）：

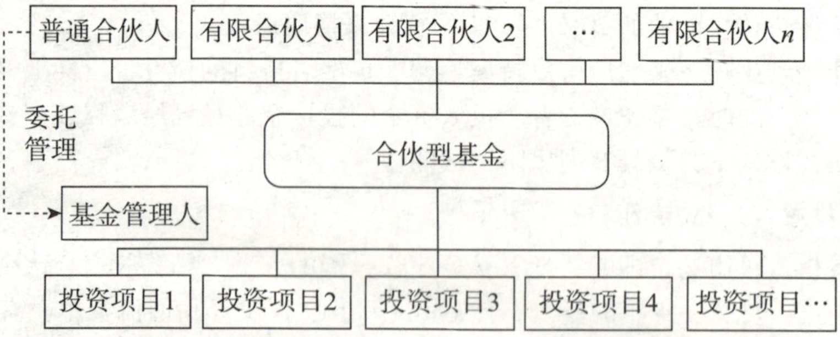

图5－2　合伙型私募股权投资基金组织结构图

在有限合伙制中，普通合伙人主要代表整个私募股权基金对外行使各种权利，对私募股权基金承担无限连带责任，收入来源是基金管理费和盈利分红。有限合伙人则负责出资，并以其出资额为限，承担连带责任。普通合伙人有时会承担基金管理人的角色，但有时也委托专业管理人员对私募股权投资项目进行管理和监督。

在设立初期，普通合伙人和有限合伙人通常签订合伙协议，并约定各种管理费用和业绩奖励，并且会定期召开合伙会议。同时，与公司制和信托制私募股权基金不同，合伙制普通合伙人具备独立的经营管理权力，有限合伙人虽然负责监督普通合伙人，但是不直接干涉或参与私募股权投资项目的经营管理。

3. 信托型基金

信托型（也称契约型）私募股权投资基金是指通过订立信托契约的形式设立的私募股权投资基金，其本质是信托型基金。信托型基金不具有法律实体地位。信托型私募股权投资基金结构如下（见图 5－3）：

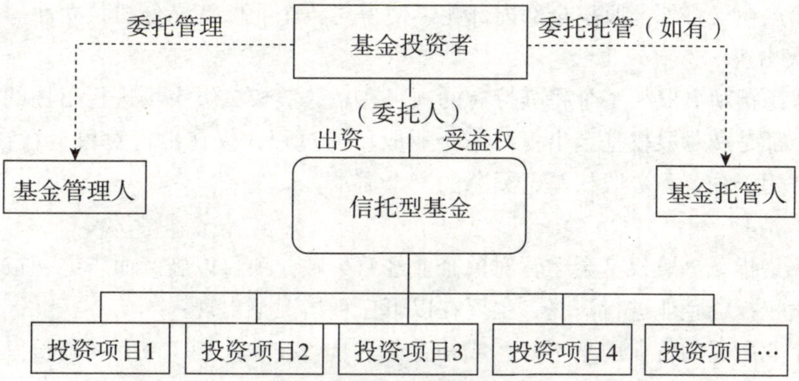

图 5－3 信托型私募股权投资基金组织结构图

信托型基金的参与主体主要为基金投资者、基金管理人及基金托管人。基金投资者通过购买基金份额，享有基金投资收益。基金管理人依据法律、法规和基金合同负责基金的经营和管理操作。基金托管人负责保管基金资产，执行管理人有关指令，办理基金名下的资金往来。

例题精选精练

关于契约型股权投资基金，下列表述错误的是（　　）。

A. 契约型基金具有法律实体地位

B. 基金管理人依据法律、法规和基金合同负责基金的经营和管理操作

C. 契约型基金的主要参与主体为基金投资者、基金管理人及基金托管人

D. 契约型基金本质是信托型基金

【答案】A

【解析】信托型（也称契约型）私募股权投资基金是指通过订立信托契约的形式设立的私募股权投资基金，其本质是信托型基金。信托型基金不具有法律实体地位。

考点 4　私募股权投资的退出机制和 J 曲线★★

1. 私募股权投资的退出机制

私募股权基金在完成投资项目后，主要采取的退出机制有首次公开发行、买壳或借壳上

市、管理层回购、二次出售、破产清算。

（1）首次公开发行

首次公开发行（IPO），是指在证券市场上发行对象企业普通股票的行为。此后，对象企业将变为上市公司，股票在证券市场上进行公开交易，私募股权基金可以通过出售其持有的股票收回现金。公开上市常常伴随着巨大的资本利得，一般被认为是最佳退出渠道。

（2）买壳或借壳上市

买壳或借壳上市是资本运作的一种方式，属于间接上市方法，为不能直接进行 IPO 的私募股权投资项目提供退出途径。私募股权基金通过收购上市公司一定数量股权取得控制权后，再将自己所投资的企业通过反向收购注入该上市公司，实现公司间接上市。

（3）管理层回购

管理层回购是指私募股权基金将其所持有的创业企业股权出售给对象企业的管理层从而退出的方式，优点在于将外部股权全部内部化，使得对象企业保持充分的独立性。

（4）二次出售

二次出售是指私募股权基金将其持有的项目在私募股权二级市场进行出售的行为，与管理层回购一样，都是私募股权基金出售对象企业股份的过程，仅在出售对象上存在一定的差异。二次出售常常用于缓解私募股权基金紧急的资金需求。

（5）破产清算

破产清算是指私募股权基金运营对象企业经营失败，项目以破产而告终，被迫退出的一种形式。私募股权投资企业进行清算，主要在以下三种情况下出现：

①由于企业所属的行业前景不好，或是企业不具备技术优势，或利润增长率没有达到预期的目标，私募股权基金决定放弃该投资企业。

②所投资企业有大量债务无力偿还，又无法得到新的融资，债权人起诉该企业要求其破产。

③所投资企业经营太差，达不到 IPO 的条件，没有买家愿意接受私募股权基金持有的企业的权益，而且继续经营企业的收入无法弥补可变成本，继续经营只能使企业的价值变小，只能进行破产清算。

例题精选精练 ▶▶

关于私募股权投资的二次出售的退出机制，下列说法错误的是（　　）。

A. 二次出售是指私募股权投资基金将其持有的项目在私募股权二级市场出售的行为

B. 二次出售优点在于将外部股权全部内部化，使得对象企业保持充分的独立性

C. 二次出售是私募股权投资基金出售对象企业股份的过程

D. 二次出售常常用于缓解私募股权投资基金紧急的资金需求

【答案】B

【解析】B 项，管理层回购的优点在于将外部股权全部内部化，使得对象企业保持充分的独立性。

2. J 曲线

投资者在考察其所投资的私募股权基金收益状况时，会画出一条曲线。这条曲线以时间为

横轴、以收益率为纵轴，轨迹大致和字母J相似，因此被称为J曲线（见图5-4）。

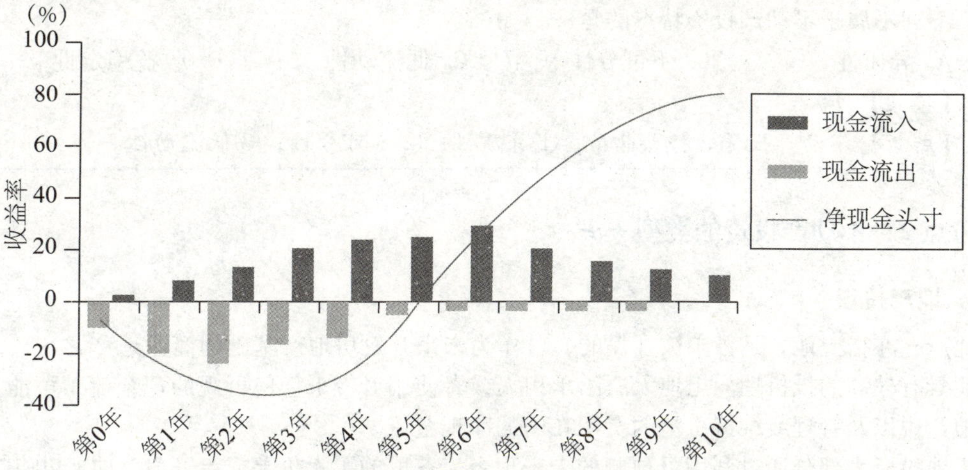

图5-4　私募股权投资的J曲线

对投资者而言，J曲线意味着，私募股权投资通常并不是在一两年内能够获得回报。在这种长期投资项目中，如果过度偏好和注重短期收益的话，就不利于投资者实现长期的收益目标；对于私募股权基金管理者而言，J曲线则意味着需要尽量缩短该曲线，尽快达到投资者所期望的收益。

第三节　不动产投资

考点1　不动产投资的概念★★

1. 不动产投资的定义

不动产是指土地以及建筑物等土地定着物，相对动产而言，强调财产和权利载体在地理位置上的相对固定性。

对大多数个体投资者而言，不动产投资意味着购买自己的居住用房地产，这也是这些投资者所持有的资产净值当中的重要部分。

注：房地产是不动产中的主要类别。国内习惯上不区分不动产和房地产，二者常常互换使用。

2. 不动产投资的特点（见表5-1）

表5-1　不动产投资的特点

特点	内容
异质性	每一项不动产在地理位置、产权类型、用途和使用率等方面而言都是独特的，受法律法规、政策、宏观环境和货币环境等因素影响较多。这给房地产估值带来了困难
不可分性	和传统的股票、债券等不同，直接的不动产投资金额大，且不容易拆分以卖给多个投资者。这意味着一项投资就可能占据投资组合的很大比例
低流动性	由于前两项特性，直接的不动产投资流动性较差，产权交易时间长、费用高。若要快速转售，往往要承担较大的折价损失

例题精选精练

下列不属于不动产投资特点的是(　　)。

A. 异质性　　B. 不可分性　　C. 低流动性　　D. 收益稳定性

【答案】D

【解析】不动产投资的特点包括：①异质性；②不可分性；③低流动性。

考点2　不动产投资的类型★★

1. 地产投资

地产，亦指土地，是指未被开发的，可作为未来开发房地产基础的商业地产之一。土地投资可能具有较高的投机性。土地无法给承租人或者使用者带来任何可观的现金流，可能只有包括房地产税以及管理或维持土地的费用在内的净现金流。

土地投资大部分通过利用可预测的未来现金流获取的买卖价差或者开发后进行出售或出租经营来获取投资收益。同时，土地投资由于其投资价值受到宏观环境和法律法规因素影响较大而极具风险性。

2. 商业房地产投资

商业房地产投资以出租而赚取收益为目的，其投资对象主要包括写字楼、零售房地产等设施。

写字楼在整个商业房地产投资中占据很大比例。写字楼的所有权通常归属于房地产投资者，这些投资者将写字楼空间出租给承租人。写字楼租金往往参照通货膨胀率和供求关系等因素逐年调整。对期望抵御通货膨胀的投资者而言，写字楼投资具有很大的吸引力。

零售房地产是指如购物中心、商业购物中心和其他用于零售目的而建设的建筑物。所有者将房地产出租给零售商进行经营。

3. 工业用地投资

工业用地，是指包括生产用设备、研究和开发用空地和仓库等各种工业用资产的所在地。中国目前的工业用地投资主要集中于对经济开发区进行建设，剩余工业用地一般随着工业投资而进行。

4. 酒店投资

酒店主要是指包含品牌的短期性居住设施，如香格里拉酒店等，以及给职工提供的长期居住设施等房地产。随着中国居民收入的增长，消费正在转型升级，中国旅游业也得以飞速成长。酒店投资已经成为热点。

5. 养老地产等其他形式的投资

最近，越来越多的商业地产投资为老年人群打造社区。

例题精选精练

下列关于不动产投资的表述，正确的是(　　)。

Ⅰ. 地产，亦指土地，是指未被开发的，可作为未来开发房地产基础的商业地产之一

Ⅱ. 土地可以给承租人或者使用者带来可观的现金流

Ⅲ. 土地投资由于其投资价值受到宏观环境和法律法规因素影响较大而极具风险性

Ⅳ. 零售房地产是指如购物中心、商业购物中心和其他用于零售目的而建设的建筑物

A. Ⅰ、Ⅱ B. Ⅰ、Ⅲ、Ⅳ C. Ⅱ、Ⅳ D. Ⅱ、Ⅱ、Ⅳ

【答案】B

【解析】地产，亦指土地，是指未被开发的，可作为未来开发房地产基础的商业地产之一。基于未被开发这一特征，土地本身的不确定性非常高，因此土地投资可能具有较高的投机性。土地无法给承租人或者使用者带来任何可观的现金流，可能只有包括房地产税以及管理或维持土地的费用在内的净现金流出。

考点3 不动产投资工具★★

由于不动产具有异质性、不可分性、流动性差等特点，许多投资者通过间接方式投资于不动产，主要形式包括房地产有限合伙、房地产权益基金和房地产投资信托等。

1. 房地产有限合伙

房地产有限合伙（RELP）在功能上类似于私募股权合伙，由有限合伙人和普通合伙人组成。房地产有限合伙人将资金提供给普通合伙人，有限合伙人仅以出资份额为限对投资项目承担有限责任，并不直接参与管理和经营项目；普通合伙人通常是房地产开发公司，依赖其具备的专业能力和丰富经验将资金投资于房地产项目当中，之后管理并经营这些项目。通常，房地产普通合伙人和私募股权中的普通合伙人一样，收取固定比例的管理费，同时，做决策时不会受到太大的干扰。

房地产投资项目具有不同的形式，如建造住宅或者公寓大楼等。房地产有限合伙偏好资金的非流动性，一旦房地产有限合伙将资金托付给合伙企业，可能在承诺期限截止之前很难或者不可能从投资项目中退出。同时，有限合伙人可能面临长达数年的负现金流，这主要是由于普通合伙人可能在经过一定时间之后才将资金分配到项目当中的缘故。这些分配的资金通常是基于房地产资产的配置而形成的。

2. 房地产权益基金

房地产权益基金，是指从事房地产项目收购、开发、管理、经营和销售的集合投资制度，可能会以股份公司、有限合伙公司或契约型基金的形式存在。

房地产权益基金可能持有几十到几百个商业地产的投资项目，通过其具备的专业能力对资金进行有效投资，这是房地产权益基金的主要运作方式。

房地产权益基金通常以开放式基金形式发行，定期开放申购和赎回。赎回款通常从日常运营现金流中获取，如收到的租金收入和资产出售等。因此，房地产权益基金相比于房地产有限合伙流动性要好得多。

注：在房地产市场遭遇滑坡的时期，投资者可能出现挤兑，而基金没有足够的现金应付赎回。在退出策略方面，房地产权益基金可以通过在非公开市场上出售其所持有的资产退出，也可通过打包上市后退出。

3. 房地产投资信托

房地产投资信托（基金）（REITs），是指通过发行受益凭证或者股票来进行募资，并将这些资金投资到房地产或者房地产抵押贷款的专门投资机构。

房地产投资信托是一种资产证券化产品，可以采取上市的方式在证券交易所挂牌交易。房

地产投资信托的主要收益来自稳定的股息和证券价格增值。

房地产投资信托具有以下特点（见表5-2）：

表5-2 房地产投资信托基金的特点

特点	内容
流动性强	①若投资者选择直接购买房地产，则需要经过非常繁杂的手续，并且在购入之后不容易变现，流动性差；若选择购买房地产公司的股票，存在股市波动风险；房地产投资信托是在交易市场上交易经过证券化的房地产，很容易进行房地产与现金之间的转换
抵补通货膨胀效应	①通货膨胀在整个宏观经济因素当中，是对房地产投资影响最大的因素 ②一般而言，房地产相关收入会与通货膨胀呈现同向变动的趋势，起到在通货膨胀时的保值功能
风险较低	①房地产投资信托的盈利收入可以预测，波动性低于传统证券，具备低风险的特点 ②房地产投资信托将标的房地产像股票一样进行分割之后交易，投资者可以利用资金投资于多种不同房地产种类，达到通过多样化分散风险的作用
信息不对称程度较低	上市的房地产投资信托必须定期向投资者披露投资项目和基金本身的相关信息，因此，信息不对称程度相对于其他房地产相关投资工具要低得多

在美国，房地产投资信托必须将自身的大部分资产和收入与房地产投资项目进行挂钩，同时需要每年将至少90%的应纳税收入分配给股东，也就意味着房地产投资信托具有高分红的性质。一般房地产投资信托基金的收入比传统证券中的债券要高，比股票要低，影响其收益的因素主要包括利率水平、股市景气度和房地产市场景气度。与中国市场不同，在美国市场，房地产投资信托在公司层面免征企业所得税，因此较为盛行。

投资者通过房地产信托可以不用直接拥有真实房地产而投资房地产行业。在美国，1999年之后房地产信托规模出现了成倍增长，而在中国内地投资市场，这类证券则刚刚兴起。2014年5月，中信证券首次推出了北京中信证券大厦和深圳中信证券大厦两栋办公楼作为标的物的房地产投资信托，计划期限为3~5年，通过将投资者以风险偏好进行分类，分为优先级和次级。优先级投资者是趋于风险厌恶的投资者，以500万元起购，趋于风险偏好的次级投资者则以3 000万元起购。首先将投资收益分配给优先级投资人，而后剩余收益分配给次级投资者。该房地产投资信托总规模达到52.1亿元。

房地产投资信托给予个体投资者和中小型投资者新的房地产投资渠道，同时，可以给中国现在主要依赖银行贷款进行融资的房地产公司提供新的融资渠道，给中国房地产市场带来全新的局面。

例题精选精练

投资者投资不动产的主要形式包括（　　）。

Ⅰ.房地产有限合伙　Ⅱ.房地产权益基金　Ⅲ.房地产直接投资　Ⅳ.房地产投资信托

A.Ⅰ、Ⅱ、Ⅲ　B.Ⅰ、Ⅲ、Ⅳ　C.Ⅱ、Ⅲ、Ⅳ　D.Ⅰ、Ⅱ、Ⅳ

【答案】D

【解析】由于不动产具有异质性、不可分性、流动性差等特点，许多投资者通过间接方式投资于不动产，主要形式包括房地产有限合伙、房地产权益基金和房地产投资信托等。

第四节　大宗商品投资

考点1　各类大宗商品投资的类型★★

1. **大宗商品投资概述**

大宗商品是指具有实体，可进入流通领域，但并非在零售环节进行销售，具有商品属性，用于工农业生产与消费使用的大批量买卖的物资商品。典型的例子有谷物、小麦、铜、黄金和石油等。大宗商品具有同质化、可交易等特征，供需和交易量都非常大。

大宗商品价值受全球经济因素、供求关系等影响较大，在通货膨胀时价格随之上涨，具有天然的通货膨胀保护功能。

2. **大宗商品投资的类型**

（1）能源类大宗商品

能源类大宗商品主要包括原油、汽油、天然气、动力煤、甲醇等。能源类大宗商品受到国际能源价格以及世界经济形势和国家宏观经济政策的影响。

在石油、天然气等领域，相比于国内，国际商品期货市场占据着大宗商品定价权的制高点，其价格成为国际贸易的基准价格。

（2）基础原材料类大宗商品

基础原材料类大宗商品，主要包括钢铁、铜、铝、铅、锌、镍、钨、橡胶、铁矿石等。通常基础原材料大宗商品以大批量进行交易。基础原材料类大宗商品是制造业发展的基础，与生产经营活动密切相关。

（3）贵金属类大宗商品

贵金属类大宗商品，通常具备相对较好的物理属性、高度的发展性和稀少等特点，其中，黄金是贵金属类大宗商品的典型代表。作为一种特殊的通货，黄金通常可用于储备和投资，又和从低级到高级不同层次的制造业相联系。

通常，贵金属类大宗商品被认为是个人资产投资和保值的工具之一。

目前，国际上可交易的贵金属类大宗商品主要包括黄金、白银、铂金等。

（4）农产品类大宗商品

目前，国际上可交易的农产品类大宗商品主要包括玉米、大豆、小麦、稻谷、咖啡、棉花、鸡蛋、棕榈油、菜油、白砂糖等，其中大豆、玉米、小麦的期货被称为三大农产品期货。由于农产品本身的特性，所以容易受到天气、自然灾害等自然条件的影响。

例题精选精练▶▶

大宗商品基本上可以分为(　　)。

A. 工业类、基础原材料类、贵金属类和农副产品类

B. 工业类、基础原材料类、贵金属类和矿产品类

C. 能源类、基础原材料类、贵金属类和农产品类

D. 能源类、高级原材料类、贵金属类和矿产品类

【答案】C

【解析】大宗商品基本上可以分为四类：能源类、基础原材料类、贵金属类和农产品类。

考点2 各类大宗商品的投资方式★★

1. 购买大宗商品实物

购买大宗商品，是最直接也是最简明的大宗商品投资方式。不过直接购买大宗商品进行投资会产生很大的运输成本和储存成本，投资者很少采用这样的方式。

2. 购买资源或者购买大宗商品相关股票

投资者可以通过购买主营资源勘探、开发或大宗商品生产加工企业的股票来进行大宗商品投资。如果投资者要投资自然资源，则可以选择购买矿产勘探公司的股票；如果要投资农产品，则可以购买相关农业概念股。

相关企业为减少商品价格波动对公司运营的影响，会对所运营商品进行风险对冲，这样，购买此类企业股票无法获得对相关商品的风险敞口。

3. 投资大宗商品衍生工具

对单一商品或商品价格指数采用衍生产品合约形式进行投资，是大多数大宗商品投资者常用的投资方式。大宗商品衍生工具包括远期合约、期货合约、期权合约和互换合约等。

期货合约是在交易所交易的标准化产品，和股票一样，有固定的交易场所、规范的合约、透明的合约价格、较低的交易成本和很强的流动性。期货市场本身所具有的价格发现功能，使得商品期货价格成为现货交易的基准价格。

现在，中国内地有三家商品期货交易所，分别位于上海、大连、郑州。

4. 投资大宗商品的结构化产品

某些投资者由于投资范围的限制，无法直接投资于大宗商品及其衍生工具。这些投资者可以通过投资银行或其他金融机构发行的结构化产品间接投资于大宗商品市场。

结构化产品主要用金融工程的方法创造新的证券，并将其收益挂钩于其他资产，如股票、商品、指数等，以满足投资者需求。

本章强化训练

下列选项中只有一项最符合题目要求。不选、错选均不得分。

1. (　　)不具有法律实体地位。

A. 合伙型基金　　B. 信托型基金　　C. 股权投资基金　　D. 公司型基金

2. 私募股权投资基金在完成投资项目之后，主要采取的退出机制是(　　)。

A. 首次公开发行，买壳或借壳上市，管理层收购，二次出售，破产清算

B. 首次公开发行，买壳或借壳上市，管理层回购，再次出售，破产结算

C. 首次公开发行，买壳或借壳上市，管理层回购，二次出售，破产清算

D. 公开发行，买壳或借壳上市，管理层收购，二次出售，破产清算

3. 下列选项中，属于另类投资的是(　　)。

Ⅰ. 风险投资　　Ⅱ. 知识产权　　Ⅲ. 国债　　Ⅳ. 大宗商品

A. Ⅰ、Ⅱ　　B. Ⅰ、Ⅲ、Ⅳ　　C. Ⅱ、Ⅲ　　D. Ⅰ、Ⅱ、Ⅳ

4. 私募股权投资广泛使用的战略不包括(　　)。

A. 成长权益　　B. 风险投资

C. 危机投资　　　　　　　　　　　　D. 投资私募股权一级市场

5. 关于另类投资优缺点的叙述，错误的是(　　)。

A. 有些类型的另类投资产品采取高杠杆模式运作，或通过结合金融衍生产品进行运营

B. 初创企业、房地产等交易活跃程度远低于交易所证券，难以形成可比价格

C. 另类投资具有分散风险的作用

D. 相比于包括股票和固定收益证券在内的传统投资产品而言，另类投资信息的透明度强

6. (　　)是资本运作的一种方式，属于间接上市方法，为不能直接进行 IPO 的私募股权投资项目提供退出途径。私募股权投资基金通过收购上市公司一定数量股权取得控制权后，再将自己所投资的企业通过反向收购注入该上市公司，实现公司间接上市。

A. 首次公开发行　　　　　　　　　　B. 买壳或借壳上市

C. 管理层回购　　　　　　　　　　　D. 二次出售

7. 下列选项中，不属于私募股权投资企业进行破产清算出现的情况是(　　)。

A. 由于企业所属的行业前景不好，或是企业不具备技术优势，或利润增长率没有达到预期的目标，私募股权投资基金决定放弃该投资企业

B. 所投资企业有大量债务无力偿还，又无法得到新的融资，债权人起诉该企业要求其破产

C. 所投资企业经营太差，达不到 IPO 的条件，但有买家愿意接受私募股权投资基金持有的企业的权益

D. 继续经营企业获得的收入无法弥补可变成本，继续经营只能使企业的价值变小，只得进行破产清算

8. 房地产权益基金通常以(　　)形式发行，定期开放申购和赎回。

A. 封闭式基金　　B. 开放式基金　　C. 股票　　D. 债券

9. 关于合伙型基金，下列表述错误的是(　　)。

Ⅰ. 合伙型基金的参与主体主要为普通合伙人和有限合伙人，不包括基金管理人

Ⅱ. 有限合伙人以其认缴的出资额为限对基金（合伙企业）债务承担连带责任

Ⅲ. 普通合伙人不能自行担任基金管理人，需要委托专业的基金管理机构担任基金管理人

Ⅳ. 有限合伙人参与投资决策

A. Ⅰ、Ⅱ、Ⅲ　　B. Ⅰ、Ⅲ、Ⅳ　　C. Ⅱ、Ⅲ、Ⅳ　　D. Ⅰ、Ⅱ、Ⅳ

10. 期货合约是在交易所交易的标准化产品，其特点是(　　)。

A. 有固定的交易场所、透明的合约价格、较高的交易成本和很强的流动性

B. 无规范的合约、透明的合约价格、较高的交易成本和很强的流动性

C. 有固定的交易场所、规范的合约、透明的合约价格、较低的交易成本和很强的流动性

D. 无固定的交易场所、规范的合约、非公开的合约价格、较高的交易成本和很强的流动性

11. 关于房地产投资信托（基金），下列说法正确的是(　　)。

Ⅰ. 流动性强　　　　　　　　　　Ⅱ. 风险较高

Ⅲ. 信息不对称程度较低　　　　　Ⅳ. 抵补通货膨胀效应

A. Ⅰ、Ⅱ　　B. Ⅲ、Ⅳ　　C. Ⅰ、Ⅲ、Ⅳ　　D. Ⅱ、Ⅲ、Ⅳ

参考答案及解析

1. B【解析】信托型（也称契约型）私募股权投资基金是指通过订立信托契约的形式设立的私募股权投资基金，其本质是信托型基金。信托型基金不具有法律实体地位。

2. C【解析】私募股权投资基金在完成投资项目之后，主要采取的退出机制是：首次公开发行，买壳或借壳上市，管理层回购，二次出售，破产清算。

3. D【解析】另类投资的类型主要包括另类资产、另类投资策略、私募股权和对冲基金。Ⅰ项属于私募股权；Ⅱ、Ⅳ项属于另类资产。

4. D【解析】私募股权投资包含多种形式，最为广泛使用的战略包括风险投资、成长权益、并购投资、危机投资和投资私募股权二级市场等。

5. D【解析】另类投资缺乏监管、信息透明度低。

6. B【解析】买壳或借壳上市是资本运作的一种方式，属于间接上市方法，为不能直接进行IPO的私募股权投资项目提供退出途径。私募股权投资基金通过收购上市公司一定数量股权取得控制权后，再将自己所投资的企业通过反向收购注入该上市公司，实现公司间接上市。

7. C【解析】破产清算是指私募股权投资基金投资的企业运营失败，项目以破产而告终，被迫退出的一种形式。私募股权投资企业进行清算，主要在以下三种情况下出现：①由于企业所属的行业前景不好，或是企业不具备技术优势，或利润增长率没有达到预期的目标，私募股权投资基金决定放弃该投资企业；②所投资企业有大量债务无力偿还，又无法得到新的融资，债权人起诉该企业要求其破产；③所投资企业经营太差，达不到IPO的条件，且没有买家愿意接受私募股权投资基金持有的企业的权益，而且继续经营企业获得的收入无法弥补可变成本，继续经营只能使企业的价值变小，只得进行破产清算。

8. B【解析】房地产权益基金通常以开放式基金形式发行，定期开放申购和赎回。赎回款通常从日常运营现金流中获取，比如收到的租金收入和资产出售等。

9. B【解析】Ⅰ项，合伙型股权投资基金采用有限合伙企业的组织形式，参与主体主要有普通合伙人（GP）、有限合伙人（LP）和基金管理人；Ⅲ项，普通合伙人有时会承担基金管理人的角色，但有时也委托专业管理人员对私募股权投资项目进行管理和监督；Ⅳ项，有限合伙人虽然负责监督普通合伙人，但是不直接干涉或参与私募股权投资项目的经营管理。

10. C【解析】期货合约是在交易所交易的标准化产品，和股票一样，有固定的交易场所、规范的合约、透明的合约价格、较低的交易成本和很强的流动性。期货市场本身所具有的价格发现功能，使得商品期货价格成为现货交易的基准价格。

11. C【解析】房地产投资信托（基金）具有的特点包括：①流动性强；②抵补通货膨胀效应；③风险较低；④信息不对称程度较低。

第六章 投资管理流程与投资者需求

最新考纲要求

考试大纲	考查要点	能力等级
投资管理流程	投资组合管理的步骤以及各个步骤的内容	★★
投资者类型和特征	个人投资者和机构投资者的特征	★★★
投资者需求和投资政策说明书	不同类型投资者在投资目标、投资限制等方面的特点以及投资政策说明书包含的主要内容	★★★
基金公司投资管理架构	基金公司投资管理部门设置和基金公司投资流程	★★★

核心考点解读

第一节 投资管理流程

考点1 投资组合管理的基本流程★★

投资组合管理的目标是实现投资收益的最大化，就是使投资者在获得一定收益水平的同时承担最低的风险，或在投资者可接受的风险水平内使其获得最大的收益。

CFA协会将投资管理过程定义为一个动态反馈的循环过程（见图6-1）。

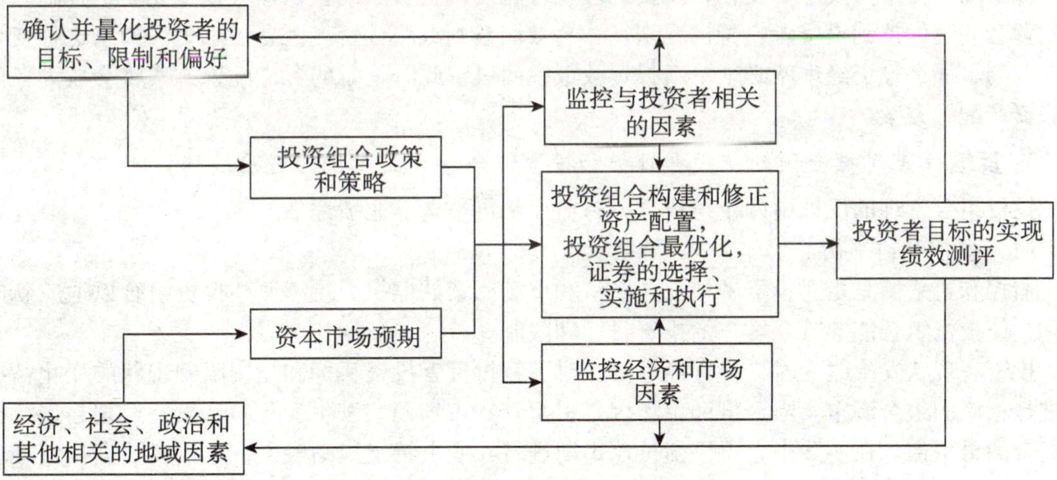

图6-1 CFA协会投资组合管理流程图

考点2 投资管理的步骤以及各个步骤的内容★★

投资组合管理通常包括规划、执行和反馈三个基本步骤。

1. **规划**（侧重于确定决策所需的各种输入信息，包括客户资料和资本市场的数据等）

（1）确定并量化投资者的投资目标和投资限制

投资规划的首要任务就是了解客户需求，确认并量化投资者的投资目标和投资限制。

（2）制定投资政策说明书

投资政策说明书是所有投资决策制定的指导性文件，包含投资目标、投资限制以及其他多项内容。

（3）形成资本市场预期

投资管理人对多种资产类别的长期风险和收益特征进行预测。在这些预测基础上，可以进行投资组合的资产配置。

（4）建立战略资产配置

在战略资产配置中，投资管理人结合投资政策说明书和资本市场预期来决定各类目标资产的配置，并制定各类资产权重的上限和下限作为投资过程中风险控制的依据。战略资产配置可针对单一周期或多个周期进行：

①单一周期配置的好处是较为简单。

②多个周期配置能够照顾到不同时期因投资组合调整而产生的流动性、交易费用以及不同时期收益的关联性等问题，但缺点是执行成本较高。

2. **执行**（是资产配置和证券选择等方面的投资决策和实施过程）

投资执行是投资规划的实现。在执行阶段，投资经理会结合投资组合的既定目标、资本市场预期和分析师报告等来制定组合构建和证券选择等方面的决策，并由交易部门执行投资决策。之后，投资经理会根据投资者实际情况和资本市场预期的变化对投资组合进行调整。

在进行投资决策时，投资经理会进行投资组合优化。投资组合优化是指通过数量化分析工具将各类资产有效地组合起来达到预定的风险和收益目标。

投资经理有时会特意让投资组合的实际资产配置临时偏离其战略资产配置。例如，当投资者自身情况相比平时发生了变化，投资经理有可能会调整资产配置以适应该变化。这种临时性的配置会一直保持到投资者自身情况恢复才会被调整到战略性资产配置的水平。如果这种变化是永久的，那么投资经理就必须更新投资政策说明书，此时临时的资产配置方案将会成为新的战略资产配置方案。

3. **反馈**（是对投资预期、投资目标和投资组合等方面变化的适应过程）

投资组合管理的反馈由两个组成部分：监控和再平衡、业绩评估。

（1）监控和再平衡

监控和再平衡是指对投资者情况与经济和市场因素的监控，持续调整投资组合以适应新的变化，使投资组合能够符合客户的投资目标和限制。

投资者现状发生改变时，投资经理要及时了解投资者投资目标和投资限制现状的变化情况并进行相应的组合调整。当经济和市场因素引起资本市场预期发生变化时，投资经理会进行投资组合的再平衡。在实践中，再平衡可以定期进行，或由特定规则触发，也可以根据投资经理对情况变化的判断来确定。

（2）业绩评估

投资者需定期对投资业绩进行阶段性的评估，以对投资目标的实现情况和投资管理能力进行评价。对投资管理能力的评价包括三部分：业绩度量、业绩归因和绩效评估。

①业绩度量，是指对投资组合收益率、风险等各类业绩指标的计算。

②业绩归因，是确定投资组合收益的来源。

③绩效评估，是通过将投资组合的表现与业绩基准或同类投资组合进行对比，做出评价。

第二节　投资者类型和特征

考点1　个人投资者和机构投资者的特征★★★

根据投资主体的差异性，可把投资者分为个人投资者与机构投资者两种类型。

1. 个人投资者

（1）个人投资者的特征

个人投资者以自然人身份进行投资，总体上具有以下特征：

①投资需求受个人所处生命周期的不同阶段和个人境况的影响，呈现较大的差异化特征。

②可投资的资金量较小。

③风险承受能力较弱。

④投资相关的知识和经验较少，专业投资能力不足。

⑤常常需要借助基金销售服务机构进行投资。

（2）影响个人投资者投资需求的基本因素（见表6-1）

表6-1　影响个人投资者投资需求的基本因素

影响因素	内容
个人投资者的年龄	随着年龄的增长，个人投资者的风险承受能力和风险承受意愿逐渐递减： ①中青年人往往是“初生牛犊不怕虎”，对证券市场波动带来的投资亏损尚未体会或体会不深，更具有冒险的精神，而且其有较长的时间来积累财富，更能承担不利的投资后果 ②老年人往往经历了证券市场多轮牛熊更替，对风险控制有更深切的体会，而且其一般因退休而失去了工资收入，增量资金有限，所以更偏向于保守的投资
个人投资者的财务状况	①一些个人投资者资金充裕，风险承受能力强，倾向为了资金的成长性而投资，因此会寻求具有增值潜力的资产去投资 ②一些投资者，例如退休人员，可能会需要从他们持有的资产中获取收入收益，因此可能会选择投资固定收益和分红类型的产品
个人投资者的就业状态	①拥有稳定工作的年轻个人投资者，其风险承受能力较强，更青睐高风险高收益的产品 ②处于失业状态或者即将退休的个人投资者，已经或者即将失去获得工资收入的能力，其风险承受能力较弱，更倾向于选择低风险稳定收益的产品
个人投资者的家庭状况	①家庭状况包括婚姻状况、子女的数量和年龄、需赡养老人的数量和健康状况等 ②家庭负担越重，则可投资的资金越少，投资者越偏向于稳健的投资策略和产品
个人投资者的自身情况	①在参加工作以后的单身阶段面临继续教育、买车买房等生活需求，同时其工资收入有望随着时间的推移而不断增长，故风险承受能力较强，因此在这个阶段可以选择高风险、高预期收益的基金产品 ②已经成家并已生育的年轻人，不但要考虑家庭财产保值、增值，还要考虑孩子的教育费用等一系列未来的支出，这个阶段可以选择中高风险、中高预期收益的基金产品 ③三口之家中的中年人收入一般比较稳定，但家庭责任较重，还要考虑为退休做准备，其风险承受能力逐渐变小、风险承受意愿也逐渐降低，投资时应该坚持稳健原则，分散风险，可以选择中低风险、中低预期收益的基金产品 ④对老年人而言，面临退休和收入降低，其风险承受能力较小，因此其投资的稳健、安全、保值最重要，在选择基金产品时应该以低风险为核心，不宜过度配置股票型基金等风险较高的产品

例题精选精练

关于个人投资者的投资需求，下列说法错误的是(　　)。

A. 拥有稳定工作的年轻个人投资者，其风险承受能力较强

B. 随着年龄的增长，个人投资者的风险承受能力和风险承受意愿递增

C. 家庭负担越重，投资者越偏向于稳健的投资策略

D. 已经成家并已生育的年轻人，可以选择中高风险、中高预期收益的基金产品

【答案】B

【解析】随着年龄的增长，个人投资者的风险承受能力和风险承受意愿递减。中青年人更具有冒险的精神，而且其有较长的时间来积累财富，更能承担不利的投资后果；而老年人对风险控制有更深切的体会，而且其一般因退休而失去了工资收入，增量资金有限，所以更偏向于保守的投资。

2. 机构投资者

(1) 机构投资者的概念

机构投资者是指用自有资金或者筹集客户的资金进行投资的法人机构。机构投资者有许多不同的类型，例如养老金、大学捐赠基金、公益基金、银行、保险公司、共同基金（亦即公募基金）和主权财富基金等。

(2) 机构投资者的特征

相比个人投资者，机构投资者通常具有以下特征：

①资金实力雄厚，投资规模相对较大。

②具有比个人投资者更高的风险承受能力。

③投资管理专业。

④投资行为规范。

相比个人投资者，机构投资者资金实力更为雄厚，抗风险能力更强，且投资能力更为专业。不同类型的机构投资者具有各不相同的投资需求及投资限制。

(3) 机构投资者的管理方式

①聘请专业投资人员对投资进行内部管理。

②将资金委托投资于一个或多个外部资产管理公司。

③采用混合的模式，有能力管理的一部分资产交由内部管理，而超出自身管理能力的一部分资产则交由外部管理。

(4) 我国的机构投资者

在我国，机构投资者主要包括商业银行、保险公司、保险资产管理公司、公募基金公司、证券公司、证券公司下属资产管理子公司、私募基金公司、全国社会保障基金、企业年金基金、财务公司、QFII（合格境外机构投资者）等。

①传统商业银行

传统商业银行的主要业务为吸纳存款及发放贷款，但进行理财产品的销售和管理也是银行的重要业务。通过销售理财产品募集的理财资金，银行可以独立进行投资管理，也可以委托基金公司等其他金融机构进行投资管理。

②保险公司

保险公司通过销售保单募集大量保费并将保费进行适当的投资，以将其收益用于未来可能

需要支付的理赔款。保险公司可区分为两种类型：

▶财险公司，针对因火灾、盗窃等意外事件导致的损失提供保险赔偿服务。财险公司吸纳的保费投资期限较短，并且赔偿额度具有很大的不确定性，因此财险公司通常将保费投资于低风险资产。

▶寿险公司，开展人寿保险、人身意外险、健康险等险种业务。寿险公司通过人寿保险业务吸纳的保费具有较长的投资期，可以部分投资于风险较高的资产。

例题精选精练▶▶

关于保险公司，下列说法正确的是(　　)。

Ⅰ. 保险公司通过销售保单募集大量保费

Ⅱ. 财险公司通常将保费投资于低风险资产

Ⅲ. 寿险公司通常将保费投资于高风险资产

Ⅳ. 寿险公司开展人寿保险、人身意外险、健康险等险种业务

A. Ⅱ、Ⅲ、Ⅳ　　B. Ⅰ、Ⅱ、Ⅳ

C. Ⅲ、Ⅳ　　D. Ⅰ、Ⅱ、Ⅲ、Ⅳ

【答案】B

【解析】保险公司可区分为财险公司与寿险公司。其中，寿险公司开展人寿保险、人身意外险、健康险等险种业务，寿险公司通过人寿保险业务吸纳的保费具有较长的投资期，可以部分投资于风险较高的资产。

③全国社会保障基金

全国社会保障基金于2000年8月设立，是国家社会保障储备基金，由中央财政预算拨款、国有资本划转、基金投资收益和国务院批准的其他方式筹集的资金构成，专门用于人口老龄化高峰时期的养老保险等社会保障支出的补充、调剂，由全国社会保障基金理事会（简称社保基金会）负责管理运营。社会保障资金的投资运作受到严格的制度约束，长期以来奉行价值投资、长期投资和责任投资的理念。

④企业年金基金

企业年金基金属于我国社会保障体系之下的另一类机构投资者。

企业年金基金是指企业年金计划筹集的资金及其投资运营收益形成的企业补充养老保险基金。企业年金基金财产的投资范围较广，包含银行存款、国债、中央银行票据、债券回购、万能保险产品、投资连结保险产品、证券投资基金、股票，商业银行理财产品、信托产品、基础设施债权投资计划、特定资产管理计划、股指期货以及信用等级在投资级以上的金融债、企业（公司）债、可转换债（含分离交易可转换债）、短期融资券和中期票据等金融产品。

企业年金基金在投资过程中需要严格遵循有关法规确定的投资比例限制，遵循谨慎、分散风险的原则，充分考虑企业年金基金财产的安全性、收益性和流动性，实行专业化管理。

⑤大型企业

一些大型企业设有财务公司，主要负责资金管理和投资。企业可能在运营过程中产生大量现金，而在一定时期内又不需要用于运营或作实业投资，此时这笔资金可根据资金空闲时间和风险约束进行投资。通常情况下，会投资于银行存款或货币市场基金，或投资于其他流动性较好的短期资产。

⑥QFII（合格境外机构投资者）

合格境外机构投资者是一类重要的机构投资者。QFII 制度是一国在货币未完全可自由兑换、资本项目尚未完全对外开放情况下有限度地引进外资、开放资本市场的一项过渡性的制度安排。

QFII 在中国境内的投资受到包括主体资格、资金流动、投资范围和投资额度等方面的限制。

例题精选精练

（　　）制度是一国在货币未完全可自由兑换、资本项目尚未完全对外开放情况下有限度地引进外资、开放资本市场的一项过渡性的制度安排。

A. QFII　　B. FOF　　C. 股票　　D. 债券

【答案】A

【解析】QFII（合格境外机构投资者）是一类重要的机构投资者。QFII 制度是一国在货币未完全可自由兑换、资本项目尚未完全对外开放情况下有限度地引进外资、开放资本市场的一项过渡性的制度安排。

⑦公募基金公司

公募基金公司通过发行不同类型的公募基金产品，将个人和机构客户的资金募集起来进行投资管理。基金公司所管理的每一个基金产品都具有特定的投资目标、投资范围和投资策略，体现不同的风险收益特征。

⑧私募基金公司

私募基金公司是一类特殊的机构投资者。私募基金公司的投资产品面向不超过 200 人的合格投资者发行。由于私募基金所受的法律约束比公募基金少，其投资渠道、投资策略都会更为多样化。

⑨自营业务的证券公司

获准开展自营业务的证券公司也属于重要的机构投资者。各个证券公司自营资金的规模大小、投资期限安排、流动性要求各不相同。有些券商具有资管牌照，可以通过发行集合资产管理计划产品来募集资金进行投资。

例题精选精练

私募基金公司的投资产品面向不超过（　　）人的合格投资者发行。

A. 100　　B. 150　　C. 200　　D. 300

【答案】C

【解析】私募基金公司的投资产品面向不超过 200 人的合格投资者发行。由于私募基金所受的法律约束比公募基金少，其投资渠道、投资策略都会更为多样化。

考点 2　普通投资者和专业投资者的特征★

欧盟《金融工具市场指令》将投资者分为零售投资者和专业投资者两大类，并在专业投资者中进一步划分出合格对手方；日本《金融商品交易法》将投资者分为普通投资者和专业投资者；香港《证券及期货条例》也包含对专业投资者划分的明确规定。中国证监会于 2016

年底颁布并于2017年7月1日起施行《证券期货投资者适当性管理办法》，该办法将投资者分为普通投资者和专业投资者两类。

（1）专业投资者

按照中国证监会的规定，专业投资者包括持牌金融机构及其发行的理财产品，养老基金，公益基金，以及金融资产规模、投资经验符合规定条件的机构和自然人。

专业投资者具备专业的投资知识和经验，能够自行判断投资品种和期限是否符合投资需求，能够理解金融产品和金融服务的风险，在财务上能够承担相应的投资风险，因此资产管理机构在面对这类投资者时可适当豁免部分适当性义务。

注：并非所有的机构投资者都是专业投资者，同样，并非所有的个人投资者都是普通投资者。此外，普通投资者和专业投资者在一定条件下可以互相转化。

（2）普通投资者

专业投资者之外的投资者为普通投资者。普通投资者往往处于信息不对称的相对弱势地位，因此其在信息告知、风险警示、适当性匹配等方面享有特别保护。

第三节　投资者需求和投资政策说明书

考点1　不同类型投资者在投资目标、投资限制等方面的特点★★★

1. 投资目标

投资目标是由投资者的风险容忍度和收益要求决定的，两者相互依赖，缺一不可。

（1）风险容忍度

投资者的风险容忍度取决于其承担风险的能力和意愿两个方面。具备高于平均水平的风险承受能力和风险承担意愿意味着具备高于平均水平的风险容忍度；反之，则意味着具备低于平均水平的风险容忍度。

①承担风险的能力

承担风险的能力由投资者自身的投资期限、收入支出状况和资产负债状况等客观因素决定。其他条件相同的条件下，相比投资期限较短的投资者而言，投资期限较长的投资者具有更高的风险承受能力。这是因为如果投资期限较长，那么投资者就有更长的时间来调整自己的投资组合构成状况以弥补投资损失。

②承担风险的意愿

承担风险的意愿是投资者的主观愿望，反映了投资者的风险厌恶程度，它取决于投资者的心理状况及其当时所处的境况。普遍认为，性格类型、自信心、独立思维倾向等心理因素与承担风险的意愿密切相关。有些个人投资者对于承担投资风险不会感觉不适，但有些投资者则会感到非常不安。但即使是机构投资者也需要确定一套风险管理原则，对投资的风险承担加以限制，以确保机构投资者不会因为投资损失而致违约或破产等严重后果。保险公司等金融机构在承担投资风险时往往还受到监管约束。

注：通常认为承担风险的意愿对个人投资者更为重要。

管理人可以通过与投资者进行风险讨论或者邀请投资者填写问卷等方式来衡量投资者承担风险的能力和意愿。任何对风险容忍度的评定都必须同时考虑到投资者承担风险的能力和意愿。

当发生投资者的风险承受能力与风险承担意愿相背离的情况时，基金管理人或基金销售机构应当根据情况对投资者提供顾问服务，兼顾投资者的风险承担能力与风险承担意愿，帮助投资者确定合理的风险容忍度。

(2) 收益目标

收益目标可以是绝对收益，如年化收益率8%；也可以是相对收益，如沪深300指数收益率+3%。投资者的收益目标须与其风险容忍度相匹配。

收益率有名义收益率与实际收益率之分：

①实际收益率，在名义收益率的基础上扣除了通货膨胀率的影响，能够反映资产的实际购买能力的增长率。

②名义收益率，仅仅反映了资产名义数值的增长率。

注：如果投资的名义收益率与通货膨胀率相等，那么资产的实际购买能力将没有任何增长。

例题精选精练▶▶

风险承受能力取决于投资者的境况，收入支出状况包括(　　)。

Ⅰ. 资产额度　　Ⅱ. 投资期限　　Ⅲ. 收入支出情况　　Ⅳ. 资产负债状况

A. Ⅰ、Ⅱ、Ⅲ　　B. Ⅱ、Ⅲ、Ⅳ　　C. Ⅰ、Ⅲ、Ⅳ　　D. Ⅰ、Ⅱ、Ⅲ、Ⅳ

【答案】B

【解析】承担风险的能力由投资者自身的投资期限、收入支出状况和资产负债状况等客观因素决定。其他条件相同的条件下，相比投资期限较短的投资者而言，投资期限较长的投资者具有更高的风险承受能力。

2. 投资限制

投资限制是投资者内外部因素给投资者的投资选择所带来的限制。由于投资限制不同，风险容忍度和收益期望相同的投资者也会选择不同的投资产品。这些内外部因素通常包括：流动性要求、投资期限、税收情况、法律法规要求以及特殊需求等。其中，流动性和投资期限直接影响投资者的风险承受能力，进而限制了投资者的风险目标和收益目标。投资目标的设定需要考虑投资限制。

(1) 流动性要求（见表6-2）

表6-2　流动性要求

项目	内容
定义	流动性是指投资者在短期内以合理价格将资产变现的容易程度
规律	如果资产能够在短时间内以合理价格迅速变现，而不需要支付较高的成本，则该资产的流动性较好；反之，如果资产在短期内无法变现，或者只能以较低价格或较高的交易成本变现，则该资产的流动性较差
产生原因	投资者需要定期或不定期获得现金以应付各类开支
实现方式	流动性要求可以通过持有现金或者现金等价物或者通过把其他资产变现为现金或现金等价物来满足。个人投资者可能需要变现以购买汽车、耐用消费品、为孩子支付教育费用等，或者是通过变现获得稳定的现金流，用于生活开支除了应付各种预期的支出外，个人投资者也可能因为各种非预期的因素而变现

（续表）

项目	内容
对投资机会的影响	①通常情况下，投资期限越短，投资者对流动性的要求越高 ②流动性与收益之间常常存在反向关系： ▶对于同类产品，流动性更差的往往具有更高的预期收益率 ▶如果没有预期的变现需求，投资者可以适当降低流动性要求，以提高投资的预期收益率 ▶如果投资者用于投资的闲余资金随时可能需要变现以应付生活需要，那么流动性较强的银行活期存款或可随时赎回的货币市场基金是较为合适的投资对象

注：无论是个人投资者还是机构投资者，都有必要在投资组合中配置一定比例的流动性较强的资产。

例题精选精练▶▶

如果没有预期的变现需求，投资者可以适当________流动性要求，以________预期收益。（　　）

A. 降低；提高　　B. 提高；提高

C. 提高；降低　　D. 降低；降低

【答案】A

【解析】如果没有预期的变现需求，投资者可以适当降低流动性要求，以提高投资的预期收益率。

（2）投资期限

投资期限是指投资者从购买金融资产到兑现日之间的时间长度。

不同机构投资者的投资期限会有所差异：

①财产保险公司，可能预计在几年内经常需要大笔资金用于保险理赔的偿付，并且理赔数量具有很强的随机性，它只能将资金进行短期投资，以保证流动性。

②寿险公司，能够对未来多年内的寿险给付作一个较准确的预计，于是它可以对保费收入的投资作一个长期的规划。

③一只投资款来源于石油收入的海外财富基金，可能是为了下一代的福利而投资，它的投资期限则会更长，甚至是几十年。

投资期限的长短影响投资者的风险容忍度以及对流动性的要求。投资期限越长，则投资者能够承担的风险越大。

注：无论是机构投资者还是个人投资者，其资金需求常常不是单一的，这决定了投资期限多为长期和短期相结合。

（3）税收政策

税收政策是影响投资决策的重要考量因素。投资策略的业绩好坏是以税后收益率来衡量。对面临高税率的个人和机构投资者来说，避税和税收递延将对投资决策起很重要的作用。相比没有税收优惠的投资产品，免税或者具有优惠税率的投资产品对投资者具有更大的吸引力。

（4）法律法规要求

法律法规要求是政府和监管机构所颁布实施的限制投资者投资决策的外部因素。

（5）特殊需求

投资者自身的特殊需求有可能会限制其投资组合的选择。

①对于个人投资者来说，投资的三大主要需求是住房、孩子教育及退休养老，其投资策略在一定程度上将取决于这些支出的急需程度。

②机构投资者同样会面临独特需求。如养老基金将会根据其参与者平均年龄的不同，而在其投资策略中显示出差异。又如一所大学的捐赠基金，可能会被要求不能进行有悖于社会责任的投资。

③投资者的投资范围还受到社会、信仰、伦理等各种独特因素影响。

考点2　投资政策说明书包含的主要内容★★★

（1）投资政策说明书是投资决策的指导性文件。当投资管理人了解了投资者需求，确认并量化了投资者的投资目标和投资约束后，就要制定投资政策说明书。

（2）投资者在风险容忍度、收益要求、流动性要求、投资期限、税收政策、法律法规要求、个性化需求等方面存在差异，因而产生了多样化的投资需求。投资管理人应基于投资者的需求、财务状况、投资限制和偏好等为投资者制定投资政策说明书。

（3）制定投资政策说明书的作用体现在以下方面：

①能够帮助投资者制定切合实际的投资目标。

②能够帮助投资者将其需求真实、准确、完整地传递给投资管理人，有助于投资管理人更加有效地执行满足投资者需求的投资策略，避免双方之间的误解。

③有助于合理评估投资管理人的投资业绩。

（4）投资政策说明书没有标准格式，大部分的投资政策说明书都包含了以下内容：

①介绍。这一部分对客户的基本情况进行描述。

②目的陈述。这一部分对撰写投资政策说明书的目的进行陈述。

③责任和义务的陈述。这一部分详细说明客户、客户资产的托管人以及投资管理人的责任和义务。

④流程。这一部分详细介绍根据投资政策说明书进行投资的每一个步骤，以及各种突发和偶然情况的应对措施。

⑤投资目标。这一部分陈述客户的投资目标。

⑥投资限制。这一部分陈述限制客户的投资限制因素。

⑦资产配置。包括制订战略资产配置的考虑因素和结果。这是进行资产配置的基准，也是对投资组合中资产权重进行再平衡的指导原则。

⑧投资指导方针。这一部分内容是有关投资政策执行的具体细节，例如，可投资资产类别范围、债券评级和久期限制等。

⑨业绩考核指标与业绩比较基准。这一部分内容用于业绩评估。

⑩评估与回顾。这一部分说明如何进行投资绩效信息的反馈以及如何对投资政策说明书本身进行重新审查和更新。

除以上内容外，有些机构还将投资决策流程、投资策略与交易机制等内容纳入投资政策说明书。

（5）由于投资政策说明书中涉及的投资者需求会不断变化，投资政策说明书在制定之后也不能一成不变，需要定期或不定期地进行重新审核与更新，以确保与投资者需求的变化保持一致。

（6）制定投资政策说明书是进行投资组合管理的基础。投资政策说明书能够有效地指导投资策略的实施，有助于更好地实现投资组合管理。

例题精选精练▶▶

关于制定投资政策说明书的好处，下列说法错误的是（　　）。

A. 能够揭示出企业资产要素的信息、资本结构是否合理

B. 能够帮助投资者将其需求真实、准确、完整地传递给投资管理人

C. 有助于投资管理人更加有效地执行满足投资者需求的投资策略

D. 有助于合理评估投资管理人的投资业绩

【答案】A

【解析】制定投资政策说明书的作用体现在：①能够帮助投资者制定切合实际的投资目标。②能够帮助投资者将其需求真实、准确、完整地传递给投资管理人，有助于投资管理人更加有效地执行满足投资者需求的投资策略，避免双方之间的误解。③有助于合理评估投资管理人的投资业绩。

第四节　基金公司投资管理架构

考点1　基金公司投资管理部门设置★★★

投资管理是基金管理公司的核心业务。基金管理公司的投资管理能力直接影响到基金份额持有人的投资收益，投资者会根据以往基金管理公司的收益情况选择基金管理人。

投资管理部门体现着基金管理公司的核心竞争力。不同的基金管理公司的投资管理部门设置有所差别，但基本都包括以下部分：

1. 投资决策委员会

投资决策委员会是基金管理公司管理基金投资的最高决策机构，由各个基金公司自行设立，是非常设的议事机构。

投资决策委员会应在遵守国家有关法律法规、公司规章制度的前提下，对基金公司各项重大投资活动进行管理，审订公司投资管理制度和业务流程，并确定不同管理级别的操作权限。投资决策委员会一般由基金管理公司的总经理、分管投资的副总经理、投资总监、研究部经理、基金经理等组成。

2. 投资部

投资部负责根据投资决策委员会制定的投资原则和计划制定投资组合的具体方案，向交易部下达投资指令。

在实际操作中，基金经理负责投资决策。每只基金均由一个经理或一组经理负责决定该基金的组合和投资策略，并形成具体的交易指令，包括证券交易的种类、买卖方向、交易价格与交易时间等。

3. 研究部

研究部是基金投资运作的基础部门，通过对宏观经济形势、行业状况、上市公司等进行详

细分析和研究，提出行业资产配置建议，并选出具有投资价值的上市公司建立股票池，向基金投资决策部门提供研究报告及投资计划建议。

研究部通常会进行上市公司筛选，从一个行业中挑选一定数量的上市公司作为跟踪对象，然后通过对这些上市公司的管理能力、增长潜力等的分析，选出一定数量的公司进行重点研究，最后通过系统全面的深入分析选出最具投资潜力的公司，以此为基础选出最优股票。

另外，基金公司还会参考外部研究报告。这些报告主要由证券公司提供。

4. 交易部

交易部是基金投资运作的具体执行部门，负责投资组合交易指令的审核、执行与反馈。

基金公司通常设有交易室，通过电子交易系统完成交易并记录每日投资交易情况，在交易过程中严格执行相关规定，并利用技术手段避免违规行为的出现。为提高交易效率和有效控制基金管理中交易执行的风险，基金采取集中交易制度，即基金的投资决策与交易执行职能分别由基金经理与基金交易部门承担。基金交易部属于基金公司的核心保密区域，执行最严格的保密要求。

实际操作中，交易部的交易员充当着重要角色，一方面要以有利的价格进行证券交易，另一方面要向基金经理及时反馈市场信息。基金公司会对交易员进行定期评估与考核，考核内容包括投资指令的完成率与完成质量，以及合规情况。

例题精选精练▶▶

关于投资决策委员会，下列表述错误的是(　　)。

A. 投资决策委员会负责制定投资组合的具体方案，向交易部下达投资指令

B. 投资决策委员会对基金公司的重大投资活动进行管理

C. 投资决策委员会审定公司投资管理制度和业务流程

D. 投资决策委员会是基金公司管理基金投资的最高决策机构

【答案】A

【解析】投资决策委员会是基金公司管理基金投资的最高决策机构，由各个基金公司自行设立，是非常设的议事机构。投资决策委员会应在遵守国家有关法律法规、公司规章制度的前提下，对基金公司各项重大投资活动进行管理，审定公司投资管理制度和业务流程，并确定不同管理级别的操作权限。A项，投资部负责根据投资决策委员会制定的投资原则和计划制定投资组合的具体方案，向交易部下达投资指令。

考点2　基金公司投资流程★★★

基金公司投资交易流程包括形成投资策略、构建投资组合、执行交易指令、绩效评估与组合调整、风险控制等环节

1. 形成投资策略

投资策略的制定是投资交易的基础环节，包括以下步骤：

(1) 研究部提出研究报告。研究部在综合宏观经济分析、行业分析、个股分析的基础上向投资决策委员会和其他投资部门提供研究报告，并提出投资建议，建立投资股票池。

(2) 投资决策委员会参考研究部提供的研究报告，根据现行法律法规和基金合同的有关

规定，形成基金投资的投资范围、投资目标等总体投资策略。

（3）投资部制定投资组合的具体方案。投资部根据总体投资策略和研究报告，构建投资组合方案，对方案进行风险收益分析。

2. 构建投资组合

在实际操作中，基金经理根据投资决策委员会的投资战略及研究部门的研究报告，结合对证券市场、上市公司、投资时机的分析，拟定所管理基金的具体投资计划，包括资产配置、行业配置、重仓个股投资方案。

3. 执行交易指令

交易指令在基金公司内部执行情况如下：

（1）在自主权限内，基金经理通过交易系统向交易室下达交易指令。

（2）交易总监审核投资指令（价格、数量）的合法合规性，并将指令分派给交易员。投资交易系统将自动拦截违规指令，如果发现异常指令时由交易总监反馈信息给基金经理并有权终止指令，同时报上级主管领导，并通知合规风控部门。

（3）交易员接收到指令后有权根据自身对市场的判断选择合适时机完成交易。

交易指令从基金公司到达经纪商，交易指令已经从基金公司流出，经纪商会确认交易指令并执行，然后进行交易清算交割，完成交易过程。

4. 绩效评估与组合调整

基金公司内部会定期和不定期对基金进行投资绩效评估，并提供相关报告。绩效评估分析超额收益的来源、投资风格、投资行为特征等。根据绩效评估结果，基金经理可以对投资策略和投资组合进行适当的调整，公司管理层可以对基金经理进行业绩考核与能力评定。

5. 风险管理

基金管理公司通常会成立风险管理委员会，以及风控和监察部门，根据相关法律法规建立一套完整的合规风险控制体系管理制度，并在基金合同和招募说明书中予以明确规定，以保障基金投资者的合法权益。风险管理部、监察稽核以及其他相关部门会对组合的投资交易进行事前审批、事中监控、事后报告等工作。

注：风险管理并不是投资流程中的最后一环，而是贯穿于投资组合从设计到开始投资再到日常运作的全过程。风险管理的任务也不仅是风控和合规部门的职责，也是投资、市场、运营等各部门的工作的一部分。

例题精选精练▶▶

投资部根据总体投资策略和研究报告，构建投资组合方案，对方案进行风险收益分析，属于基金公司投资交易的(　　)环节。

A. 形成投资策略　　B. 构建投资组合

C. 绩效评估与组合调整　　D. 执行交易指令

【答案】A

【解析】基金公司投资交易流程包括形成投资策略、构建投资组合、执行交易指令、绩效评估与组合调整、风险控制等环节。其中形成投资策略中的内容包括投资部制定投资组合的具体方案。投资部根据总体投资策略和研究报告，构建投资组合方案，对方案进行风险收益分析。

本章强化训练

下列选项中只有一项最符合题目要求。不选、错选均不得分。

1. QFII在中国境内的投资受到包括(　　)等方面的限制。

A. 主体资格、资金稳定、投资范围和投资额度

B. 主体资格、资金流动、投资范围和投资额度

C. 资本资格、资金流动、投资范围和投资额度

D. 主体资格、资金流动、投资方向和投资额度

2. 个人投资者的家庭状况会影响其投资需求。家庭负担越重，则可投资的资源越________，投资者越偏向于________的投资策略。(　　)

A. 多；风险　　B. 多；保守　　C. 少；稳健　　D. 少；风险

3. 下列个人投资者当中，(　　)在选择基金产品时应该以低风险为核心，不宜过度配置股票型基金等风险较高的产品。

A. 三口之家中的中年人　　B. 老年人

C. 已经成家但尚未生育的年轻人　　D. 单身时期的年轻人

4. 关于企业年金基金，下列说法有误的是(　　)。

A. 企业年金基金财产在投资过程中需要严格遵循有关法规确定的投资比例限制

B. 企业年金基金财产可投资于信用等级为投机级的金融债和企业债

C. 企业年金基金财产的投资范围较广，包含银行存款、国债、中央银行票据、债券回购、万能保险产品、投资连结保险产品、证券投资基金、股票等

D. 企业年金基金是指企业年金计划筹集的资金及其投资运营收益形成的企业补充养老保险基金

5. 私募基金的投资者通常是机构投资者或投资经验和技巧较为丰富的________投资者，且投资者数量较________。(　　)

A. 团体；多　　B. 团体；少　　C. 个人；多　　D. 个人；少

6. 关于投资政策说明书，下列表述错误的是(　　)。

A. 投资政策说明书内容包括投资回报率目标、投资策略、交易机制等

B. 投资政策说明书在制定后不得变更

C. 制定投资政策说明书是进行投资组合管理的基础

D. 投资政策说明书有助于合理评估投资管理人的投资业绩

7. 传统商业银行的主要业务为(　　)。

A. 吸纳存款及发放贷款　　B. 对外销售理财产品

C. 投资管理　　D. 外汇买卖

8. 投资者的(　　)取决于其风险承受能力和意愿。

A. 风险容忍度　　B. 投资期限　　C. 收益要求　　D. 流动性需求

9. 投资政策说明书的内容包括(　　)。

Ⅰ. 目的陈述　　Ⅱ. 投资限制　　Ⅲ. 投资指导方针　　Ⅳ. 责任和义务的陈述

A. Ⅰ、Ⅱ、Ⅲ　　B. Ⅱ、Ⅲ、Ⅳ

C. Ⅰ、Ⅲ、Ⅳ　　D. Ⅰ、Ⅱ、Ⅲ、Ⅳ

10. (　　)是进行投资组合管理的基础。

A. 制定投资政策说明书　　B. 选择资产组合

C. 进行资产配置　　D. 控制风险

参考答案及解析

1. B【解析】QFII在中国境内的投资受到包括主体资格、资金流动、投资范围和投资额度等方面的限制。

2. C【解析】个人投资者的家庭状况（例如婚姻状况、子女的数量和年龄、需赡养老人的数量和健康状况）也会影响其投资需求。家庭负担越重，则可投资的资源越少，投资者越偏向于稳健的投资策略。

3. B【解析】个人投资者应根据所处生命周期的不同阶段确定其应该选择的基金产品类型。对老年人而言，面临退休和收入降低，其风险承受能力较小，因此其投资的稳健、安全、保值最重要，在选择基金产品时应该以低风险为核心，不宜过度配置股票型基金等风险较高的产品。

4. B【解析】B项，企业年金基金财产可投资信用等级在投资级以上的金融债、企业（公司）债、可转换债（含分离交易可转换债）、短期融资券和中期票据等金融产品。

5. D【解析】私募基金的投资者通常是机构投资者或投资经验和技巧较为丰富的个人投资者，且投资者数量较少，因而私募基金所受的法律约束较少，投资渠道、投资策略都会更为多样化。一些私募基金会通过投资公募基金公司的产品实现一些特殊的策略，如ETF（交易型开放式指数基金）套利、分级基金套利等。

6. B【解析】由于投资政策说明书中涉及的投资者需求会不断变化，投资政策说明书在制定之后也不能一成不变，需要定期或不定期地进行重新审核与更新，以确保与投资者需求的变化保持一致。

7. A【解析】传统商业银行的主要业务为吸纳存款及发放贷款，但进行理财产品的销售和管理也是银行的一类重要业务。通过销售理财产品募集的理财资金，银行可以独立进行投资管理，也可以委托基金公司等其他金融机构进行投资管理。

8. A【解析】投资者的风险容忍度取决于其风险承受能力和意愿。其中，风险承受能力取决于投资者的境况，风险承担意愿则取决于投资者的风险厌恶程度。

9. D【解析】投资政策说明书没有标准格式，大部分的投资政策说明书都包含了以下内容：①介绍；②目的陈述；③责任和义务的陈述；④流程；⑤投资目标；⑥投资限制；⑦资产配置；⑧投资指导方针；⑨业绩考核指标与业绩比较基准；⑩评估与回顾。

10. A【解析】制定投资政策说明书是进行投资组合管理的基础，能够有效地指导投资策略的实施，有助于更好地实现投资组合管理。一旦为投资者制定了投资政策说明书，投资管理人就可以根据投资政策说明书为投资者选择合适的资产组合，进行资产配置。

AMAC

第七章 投资组合管理

最新考纲要求

考试大纲	考查要点	能力等级
现代投资组合理论	现代投资组合理论和资本市场理论的发展历程	★
	资产收益率的期望、方差、协方差、标准差等的概念、计算和应用	★★★
	资产收益相关性的概念、计算和应用	★★★
	均值方差模型的基本思想以及有效前沿、无差异曲线和最优组合的概念	★★
资本市场理论	资本市场理论的前提假设	★★
	系统性风险和非系统性风险的概念以及贝塔（β）系数的含义	★★★
	CAPM 模型的主要思想和应用以及资本市场线和证券市场线的概念与区别	★★
被动投资与主动投资	市场有效性的三个层次	★★★
	主动投资策略和被动投资策略的概念、方法和区别	★★★
	市场上主要的指数（股票和债券）的编制方法	★★
	市场有效性和主动、被动产品选择的关系	★★
	完全复制、抽样复制和最优化方法复制三种跟踪指数方法的具体应用环境	★
	股票型指数基金的管理和风险收益特征	★★
资产配置与投资组合构建	战略资产配置和战术资产配置的概念和应用	★★★
	股票投资组合和债券投资组合的构建要点	★★★

核心考点解读

第一节　现代投资组合理论

考点 1　现代投资组合理论和资本市场理论的发展历程★

现代投资组合理论和资本市场理论的发展历程如下（见表 7－1）：

表 7－1　现代投资组合理论和资本市场理论的发展历程

发展各阶段的产物	各阶段发展内容	人物成就
均值—方差模型	1952 年，25 岁的哈里·马科维茨在《金融杂志》上发表了一篇题为“资产组合的选择”的文章，首次提出了均值—方差模型，奠定了投资组合理论的基础，标志着现代投资组合理论（MPT）的开端	1990 年，马科维茨凭此获得了诺贝尔经济学奖

（续表）

发展各阶段的产物	各阶段发展内容	人物成就
资本资产定价模型（CAPM）	①威廉·夏普、约翰·林特耐和简·莫辛三人分别于 1964 年、1965 年和 1966 年独立研究出著名的资本资产定价模型（CAPM） ②CAPM 在一系列假设条件下就投资者行为得出如下结论：对于所有投资者，最优的资产组合都是市场资产组合和无风险资产的组合 ③这种组合的所有可能情况形成一条直线，被称为资本市场线（CML），即资本市场为投资者在该线上提供了最优的资源配置	—
套利定价理论（APT）	①鉴于 CAPM 是一个单因子模型，并且永远无法用事实来检验，斯蒂芬·罗斯于 1976 年突破性地发展了 CAPM，提出套利定价理论（APT） ②该理论认为风险资产的收益与多个共同因素之间存在线性关系，从而将单因子 CAMP 发展为多因子模型。APT 认为，只要任何一个投资者不能通过套利获得收益，那么期望收益率一定与风险相联系 **注：**这个理论的前提是完全竞争和有效资本市场	—
期权定价模型	①费雪·布莱克与迈伦·斯克尔斯，于 1973 年发表了一篇关于期权定价的开创性论文，运用随机微分方程理论推导出期权定价模型 ②同一时期，罗伯特·默顿也发现了同样的公式及许多其他期权的有用结论，扩展了原模型的内涵，对期权定价理论进行了重要的推广并使之得到广泛应用	罗伯特·默顿和迈伦·斯克尔斯因此获得了 1997 年诺贝尔经济学奖
有效市场假说（EMH）	资产组合理论产生后，Kendall（1953）与 Roberts（1959）发现股票价格序列类似于随机漫步，他们对这种现象进行了解释。尤金·法玛于 1970 年把他们的理论形成和完善为有效市场假说（EMH），并把有效市场分为三种不同类型： ①弱有效市场，认为股价已反映了全部能从市场交易数据中得到的信息 ②半强有效市场，认为股价已反映了所有公开的信息 ③强有效市场，指股价已反映了全部与公司有关的信息，包括所有公开信息及内部信息	尤金·法玛因此贡献获得了 2013 年的诺贝尔经济学奖

综上所述，现代投资组合理论是一种建立在有效利用风险之上的理性投资组合决策分析方法，它给投资管理带来了革新。现代资本市场理论的产生使关于金融问题的分析实现了从定性到定量的转变。

例题精选精练 ▶▶

马科维茨的投资组合理论的主要贡献表现在（　　）。

A. 以因子模型解释了资本资产的定价问题

B. 运用随机微分方程理论推导出期权定价模型

C. 形成和完善了有效市场假说

D. 提出了均值—方差模型，奠定了投资组合理论的基础

【答案】D

【解析】1952年，25岁的哈里·马科维茨在《金融杂志》上发表了一篇题为“资产组合的选择”的文章，首次提出了均值—方差模型，奠定了投资组合理论的基础，标志着现代投资组合理论（MPT）的开端。

考点2　资产收益率的期望、方差、协方差、标准差等的概念、计算和应用★★★

1. 单个或多个资产的期望收益率

期望收益率实际上是资产各种可能收益率的加权平均值，因此它又被称为平均收益率。如果以 r 代表收益率，那么 r 的期望可表示为 $E(r)$。

对于多个资产组成的投资组合，设 $E(r_p)$ 为投资组合的期望收益率，$E(r_i)$ 为第 i 个资产的收益率，w_i 为第 i 个资产的权重，n 为资产数目，那么投资组合期望收益率为：

$$E(r_p)=\sum_{i=1}^{n}w_iE(r_i)$$

即多资产投资组合的期望收益率为其所包含各个资产的期望收益率的加权平均。

2. 单个资产的方差和标准差

方差和标准差是估计资产实际收益率与期望收益率之间可能偏离程度的测度方法。对于单一资产，其收益率方差和标准差计算公式如下：

$$\sigma^2=\sum_{i=1}^{n}p_i[r_i-E(r)]^2$$

$$\sigma=\sqrt{\sum_{i=1}^{n}p_i[r_i-E(r)]^2}$$

式中：σ^2 为方差；σ 为标准差；r_i 表示该资产在第 i 种状态下的收益率；p_i 表示收益率 r_i 发生的概率；n 表示资产可能的收益状态的总数；$E(r)$ 表示该资产的期望收益率。

假定每种状态可能性相同，我们可以用 $1/n$ 来代替概率 p_i，即：

$$\sigma^2=\sum_{i=1}^{n}\frac{1}{n}[r_i-E(r)]^2=\frac{1}{n}\sum_{i=1}^{n}[r_i-E(r)]^2$$

$$\sigma=\sqrt{\frac{1}{n}\sum_{i=1}^{n}[r_i-E(r)]^2}$$

实践中，常常用资产过去 m 期的收益率作为样本来估算该资产收益率的方差和标准差。样本的方差和标准差为：

$$\sigma^2=\frac{1}{m-1}\sum_{i=1}^{m}(r_i-\bar{r})^2$$

$$\sigma=\sqrt{\frac{1}{m-1}\sum_{i=1}^{m}(r_i-\bar{r})^2}$$

式中：$\bar{r}$ 为样本中 m 期收益率的均值。样本方差是对总体方差的无偏估计。因此分母应该用 $m-1$ 而不是 m。

3. 资产收益率的协方差和相关系数

在投资组合理论使用协方差和相关系数测度两个风险资产的收益之间的相关性。对于已知资产 i 和 j 的收益率的联合分布，其协方差为：

$$\mathrm{Cov}(r_i, r_j)=E([r_i-E(r_i)][r_j-E(r_j)])$$

对于 s 种（r_i，r_j）的状态，假定每种状态的可能性为 p_k，k 状态下两种资产的收益率分别为 $r_{i,k}$ 和 $r_{j,K}$。那么：

$$\mathrm{Cov}(r_i, r_j) = \sum_{k=1}^{s} p_k [r_{i,k} - E(r_i)][r_{j,k} - E(r_j)]$$

若使用历史上 m 期样本计算资产 i 和 j 的收益率的协方差，公式为：

$$\mathrm{Cov}(r_i, r_j) = \frac{1}{m-1}\sum_{k=1}^{m}(r_{i,k} - \overline{r_i})(r_{j,k} - \overline{r_j})$$

两个资产收益率的相关性系数定义为协方差除以两个证券各自标准差的乘积，以希腊字母 ρ 表示：

$$\rho_{i,j} = \frac{\mathrm{Cov}(r_i, r_j)}{\sigma_i \sigma_j}$$

由第一章对随机变量的相关性的讨论可知，相关系数的取值范围是［-1，+1］。当 $\rho > 0$ 时，两变量为正线性相关；当 $\rho < 0$ 时，两变量为负线性相关；当 $\rho = 0$ 时，两变量间无线性相关关系。当 $0 < |\rho| < 1$ 时，表示两变量存在一定程度的线性相关，且 $|\rho|$ 越接近1，表示两变量间线性关系越密切；$|\rho|$ 越接近于0，表示两变量的线性相关越弱。当 $|\rho| = 1$ 时，表示两变量为完全线性相关，+1 为完全正相关，-1 为完全负相关。

4. 投资组合收益率的方差和标准差

投资组合收益率的方差和标准差，取决于各资产的方差、权重以及互相之间的相关系数。对于两个资产 i，j 组成的投资组合，其收益率方差的计算公式为：

$$\sigma_\rho^2 = w_i^2\sigma_i^2 + w_j^2\sigma_j^2 + 2w_iw_j\mathrm{Cov}(r_i, r_j) = w_i^2\sigma_i^2 + w_j^2\sigma_j^2 + 2w_iw_j\rho_{i,j}\sigma_i\sigma_j$$

将组合中的两个资产扩展到 n 个资产，组合收益率方差的计算公式为：

$$\sigma_p^2 = \sum_{i=1}^{n} w_i^2\sigma_i^2 + \sum_{i=1}^{n}\sum_{\substack{j=1 \\ i\neq j}}^{n} w_iw_j\mathrm{Cov}(r_i, r_j) = \sum_{i=1}^{n} w_i^2\sigma_i^2 + \sum_{i=1}^{n}\sum_{\substack{j=1 \\ i\neq j}}^{n} w_iw_j\rho_{i,j}\sigma_i\sigma_j$$

资产组合的方差是各单一资产的方差与资产间相关系数的组合。单一资产方差不变，相关系数越小，资产组合的方差也越小。

组合的标准差的计算公式为：

$$\sigma_p = \sqrt{\sum_{i=1}^{n} w_i^2\sigma_i^2 + \sum_{i=1}^{n}\sum_{\substack{j=1 \\ i\neq j}}^{n} w_iw_j\mathrm{Cov}(r_i, r_j)} = \sqrt{\sum_{i=1}^{n} w_i^2\sigma_i^2 + \sum_{i=1}^{n}\sum_{\substack{j=1 \\ i\neq j}}^{n} w_iw_j\rho_{i,j}\sigma_i\sigma_j}$$

式中，σ_p^2 代表组合方差，w_i 与 w_j 代表相应资产在组合中的权重，Cov（r_i，r_j）代表任意两个资产收益率的协方差，$\rho_{i,j}$ 代表任意两个资产收益率的相关系数，σ_i、σ_j、σ_p 分别代表资产 i、资产 j 和投资组合收益率的标准差。

考点3 资产收益相关性的概念、计算和应用★★★

如果两种资产的收益受到某些因素的共同影响，那么它们的波动会存在一定的联系。由于存在一系列同时影响多个资产收益的因素，大多数资产的收益之间都会存在一定的相关性。

对于由两个资产 i 和 j 构成的组合，给定一个特定的投资比例，则得到一个特定的投资组合，它具有特定的预期收益率和标准差，这在图 7-1 的标准差—预期收益率平面中表现为一个特定的点。如果让投资比例在一个范围内连续变化，则得到的投资组合点在标准差—预期收益率平面中构成一条连续曲线。给定不同的相关系数，得到不同的曲线。图 7-1 中的五条曲线分别对应相关系数的五个不同取值。

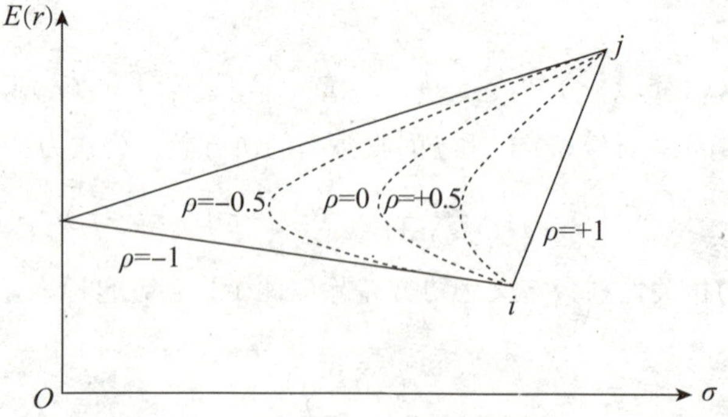

图 7-1　资产组合的相关系数

当 $\rho_{i,j}=1$ 时，

$$\sigma_p^2=w_i^2\sigma_i^2+w_j^2\sigma_j^2+2w_iw_j\sigma_i\sigma_j$$

$$\sigma_p=w_i\sigma_i+w_j\sigma_j$$

此时两个资产的投资组合呈一条直线，直线上的每一个点表示不同权重的投资组合。如果我们把 100% 的资金投资于资产 i（O 给资产 j），那么投资组合就是 i 点。随着 i 的权重越来越小，j 的权重越来越大，投资组合的点就沿着直线向右上方移动。直到 j 的权重达到 100%（i 的权重为 0），那么投资组合就到 j 点。

当 $\rho_{i,j}=-1$ 时，

$$\sigma_p^2=w_i^2\sigma_i^2+w_j^2\sigma_j^2-2w_iw_j\sigma_i\sigma_j$$

$$\sigma_p=|w_i\sigma_i-w_j\sigma_j|$$

由公式可见，当两个资产收益率的相关系数等于 -1，一定能找到一点，使得投资组合的标准差为 0。

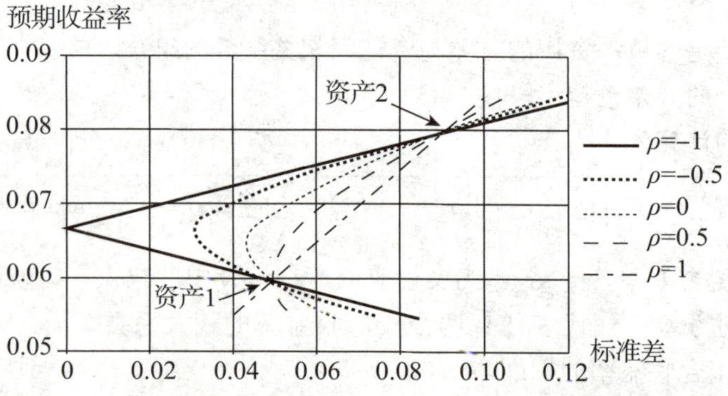

图 7-2　资产 1 和资产 2 在不同相关系数下的预期收益率和标准差

在图 7-2 中，两个资产的可能组合是一条转折点在 y 轴的折线。转折点即标准差为 0 的组合，等效于无风险资产。

当 $\rho_{i,j}=0$ 时，

$$\sigma_p^2=w_i^2\sigma_i^2+w_j^2\sigma_j^2$$

$$\sigma_p=\sqrt{w_i^2\sigma_i^2+w_j^2\sigma_j^2}$$

如果资产 i 和资产 j 的收益率和相关系数在 -1 和 1 之间，那么两个资产的投资组合将呈一条向左上方弯曲的曲线，曲线上的每一个点表示资产权重不同的投资组合。相关系数越小，组合

的曲线越往左边弯曲，组合风险越小（即在相同收益率的情况下，风险更小），组合的效用越高。

注： 资产收益之间的相关性会影响投资组合的风险，而不会影响投资组合的预期收益率。

考点4　均值方差模型的基本思想以及有效前沿、无差异曲线和最优组合的概念★★

1. 均值—方差模型概述

马科维茨投资组合理论的基本假设是投资者是厌恶风险的。如果在两个具有相同预期收益率的证券之间进行选择，投资者会选择风险较小的。要让投资者承担更高的风险，必须有更高的预期收益来补偿。

在回避风险的假定下，马科维茨建立了一个投资组合分析的模型，其要点如下：

（1）投资组合具有两个相关的特征：①预期收益率；②各种可能的收益率围绕其预期值的偏离程度，这种偏离程度可以用方差度量。

（2）投资者将选择并持有有效的投资组合。有效投资组合是指在给定的风险水平下使得期望收益最大化的投资组合，在给定的期望收益率上使得风险最小化的投资组合。

（3）通过对每种证券的期望收益率、收益率的方差和每一种证券与其他证券之间的相互关系（以协方差来度量）这三类信息的适当分析，可以在理论上识别出有效投资组合。

（4）对上述三类信息进行计算，得出有效投资组合的集合，并根据投资者的偏好，从有效投资组合的集合中选择出最适合的投资组合。

2. 最小方差前沿与有效前沿

（1）最小方差前沿

可行集，又称机会集。代表市场上可投资产所形成的所有组合。所有可能的组合都位于可行集的内部或边界上。通常，可行集的形状如下（见图7-3）。

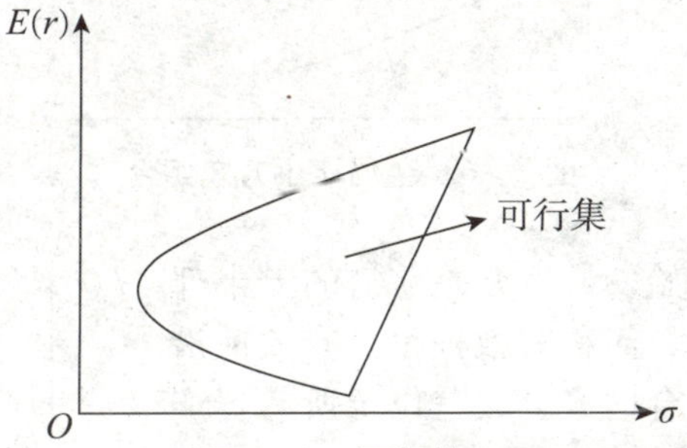

图7-3　可行集1

如果做一条和横轴平行的直线，和可行集的边界交于 A、B 两点（见图7-4），我们可以发现两点的预期收益率是完全相同的，但是它们的风险不同，A 点在左边，它的风险相比 B 点低。

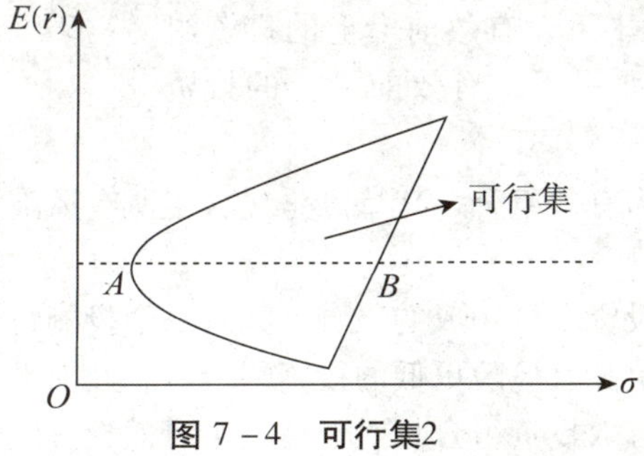

图7-4　可行集2

只有可行集最左边的点是有效的，右边所有的点都是无效的。如果把最左边的点都连在一起形成一条曲线（见图7-5），这条曲线称为最小方差前沿。在相同收益率水平下，这条曲线上的组合具有最小方差。最小方差前沿上每个点都是所有风险资产的组合，各个点的区别是各风险资产的权重不同。

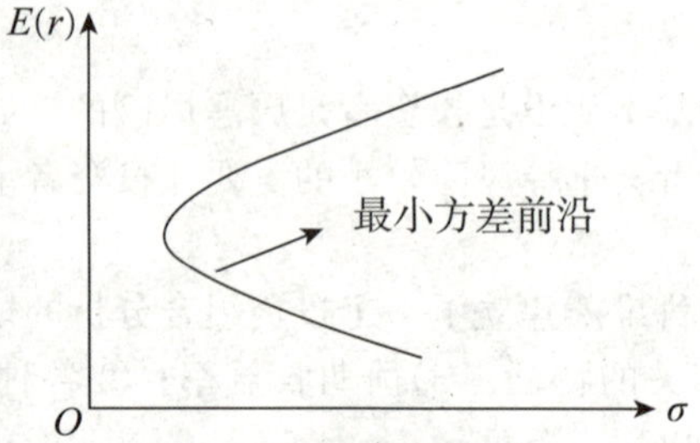

图7-5　最小方差前沿

在最小方差前沿最左边的拐点处会有一条与纵轴平行的直线与最小方差前沿相切，只有一个交点（切点 C），这个切点叫作全局最小方差组合（见图7-6）。全局最小方差组合是所有资产组合中风险最小的一个组合，因为它在最左边，这一点就是上半部分与下半部分的分界点。上半部分的点在风险水平一定的情况下，具有更高的期望收益率。图7-6所示，组合 A 和组合 B 具有相同的风险，但是组合 A 在最小方差前沿的上半部分，具有更高的收益率。因此，最小方差前沿只有上半部分是有效的。

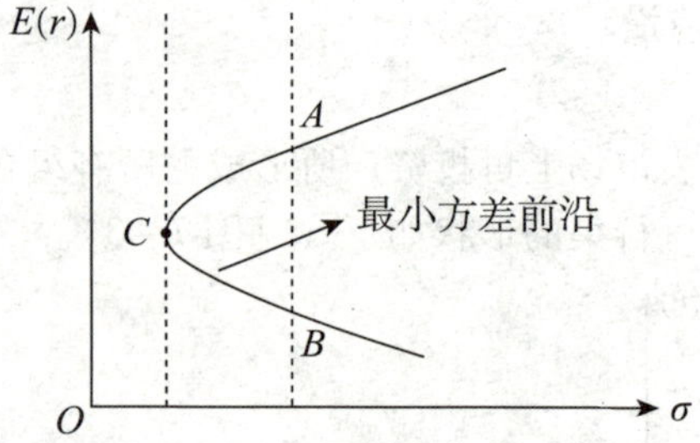

图7-6　全局最小方差组合

（2）有效前沿

从全局最小方差组合开始，最小方差前沿的上半部分就称为马科维茨有效前沿，简称有效前沿。有效前沿是能够达到的最优的投资组合的集合，它位于所有资产和资产组合的左上方（见图7-7）。

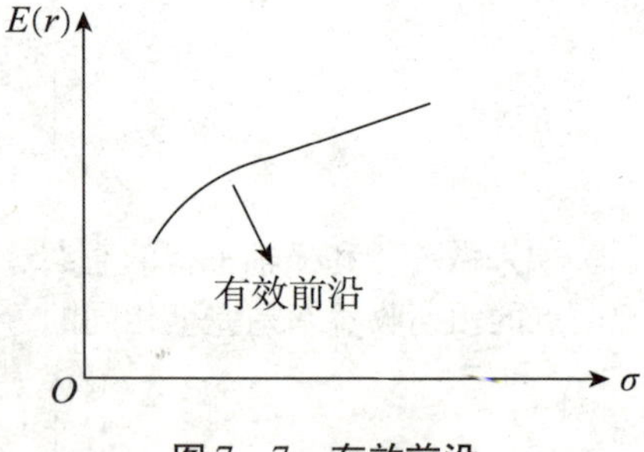

图7-7　有效前沿

所有的单个资产都位于有效前沿的右下方，有效前沿的左上方无法利用现有市场上的风险资产来获得。在一定的期望收益率 $E(r)$ 水平下，有效前沿上的投资组合风险最低；在一定的风险水平下，有效前沿上的投资组合期望收益率水平最高。

有效前沿上的投资组合为有效组合，其特点是包含了所有风险资产，所以称有效组合是完全分散化的投资组合。

有效前沿是由全部有效投资组合构成的集合。如果一个投资组合是有效的，那么投资者就无法找到另一个预期收益率更高且风险更低的投资组合。有效前沿中有无数预期收益率和风险各不相同的投资组合。一个有效投资组合相对于另一个有效投资组合如果在预期收益率方面有优势，那么在风险方面就一定有劣势。

3. 效用、无差异曲线和最优组合

(1) 效用

效用是投资带给人的满意程度。投资者总是选择效用高的资产进行投资。

假定每一个投资者可以根据资产（或资产组合）的预期收益与风险情况对效用进行量化比较，则可得出其效用函数。效用函数的一个常见形式为：

$$U = E(r) - \frac{1}{2}A\sigma^2$$

式中：U 为效用值；A 为某投资者的风险厌恶系数；$E(r)$ 为资产的预期收益；σ^2 为资产收益的方差。

从上式可以看出，对于风险厌恶系数 A 一定的投资者来说，某资产的期望收益率越大，带给投资者的效用越大；资产的风险越大，效用越小。

同一资产带给风险厌恶系数不同的投资者的效用并不相同。风险厌恶系数 A 越大的投资者感受到的效用越低。

(2) 无差异曲线

根据投资者的效用函数，可以画出无差异曲线。无差异曲线是在期望收益–标准差平面上由相同给定效用水平的所有点组成的曲线（见图 7–8）。

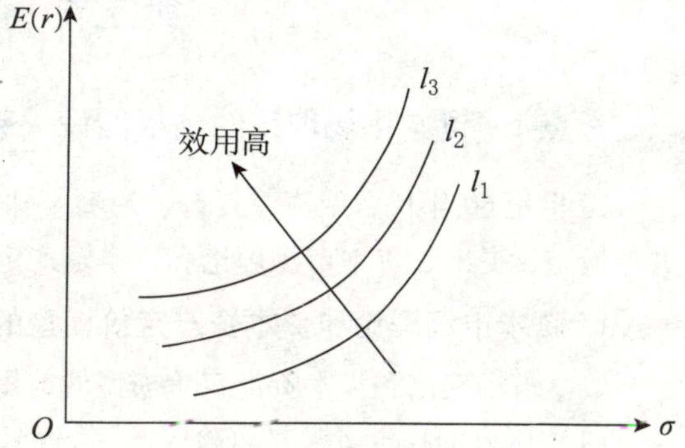

图 7–8 无差异曲线

无差异曲线具有以下特点：

①风险厌恶的投资者的无差异曲线是从左下方向右上方倾斜的。

②同一条无差异曲线上的所有点向投资者提供了相同的效用。

③对于给定风险厌恶系数 A 的某投资者来说，可以画出无数条无差异曲线，且这些曲线不会交叉。

④当向较高的无差异曲线移动时（如图 7–8 中，从 l_1 向 l_2 再向 l_3 移动时），投资者的效用增加。

⑤风险厌恶程度高的投资者与风险厌恶程度低的投资者相比，其无差异曲线更陡，因为随着风险增加，其要求的风险溢价更高。

例题精选精练▶▶

下列属于无差异曲线特点的是(　　)。

Ⅰ. 无差异曲线是从左下方向右上方倾斜的曲线

Ⅱ. 当向较高的无差异曲线移动时，投资者的效用增加

Ⅲ. 同一条无差异曲线上的所有点向投资者提供了相同的效用

Ⅳ. 风险厌恶程度高的投资者与风险厌恶程度低的投资者相比，其无差异曲线更陡

A. Ⅰ、Ⅱ、Ⅲ　　B. Ⅱ、Ⅲ、Ⅳ　　C. Ⅰ、Ⅱ、Ⅳ　　D. Ⅰ、Ⅱ、Ⅲ、Ⅳ

【答案】D

【解析】Ⅰ、Ⅱ、Ⅲ、Ⅳ均属于无差异曲线特点。

(3) 最优组合

使投资者效用最大化的是无差异曲线和有效前沿相切的点所代表的投资组合，这一组合称为最优组合（见图7－9）。投资者按照这一组合进行投资可以获得最大的投资效用。

因为这个点在有效前沿上，因此它是投资者可以实际选择的点；而它又是所有与有效前沿相交的无差异曲线中位于最上方的无差异曲线上的点，因此它又是投资者可以获得最大效用的点。

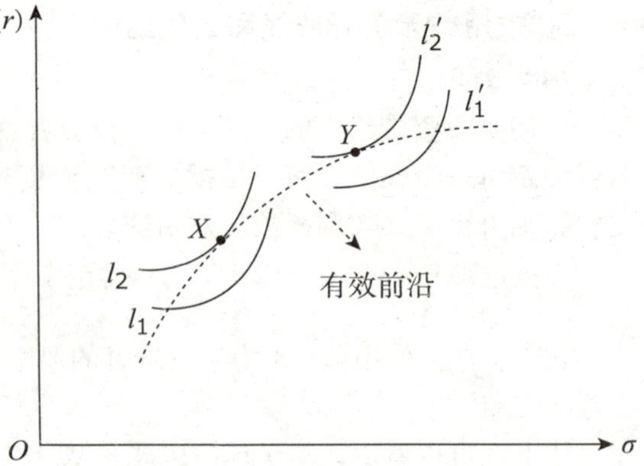

图7－9　最优组合

风险厌恶程度不同的投资者，其切点位置也不同。如图7－9所示，X投资者比Y投资者更加厌恶风险，因此X的最优组合在Y最优组合的左下方。

第二节　资本市场理论

考点1　资本市场理论的前提假设★★

20世纪60年代，威廉·夏普、约翰·林特耐和简·莫辛三位学者基于马科维茨的均值—方差模型，提出了资本市场理论和资本资产定价模型，研究在特定假设下均衡价格的形成。

1. 资本市场理论和资本资产定价模型的前提假设

资本市场理论和资本资产定价模型的前提假设包括：

(1) 所有的投资者都是风险厌恶者，都以马科维茨均值—方差分析框架来分析证券，追求效用最大化，购买有效前沿与无差异曲线的切点的最优组合。

(2) 投资者可以以无风险利率任意地借入或贷出资金。投资者可以以无风险利率无限借贷。这一假设排除了非流动性资产。

(3) 所有投资者的期望相同。即任何投资者认为同一个股票有相同的风险/收益分布。所有投资者都具有同样的信息，他们对各种资产的预期收益率、风险及资产间的相关性都具有同样的判断，即对所有资产的收益率所服从的概率分布具有一致的看法。这一假定也被称为同质期望假定或同质信念假定。

(4) 所有投资者的投资期限都是相同的，并且不在投资期限内对投资组合做动态的调整。

(5) 所有的投资都可以无限分割，投资数量随意。

(6) 无摩擦市场，主要指没有税和交易费用。

(7) 投资者是价格的接受者，他们的买卖行为不会改变证券价格，每个投资者都不能对市场定价造成显著影响。

资本市场理论的七条前提假设可以归结为两条：一是所有投资者都是一样的；二是市场是有效的。

注： 这七条假设是资本市场理论的前提假设，也是资本资产定价模型的前提假设。

2. 假设前提下的市场均衡状态

在以上假设前提下，市场均衡状态可以总结如下：

（1）所有投资者将选择持有包括所有证券资产在内的市场组合 M。市场投资组合包含市场上所有的风险资产，并且其包含的各资产的投资比例与整个市场上风险资产的相对市值比例一致。

（2）市场组合处于有效前沿。市场组合是最优风险投资组合，即资本配置线（CAL）与有效边界的切点。因此，资本市场线（CML），即从无风险利率到市场组合 M 的线也是可获得的最佳资本配置线。所有投资者均将 M 作为其最佳风险投资组合，区别在于市场组合资产与无风险资产的配比。

（3）市场组合的风险溢价与市场组合的方差和投资者的典型风险偏好成正比。

（4）单个资产的风险溢价与市场投资组合 M 的风险溢价和该资产的 β 系数成比例。β 系数衡量资产收益率相对市场组合收益率变化的敏感度。

考点2　系统性风险和非系统性风险的概念以及贝塔（β）系数的含义★★★

1. 系统性风险和非系统性风险

通过投资资产组合，可以降低风险，但不能完全消除风险。我们把可以通过构造资产组合分散掉的风险称为非系统性风险，不能通过构造资产组合分散掉的风险称为系统性风险。这样资产组合的总风险可以表示为系统性风险和非系统性风险之和：

总风险 = 系统性风险 + 非系统性风险

我们知道“天下没有免费的午餐”，投资者要求在承担风险的时候得到风险补偿，即风险溢价。承担非系统性风险不能得到风险补偿。风险补偿只能是对于不可避免的风险的补偿，即承担系统性风险的补偿。当组合中资产的数目逐渐增多的时候，非系统性风险就会被逐步分散，但是无论资产数目有多少，系统性风险都是固定不变的（见图 7－10）。

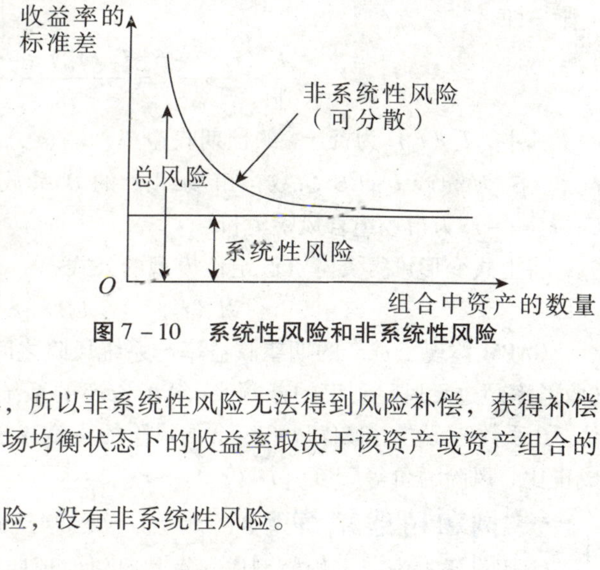

图 7－10　系统性风险和非系统性风险

上述分析的一个假设前提是，非系统性风险是可以被分散掉的，且没有分散成本，所以非系统性风险无法得到风险补偿，获得补偿的只有系统性风险。在此前提下，资产在市场均衡状态下的收益率取决于该资产或资产组合的系统性风险，而不是由方差衡量的总风险。

资本市场线上的任一组合只有系统性风险，没有非系统性风险。

2. β 系数的衡量

β 系数衡量的是资产收益率和市场组合收益率之间的线性关系。

$$r_{i,t} = \alpha_i + \beta_i r_{m,t} + \varepsilon_{i,t}$$

其中，$r_{i,t}$ 为 t 期资产 i 的实际收益率；$r_{m,t}$ 为 t 期市场组合的收益率；β_i 为该资产的 β 系数，是该线性方程的斜率；α_i 为线性方程的截距项；$\varepsilon_{i,t}$ 为误差项。

经过推导可得：

$$\beta_i = \frac{\text{Cov}_{i,m}}{\sigma_m^2} = \frac{\sigma_i}{\sigma_m} \times \rho_{i,m}$$

其中，β_i 是资产的 β 系数；$Cov_{i,m}$ 是资产收益率和市场组合收益率之间的协方差；σ_m^2 是市场组合收益率的方差；σ_i 是资产收益率的标准差；$\rho_{i,m}$ 是资产收益率和市场组合收益率之间的相关系数。

β 系数度量的是资产收益率相对市场波动的敏感性。市场组合本身的 β 系数为 1。当 $\beta_i=1.5$ 时，市场组合上涨 1%，该资产随之上涨 1.5%；当 $\beta_i=0.5$ 时，市场组合上涨 1%，该资产随之上涨 0.5%。

考点3　CAPM 模型的主要思想和应用以及资本市场线和证券市场线的概念与区别★★

1. CAPM 的主要思想

资本资产定价模型（CAPM）以马科维茨证券组合理论为基础，研究如果投资者都按照分散化的理念去投资，最终证券市场达到均衡时，价格和收益率如何决定的问题。这种方法是描述性的，它用一般均衡模型刻画所有投资者的集体行为，揭示在均衡状态下，证券收益与风险之间的关系的经济本质。

CAPM 假设只有证券或证券组合的系统性风险才能获得收益补偿，其非系统性风险将得不到收益补偿。按照该逻辑，投资者要想获得更高的报酬，必须承担更高的系统性风险；承担额外的非系统性风险将不会给投资者带来收益。

CAPM 使用 β 系数来描述资产或资产组合的系统风险大小。资产的风险溢价与其 β 系数成正比，即：

$$\frac{E(r_i)-f}{\beta_i}=\frac{E(r_m)-r_f}{\beta_m}=\frac{E(r_m)-r_f}{1}$$

其中，$E(r_i)$ 为资产 i 的预期收益率，$E(r_m)$ 为市场组合的预期收益率，r_f 为无风险收益率，β_i 为资产 i 的 β 系数，市场组合的 β 系数 β_m 为 1，$E(r_i)-r_f$ 为资产风险溢价，$E(r_m)-r_f$ 为市场组合风险溢价。

将上式变形可得资本资产定价模型的公式：

$$E(r_i)=r_f+\beta_i[E(r_m)-r_f]$$

CAPM 体现了资产的期望收益率与系统风险之间的正向关系，即任何资产的市场风险溢价（收益率超过无风险利率的差额），等于资产的系统性风险（β 系数）乘以市场组合的风险溢价。β 系数与证券对最优风险组合的风险的贡献成正比。投资者要求的资产风险溢价与 β 系数成正比，风险溢价等于 $\beta_i[E(r_m)-r_f]$。

例题精选精练▶▶

假设资本资产定价模型成立，某股票的预期收益率为 16%，贝塔系数（β）为 2，如果市场组合的预期收益率为 12%，市场的无风险收益率为（　　）。

A. 5%　　B. 6%　　C. 7%　　D. 8%

【答案】D

【解析】在资本资产定价模型下，计算公式为：$E(r_i)=r_f+\beta_i[E(r_m)-r_f]$，式中：$E(r_i)$ 为资产 i 的预期收益率，r_f 为无风险收益率，$E(r_m)$ 为市场组合的预期收益率，β_i 为资产 i 的 β 系数。可知，$16\%=r_f+2\times(12\%-r_f)$，解得 $r_f=8\%$。

2. 证券市场线（SML）

（1）预期收益率与β系数的关系式可以表示成证券市场线（SML）（见图7－11）。

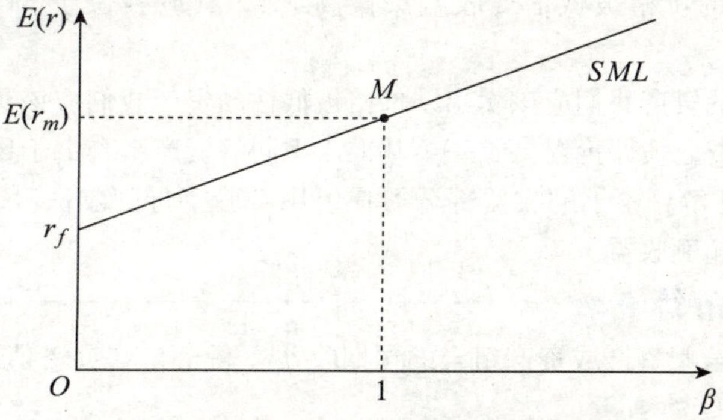

图7－11 证券市场线

证券市场线的斜率是市场组合的风险溢价。市场组合也恰好位于证券市场线上，即图中的M点，该点β系数为1，相对应的预期收益率是市场组合的预期收益率。一项资产或资产组合的β系数越高，则它的预期收益率越高。β系数为零的资产的预期收益率等于无风险收益率。

（2）证券市场线是以资本市场线为基础发展起来的。证券市场线给出每一个风险资产风险与预期收益率之间的关系，也就是说证券市场线能为每一个风险资产进行定价。这是CAPM的核心。

3. CAPM的应用

（1）在CAPM中，证券市场线得以成立是投资者的最优选择以及市场均衡力量作用的结果。

①若某资产或资产组合的预期收益率高于与其β值对应的预期收益率，也就是说位于证券市场线的上方，则理性投资者将更偏好于该资产或资产组合，市场对该资产或资产组合的需求超过其供给，最终抬升其价格，导致其预期收益率降低，使其向证券市场线回归。

②若某资产或资产组合位于证券市场线的下方，则理性投资者将不愿意投资该资产或资产组合，导致市场对它供过于求，价格下降，预期收益率上升，最终该资产或资产组合收益率也会向证券市场线回归。

（2）证券市场线（SML）可以用来判断一项资产的定价是否合理（见图7－12）。

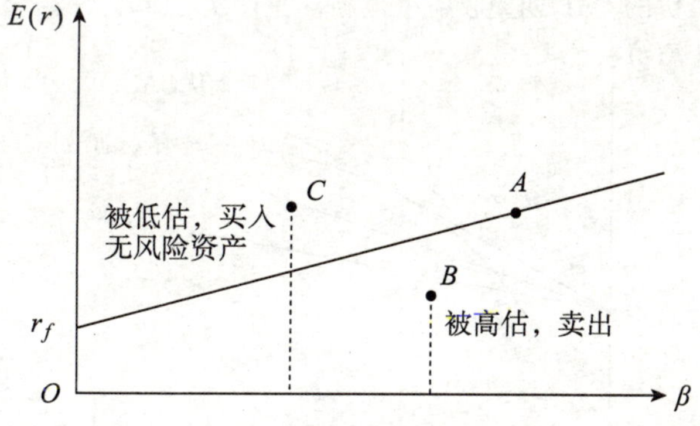

图7－12 资产价格的评估

①如果一项资产的定价合理，其应当位于SML线上，见图A点所示。

②如果一个资产的价格被高估（收益率被低估），其应当位于 SML 线下方，见图 B 点所示。

③如果一个资产的价格被低估（收益率被高估），其应当位于 SML 线上方，见图 C 点所示。

对于价格被高估的资产我们应该卖出，价格被低估的资产我们应该买入。

（3）CAPM 为投资业绩评价提供了一个基准。不同的资产组合由于风险不同，其收益率并不能直接比较，CAPM 解释不了的收益部分习惯上用希腊字母阿尔法（α）来描述，α 值反映了市场风险调整后的超额收益。

例题精选精练

在 CAPM 中，若某资产或资产组合的预期收益率高于与其贝塔值对应的预期收益率，则表现为（　　）。

A. 位于证券市场线上方　　B. 位于证券市场线下方

C. 位于资本市场线上方　　D. 位于资本市场线下方

【答案】A

【解析】在 CAPM 中，证券市场线得以成立是投资者的最优选择以及市场均衡力量作用的结果。若某资产或资产组合的预期收益率高于与其 β 值对应的预期收益率，也就是说位于证券市场线的上方，则理性投资者将更偏好于该资产或资产组合，市场对该资产或资产组合的需求超过其供给，最终抬升其价格，导致其预期收益率降低，使其向证券市场线回归。

4. **资本配置线（CAL）**

（1）资本配置线（CAL）的表达式为：

$$E(r_p) = r_f + \left[\frac{E(r_x) - r_f}{\sigma_x}\right] \times \sigma_p$$

资本配置线上的点表示无风险资产与风险资产 x 的线性组合，其截距是无风险收益率 r_f，斜率是 $\frac{E(r_x) - r_f}{\sigma_x}$。这个斜率是风险资产 x 的夏普比率，也就是 CAL 上的任一点的夏普比率。

（2）有效前沿上的点表示所有投资者最优的风险资产组合。我们取无风险资产与有效前沿上的点相连，可以得到无数条 CAL，其中，最优的 CAL 是与有效前沿相切的那条。因为在相同的风险水平下，最优的 CAL 期望收益率最高（见图 7－13）。

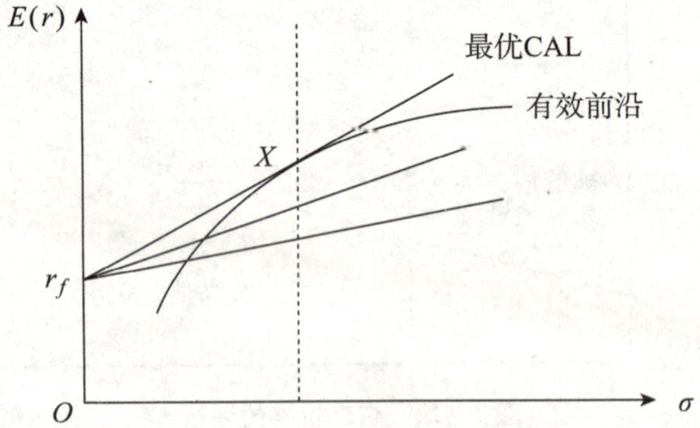

图 7－13　最优资本配置线

5. **资本市场线**（CML）

（1）对于投资者来说，最佳的资本配置线是与马科维茨有效前沿相切的一条直线，这条直线取代了马科维茨有效前沿，成为新的有效前沿，称为资本市场线（CML）（见图 7－14）。

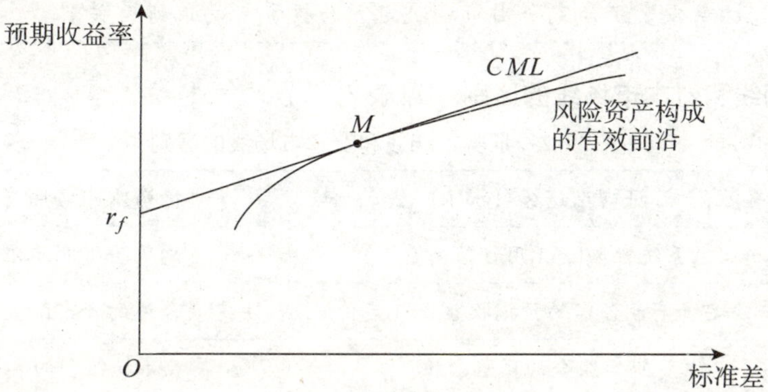

图 7－14 资本市场线

资本市场线从纵轴上无风险利率点 r_f 处向上延伸，与原马科维茨有效前沿曲线相切于点 M，这条直线上包含了所有风险资产投资组合 M 与无风险资产的组合。当市场达到均衡时，切点 M 即为市场投资组合。理论上，市场投资组合包含市场上所有的风险资产，并且其包含的各资产的投资比例与整个市场上风险资产的相对市值比例一致。

（2）资本市场线的表达式为：

$$E(r_p)=r_f+\left[\frac{E(r_M)-r_f}{\sigma_M}\right]\sigma_p$$

从式中可以看出，CML 的斜率是$\frac{E(r_M)-r_f}{\sigma_M}$，它即为市场组合的夏普比率，而 CML 上任一个组合的夏普比率都等于市场组合的夏普比率。因为 CML 取代了马科维茨有效前沿成为新的有效前沿，CML 上所有的组合都是有效组合，即所有的组合都是完全分散化了的资产组合。

（3）市场投资组合具有三个重要的特征：

①它是有效前沿上唯一一个不含无风险资产的投资组合。

②有效前沿上的任何投资组合都可看作是市场投资组合 M 与无风险资产的再组合。

③市场投资组合完全由市场决定，与投资者的偏好无关。因此，市场投资组合在资本资产定价理论中具有重要的地位。

（4）资本市场线实际上指出了有效投资组合风险与预期收益率之间的关系，提供了衡量有效投资组合风险的方法。有效投资组合即是分布于资本市场线上的点，代表了有效前沿。特别是它指出了以标准差来度量风险是更为合适的。对于每一个有效投资组合而言，给定其风险的大小，便可根据资本市场线知道其预期收益率的大小。

例题精选精练

有效前沿上不含无风险资产的投资组合是（　　）。

A. 债券投资组合　　B. 证券投资组合

C. 市场投资组合　　D. 最优的资产组合

【答案】C

【解析】市场投资组合具有三个重要的特征：①它是有效前沿上唯一一个不含无风险资产的投资组合；②有效前沿上的任何投资组合都可看做是切点投资组合 M 与无风险资产的再组合；③切点投资组合完全由市场决定，与投资者的偏好无关。

6. 证券市场线和资本市场线的区别（见表 7－2）

表 7－2　证券市场线和资本市场线的区别

项目	证券市场线（SML）	资本市场线（CML）
风险的衡量	系统性风险（用 β 值衡量）	总风险（用标准差衡量）
应用	决定资产最合理的预期收益率（定价）	决定最合适的资产配置点（资产配置）
斜率	市场组合的风险溢价	市场组合的夏普比率
适用范围	①单个资产或投资组合 ②有效投资组合和无效投资组合	有效投资组合

第三节　被动投资与主动投资

考点 1　市场有效性的三个层次★★★

20 世纪 70 年代，美国芝加哥大学的教授尤金·法玛依据时间维度，把信息划分为历史信息、当前公开可得信息以及内部信息：

（1）“历史信息”，主要包括证券交易的有关历史资料，如历史股价、成交量等。

（2）当前“公开可得信息”，即一切可公开获得的有关公司财务及其发展前景等方面的信息。

（3）“内部信息”，为还未公开的只有公司内部人员才能获得的私人信息。

在此基础上，法玛界定了三种形式的有效市场：弱有效、半强有效与强有效。三种市场有效性的层次关系如下（见图 7－15）。

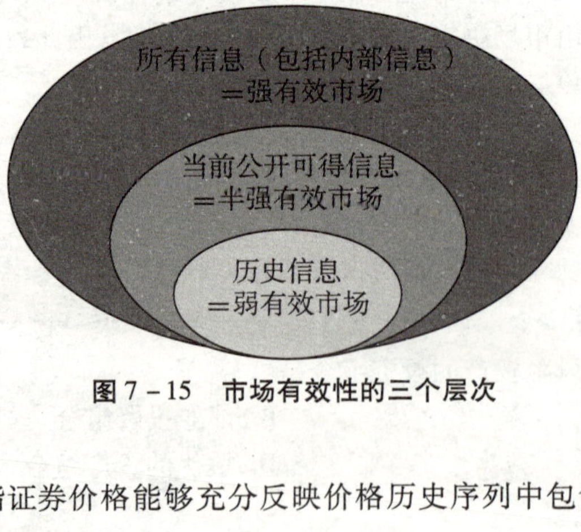

图 7－15　市场有效性的三个层次

1. 弱有效证券市场

（1）弱有效市场是指证券价格能够充分反映价格历史序列中包含的所有信息，如证券的价格、交易量等。

（2）在一个弱有效的证券市场上，任何为了预测未来证券价格走势而对以往价格、交易量等历史信息所进行的技术分析都是徒劳的。

2. **半强有效证券市场**

（1）半强有效证券市场是指证券价格不仅已经反映了历史价格信息，而且反映了当前所有与公司证券有关的公开有效信息，如盈利预测、红利发放、股票分拆、公司购并等各种公告信息。

（2）如果市场是半强有效的，市场参与者就不可能从任何公开信息中获取超额利润，这意味着基本面分析方法无效。

（3）当然，市场半强有效不代表价格对信息的反应是瞬间完成的，也需要一个过程，只是这个过程比较短暂，并且伴随着剧烈的价格波动。只要公开信息的传播速度快且均匀，每个投资者都能同时掌握和使用有关公开信息进行投资决策，就能使得证券价格在很短的时间内调整到位，消化掉所有的公开信息。在价格对信息吸收的过程中，价格会围绕着新的均衡价格上下波动，但是不会出现显著地偏离新的均衡价格的情况。如果在信息吸收过程中，价格显著地高于或低于新的均衡价格，这意味着公开信息对证券价格的变动趋势仍产生影响，一些人就能够通过分析这些公开信息获取超额利润，因此表明证券市场尚未达到半强有效状态。

例题精选精练

在半强有效市场的假设下，下列说法正确的是（　　）。

Ⅰ. 研究公司的财务报表无法获得超额报酬

Ⅱ. 使用内幕消息可获得超额报酬

Ⅲ. 使用技术分析无法获得超额报酬

Ⅳ. 使用基本分析无法获得超额报酬

A. Ⅰ、Ⅱ、Ⅲ　　B. Ⅱ、Ⅲ、Ⅳ

C. Ⅰ、Ⅱ、Ⅳ　　D. Ⅰ、Ⅲ、Ⅳ

【答案】D

【解析】如果市场是半强有效的，市场参与者就不可能从任何公开信息中获取超额利润，这意味着基本面分析方法无效，对历史信息进行分析的技术分析也无效。

3. **强有效证券市场**

（1）强有效证券市场是指与证券有关的所有信息，包括公开发布的信息和未公开发布的内部信息，都已经充分、及时地反映到了证券价格中。强有效市场不仅包含了弱有效市场和半强有效市场的内涵，而且包含了一些只有“内部人”才能获得的内幕信息。

（2）在一个强有效的证券市场上，任何投资者不管采用何种分析方法，除了偶尔靠运气“预测”到证券价格的变化外，是不可能重复地、更不可能连续地取得成功的。

（3）市场通过反映内部信息从而达到强有效状态的，主要依赖两条假设：

①信息泄露并迅速传播，从而导致未公开的信息已经“公开化”。

②理性人的理性学习行为，即理性人总是能够从利用内部信息进行交易的知情者手中“学习”到该消息，并迅速采取行动，从而使得知情者无法进一步获利。

这两条假设在现实中很难满足，与现实中不断出台的各种内幕交易禁令相矛盾。

考点2　主动投资策略和被动投资策略的概念、方法和区别★★★

1. 主动投资策略与被动投资策略的概念

股票投资策略可分为两大类：主动投资策略和被动投资策略。

（1）主动投资策略

主动投资策略也称积极投资策略，即试图通过选择资产来跑赢市场。主动型投资者注重寻找被低估或高估的资产类别、行业或证券。也有的主动型投资者试图通过市场择时来获得超额收益。主动型投资者选择什么策略完全取决于其对市场有效性以及有效程度的判断。

与被动投资相比，在一个并非完全有效的市场上，主动投资策略更能体现其价值，从而给投资者带来较高的回报。这种的收益主要来自于如下两种情况：

①主动型投资者比其他大多数投资者拥有更好的信息，即市场“共识”以外的有价值的信息。

②主动型投资者在面对相同的信息下，能够更高效地使用信息并通过积极地交易产生回报。

主动型投资的业绩主要取决于投资者使用信息的能力和投资者所掌握的投资机会的个数，即信息深度和信息广度：

►在投资经理所掌握的投资机会不变的情况下，其投资技能的上升会带来信息比率的上升。这其实是显而易见的，一个更有经验的投资者应该比一个没有经验的投资者更能带来风险调整后的收益。

►在同等的投资技能下，掌握大量投资机会的投资经理比只掌握少量投资机会的投资经理更能提高投资组合的信息比率。在通常情况下，一个投资机会所能够挖掘的深度是有限的，只有在不断扩展投资机会的情况下，才能带来更高的主动收益。

注：投资机会的多少与对投资机会的使用效率存在相互替代的关系。

（2）被动投资策略

被动投资试图复制某一业绩基准，通常是指数的收益和风险。

相信市场定价有效的投资者认为应该追求被动投资策略，即复制市场基准的收益与风险，而不试图跑赢市场的策略。在市场定价有效的前提下，想要提高收益，最佳的选择是被动投资策略，任何主动投资策略都将导致不必要的交易成本。

2. 主动投资策略与被动投资策略的方法

（1）主动投资策略

主动投资者常常采用基本面分析、技术分析方法。基于这两种分析方法，一些学者根据公司特征以及业绩表现对全体股票进行了分类，发现分类后的股票在收益上存在显著差异：即同类股票之间具有较高的相关性，而不同类别的股票之间不相关或者相关性较低。

基于上述研究发现，实践者们开始把收益模式相同的股票归为同一类“风格”。常见的风格划分标准是根据公司盈利增长状况把股票分为价值股、成长股、合理价格下的成长股等几种。业界已经普遍接受股票风格的概念，并且试图靠转换风格来获取更高的收益。至于价值股与成长股的划分有多种标准，如市净率、市盈率和派息率等。以市净率为例，盈利成长会带来公司账面资产的增加，在价格账面资产比率保持不变的情况下，势必会带来股票价格的同比上涨。

偏好成长风格的基金经理试图挑选出盈利增长相对最快的股票，从而可以获得价格上涨所带来的收益；偏好价值风格的基金经理则试图寻找相对便宜的股票，期望公司的市净率、市盈率等比率会恢复到某一合理水平。也有些基金经理既追求价值风格，又追求成长效应，这种策略被称为合理价格下的成长策略（GARP），即寻找盈利成长高于平均水平，同时价格又比较合理的股票。

对于主动型投资者而言，偏离基准组合可能是其有意追求主动收益的结果，但是不能保证每次偏离都是正回报，因此出现数额较大的正或者负的主动收益对于主动投资来说是可能的。与被动投资相比，主动投资的主动收益是投资者主动获取的，特别是寻求正的主动收益。

主动收益的计算方法如下：

主动收益 = 证券组合的真实收益 − 基准组合的收益

通过计算主动收益的标准差，便可以得出主动型投资者的主动风险。主动风险定义为一个证券组合的主动收益的标准差。

（2）被动投资策略

被动投资策略下，投资经理不会尝试利用基本面分析找出被低估或高估的股票；也不会试图利用技术分析或者数量方法预测市场的总体走势，并根据市场走势相应地调整股票组合。被动投资通过跟踪指数获得基准指数的回报。

注： 在现实中，被动投资与主动投资并不是完全对立的，有些投资策略介于二者之间。

例题精选精练

下列关于主动投资策略的说法，错误的是（　　）。

A. 在并非完全有效的市场上，主动投资策略收益主要来自主动型投资者比其他大多数投资者拥有更好的信息，即市场“共识”以外的有价值的信息

B. 主动投资者常常采用基本面分析和技术分析方法

C. 在市场定价有效的前提下，想要提高收益，最佳的选择是主动投资策略

D. 主动收益 = 证券组合真实收益 − 基准组合的收益

【答案】C

【解析】在市场定价有效的前提下，想要提高收益，最佳的选择是被动投资策略，任何主动投资策略都将导致不必要的交易成本。

考点3　市场上主要的指数（股票和债券）的编制方法★★

1. 股价指数编制的方法

目前股价指数编制的方法主要有三种，即算术平均法、几何平均法和加权平均法。

（1）算术平均法

先选定具有代表性的样本股票，并确定基期指数，然后计算某一日样本股票的价格平均数，将该平均数与基期对应的平均数相比，最后乘以基期指数即得出该日的股票价格平均指数。

（2）几何平均法

国际金融市场上有一部分较有影响的股票指数是采用几何平均法编制的，其中以伦敦金融时报指数和美国价值线指数为代表。在几何平均法中，报告期和基期的股票平均价采用样本股票价格的几何平均数。

（3）加权平均法

加权平均法首先按样本股票在市场上的不同地位赋予其不同的权数，即地位重要的权数

大，地位次要的权数小。权数的选择，可以是股票的成交金额，也可以是它的上市股数或市值。目前市场上股票指数大多为市值加权。另外，等权重也可以作为一种特殊的加权方法。若选择计算期的同度量因素作为权数，则被称为派氏加权法。

2. 常见的证券价格指数

（1）常见的证券价格指数有股票价格指数和债券价格指数

国际上主要的股票价格指数有道琼斯股价平均指数、标准普尔股价指数、金融时报股价指数、日经指数等。主要的债券价格指数包括美林债券指数、JP 摩根债券指数、雷曼兄弟债券指数、道琼斯公司债券指数和摩根士丹利资本国际债券指数等。

国内主要的股票价格指数有上证股票价格指数、深证综合股票价格指数、沪深 300 指数、上证 180 指数等，债券价格指数主要包括中国债券系列指数、上海证券交易所国债指数和中信债券指数等。

（2）简要介绍四个国内外常见的证券价格指数（见表 7－3）

表 7－3　四个国内外常见的证券价格指数

指数	概念	内容
沪深 300 指数	沪深 300 指数是由中证指数有限公司编制，用以反映 A 股市场整体走势的指数	①沪深 300 指数编制目标是反映中国证券市场股票价格变动的概貌和运行状况，并能够作为投资业绩的评价标准，为指数化投资和指数衍生产品创新提供基础条件 ②沪深 300 指数在上海和深圳证券市场中选取 300 只 A 股作为样本，以 2004 年 12 月 31 日为基期，基点为 1 000 点，其计算以调整股本为权重，采用派氏加权综合价格指数公式进行计算 ③目前追踪沪深 300 指数的基金有华夏沪深 300、鹏华沪深 300、嘉实沪深 300、南方沪深 300、广发沪深 300、工银瑞信沪深 300 等
中证全债指数	中证全债指数是中证指数有限公司编制的综合反映银行间债券市场和沪深交易所债券市场的跨市场债券指数，也是中证指数公司编制并发布的首只债券类指数	①该指数的样本由银行间市场和沪深交易所市场的国债、金融债券及企业债券组成，中证指数公司每日计算并发布中证全债的收盘指数及相应的债券属性指标，为债券投资者提供投资分析工具和业绩评价基准 ②该指数的一个重要特点在于对异常价格和无价情况下使用了模型价，能更为真实地反映债券的实际价值和收益率特征
标准普尔 500 指数	标准普尔 500 指数英文简写为 S&P500 Index，是记录美国 500 家上市公司的一个股票指数	①标准普尔 500 指数覆盖的所有公司，都是在美国主要交易所，风险更为分散，能够反映更广泛的市场变化 ②标准普尔 500 指数是由标准普尔公司 1957 年开始编制的。最初的成分股由 425 种工业股票、15 种铁路股票和 60 种公用事业股票组成。从 1976 年 7 月 1 日开始，其成分股改由 400 种工业股票、20 种运输业股票、40 种公用事业股票和 40 种金融业股票组成。它以 1941 年至 1942 年为基期，基期指数定为 10，采用加权平均法进行计算，以股票上市量为权数，按基期进行加权计算。与道琼斯工业股票平均价格指数相比，标准普尔 500 指数具有采样面广、代表性强、精确度高、连续性好等特点，被普遍认为是一种理想的股票指数期货合约的标的

（续表）

指数	概念	内容
道琼斯股票价格平均指数	道琼斯股票价格指数最早是在1884年由道琼斯公司的创始人查尔斯·亨利·道（1851—1902年）开始编制的，是一种算术平均股价指数	①最初的道琼斯股票价格平均指数是根据11种具有代表性的铁路公司的股票，采用算术平均法进行计算编制而成，发表在查尔斯·道自己编辑出版的《每日通讯》上。该指数目的在于反映美国股票市场的总体走势，涵盖金融、科技、娱乐、零售等多个行业 ②自1897年起，道琼斯股票价格平均指数开始分成工业与运输业两大类，其中工业股票价格平均指数包括12种股票，运输业股票价格平均指数则包括20种股票，并且开始在道琼斯公司出版的《华尔街日报》上公布。在1929年，道琼斯股票价格平均指数又增加了公用事业类股票，使其所包含的股票达到65种，并一直延续至今

例题精选精练▶▶

与道琼斯工业股票平均价格指数相比，标准普尔500指数的特点包括(　　)。

Ⅰ. 采样面单一　　Ⅱ. 代表性强　　Ⅲ. 精确度高　　Ⅳ. 连续性好

A. Ⅰ、Ⅱ　　B. Ⅲ、Ⅳ　　C. Ⅰ、Ⅱ、Ⅲ　　D. Ⅱ、Ⅲ、Ⅳ

【答案】D

【解析】与道琼斯工业股票平均价格指数相比，标准普尔500指数具有采样面广、代表性强、精确度高、连续性好等特点，被普遍认为是一种理想的股票价格指数期货合约的标的。

考点4　完全复制、抽样复制和最优化方法复制三种跟踪指数方法的具体应用环境★

1. 指数复制与指数编制的区别

指数跟踪也称指数复制，是用指数成分证券（根据复制需要可包括少量具有类似性质的非成分证券）创建一个与目标指数相比差异尽可能小的证券组合的过程。

指数复制与指数编制的区别：

①编制指数时不用考虑各种费用，但是在复制指数时需要考虑各式各样的成本。这些成本不仅包括佣金等交易费用，还包括建立、管理指数组合的各种费用，通常表现为销售费用和管理费用。这部分费用多为显性成本，较难控制。

②大多数指数的变动都是在某个交易日收盘时生效，即指数成分的增加、减少或者成分证券权重的调整都是按照调整日的收盘价进行的。但是在跟踪指数过程中，由于市场在短时间内不能承受大规模的交易，权重的调整往往需要多次交易才能完成。这导致指数复制的价格变成了成交均价，与指数编制所用的收盘价出现了差异。这部分差异通常叫流动性成本，又称冲击成本，需要管理人设计交易算法进行控制。

2. 指数复制的分类

根据市场条件的不同，通常有三种指数复制方法，即完全复制、抽样复制和优化复制。三种复制方法所使用的样本股票的数量依次递减，但是跟踪误差通常依次增加。

（1）完全复制（见表7-4）

表7-4　完全复制的内容

项目	内容
概念	完全复制是指通过购买所有指数成分证券，完全按照成分证券在指数中的权重配置资金，并在指数结构调整时也同步调整来实现与指数完全相同的收益率
优点	简单明了，跟踪误差较小，同时也是其他复制方法的出发点
缺点	①完全复制实际操作难度较大 ②对于流动性较差的成分股，复制过程中买卖的冲击成本会对复制效果造成较大的影响 ③债券指数化投资过程流动性问题更加显著，有些债券流动性较差，甚至几天都没有一笔交易，由此导致完全复制是不可能实现的

（2）抽样复制

指数的风险收益特征可以抽象为若干因子的变动，这些因子包括行业因子以及风格因子；抽样复制则是在尽可能保留因子个数和因子结构不变的情况下，对较少的股票来复制因子，从而减少复制指数所用的股票个数。由于因子模型并不能百分之百完全描述指数的风险收益特征，因子所不解释的残余部分会造成跟踪误差。

根据抽样方法的不同，抽样复制又可以分为市值优先、分层抽样等方法：

①市值优先抽样，是把股票按市值从大到小排序，选择排名在最前面的股票（通常会选择一部分成分证券，如70%）；然后统计出所选成分证券的总权重，使得每只成分证券的配比等于该成分证券在总权重中的比例。

②分层抽样，是把指数成分证券按照是否有共同因子进行分类，在每一类中选择若干成分证券，从而达到提高样本成分证券代表性的目的。对股票指数而言，通常最重要的共同因子是股票的行业因子，要保证每个行业都有一定的股票入选。分层抽样还可以按照多个因子进行分组，如在按照行业分组的基础上，在每个行业内再按照公司市值或者β指标进行分组，最终在每个二维组中随机或按一定规则挑选一定数量的股票。

（3）优化复制

优化复制的优点是所使用的样本证券最少，缺点是这种方法隐含假设成分证券的相关性在一段时间内是相对静态、可预测的，由此导致该方法往往具有较高的跟踪误差。

采用优化复制法的债券指数基金，以标的指数的成分券构成基础，综合考虑跟踪效果、操作风险等因素构成组合，并根据基金资产规模、日常申赎情况、市场流动性以及银行间和交易所债券特性、交易惯例等情况，进行取整和优化，以保证对标的指数的有效跟踪。当预期成分券发生调整时，或因基金的申购和赎回等对本基金跟踪标的指数的效果可能带来影响时，或因市场流动性不足时，或因债券交易特性及交易惯例等因素影响跟踪标的指数效果时，或其他原因导致无法有效复制和跟踪标的指数时，债券指数基金管理人将对投资组合管理进行适当变通和调整，构建替代组合。

例题精选精练▶▶

根据市场条件的不同，指数复制方法不包括(　　)。

A. 完全复制　　B. 抽样复制　　C. 优化复制　　D. 随机复制

【答案】D

【解析】根据市场条件的不同，通常有三种指数复制方法，即完全复制、抽样复制和优化复制。

考点5　跟踪误差★

跟踪误差的内容如下（见表7－5）：

表7－5　跟踪误差的内容

项目	内容	
概念	跟踪误差是度量一个股票组合相对于某基准组合偏离程度的重要指标。该指标被广泛用于被动投资及主动投资管理者的业绩考核，并且这里指的业绩既可以是事前的，也可以是事后的	
公式	跟踪误差是证券组合相对基准的跟踪偏离度的标准差，其中跟踪偏离度的计算如下： 跟踪偏离度＝证券组合的真实收益率－基准组合的收益率	
步骤	计算跟踪误差的步骤： ①选择基准组合 ②计算投资组合相对于基准组合的跟踪偏离度 ③计算跟踪偏离度的标准差，即跟踪误差	
产生原因	复制误差	指数基金无法完全复制标的指数配置结构会带来结构性偏离。当指数基金的某些成分股因流动性不足而难以以公允的价格买到时，指数基金将只能采用抽样复制法，增加交易活跃股票的权重，减少流动性差的股票权重
	现金留存	由于有现金留存，投资组合不能全部投资于指数标的，导致实际的股票仓位不到100%，这样与计算的指数产生偏离
	各项费用	基金运行有管理费、托管费，交易证券产生佣金、印花税等，这些都是运营基金、复制基准指数的成本。费用越高，跟踪误差就会越大，因为基准指数是不存在管理费扣除的
	其他影响	分红因素和交易证券时的冲击成本也会对跟踪误差产生影响

对于目标就是复制某指数的被动型投资策略（如指数基金）来说，由于跟踪偏离度在理论上应该为零，因此跟踪误差理论上也为零。但是在不完全复制的情况下，出现一定的跟踪误差是在所难免的；即便是完全复制，由于交易费用和流动性成本的影响，也不可能做到跟踪误差为零。作为被动型投资者，其目标就是在成本允许的情况下，尽可能地减少跟踪误差。

第四节　资产配置与投资组合构建

考点1　资产配置的意义和主要考虑因素★

1. 资产配置的意义

（1）资产配置是根据投资需求将投资资金在不同资产类别之间进行分配。

（2）资产配置过程是在投资者的风险承受能力与效用函数的基础上，根据各项资产在持有期间或计划范围内的预期风险、收益及相关关系，在可承受的风险水平上构造能够提供最高预期收益的资金配置方案的过程。

（3）资产配置是投资组合管理过程中最重要的环节之一，也是决定投资组合相对业绩的主要因素。

①资产配置可以起到降低风险、提高收益的作用。

②单一资产投资方案难以满足投资需求，资产配置可以帮助投资者降低单一资产的非系统性风险。

（4）从实际的投资需求看，资产配置的目标在于以资产类别的历史表现与投资者的风险偏好为基础，决定不同资产类别在投资组合中所占比例，从而降低投资者风险，提高投资收益，消除投资者对收益所承担的不必要的额外风险。

（5）资产配置作为投资管理中的重要环节，其目标在于协调提高收益与降低风险之间的关系，这与投资者的特征和需求密切相关。

2. 资产配置主要考虑的因素

一般而言，进行资产配置主要考虑的因素有（见表7－6）：

表7－6　资产配置主要考虑的因素

因素	内容
影响投资者风险承受能力和收益要求的各项因素	①因素包括投资者的年龄、投资周期、资产负债状况、财务变动状况与趋势、财富净值和风险偏好等 ②个人投资者的生命周期是影响资产配置的最主要因素 ③机构投资者着重机构本身的资产负债状况以及股东、投资者的特殊需求
影响各类资产的风险、收益状况以及相关关系的资本市场环境因素	①因素包括国际经济形势、国内经济状况与发展动向、通货膨胀、利率变化、经济周期波动和监管等 ②通常只有专业投资者和机构投资者会受到监管的约束
资产的流动性特征与投资者的流动性要求相匹配的问题	①资产的流动性是指资产以公允价格售出变现的难易程度，体现投资资产时间尺度和价格尺度之间的关系 ②现金和货币市场工具如国库券、商业票据等是流动性较强的资产，房地产、办公楼等则是流动性较差的资产 ③投资者必须根据自己短时间内处理资产的可能性，建立投资中流动性资产的最低标准
投资期限	投资者在有不同到期日的资产（如债券等）之间进行选择时，需要考虑投资期限的安排问题
税收考虑	①任何一个投资策略的业绩都是用其税后利润来评价的 ②对面临高税率的个人投资者和机构投资者而言，其更重视在整个资产配置中合理选择避税或缓税的投资产品

考点 2　战略资产配置和战术资产配置的概念和应用★★★

资产配置可以分为战略资产配置和战术资产配置两个层次。

1. 战略资产配置

从一般意义上讲，战略资产配置（SAA）是为了满足投资者风险与收益目标所做的长期资产的配比；是根据投资者的风险承受能力，对资产做出一种事前的、整体性的、最能满足投资者需求的规划和安排；是反映投资者的长期投资目标和策略，确定各主要大类资产的投资比例，建立最佳长期资产组合结构。

战略资产配置是在较长投资期限内以追求长期回报为目标的资产配置。这种资产配置方式重在长期回报，不考虑资产的短期波动，其投资期限可以长达 5 年以上。基金经理在确定可投资的资产类别后，基于长期投资目标制订战略资产配置计划。

基金经理通过对各类资产的长期预期收益率、长期风险水平和资产间的相关性进行比较，运用均值—方差模型等优化方法构建最优组合，最终形成战略资产配置。战略资产配置一旦确定，会在投资期限内保持相对稳定。

2. 战术资产配置

战术资产配置（TAA）是在遵守战略资产配置确定的大类资产比例基础上，根据短期内各特定资产类别的表现，对投资组合中各特定资产类别的权重配置进行调整。

战术资产配置是一种根据对短期资本市场环境及经济条件的预测，积极、主动地对资产配置状态进行动态调整，从而增加投资组合价值的积极战略。战术资产配置更多地关注市场的短期波动，强调根据市场的变化，运用金融工具，通过择时，调节各大类资产之间的分配比例，来管理短期的投资收益和风险。战术资产配置的周期较短，一般在一年以内，如月度、季度。

与战略资产配置策略相比，战术资产配置策略在动态调整资产配置状态时，需要根据实际情况的改变重新预测不同资产类别的预期收益情况，但没有再次估计投资者偏好与风险承受能力或投资目标是否发生了变化。运用战术资产配置的前提条件是基金管理人能够准确地预测市场变化、发现单个证券的投资机会，并且能够有效实施动态资产配置投资方案。

投资管理人用各种工具来辅助战术资产配置的决策，如对政治经济状况的分析、对市场动态的把握，以及比较市场估值与过去的数字等。

战术资产配置的有效性是存在争议的。实践证明只有少数基金管理人能通过择时得到超额收益。战术资产配置对战略资产配置的偏离往往被限制在一定范围内。

例题精选精练▶▶

运用战术资产配置的前提条件不包括(　　)。

A. 能够准确地预测市场变化

B. 能够有效实施动态资产配置投资方案

C. 资产配置能够达到预期收益和投资目标

D. 能够发现单个证券的投资机会

【答案】C

【解析】战术资产配置是一种根据对短期资本市场环境及经济条件的预测，积极、主动地对资产配置状态进行动态调整，从而增加投资组合价值的积极战略。运用战术资产配置的前提条件是基金管理人能够准确地预测市场变化、发现单个证券的投资机会，并且能够有效实施动态资产配置投资方案。

考点3　股票投资组合的构建要点★★★

1. 股票投资组合的构建策略

股票投资组合构建通常有自上而下与自下而上两种策略（见表7-7）。

表7-7　股票投资组合的构建策略

策略		内容
自上而下策略	概念	自上而下策略从宏观形势及行业、板块特征入手，明确大类资产、国家、行业的配置，然后再挑选相应的股票作为投资标的，实现配置目标
	应用	①可以通过研究和预测决定经济形势的几个核心变量，如消费者信心、商品价格、利率、通货膨胀率、GDP等，决定大类资产配置 ②可以通过积极的风格调整，如转换价值股与成长股的投资比例，追求风格收益 ③可以进行积极的板块轮换，如从周期非敏感型行业转换为周期敏感型行业，从而获得板块的差额收益
自下而上策略	概念	自下而上是依赖个股筛选的投资策略，关注的是各家公司的表现，而非经济或市场的整体趋势，因此自下而上并不重视行业配置
	应用	①自下而上策略主要关注个股的选择，在实施过程中没有固定模式，只要能够挑选出业绩突出的股票即可 ②自下而上的选股理念在市场存在众多的定价无效的情况下能够发挥很好的作用

注：越来越多的基金经理采用自上而下和自下而上相结合的方式。

例题精选精练▶▶

自上而下股票投资策略在实际应用中，不包括(　　)。

A. 通过研究和预测决定经济形势

B. 转换价值股和成长股的投资比例，追求风格收益

C. 运用基本面分析深入研究个股的投资价值

D. 从周期非敏感型行业转换为周期敏感型行业，从而获得板块的差额收益

【答案】C

【解析】运用基本面分析深入研究个股的投资价值，属于自下而上分析。

2. 构建股票型基金投资组合的约束条件

无论是采用自上而下还是自下而上策略，基金的投资组合构建在大类资产、行业、风格以及个股几个层次上都可能受到基金合同、投资政策、基金经理能力等多方面的约束（见表

7－8）。

表7－8　构建股票型基金投资组合的约束条件

约束方面	内容
大类资产	①对于我国的公募基金，大类资产主要指的是两类资产：股票与固定收益证券 ②基金设立时的目标基本上决定了大类资产配置的范围： ▶股票型基金一般要求在股票资产上的配置比例不低于80% ▶债券型基金在股票资产上的配置比例一般不超过20% ▶混合型基金选择的范围比较广，介于股票型和债券型之间 ③在不超出设立目标所允许的范围内： ▶信奉自上而下理念的投资经理需要结合自己对宏观经济形势的预测来选择合适的股票投资比例 ▶信奉自下而上理念的投资经理在股票上的投资比例则主要取决于其掌握的可投资股票的深度和广度
行业、风格层面	①在行业、风格层面上，有的基金契约已经规定投资的行业或风格，如行业基金、大盘/小盘基金、价值/成长基金等 ②有的基金没有明确的行业或风格限制，投资经理可通过对当前市场形势的研究和判断，决定行业和风格的配置 **注：**自下而上的投资经理可以不考虑行业与风格的配置，只是选择个股
个股层面	个股的选择与权重受到基金契约、基金合规、投资比例等方面的限制

3. 股票型基金业绩比较基准

所有的基金都需要选定一个业绩比较基准，业绩比较基准不仅是考核基金业绩的工具，也是投资经理进行组合构建的出发点。

（1）指数基金的业绩比较基准是其跟踪的指数本身，其组合构建的目标就是将跟踪误差控制在一定范围内。

（2）其他类型的基金在选定业绩比较基准时，需要充分考虑其投资目标、风格的影响。

①投资目标决定了基金可投资资产的类别，如股票与债券的比例。

②投资风格则决定了基金在股票中的选择范围。

在选择业绩比较基准时要尽可能地体现这些特征，否则业绩比较基准就失去了其参考价值。基金的业绩基准往往是复杂基准。

例题精选精练▶▶

关于基金业绩比较基准，下列表述错误的是（　　）。

A. 基金的业绩基准往往是复杂基准

B. 指数基金的业绩比较基准是其跟踪的指数本身

C. 基金业绩比较基准的选取是随机的

D. 业绩比较基准是投资经理进行组合构建的出发点

【答案】C

【解析】C项，所有的基金都需要选定一个业绩比较基准，业绩比较基准不仅是考核基金业绩的工具，也是投资经理进行组合构建的出发点。

考点4　债券投资组合的构建要点★★★

（1）债券与股票不同，其收益在很大程度上是可预测的。债券有其不同于股票的独特分析方法，主要分析指标有到期收益率、利率期限结构、久期、凸性等。

（2）债券的投资管理策略在20世纪经历了多种变迁：

①20世纪60年代以前，大多数债券组合管理者采用的是买入并持有策略。

②到了70年代初期，人们对各种积极债券组合管理策略的兴趣与日俱增。

③70年代末和80年代初，随着通货膨胀率和利率创历史新高，债券市场收益率波动剧烈，导致许多新型金融工具应运而生。

（3）债券型基金需要在招募说明书中说明基金的投资目标、投资理念、投资策略、投资范围、业绩基准、风险收益特征等重要内容，这些元素决定了基金投资组合的构建理念和流程。自上而下的债券配置从宏观上把握债券投资的总体风险开始，分析包括市场风险和信用风险，进而决定在不同的信用等级、行业类别上的配置比例，通过大类资产配置、类属资产配置和个券选择三个层次自上而下地决策，最终实现基金的投资目标。

（4）从可投资的产品类别上看，债券型基金通常投资国债、金融债、公司债、企业债、可转换债券、商业票据、短期融资券、正/逆回购等品种。作为债券型基金，债券类资产的投资比例通常不低于基金资产总值的80%。

（5）从市场类别上看，基金经理需要充分研究一级市场和二级市场风险收益特征的差异，从而拟定合适的配置策略。基金经理还需要在权衡流动性和收益性的基础上，决定在银行间市场和交易所市场上的配置比例。

（6）债券投资组合构建需要考虑信用结构、期限结构、组合久期、流动性和杠杆率等因素。有些机构投资者会在投资政策说明中限制非投资级债券的比例。期限结构、组合久期的选择则与投资经理对市场利率变化的预期相关。投资经理还需要根据投资者的资金需求，对组合流动性做出安排。

（7）债券型基金需要选择一个业绩比较基准，以方便投资者或内部管理者考核基金的业绩。债券型基金在选择业绩比较基准时应以债券指数为主，在投资范围允许的前提下，可以加入一定比例股票指数形成复合基准。股票指数的权重要符合基金投资比例和投资范围。

例题精选精练▶▶

关于债券投资组合构建，下列说法错误的是（　　）。

A. 债券投资组合构建不需要考虑杠杆率

B. 债券投资组合构建需要考虑信用结构

C. 债券投资组合构建需要考虑市场风险和信用风险

D. 债券投资组合构建需要决定不同信用等级、行业类别上的配置比例

【答案】A

【解析】A项，债券投资组合构建需要考虑信用结构、期限结构、组合久期、流动性和杠杆率等因素。

本章强化训练

下列选项中只有一项最符合题目要求。不选、错选均不得分。

1. (　　)是指证券价格能够充分反映价格历史序列中包含的所有信息。

A. 强有效市场　　B. 半强有效市场　　C. 弱有效市场　　D. 无效市场

2. 衡量资产所面临的系统风险的是(　　)。

A. 方差　　B. 标准差　　C. 协议差　　D. β 系数

3. 下列关于战术资产配置的说法，错误的是(　　)。

A. 战术资产配置是在遵守战略资产配置确定的大类资产比例基础上，根据短期内各特定资产类别的表现，对投资组合中各特定资产类别的权重配置进行调整

B. 战术资产配置的周期较短，一般在 5 年以上

C. 战术资产配置更多地关注市场的短期波动，强调根据市场的变化，运用金融工具，通过择时，调节各大类资产之间的分配比例，来管理短期的投资收益和风险

D. 战术资产配置是一种根据对短期资本市场环境及经济条件的预测，积极、主动地对资产配置状态进行动态调整，从而增加投资组合价值的积极战略

4. CAPM 模型的主要思想是(　　)。

A. 只有证券或证券组合的系统性风险才能获得收益补偿

B. 只有非系统性风险才能得到收益补偿

C. 只有在超出一定风险的基础上，才能够获得收益补偿

D. 只要承担风险，均能够获得收益补偿

5. 如果证券市场是有效市场，那么这个市场的特征是(　　)。

A. 未来事件能够被准确地预测

B. 投资工具价格能够反映所有可获得信息

C. 证券价格由于不可辨别的原因而变化

D. 价格起伏不大

6. 下列关于证券市场线与资本市场线的叙述，错误的是(　　)。

A. 证券市场线以资本市场线为基础发展起来

B. 证券市场线给出每一个风险资产风险与预期收益率之间的关系

C. 资本市场线能为每一个风险资产进行定价

D. 资本市场线给出了所有有效投资组合风险与预期收益率之间的关系

7. 资本资产定价模型以(　　)为基础。

A. 马科维茨证券组合理论　　B. 法玛的有效市场假说

C. 夏普的单一指数模型　　D. 套利定价理论

8. 中证指数公司编制并发布的首只债券类指数为(　　)。

A. 中证全债指数　　B. 上海证券交易所国债指数

C. 中信债券指数　　D. 中国债券系列指数

9. 跟踪误差产生的原因包括(　　)。

Ⅰ. 缺少现金　　Ⅱ. 现金留存　　Ⅲ. 各项费用　　Ⅳ. 复制误差

A. Ⅰ、Ⅱ、Ⅲ　　B. Ⅱ、Ⅲ、Ⅳ　　C. Ⅰ、Ⅲ、Ⅳ　　D. Ⅰ、Ⅱ、Ⅲ、Ⅳ

10. (　　)是在较长投资期限内以追求长期回报为目标的资产配置。

A. 战术资产配置　B. 战略资产配置　C. 固定资产配置　D. 变动资产配置

11. 股票价格指数编制的方法包括(　　)。

Ⅰ. 算术平均法　Ⅱ. 几何平均法　Ⅲ. 加权平均法　Ⅳ. 移动平均法

A. Ⅰ、Ⅱ、Ⅲ　B. Ⅱ、Ⅲ、Ⅳ　C. Ⅰ、Ⅲ、Ⅳ　D. Ⅰ、Ⅱ、Ⅲ、Ⅳ

12. 当指数复制的价格变成了成交均价，指数编制所用的收盘价就出现了差异。这部分差异通常叫(　　)。

A. 流动性成本　B. 交易成本　C. 显性成本　D. 隐性成本

参考答案及解析

1. C【解析】弱有效市场是指证券价格能够充分反映价格历史序列中包含的所有信息，如证券的价格、交易量等。

2. D【解析】方差和标准差能够衡量资产的收益—风险特征，但不能对风险的构成进行分析。β 系数可以用来衡量资产所面临的系统性风险。

3. B【解析】战术资产配置的周期较短，一般在一年以内，如月度、季度。

4. A【解析】CAPM 假设只有证券或证券组合的系统性风险才能获得收益补偿，其非系统性风险将得不到收益补偿。按照该逻辑，投资者要想获得更高的报酬，必须承担更高的系统性风险；承担额外的非系统性风险将不会给投资者带来收益。

5. B【解析】一个信息有效的市场，投资工具的价格应当能够反映所有可获得的信息，包括基本面信息、价格与风险信息等。

6. C【解析】证券市场线是以资本市场线为基础发展起来的。证券市场线给出每一个风险资产风险与预期收益率之间的关系，也就是说证券市场线能为每一个风险资产进行定价。这是 CAPM 的核心。

7. A【解析】资本资产定价模型（CAPM）以马科维茨证券组合理论为基础，研究如果投资者都按照分散化的理念去投资，最终证券市场达到均衡时，价格和收益率如何决定的问题。

8. A【解析】中证全债指数是中证指数有限公司编制的综合反映银行间债券市场和沪深交易所债券市场的跨市场债券指数，也是中证指数公司编制并发布的首只债券类指数。

9. B【解析】跟踪误差产生的原因包括：复制误差、现金留存、各项费用和其他影响。

10. B【解析】战略资产配置是在较长投资期限内以追求长期回报为目标的资产配置。这种资产配置方式重在长期回报，不考虑资产的短期波动，其投资期限可以长达 5 年以上。

11. A【解析】目前股票价格指数编制的方法主要有三种：算术平均法、几何平均法和加权平均法。

12. A【解析】当指数复制的价格变成了成交均价，与指数编制所用的收盘价出现了差异。这部分差异通常叫流动性成本，又称冲击成本，需要管理人设计交易算法进行控制。

第八章 投资交易管理

AMAC

最新考纲要求

考试大纲	考查要点	能力等级
证券市场的交易机制	报价驱动市场、指令驱动市场和经纪人市场三种市场	★
	做市商和经纪人的区别	★★
	买空和卖空的概念以及对风险和收益的影响	★★
交易执行	最佳执行的概念和交易成本的组成	★★★
	执行缺口的计算方法	★
	投资组合资产转持与T-Charter	★
	算法交易的概念和常见策略	★
基金公司投资交易管理	基金公司投资交易流程	★★★
	投资交易过程中操作风险的概念和管理方法	★★

核心考点解读

第一节 证券市场的交易机制

考点1 报价驱动市场、指令驱动市场和经纪人市场三种市场★

1. 报价驱动市场

报价驱动中，最为重要的角色就是做市商，因此报价驱动市场也被称为做市商制度。做市商通常由具备一定实力和信誉的证券投资法人承担，本身拥有大量可交易证券，买卖双方均直接与做市商交易，买卖价格则由做市商报出。与股票不同的是，几乎所有的债券和外汇都是通过做市商交易的。

我们可以通过下表分析出交易过程中的价格关系（见表8-1）。

表8-1 做市商与投资者

项目	要价	出价
做市商	卖价	买价
投资者	买价	卖价

（1）在这里，要价始终是大于出价的，这时做市商就可以轻易地获得买卖差价。

（2）做市商必须随时满足买卖双方的交易数量，这样才能给市场提供流动性。

（3）当接到投资者卖出某种证券的报价时，做市商以自有资金买入；当接到投资者购买某种证券的报价时，做市商用其自有证券卖出。

（4）有时为了完成交易承诺，做市商之间也会进行资金或证券的拆借。

例题精选精练

在做市商市场中，证券交易的买价由________给出，证券交易的卖价由________给出。(　　)

A. 做市商；做市商　B. 做市商；投资者　C. 投资者；投资者　D. 投资者；做市商

【答案】A

【解析】报价驱动中，最为重要的角色就是做市商，因此报价驱动市场也被称为做市商制度。做市商通常由具备一定实力和信誉的证券投资法人承担，本身拥有大量可交易证券，买卖双方均直接与做市商交易，买卖价格则由做市商报出。

另外，维持证券的价格稳定也是做市商的目标之一。虽然做市商的利润来源于买卖差价，但如果买卖差价太大，做市商将很难促成交易，从而失去赚取差价的机会。另外，如果证券差价小但交易频繁，做市商仍可以赚取利润。

做市商可以分为两种（见表8－2）：

表8－2　做市商的种类

种类	内容
特定做市商	①一只证券只由某个特定的做市商负责交易 ②在纽约证券交易所，每个特定做市商不仅可以全权负责一种证券的交易，而且可以同时为多种股票做市
多元做市商	①每只证券同时拥有多家做市商进行做市交易，避免一家做市商垄断市场的现象发生，从而操纵价格 ②美国纳斯达克市场采用这种交易制度

做市商制度也被称为柜台交易（OTC），因为早期的证券交易是在做市商办公室的柜台完成的。现在的OTC市场则是通过网络交易系统、电话信息系统等途径进行交易。

2. 指令驱动市场

（1）指令驱动的定义

指令驱动的核心就是买方下达购买指令，包括购买数量和相应价格，卖方下达包含同样内容的卖出指令，满足成交条件的即可成功交易。在指令驱动市场上，指令是交易的核心，交易者向自己的经纪人下达不同的交易指令，经纪人将这些交易指令汇聚到交易系统，交易系统会根据已经设定好的交易规则撮合交易指令，直至完成交易。

（2）指令驱动的成交原则

①价格优先原则。较高的买入价格总是优于较低的买入价格，而较低的卖出价格总是优于较高的卖出价格。

②时间优先原则。如果在同一价格上有多笔交易指令，此时会遵循“先到先得”的原则，即买卖方向相同、价格一致的，优先成交委托时间较早的交易。

例题精选精练

就“价格优先、时间优先”的指令驱动的成交原则中，在同一时间内，下列表述正确的是(　　)。

A. 无论是买入还是卖出，报价越低的越先成交

B. 无论是买入还是卖出，报价越高的越先成交
C. 如果是买入，报价越低越先成交；如果是卖出，报价越高越先成交
D. 如果是买入，报价越高越先成交；如果是卖出，报价越低越先成交
【答案】D
【解析】指令驱动的成交原则如下：①价格优先原则，较高的买入价格总是优于较低的买入价格，而较低的卖出价格总是优于较高的卖出价格；②时间优先原则，如果在同一价格上有多笔交易指令，此时会遵循“先到先得”的原则，即买卖方向相同、价格一致的，优先成交委托时间较早的交易。

（3）交易指令的分类

对于投资者而言，根据不同的市场行情下达合适的交易指令是非常关键的，这些指令可以分为以下两类：

①市价指令

如果投资者希望以即时的市场价格进行证券交易，就会下达市价指令。

②随价指令

市价指令让投资者暴露在价格变化的风险中，随价指令可使投资者在价格变化之前采取措施，当证券价格变动时，可以设定在某一价格买入或卖出证券。

随价指令包括两类（见表8-3）：

表8-3 随价指令的种类

指令种类	相关内容	
限价指令	限价买入指令	如果投资者认为目前目标公司的股票价格偏高，还不适合买入建仓，那么可以给经纪人发出限价买入指令，即设定一个目标价格，当股票价格达到或者低于该目标价格时，执行买入指令
	限价卖出指令	如果投资者持有某上市公司的股票，目前的股票价格偏低，那么可以给经纪人发出限价卖出指令，这样当该公司的股票价格上涨达到或者高于目标价格时，执行卖出指令
止损指令	①止损指令是当证券价格达到目标价格时开始执行交易，但止损指令的目的在于将损失控制在投资者可接受的范围内 ②当投资者持有某股票并预期未来股票价格有下跌趋势，此时可以下达止损卖出指令，即当该股票价格达到或低于目标价格时，及时卖出所持股票，防止损失进一步增大 ③当投资者卖空（卖空即看跌该股票价格，股票价格下跌时获利，上涨时亏损）某股票时，可以下达止损买入指令即指定一个价格，当达到或超过这个价格时买入股票，如果股价上涨，达到指定价格后就可以平仓，把损失降到可控范围内	

在指令驱动市场，投资者不断向经纪人下达各种指令，这些指令集合于交易系统中，当买卖双方的价格和数量达成一致时，交易完成并形成价格。

例题精选精练

如果投资者希望以即时的市场价格进行证券交易，就会下达（　）。
A. 市价指令　B. 随价指令　C. 限价指令　D. 止损指令
【答案】A
【解析】如果投资者希望以即时的市场价格进行证券交易，就会下达市价指令。

3. 经纪人市场

经纪人是为买卖双方介绍交易以获取佣金的中间商人。在某些特定商品的交易中，如大宗股票或债券、房地产等，由于商品具有特殊性或只在少数投资者之间交易，经纪人市场便出现了。

经纪人可以根据自己客户的指令来寻找相应的交易者，也可以依靠自身的信息资源来寻觅买家和卖家，以此促成交易，赚取佣金。在这种情况下，做市商通常不会为其做市，因为如果商品交易不频繁，做市商就不能获得理想的买卖差价，而且会面临持有成本；而指令驱动市场也不会容纳类似交易品，因为投资者数量有限，不能形成有效的价格指令。

与指令驱动市场相同的是，交易价格的形成是买卖双方谈判的结果，但市场流动性却不由买卖双方来形成，而主要是依靠经纪人来维持。

考点2 做市商和经纪人的区别★★

1. 做市商和经纪人的区别（见表8-4）

表8-4 做市商和经纪人的区别

区别	做市商	经纪人
市场角色不同	做市商在报价驱动市场中处于关键性地位，在市场中与投资者进行买卖双向交易	经纪人在交易中执行投资者的指令，没有参与到交易中
利润来源不同	利润主要来自于证券买卖差价	利润主要来自于给投资者提供经纪业务的佣金
对市场流动性的贡献不同	在报价驱动市场中，做市商是市场流动性的主要提供者和维持者	在指令驱动市场中，市场流动性是由投资者的买卖指令提供的，经纪人只是执行这些指令

例题精选精练▶▶

下列关于做市商和经纪人的表述，正确的是（ ）。

Ⅰ. 做市商在市场中与投资者进行买卖双向交易

Ⅱ. 在报价驱动市场中，经纪人是市场流动性的主要提供者和维持者

Ⅲ. 经纪人在交易中执行投资者的指令，没有参与到交易中

Ⅳ. 做市商的利润主要来自于证券买卖差价，经纪人的利润主要来自于佣金

A. Ⅰ、Ⅱ、Ⅲ　　B. Ⅰ、Ⅲ、Ⅳ　　C. Ⅱ、Ⅲ、Ⅳ　　D. Ⅰ、Ⅱ、Ⅲ、Ⅳ

【答案】B

【解析】做市商和经纪人对市场流动性贡献不同。在报价驱动市场中，做市商是市场流动性的主要提供者和维持者，而在指令驱动市场中，市场流动性是由投资者的买卖指令提供的，经纪人只是执行这些指令。

2. 做市商和经纪人的联系

做市商和经纪人有时可以共同完成证券交易，当做市商之间进行资金或证券拆借时，经纪人往往是不错的帮手，有些经纪人甚至是专门服务于做市商的。

美国纽约证券交易所中的特定做市商同时也充当了经纪人的角色。特定做市商会得到投资

者的一系列报价，这时，如果投资者的买卖报价能够满足成交条件，那么做市商就不会动用自己的自有资金或证券，而是直接促成交易，除非做市商自己的报价要优于投资者的报价。如果投资者的报价无法完成交易，这时做市商就会发挥“做市”的职能，用自有资金或证券促成交易，在维持证券价格稳定的同时保持市场流动性。此时经纪人和做市商的角色往往是冲突的。作为经纪人，他们应该执行自己客户的指令，使得客户的证券能在最合适的价格成交；但作为做市商，他们又希望能以较低的价格买入证券，再以较高的价格卖出。

考点3　买空和卖空的概念以及对风险和收益的影响★★

1. 保证金交易概述

证券市场的主要交易模式是“一手交钱，一手交货”，即如果投资者要买入一定数量的证券必须具有与市场价格等值的货币资金；如果投资者要卖出证券，证券账户上必须有属于投资者支配范围内的足量的可交易证券，这样的交易称为现货交易。

现货交易将违约风险降到最低，却限制了投资者信用的作用。保证金交易让投资者可以从证券经纪商那里借得资金或证券，这样就能进行超过自己可支付范围的交易。此时，投资者的信用非常重要，因此也称为信用交易。投资者用于投资的自有资金或证券就称为保证金，而保证金除以所投资金额或证券总价值的比率就称为保证金率。

2. 买空交易

在我国，保证金交易被称为“融资融券”。融资即投资者借入资金购买证券，也叫买空交易。

当维持担保比例已经达到最低限额，如果股票价格进一步下降，证券公司就会要求投资者在两个交易日内追加担保，且追加担保物后的维持担保比例不得低于150%，这被称为保证金催缴。

注：即使融资交易结束时，公司的股票价格没有发生变化，投资者还是需要支付融资的贷款利息。

3. 卖空交易

卖空交易即融券业务，与融资业务正好相反，投资者可以向证券公司借入一定数量的证券卖出，当证券价格下降时再以当时的市场价格买入证券归还证券公司，自己则得到投资收益。

在标的证券价格变化时，融券业务的维持担保比例必须大于130%，当维持担保比例小于130%时，投资者就会接到证券公司的催缴通知，这时，投资者可以选择在信用账户中增加资金，也可以用标的证券或其他认可的证券来增加担保比例。但用证券充抵保证金时，对于不同的证券，必须以证券市值或净值按不同的折算率进行折算。

融券业务同样会放大投资收益率或损失率，如同杠杆一样增加了投资结果的波动幅度。为防范融资融券的投资风险，证券交易所对参与融资融券的证券公司做出了严格规定，只有符合一定标准的证券公司才能开展此项业务。同时，融资融券对于投资者的要求也较高，目前大部分证券公司要求普通投资者开户时间须达到18个月，且持有资金不得低于50万元人民币。

在《上海证券交易所融资融券交易实施细则》中，上交所对于可用于融资融券的标的证券做出了详细规定，如标的证券为股票的，须符合以下7个条件：

（1）在上交所上市交易超过3个月。

（2）融资买入标的股票的流通股本不少于1亿股或流通市值不低于5亿元，融券卖出标的股票的流通股本不少于2亿股或流通市值不低于8亿元。

（3）股东人数不少于4 000人。

（4）在过去3个月内没有出现下列情形之一：

①日均换手率低于基准指数日均换手率的15%，且日均成交金额小于5 000万元。

②日均涨跌幅平均值与基准指数涨跌幅平均值的偏离值超过4%。

③波动幅度达到基准指数波动幅度的5倍以上。

（5）股票发行公司已完成股权分置改革。

（6）股票交易未被上交所实行特别处理。

（7）上交所规定的其他条件。

满足以上条件的股票往往不会出现剧烈的股价波动，一方面减少了投机机会，另一方面也降低了投资者的风险。

注： 融券交易没有平仓之前，投资者融券卖出所得资金除买券还券外，是不能用于其他用途的。

例题精选精练

1. 关于保证金交易的说法，错误的是（　　）。

A. 保证金交易也称为信用交易

B. 保证金除以所投资金额或证券总价值的比率称为保证金率

C. 在我国，保证金交易被称为“融资融券”

D. 所有的证券公司都可以开展融券业务

【答案】D

【解析】融资融券业务会放大投资收益率或损失率，如同杠杆一样增加了投资结果的波动幅度。为防范融资融券的投资风险，证券交易所对参与融资融券的证券公司做出了严格规定，只有符合一定标准的证券公司才能开展此项业务。

2. 融资融券要求普通投资者开户时间达到________个月，持有资金不得低于________万元人民币。（　　）

A. 18；50　　B. 12；50　　C. 12；30　　D. 18；30

【答案】A

【解析】融资融券对于投资者的要求较高，目前大部分证券公司要求普通投资者开户时间须达到18个月，且持有资金不得低于50万元人民币。

第二节　交易执行

考点1　最佳执行的概念★★★

“最佳执行”是交易管理领域的主流理念。CFA协会将最佳执行定义为公司（包括买方和卖方）在规定的投资目标和限制内，为最大化客户投资组合价值而采用的交易流程。在不断变化的市场环境中，投资专业人员必须管理交易过程，以履行他们对客户的责任。交易从决策到执行完毕中的每一步都需要各方承担其最佳执行的责任。

CFA提出了最佳执行的实施框架。该框架包含了三个方面：过程、披露和记录。

（1）投资管理公司编制政策和流程，通过最佳执行管理来实现客户资产价值最大化。相关政策和流程应体现对交易质量的管理。

（2）投资管理公司应该向现有和潜在客户披露交易技术、渠道和经纪商方面的信息，以及任何可能的与交易相关的利益冲突。

（3）投资管理公司应该妥善管理其档案记录，提供其在合规和披露义务方面的佐证，包括经纪商选择等事项。

例题精选精练

CFA 提出了最佳执行的实施框架。框架内容不包括（　　）。

A. 过程　　B. 披露　　C. 管理　　D. 记录

【答案】C

【解析】CFA 提出了最佳执行的实施框架，该框架包含了三个方面：过程、披露和记录。

考点 2　交易成本的组成★★★

交易成本是为了实施业务决策而发生的所有成本和费用。交易成本分析是最佳执行实践中的关键环节。一般来说，交易成本可划分为两大类，即显性成本和隐性成本。

1. 显性成本

显性成本是不包含在交易价格以内的费用支出，一般可以准确计量，也可以事先确定，又称为直接成本或价外成本。显性成本按照收费主体划分，包含经纪商佣金、税费、交易所规费/结算所规费三个主要部分。

（1）经纪商佣金

佣金是指交易成功后，投资者根据交易额，按照一定比例付给经纪人的费用。

证券公司对于不同的投资者往往会采用不同的交易佣金率。证券公司通常会设立一个全成本交易佣金率，在此基础上根据投资者的资产或交易量、交易方式、客户忠诚度等调整交易佣金，最终确定每个投资者适用的实际交易佣金。由于交易佣金率相对固定，基金公司作为买方可以通过服务结构调整最大限度地发挥佣金支出的效益。

（2）经手费、监管费和印花税

我国证券交易所向投资者收取证券交易经手费、监管费和印花税。

①经手费是券商交给交易所的费用，监管费是代监管机关收取的。

②印花税是代税务机关收取的。印花税是根据国家税法规定，在股票（包括 A 股和 B 股）成交后对买卖双方投资者按照规定的税率分别征收的税金，是交易费用的重要组成部分。相关部门可以通过调节印花税税率和征收方向等来调节交易费用，进而调控市场活跃度。

▶当股票市场低迷时，可以降低印花税税率或者单边征收（只对卖方征收）以刺激交易。

▶当股票市场过热时，可以调高印花税税率来避免过度交易。

目前，我国 A 股印花税税率为单边征收（只在卖出股票时征收），税率为 1‰。

（3）过户费

证券交易结束后还需要支付给证券登记结算机构一定费用，这部分费用称为过户费。

近年来，一种新的显性成本也开始出现，就是交易技术供应商的收费。有能力实现按交易业务流量收费的技术供应商包括前台交易系统、后台结算系统以及交易网络系统的供应商。

例题精选精练

1. 佣金是投资者根据（　　）支付给经纪人的费用。

A. 交易额的一定比例　　B. 事先确定的数额

C. 交易的次数　　　　　　　　　　D. 价差的一定比例

【答案】A

【解析】佣金是指交易成功后，投资者根据交易额，按照一定比例付给经纪人的费用。

2. 下列关于印花税的说法，错误的是(　　)。

Ⅰ. 由监管机关直接向投资者征收

Ⅱ. 我国 A 股印花税税率是 2‰

Ⅲ. 目前，我国 A 股印花税税率为双边征收

Ⅳ. 调节印花税税率和征收方向可以调控市场活跃度

A. Ⅰ、Ⅱ、Ⅲ　　B. Ⅱ、Ⅲ、Ⅳ　　C. Ⅲ、Ⅳ　　D. Ⅰ、Ⅲ、Ⅳ

【答案】A

【解析】Ⅰ项，证券交易所会代政府的税务机关向投资者征收印花税。

2. 隐性成本

隐性成本是包含在交易价格以内的、由具体交易导致的额外费用支出（相对于没有该笔交易的情形而言），一般无法准确计量，也不能事先确定，因此往往容易被忽视。隐性成本又被称为间接成本或价内成本，包含买卖价差、冲击成本、机会成本、对冲费用等。

(1) 买卖价差

买卖价差是当前最低卖出价与最高买入价之间的差额。

买卖价差在很大程度上是由证券类型及其流动性决定的：

①一般而言，大盘蓝筹股流动性较好，买卖价差小；小盘股则反之。

②成熟市场，如美国市场的股票，总体流动性较好，价差较小；新兴市场总体上买卖价差较大。

(2) 冲击成本

冲击成本是交易指令下达后形成的市场价格与交易没有下达情况下市场可能的价格之间的差额。

冲击成本是购买流动性的成本，即为获取当前市场最优报价范围以外的对手盘提供的流动性所需支付的成本。除了流动性需求，信息泄露也是导致冲击成本的因素。

作为一种事后计算指标，冲击成本难以精确计量，因为：

①证券价格在不断地变化当中，而历史不可能在没有该笔交易的情况下重演，所以无法观测到该笔交易不发生情况下的证券价格变化。

②证券价格的变化可能是因为交易指令推动了价格，也可能是由于价格序列本身就存在趋势，有的交易成本分析模型会将趋势因素从冲击成本中分离出来。

(3) 机会成本

基金经理提交指令后，交易员有时可能需要一些时间来分析市场，或者等待合适的价格。在此过程中，价格可能会向有利或者不利的方向变动，带来延迟成本。向有利方向变动时，会产生收益（负成本）；向不利方向变动时，会带来额外成本，也可能造成交易全部或部分无法完成。无法完成的交易意味着投资决策无法得到执行，也会带来机会成本。

机会成本与冲击成本之间经常存在着相互冲突：

①当交易执行速度较快时，机会成本小，但冲击成本大。

②当交易执行速度较慢时，冲击成本小，但机会成本大。

采取积极措施减少一种成本往往会增加在另一种成本上的风险，这也被称为“交易员困境”。交易员的日常工作就是不断地在成本与风险之间做权衡，选择最符合资产组合管理目标的平衡点。

（4）对冲费用

机构投资者在大规模调整投资组合时，为了减少冲击成本，往往需要较长时间，从几天到几个月都有可能。在此期间，实际投资组合与目标组合存在差距，又造成了风险敞口，带来机会成本。投资管理人可以使用远期、期货、互换等衍生工具在转持过程中进行风险对冲，减少与目标组合的差别。这些衍生工具中，有市场交易活跃、成本低廉的单一对冲工具，也有成本昂贵的定制化对冲工具。对冲工具的使用会带来对冲费用。

例题精选精练▶▶

属于投资交易过程中的隐性成本的是(　　)。

A. 佣金　　B. 对冲费用　　C. 印花税　　D. 过户费

【答案】B

【解析】隐性成本又被称为间接成本或价内成本，包含买卖价差、冲击成本、机会成本、对冲费用等。

考点3　执行缺口的计算方法★

1. 执行缺口的定义

执行缺口指的是采用投资决策时的证券市场价格建仓的模拟投资组合（理想组合）与采用实盘交易建仓的真实投资组合之间的收益率之差，其本质就是交易成本。在理想交易中，投资者可以迅速地以决策时的基准价格完成一定数量的证券交易，且不存在交易成本。执行缺口可以将交易过程中的所有成本量化。

2. 执行缺口的计算方法

下面通过一个例子，理解执行缺口的计算方法：

投资者A计划购买100股某上市公司的股票，这时该公司的股票价格为20元/股，我们称为基准价格。第一个交易日，投资者向经纪人下达限价指令，将目标购买价格定为19.5元，然而本交易日股票价格有所上涨，收盘价为20.2元。

第二个交易日，投资者根据第一个交易日的情况修订了限价指令，将目标价格修改为20.5元/股，本交易日内最终成交80股，假设每股交易佣金为0.05元，且不考虑其他交易成本，股票收盘价格为21元/股。

在理想交易中，投资者可以20元/股的价格购买100股股票，该组合被称为基准组合。到第二个交易日收盘，基准组合收益情况为：

$$21\times100-20\times100=100\text{（元）}$$

然而，在实际交易中，投资者只以20.5元/股的价格购买了80股股票，且付出了每股

0.05 元的交易佣金，其收益情况为：

$$21\times80-20.5\times80-80\times0.05=36\text{（元）}$$

此时，执行缺口被定义为：

$$\frac{\text{基准组合收益}-\text{实际组合收益}}{\text{基准组合成本}}=\frac{100-36}{20\times100}=3.2\%$$

这就意味着投资者损失了3.2%的潜在投资收益。下面对执行缺口进行分拆。

（1）这里的显性成本是佣金。

$$\frac{\text{佣金}}{\text{票面组合投资额}}=\frac{80\times0.05}{20\times100}=0.2\%$$

（2）除显性成本外，还有多种隐性成本。

►在第一个交易日，投资者已经看到了投资机会，但由于设置了限价指令而没有完成任何交易，这就产生了延迟成本：

$$\text{延迟成本}=\frac{\text{第一交易日收盘价}-\text{基准价格}}{\text{基准价格}}\times\text{实际投资执行比例}$$

$$=\frac{20.2-20}{20}\times\frac{80}{100}=0.8\%$$

►在第二个交易日，投资者进行了证券交易，但成交价格较第一个交易日收盘价要高，投资者面临的成本是已实现损失，即在交易中已经实现的损失：

$$\text{已实际损失}=\frac{\text{实际交易价格}-\text{第一交易日收盘价}}{\text{基准价格}}\times\text{实际投资执行比例}$$

$$=\frac{20.5-20.2}{20}\times\frac{80}{100}=1.2\%$$

（3）由于投资者计划购买100股股票，但只完成了80股，失去了另外的20股股票的交易机会，由此产生了机会成本。此时交易未完成带来的机会成本为：

$$\text{机会成本}=\frac{\text{第二交易日收盘价}-\text{基准价格}}{\text{基准价格}}\times\text{未实现投资比例}$$

$$=\frac{21\times20}{20}\times\frac{20}{100}=1\%$$

将上述成本相加：

$$0.2\%+0.8\%+1.2\%+1\%=3.2\%$$

成本总和即为执行缺口。

上例中，我们清楚地看到，显性成本，也就是佣金，只有0.2%，隐性成本则占了3%。

考点4　投资组合资产转持与T-Charter★

机构投资者对投资组合的大规模调整，被称为资产转持。基金管理人应当在日常交易和资产转持过程中，重视隐性成本，优化交易方法，缩小执行缺口。

在国际资本市场，资产转持通常交给专业的转持管理人操作。国际市场上的转持服务提供商在2008年修订了行业自律标准——《T章程》，规定了业绩报告的规范，并被业界普遍接受。《T章程》不具备强制性，也不具备合同性质，只是为促进资产转持管理业务健康发展，由转持管理人自愿遵从的行业规范。其中，T-Charter（章程）作为纲领性文件，规定了转持业务的基本原则。T-standard（标准）作为具体标准，对转持业务的具体操作过程进行规范。

考点5　算法交易的概念和常见策略★

1. 算法交易的内容

（1）算法交易是遵循数量规则、用户指定的基准和约束条件，使用计算机来确定订单最佳的执行路径、执行时间、执行价格以及执行数量的一种交易方法。

（2）算法交易的内在逻辑在于利用市场交易量的特点来风险可控、成本可控地执行订单。

（3）算法交易的核心是交易模型，模型来源于交易理念和数据分析的有机结合。

（4）算法交易、自动交易和程序化交易的关系（见图8－1）：

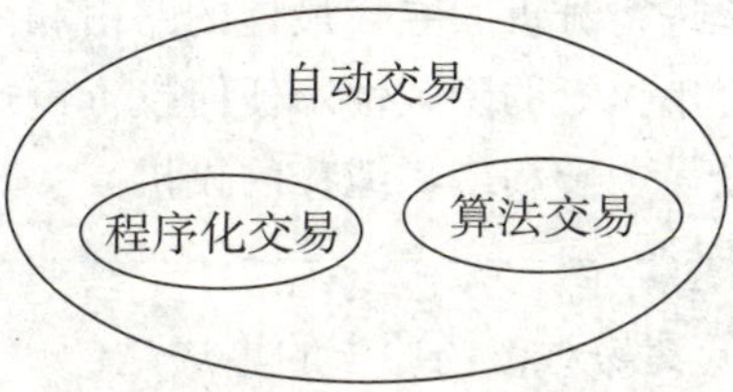

图8－1　自动交易、算法交易与程序化交易关系图

①算法交易本质上是一种下单策略，更多强调的是交易的执行，即如何快速、低成本、隐蔽地执行大批量的订单。

②自动交易是指计算机辅助的在交易过程中没有人工干预的各种交易的总称。

③程序化交易是计算机辅助的完全依据特定规则（如技术分析规则等）进行自动化投资决策（发出买进或卖出指令）并自动执行的交易，如套利交易、统计算法交易（统计套利）等。程序化交易更多强调的是投资决策，即通过某种策略生成交易指令，以便实现某个特定的投资目标。

2. 常见的算法交易策略

（1）常见的算法交易策略（见表8－5）

表8－5　常见的算法交易策略

策略	内容
时间加权平均价格算法	是根据特定的时间间隔，在每个时间点上平均下单的算法。这一算法旨在使市场影响最小化的同时提供一个平均执行价格
成交量加权平均价格算法（VWAP）	是最基本的交易算法之一，旨在下单时以尽可能接近市场按成交量加权的均价进行，以尽量降低该交易对市场的冲击
跟量算法（TVOL）	旨在帮助投资者跟上市场交易量，若交易量放大则同样放大这段时间内的下单成交量，反之则相应降低这段时间内的下单成交量。交易时间主要依赖交易期间市场的活跃程度
执行缺口算法（IS）	旨在尽量不造成大的市场冲击的情况下，尽快地以接近客户委托时的市场成交价格来完成交易的最优化算法

（2）算法交易与传统的人工交易相比具有的优势

①算法交易实现了人工不能完成的优化策略的过程，实现最优化的策略，达到减少市场冲击和降低交易成本的目的。

②算法交易程序判断的时间短，比人工交易更容易在即时价格成交，提高了交易的执行效率。

③算法交易通过计算机下单，减少了传统交易在交易员上的人力投入。

④算法交易可以最大限度地降低由于人为失误而造成的交易错误。

⑤算法交易能确保复杂的交易及投资策略得以执行。

⑥算法交易模型确定后，可以在较长时期内观察其有效性和可复制性。

（3）算法交易的应用

国际上，算法交易已被对冲基金、企业年金、共同基金等机构投资者广泛使用。这些机构投资者使用算法交易对大额订单进行分拆，寻找最佳的路由和最有利的执行价格，以降低市场的冲击成本，提高执行效率和订单执行的隐蔽性。任何投资策略都可以使用算法交易进行订单的执行，包括做市、场内价差交易、套利或者纯粹的投机。

例题精选精练▶▶

1. 下列选项中，可以降低交易对市场冲击的算法是(　　)。

A. 跟量算法　　B. 时间加权平均价格算法

C. 成交量加权平均价格算法　　D. 执行缺口算法

【答案】C

【解析】A、B、C、D四项均属于常见的算法交易策略。其中，成交量加权平均价格算法是最基本的交易算法之一，旨在下单时以尽可能接近市场按成交量加权的均价进行，以尽量降低该交易对市场的冲击。

2. 当交易量放大时，同样放大下单成交量的算法是(　　)。

A. 成交量加权平均价格算法

B. 时间加权平均价格算法

C. 跟量算法

D. 执行缺口算法

【答案】C

【解析】跟量算法旨在帮助投资者跟上市场交易量，若交易量放大则同样放大这段时间内的下单成交量，反之则相应降低这段时间内的下单成交量。交易时间主要依赖交易期间市场的活跃程度。

第三节　基金公司投资交易管理

考点1　基金公司投资交易流程★★★

基金公司投资交易包括形成投资策略、构建投资组合、执行交易指令、绩效评估与组合调整、风险控制等环节。

交易指令在基金公司内部执行情况如下：

（1）在自主权限内，基金经理通过交易系统向交易室下达交易指令。

（2）交易系统或相关负责人员审核投资指令（价格、数量）的合法合规性，违规指令将被拦截，反馈给基金经理。其他指令被分发给交易员。

（3）交易员接收到指令后有权根据自身对市场的判断选择合适时机完成交易。交易员在执行交易的过程中必须严格按照公平公正的原则执行，在执行公平交易时需严格遵守公司的公平交易制度。

例题精选精练▶▶

关于交易指令在基金公司内部的执行，下列表述错误的是(　　)。

A. 交易员在执行交易的过程中必须严格按照公平公正的原则执行

B. 交易系统或相关负责人员审核投资指令的合法合规性，违规指令将被拦截并反馈给基金经理

C. 交易员接收到任何交易指令后均必须立即完成，无权进行交易择时

D. 在自主权限内，基金经理通过交易系统向交易室下达交易指令

【答案】C

【解析】交易指令在基金公司内部执行情况如下：①在自主权限内，基金经理通过交易系统向交易室下达交易指令；②交易系统或相关负责人员审核投资指令（价格、数量）的合法合规性，违规指令将被拦截，反馈给基金经理，其他指令被分发给交易员；③交易员接收到指令后有权根据自身对市场的判断选择合适时机完成交易。

考点2　投资交易过程中操作风险的概念和管理方法★★

基金投资交易过程中的风险主要体现在两个方面：

1. 投资交易过程中的合规风险

投资交易过程中的合规风险是指违反法律、法规、交易所规则、公司内部制度、基金合同等导致公司可能遭受法律制裁、监管处罚、公开谴责等的风险。

合规风险管理主要体现在交易规定的执行和交易行为的监控过程中，通过制度化、系统性地进行事前、事中和事后的监控和管理，以防范操纵证券市场、不公平对待不同投资组合、利用基金财产为基金份额持有人以外的第三人牟取利益等违法违规行为。

2. 投资交易中的操作风险

投资交易中的操作风险是指由于人员、流程、系统或外部因素带来的交易失误，导致基金资产或基金公司财产损失，或基金公司声誉受损、受到监管部门处罚等的风险。基金公司在交易执行环节可能存在的风险包括：

（1）未践行最佳执行原则，交易效率低或差错率高。

（2）交易系统未经严格测试论证，系统缺陷造成交易失误。

（3）交易与后台清算、托管银行的交收相互脱节，影响资金的使用。

（4）交易价格显著偏离公允价格。

（5）对交易对手风险的评估与控制不足。

（6）交易执行不独立于基金经理。

（7）公平交易、反向交易以及超过合规限制交易的管理机制不能得到有效执行。

（8）交易员不能有效履行对基金经理交易指令的监督、复核职责。

对于操作风险，基金公司应当对业务风险进行评估，对风险点进行整理、评估，并制定相

应的管理措施，在业务进行中对风险管理情况进行持续跟踪。

例题精选精练

下列属于基金投资交易过程中的风险的是(　　)。

Ⅰ. 合规风险　Ⅱ. 汇率风险　Ⅲ. 操作风险　Ⅳ. 市场风险

A. Ⅰ、Ⅱ　B. Ⅲ、Ⅳ　C. Ⅰ、Ⅲ　D. Ⅰ、Ⅱ、Ⅲ

【答案】C

【解析】基金投资交易过程中的风险主要体现在两个方面：①合规风险；②操作风险。

本章强化训练

下列选项中只有一项最符合题目要求。不选、错选均不得分。

1. (　　)中，最为重要的角色就是做市商。

A. 利润驱动　B. 报价驱动　C. 市场驱动　D. 投资驱动

2. 交易过程中的隐性成本包括(　　)。

Ⅰ. 对冲费用　Ⅱ. 过户费　Ⅲ. 经纪商佣金　Ⅳ. 买卖价差

A. Ⅰ、Ⅱ　B. Ⅱ、Ⅲ　C. Ⅰ、Ⅳ　D. Ⅰ、Ⅱ、Ⅳ

3. 关于交易成本，下列表述错误的是(　　)。

A. 佣金是指交易成功后，投资者根据交易笔数付给经纪人的费用

B. 证券公司对于不同的投资者往往会采用不同的交易佣金费率

C. 证券交易结束后还需要支付给证券登记结算机构一定费用，这部分费用称为过户费

D. 印花税是根据国家税法规定，在股票成交后对买卖双方投资者按照规定的税率分别征收的税金

4. 在报价驱动中，做市商的收入来源是(　　)。

A. 投机收入　B. 投资收入

C. 买卖证券的差价　D. 手续费、佣金收入

5. (　　)流动性较好，买卖价差小。

A. 大盘蓝筹股　B. 小盘股

C. 新兴市场股票　D. 绩优蓝筹股

6. 做市商可以分为(　　)。

Ⅰ. 买方做市商　Ⅱ. 多元做市商　Ⅲ. 特定做市商　Ⅳ. 要价做市商

A. Ⅰ、Ⅱ　B. Ⅲ、Ⅳ　C. Ⅱ、Ⅲ　D. Ⅰ、Ⅱ、Ⅲ

7. 关于限价指令，下列说法正确的是(　　)。

A. 目的在于将损失控制在投资者可接受的范围内

B. 如果投资者希望以即时的市场价格进行证券交易，就会下达限价指令

C. 让投资者暴露在价格变化的风险中

D. 分为限价买入指令和限价卖出指令

8. 根据特定的时间间隔，在每个时间点上平均下单的算法是(　　)。

A. 成交量加权平均价格算法　B. 时间加权平均价格算法

C. 跟量算法　　D. 执行偏差算法

9. 以接近客户委托时的市场成交价格来完成交易的最优化算法是(　　)。

A. 执行缺口算法　　B. 跟量算法

C. 时间加权平均价格算法　　D. 成交量加权平均价格算法

10. 与传统的人工交易相比，算法交易(　　)。

Ⅰ. 实现了人工不能完成的优化策略的过程

Ⅱ. 最大限度地降低由于人为失误而造成的交易错误

Ⅲ. 减少了传统交易在交易员上的人力投入

Ⅳ. 替代交易员执行工作

A. Ⅰ、Ⅱ　　B. Ⅰ、Ⅲ　　C. Ⅰ、Ⅱ、Ⅲ　　D. Ⅰ、Ⅱ、Ⅲ、Ⅳ

11. 关于佣金率的说法错误的是(　　)。

A. 证券公司对于不同的投资者会采用不同的交易佣金率

B. 投资者的资产或交易量、交易方式、客户忠诚度等会影响交易佣金

C. 经纪商在佣金之外不提供其他服务

D. 由于交易佣金率相对固定，基金公司作为买方可以通过服务结构调整最大限度地发挥佣金支出的效益

12. (　　)可使投资者在价格变化之前采取措施，当证券价格变动时，可以设定在某一价格买入或卖出证券。

A. 随价指令　　B. 市价指令　　C. 限价指令　　D. 止损指令

参考答案及解析

1. B【解析】报价驱动中，最为重要的角色就是做市商，因此报价驱动市场也被称为做市商制度。

2. C【解析】显性成本按照收费主体划分，包含经纪商佣金、税费、交易所规费/结算所规费三个主要部分；隐性成本被称为间接成本或价内成本，包含买卖价差、冲击成本、机会成本、对冲费用等。

3. A【解析】A 项，佣金是指交易成功后，投资者根据交易额，按照一定比例付给经纪人的费用。

4. C【解析】做市商的利润主要来自于证券买卖差价，而经纪人的利润则主要来自于给投资者提供经纪业务的佣金。

5. A【解析】买卖价差在很大程度上是由证券类型及其流动性决定的，大盘蓝筹股流动性较好，买卖价差小；小盘股则反之。成熟市场，如美国市场的股票，流动性较好，价差较小；而新兴市场买卖价差则较大。

6. C【解析】做市商可以分为两种：①特定做市商，一只证券只由某个特定的做市商负责交易；②多元做市商，每只证券同时拥有多家做市商进行做市交易。

7. D【解析】A 项，止损指令与限价指令类似，也是当证券价格达到目标价格时开始执行交易，但止损指令的目的在于将损失控制在投资者可接受的范围内；B 项，如果投资者希望以即时的市场价格进行证券交易，就会下达市价指令；C 项，市价指令让投资者暴露在价格变

化的风险中。

8. B【解析】时间加权平均价格算法是根据特定的时间间隔，在每个时间点上平均下单的算法。这一算法旨在使市场影响最小化的同时提供一个平均执行价格。

9. A【解析】执行缺口算法是在尽量不造成大的市场冲击的情况下，尽快地以接近客户委托时的市场成交价格来完成交易的最优化算法。

10. C【解析】算法交易与传统的人工交易相比具有多方面的优势：①算法交易实现了人工不能完成的优化策略的过程，实现最优化的策略，达到减少市场冲击和降低交易成本的目的；②算法交易程序判断的时间短，比人工交易更容易在即时价格成交，提高了交易的执行效率；③算法交易通过计算机下单，减少了传统交易在交易员上的人力投入；④算法交易可以最大限度地降低由于人为失误而造成的交易错误；⑤算法交易能确保复杂的交易及投资策略得以执行；⑥算法交易模型确定后，可以在较长时期内观察其有效性和可复制性。

11. C【解析】A项，证券公司对于不同的投资者往往会采用不同的交易佣金率；B项，证券公司通常会设立一个全成本交易佣金率，在此基础上根据投资者的资产或交易量、交易方式、客户忠诚度等调整交易佣金，最终确定每个投资者适用的实际交易佣金；C项，经纪商在佣金基础上提供整体打包的一系列服务，如研究、执行、专项分析、技术平台和软佣等；D项，由于交易佣金率相对固定，基金公司作为买方可以通过服务结构调整最大限度地发挥佣金支出的效益。

12. A【解析】随价指令可使投资者在价格变化之前采取措施，当证券价格变动时，可以设定在某一价格买入或卖出证券。

AMAC

第九章 投资风险管理

最新考纲要求

考试大纲	考查要点	能力等级
投资风险的类型	市场风险、信用风险和流动性风险的概念及其管理方法	★★★
投资风险的测度	事前与事后风险测度的区别	★
	贝塔（β）系数和波动率的概念、计算方法、应用和局限性	★★★
	跟踪误差、主动比重的概念、计算方法、应用和局限性	★★
	最大回撤、下行标准差的概念、计算方法、应用和局限性	★★
	风险价值 VaR 的概念、应用和局限性	★★
	预期损失（ES）的概念、应用和局限性	★★
	压力测试的方法和应用	★
不同类型基金的风险管理	股票基金与混合基金的风险管理方法	★★★
	债券基金与货币市场基金的风险管理方法	★★★
	指数基金、ETF、避险策略基金的风险管理方法	★
	跨境投资所面临的风险和相应的管理方法	★★

核心考点解读

第一节　投资风险的类型

基金公司作为“受人之托，代人理财”的专业机构，要在保证资产安全的前提下，追求投资收益的最大化。投资风险管理是基金公司的核心业务，投资风险的主要因素包括：市场价格（市场风险），借款方还债的能力和意愿（信用风险），在规定时间和价格范围内买卖证券的难度（流动性风险）。

考点　市场风险、信用风险和流动性风险的概念及其管理方法★★★

1. 市场风险

（1）市场风险的概念

市场风险是指基金投资行为受到宏观政治、经济、社会等环境因素对证券价格所造成的影响而面对的风险。

（2）市场风险的类型

市场风险包括政策风险、经济周期性波动风险、利率风险、购买力风险、汇率风险等。

①政策风险

政策风险是指因宏观政策的变化导致的对基金收益的影响。宏观政策，包括财政政策、产业政策、货币政策等，都会对金融市场造成影响，进而影响基金的收益水平。政策风险的管理主要在于对国家宏观政策的把握与预测。

例题精选精练

关于政策风险，下列表述正确的是(　　)。

Ⅰ. 政策风险是指因宏观政策的变化导致的对基金收益的影响

Ⅱ. 宏观政策包括财政政策、产业政策、货币政策等，都会对金融市场造成影响

Ⅲ. 市场风险即政策风险

Ⅳ. 政策风险的管理主要在于对国家宏观政策的把握和预测

A. Ⅰ、Ⅱ、Ⅲ　　B. Ⅰ、Ⅱ、Ⅳ　　C. Ⅱ、Ⅲ、Ⅳ　　D. Ⅰ、Ⅱ、Ⅲ、Ⅳ

【答案】B

【解析】政策风险是指因宏观政策的变化导致的对基金收益的影响。宏观政策包括财政政策、产业政策、货币政策等，都会对金融市场造成影响，进而影响基金的收益水平。政策风险的管理主要在于对国家宏观政策的把握与预测。

②经济周期性波动风险

经济发展有一定周期性，由于基金投资的是金融市场已存在的金融工具，所以基金便会追随经济总体趋向而发生变动。当经济处于低迷时期，基金行情也会随之处于低迷状态。2008年金融危机使全球经济处于低迷状态，这种状态同样影响并波及基金市场。

③利率风险

利率风险指的是因利率变化而产生的基金价值的不确定性。利率变动主要受通货膨胀预期、中央银行的货币政策、经济周期和国际利率水平等的影响。利率变动是不确定的，经常发生的，并且利率变动是一个积累的过程，因此利率风险具有一定的隐蔽性。

④购买力风险

购买力风险指的是作为基金利润主要分配形式的现金，可能由于通货膨胀等因素的影响而导致购买力下降，降低基金实际收益，使投资者收益率降低的风险，又称为通货膨胀风险。通货膨胀是购买力风险出现的原因，通货膨胀使得资产总购买力发生变化。

投资者的实际收益会随着通货膨胀的发生而下降，物价上涨，投资者实际购买力就会下降。

例题精选精练

收益率固定不变，通货膨胀率上升时，投资者面临(　　)。

A. 利率风险　　B. 汇率风险

C. 购买力风险　　D. 政策风险

【答案】C

【解析】购买力风险指的是作为基金利润主要分配形式的现金，可能由于通货膨胀等因素的影响而导致购买力下降，降低基金实际收益，使投资者收益率降低的风险，又称为通货膨胀风险。通货膨胀是购买力风险出现的原因，通货膨胀使得资产总购买力发生变化。

⑤汇率风险

汇率风险指的是因汇率变动而产生的基金价值的不确定性。影响汇率的因素有国际收支及外汇储备、利率、通货膨胀和政治局势等。合格境内机构投资者（QDII）基金由于涉及外汇业

务对汇率反应较为敏感，因而受汇率影响较大。

注：当投资境外的市场时，基金面临的最大风险是汇率风险。

（3）市场风险管理的主要措施

①密切关注宏观经济指标和趋势、重大经济政策动向、重大市场行动，评估宏观因素变化可能给投资带来的系统性风险，定期监测投资组合的风险控制指标，提出应对策略。

②密切关注行业的周期性、市场竞争、价格、政策环境和个股的基本面变化，构造股票投资组合，分散非系统性风险。应特别加强投资证券的管理，对于市场风险较大的证券建立内部监督机制、快速评估机制和定期跟踪机制。

③关注投资组合风险调整后收益，可以采用夏普比率、特雷诺比率和詹森比率等指标衡量。

④加强对场外交易（包括价格、对手、品种、交易量、其他交易条件）的监控，确保所有交易在公司的管理范围内。

⑤加强对重大投资的监测，对基金重仓股、单日个股交易量占该股票持仓显著比例、个股交易量占该股流通值显著比例等进行跟踪分析。

⑥可运用定量风险模型和优化技术，分析各投资组合市场风险的来源和暴露。可利用敏感性分析，找出影响投资组合收益的关键因素。可运用情景分析和压力测试技术，评估投资组合对大幅和极端市场波动的承受能力。

例题精选精练

市场风险管理的主要措施不包括（　　）。

A. 密切关注宏观经济指标和趋势　　B. 关注投资组合风险调整后收益

C. 加强对重大投资的监测　　D. 加强对场内交易的监控

【答案】D

【解析】D 项，市场风险管理的主要措施之一是加强对场外交易的监控，确保所有交易在公司的管理范围内。

2. 信用风险

（1）信用风险的来源

信用风险来源于贷款的借贷方、债券发行人以及回购交易和衍生产品的交易对手的违约可能性。

（2）信用风险事件对持有相关债券的基金和基金公司带来的影响

①相关债券估值急剧下跌，基金净值受损。

②相关债券流动性丧失，很难变现。

③投资者集中赎回基金，带来流动性风险。

④基金公司自有资金受到损失，遭受监管处罚。

债券基金经理的核心任务是管理信用风险，控制基金持有的债券信用等级，并进行适度的分散化投资，避免基金对单一债券或债券类别承担过大的信用风险。

（3）信用风险管理的主要措施

①建立针对债券发行人的内部信用评级制度，结合外部信用评级，进行发行人信用风险管理。

②建立交易对手信用评级制度，根据交易对手的资质、交易记录、信用记录和交收违约记录等因素对交易对手进行信用评级，并定期更新。

③建立严格的信用风险监控体系，对信用风险及时发现、汇报和处理。基金公司可对其管

理的所有投资组合与同一交易对手的交易集中度进行限制和监控。

例题精选精练▶▶

下列不属于信用风险管理的主要措施的是(　　)。

A. 建立针对债券发行人的内部信用评级制度　　B. 建立交易对手信用评级制度

C. 建立严格的信用风险监控体系　　D. 加强对场外交易的监控

【答案】D

【解析】信用风险管理的主要措施有：①建立针对债券发行人的内部信用评级制度，结合外部信用评级，进行发行人信用风险管理；②建立交易对手信用评级制度，根据交易对手的资质、交易记录、信用记录和交收违约记录等因素对交易对手进行信用评级，并定期更新；③建立严格的信用风险监控体系，对信用风险及时发现、汇报和处理。基金公司可对其管理的所有投资组合与同一交易对手的交易集中度进行限制和监控。D项是市场风险管理的主要措施之一。

3. 流动性风险

(1) 流动性风险的概念

流动性是资产在短期内以低成本完成市场交易的能力。流动性供给与需求不平衡时会出现流动性风险。

(2) 基金投资的流动性风险的主要表现

①基金管理人在建仓时或者在为实现投资收益而卖出证券时，可能会由于市场流动性不足而无法按预期的价格在预定的时间内买入或卖出证券。

②开放式基金发生投资者赎回时，所持证券流动性不足，基金管理人被迫在不适当的价格大量抛售股票或债券，或无法满足投资者的赎回需求。两者均可能使基金净值受到不利影响。

(3) 影响基金流动性风险的主要因素

影响基金流动性风险的主要因素有：金融市场整体的流动性、证券市场的走势、基金公司流动性管理流程和措施、基金类型以及基金持有人结构与行为特征等。

(4) 基金公司流动性风险管理的主要措施

①制定流动性风险管理制度，平衡资产的流动性与盈利性，以适应投资组合日常运作需要。

②及时对投资组合资产进行流动性分析和跟踪，包括计算各类证券的历史平均交易量、换手率和相应的变现周期，关注投资组合内的资产流动性结构和投资组合品种类型等因素的流动性匹配情况。

③分析投资组合持有人结构和特征，关注投资者申赎意愿。

④建立流动性预警机制。当流动性风险指标达到或超出预警阈值时，应启动流动性风险预警机制，按照既定投资策略调整投资组合资产结构，或剔除个别流动性差的证券，以使组合的流动性维持在安全水平。

⑤进行流动性压力测试，测算当面临外部市场环境的重大变化或巨额赎回压力时，冲击成本对投资组合资产流动性的影响，并相应调整资产配置和投资组合。

⑥制定流动性风险处置预案，在流动性风险事件发生后能够及时有序地进行处置，建立健全自身的流动性保障和应对机制，防范风险外溢。

注：流动性风险管理是使资金成本与流动性之间取得最为合适的平衡。

例题精选精练

分析投资组合持有人结构和特征，关注投资者申赎意愿，属于(　　)管理措施。

A. 市场风险　　B. 流动性风险　　C. 信用风险　　D. 市场风险

【答案】B

【解析】基金公司流动性风险管理的主要措施之一是分析投资组合持有人结构和特征，关注投资者申赎意愿。

第二节　投资风险的测度

考点1　事前与事后风险测度的区别★

风险的测度是风险管理的基础。风险测度的质量，很大程度上决定了风险管理的有效性。

风险测度分事前和事后两类：

(1) 事前风险测度，是在风险发生前，衡量投资组合在将来的表现和风险情况。

(2) 事后风险测度，是在风险发生后的分析，主要目的是研究投资组合在历史上的表现和风险情况，常用来衡量风险调整后的收益情况。

注：选择合适的风险度量指标和科学的计算方法是正确度量风险的基础，也是建立一个有效风险管理体系的前提。

例题精选精练

关于风险的测度，下列描述错误的是(　　)。

A. 风险管理的基础是风险的测度

B. 风险测度分事前和事后两类

C. 事后风险测度常用来衡量风险调整后的收益情况

D. 事前风险测度衡量投资组合在当下的表现和风险情况

【答案】D

【解析】事前风险测度是在风险发生前，衡量投资组合在将来的表现和风险情况。

考点2　贝塔（β）系数和波动率的概念、计算方法、应用和局限性★★★

反映投资组合市场风险的指标有基于收益率及方差的风险指标，如波动率、回撤、下行风险标准差等，描述收益的不确定性，即偏离期望收益的程度；也有基于投资价值对风险因子敏感程度的指标，如β系数、久期、凸性等，这些指标分别从市场、利率等不同角度反映了投资组合的风险暴露，统称风险敏感性度量指标。

1. **β系数**

(1) β系数的概念

β系数是评估证券或投资组合系统性风险的指标，反映的是投资对象对市场变化的敏感度。

(2) β系数的计算方法

β系数是一个统计指标，采用回归方法计算，公式如下：

$$\beta_p = \frac{\mathrm{Cov}(r_p, r_m)}{\sigma_m^2}$$

式中：Cov（r_p，r_m）是投资组合 p 的收益与市场收益的协方差；σ_m^2 是市场收益的方差。

投资组合 p 与市场收益的相关系数为：

$$\rho_{p,m}=\frac{\mathrm{Cov}(r_p,r_m)}{\sigma_p\cdot\sigma_m}$$

β 系数也可以通过相关系数计算得到：

$$\beta_p=\rho_{p,m}\cdot\frac{\sigma_p}{\sigma_m}$$

式中：σ_p 为投资组合 p 的标准差；σ_m 为市场的标准差。

β 系数在不同的范围，代表不同的意义（见表 9－1）：

表 9－1　β 系数的范围及意义

范围	意义
$\beta>0$	该投资组合的价格变动方向与市场一致
$\beta<0$	该投资组合的价格变动方向与市场相反
$\beta=1$	该投资组合的价格变动幅度与市场一致
$\beta>1$	该投资组合的价格变动幅度比市场更大
$0<\beta<1$	该投资组合的价格变动幅度比市场小

（3）β 系数的应用

实际应用中，β 系数可以用来衡量投资组合相对基准的风险水平，也可以用来比较两个投资组合的风险水平，或者用来观察同一个投资组合的风险特征随时间变化的情况。

（4）β 系数的局限性

①通常 β 系数是用投资组合与基准指数的历史收益数据计算而来的，无法反映新的变化。

②β 系数会随着计算所使用的历史时间区间的变化而变化，特别是时间区间较短时。

例题精选精练

某基金根据历史数据计算出来的贝塔系数大于1，则该基金（　　）。

A. 价格变动方向与市场一致　　B. 价格变动幅度与市场一致

C. 价格变动方向与市场相反　　D. 价格变动幅度比市场更大

【答案】D

【解析】贝塔系数（β）是评估证券或投资组合系统性风险的指标，反映的是投资对象对市场变化的敏感度。β 系数大于0时，该投资组合的价格变动方向与市场一致；β 系数小于0时，该投资组合的价格变动方向与市场相反；β 系数等于1时，该投资组合的价格变动幅度与市场一致；β 系数大于1时，该投资组合的价格变动幅度比市场更大；β 系数小于1（大于0）时，该投资组合的价格变动幅度比市场小。

2. 波动率

（1）波动率的概念

投资组合波动率在风险管理中最常见的定义是单位时间收益率的标准差。单位时间根据数据来源和应用场景可以取每日、每周、每月、每年等。公募基金一般都会公布每日净值增长率。

（2）波动率的计算方法

假定 σ_n 为第 $n-1$ 天所估计的投资组合收益率在第 n 天的波动率，相应的方差为 σ_n^2。假定

基金净值在第 i 天末为 S_i，u_i 为第 i 天的收益率，即：

$$u_i = \frac{S_i - S_{i-1}}{S_{i-1}}$$

利用 u_i 最近 m 天的观察数据，可以估算投资组合波动率为这 m 天组合收益率的标准差：

$$\sigma_n = \sqrt{\frac{1}{m-1}\sum_1^m (u_{n-i} - \bar{u})^2}$$

上式中，$\bar{u}$ 为 u_i 的平均值：

$$\bar{u} = \frac{1}{m}\sum_1^m u_{n-i}$$

假设每日收益率相互独立且具有同样的方差，则 T 个交易日总收益率的方差为 T 乘以每日收益率方差的积。那么 T 日总收益率的标准差是每日收益率标准差的 $\sqrt{T}$ 倍，即：

$$\sigma_T = \sigma_{day}\sqrt{T}$$

在计算波动率时，通常忽略交易所关闭的日子，仅计算交易日数量。

考点 3　跟踪误差、主动比重的概念、计算方法、应用和局限性★★

1. 跟踪误差

跟踪误差是证券组合相对基准的跟踪偏离度的标准差。指数基金的跟踪误差通常较低。主动管理基金受到投资目标和风格不同的影响，跟踪误差较大。跟踪误差可以用来衡量投资组合的相对风险是否符合预定的目标或是否在正常范围内。

2. 主动比重

主动比重（AS）是指投资组合持仓与基准不同的部分。假定全市场可投资股票有 n 只，$w_{p,i}$ 为第 i 只股票在投资组合中的权重，$w_{b,i}$ 为第 i 只股票在基准中的权重，则主动比重为：

$$AS = \frac{1}{2}\sum_1^n |w_{p,i} - w_{b,i}|$$

主动比重衡量一个投资组合与基准指数的相似程度。主动比重为 0 意味着该投资组合实质上是一个指数基金，主动比重为 100% 则意味着该投资组合与基准完全不同。较高的主动比重意味着投资组合的表现可能会与基准差别较大。

主动比重的局限性在于：

（1）与基准不同并不意味着投资组合一定会跑赢或跑输基准。投资组合要跑赢基准必须在适当的时候以适当的方式偏离基准。

（2）与基准不同并不意味着投资组合的业绩表现会与基准有显著区别。有的组合主动比重很高，但其持仓可能和基准有较高的相关性。

主动比重指标常用于分析追求相对收益的股票型基金。对于债券投资组合，由于存在大量相同特性的债券，持仓区别很大的两个组合相关性可能非常高。

考点 4　最大回撤、下行标准差的概念、计算方法、应用和局限性★★

1. 最大回撤

最大回撤测量投资组合在指定区间内从最高点到最低点的回撤，计算结果是在选定区间内任一历史时点往后推，产品净值走到最低点时的收益率回撤幅度的最大值（见图9－1）。

最大回撤可以在任何历史区间做测度，用于衡量投资管理人对下行风险的控制能力。指定区间越长，这个指标就越不利，因此在不同的基金之间使用该指标时，应尽量控制在同一个评估期间。

最大回撤指标的局限性是只能衡量损失的大小，而不能衡量损失发生的可能频率。

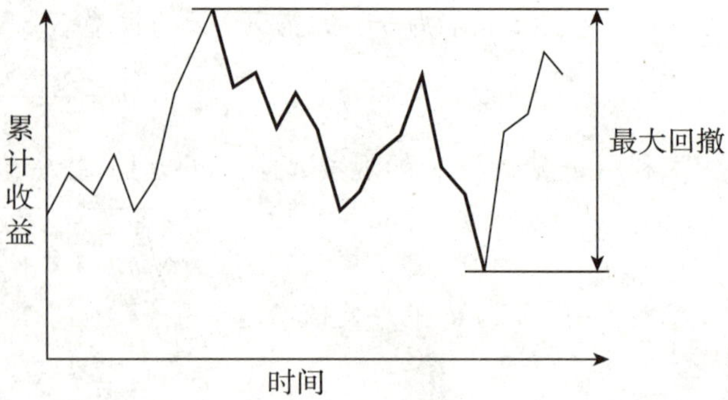

图9－1　最大回撤

例题精选精练

过去一年内，基金A的最大回撤为26%，基金B的最大回撤为10%，下列表述错误的是（　　）。

A. 过去一年内基金A可实现的最大损失为26%

B. 过去一年内基金B可实现的最大损失为10%

C. 基金A面临的可能损失比基金B大

D. 基金A与基金B的最大回撤不可比

【答案】D

【解析】最大回撤可以在任何历史区间做测度，用于衡量投资管理人对下行风险的控制能力。指定区间越长，这个指标就越不利，因此在不同的基金之间使用该指标时，应尽量控制在同一个评估期间。本题中，基金A与基金B的评估期间均为一年，因此它们的最大回撤具有可比性。

2. **下行标准差**

波动率计算中，既包括了收益率高于平均值的单位区间的波动，也考虑了收益率低于平均值的单位区间的波动。有时需要关注收益率不达目标时的风险，这就需要用到下行标准差。

假定 r_i 表示第 i 期基金收益率，r_T 表示目标收益率，n 表示基金收益率小于目标收益率的期数，则：

$$\text{下行标准差} = \sqrt{\frac{\sum_{i=1}^{n}(r_i - r_T)^2}{n}}$$

式中，$r_i < r_T$。

通常需要对下行标准差进行年化处理，如果收益率采用每日收益，则乘以交易日数量的开方；如果收益率采用每月收益，则乘以12的开方。

目标收益率 r_T 可以是区间平均收益率，也可以是无风险收益率，或者自定义的目标收益率。

下行标准差的局限性是其计算需要获取足够多的收益低于目标的数据。如果投资组合在考察期间表现一直超越目标，该指标将得不到足够的数据点进行计算。

考点5 风险价值 VaR 的概念、应用和局限性★★

1. 概念

风险价值（VaR），又称在险价值、风险收益、风险报酬，是指在给定的时间区间内和给定的置信水平下，利率、汇率等市场风险要素发生变化时，投资组合所面临的潜在最大损失。

例题精选精练▶▶

某基金 A 在持有期为 12 个月、置信水平为 90% 的情况下，若计算的风险价值为 5%，则下列表述正确的是(　　)。

A. 该基金在 12 个月中的损失有 5% 的可能不超过 5%

B. 该基金在 12 个月中的最大损失为 5%

C. 该基金在 12 个月中的损失有 5% 的可能会超过 90%

D. 该基金在 12 个月中的损失有 90% 的可能不超过 5%

【答案】D

【解析】风险价值又称在险价值、风险收益、风险报酬，是指在给定的时间区间内和给定的置信水平下，利率、汇率等市场风险要素发生变化时，投资组合所面临的潜在最大损失。

2. 优缺点

VaR 的考察区间通常很短（一天、一周或者几周）。这是因为 VaR 随时间变化而变化，时间区间越长，投资组合和市场状况越难以保持相对稳定。

VaR 采用概率论和数理统计的方法对风险进行量化和测度，其最大的优点是可用于测量不同市场的不同风险并用一个数值表示出来，因此具有广泛的适用性。

VaR 已成为计量市场风险的主要指标，巴塞尔银行监督委员会、美国联邦储备银行、美国证券交易委员会、欧盟都接受 VaR 作为风险度量和风险披露的工具。

3. 计算方法

最常用的 VaR 估算方法有参数法、历史模拟法和蒙特卡洛模拟法（见表 9－2）。

表 9－2　最常用的 VaR 估算方法

估值方法	内容
参数法	参数法又称为方差—协方差法，该方法以投资组合中的金融工具是基本风险因子的现行组合，且风险因子收益率服从某特定类型的概率分布为假设，依据历史数据计算出风险因子收益率分布的参数值，如方差、均值和风险因子间的相关系数等
历史模拟法	①历史模拟法依据风险因子收益的近期历史数据的估算，模拟出未来的风险因子收益变化 ②利用历史模拟法可以根据历史样本分布求出风险价值，组合收益的数据可利用组合中投资工具收益的历史数据求得 ③由于历史模拟法是以发生过的数据为依据的，投资者容易接受该种方法对未来的预测 ④历史模拟法十分简单，因为该种方法无须在事先确定风险因子收益或概率分布，只需利用历史数据对未来方向进行估算 ⑤历史模拟法的局限性即 VaR 所选用的历史样本期间非常重要，应选用最近的历史数据作为数据来源

（续表）

估值方法	内容
蒙特卡洛模拟法	①蒙特卡洛模拟法在估算之前，需要有风险因子的概率分布模型，继而重复模拟风险因子变动的过程 ②蒙特卡洛模拟每次都可以得到组合在期末可能出现的值，在进行足够数量的模拟后，组合价值的模拟分布将会收敛于组合的真实分布，继而求出最后的组合 VaR 值 ③蒙特卡洛模拟法被认为是最精准贴近的计算 VaR 值方法

例题精选精练

1. 商业银行普遍采用的计算 VaR 值的方法包括(　　)。

Ⅰ. 参数法　Ⅱ. 历史模拟法　Ⅲ. 情景分析法　Ⅳ. 蒙特卡洛模拟法

A. Ⅰ、Ⅱ、Ⅲ　B. Ⅰ、Ⅱ、Ⅳ　C. Ⅱ、Ⅲ、Ⅳ　D. Ⅰ、Ⅱ、Ⅲ、Ⅳ

【答案】B

【解析】目前，商业银行普遍采用三种模型技术来计算 VaR 值，即参数法、历史模拟法和蒙特卡洛模拟法。

2. 下列关于蒙特卡洛模拟法的表述，错误的是(　　)。

A. 需要有风险因子的概率分布模型

B. 以发生过的数据为依据，对数据的依赖性强

C. 组合价值的模拟分布将会收敛于组合的真实分布

D. 被认为是最精准贴近的计算 VaR 值方法

【答案】B

【解析】蒙特卡洛模拟法在估算之前，需要有风险因子的概率分布模型，继而重复模拟风险因子变动的过程。蒙特卡洛模拟每次都可以得到组合在期末可能出现的值，在进行足够数量的模拟后，组合价值的模拟分布将会收敛于组合的真实分布，继而求出最后的组合 VaR 值。蒙特卡洛模拟法虽然计算量较大，但这种方法被认为是最精准贴近的计算 VaR 值方法。

考点 6　预期损失（ES）的概念、应用和局限性★★

预期损失（ES），是指在给定时间区间和置信区间内，投资组合损失的期望值。预期损失也被称为条件风险价值度或条件尾部期望或尾部损失。

图 9－2 显示了在时间区间 T 内，某投资组合的概率分布。该投资组合在代表损失的左侧尾部有着局部较高概率的分布。在置信水平 X 下，VaR 值在图中 $-V$ 的位置，这意味着有 $X\%$ 的把握保证时间区间 T 内投资的损失不会大于 V。但 VaR 是一个分位值，不能衡量最左侧灰色区域的风险情况；而 ES 是灰色区域所有损失的期望值，也就是在 $1-X$ 的极端情况发生时损失的平均值。

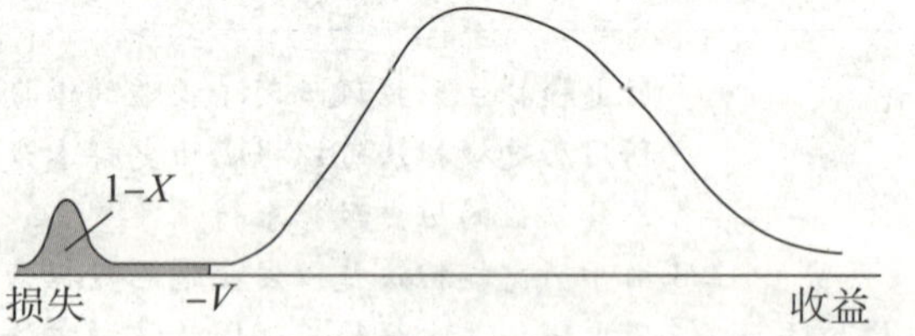

图 9－2　时间区间 T 内某投资组合收益的概率分布

预期损失由于其在尾部风险度量、次可加性等方面的优势，越来越受到金融行业与监管机构的重视。

例题精选精练▶▶

（　　）是指在给定时间区间和置信区间内，投资组合损失的期望值。

A. 预期损失　　B. 主动比重　　C. 风险价值　　D. 浮动利率债券

【答案】A

【解析】预期损失（ES），是指在给定时间区间和置信区间内，投资组合损失的期望值。预期损失也被称为条件风险价值度或条件尾部期望或尾部损失。

考点7　压力测试的方法和应用★

对于异常的但是无法彻底排除的、可能发生的巨大损失事件，压力测试可以测量其对投资组合的冲击。

1. 敏感性分析

压力测试的关键是选择压力情景。可以假定某一市场变量有很大变化，而其他变量保持不变。这类测试单个重要风险因素发生变化时的压力情景对投资组合影响的方法也叫敏感性分析。

2. 历史极端情景

当一个市场变量发生剧烈变化时，其他变量也会变化。这就要求设计多个市场变量同时变化的情景。有一种做法是采用历史极端情景，如2008年全球金融危机期间的情况。历史情景法的问题在于历史不会一成不变地重复自身，危机往往会以不同的方式发生。金融机构可以综合其对政治经济环境和市场状况的理解，设计合理的会造成巨大损失的情景。

压力测试促使投资管理人考虑被风险价值和预期损失所忽略的但可能会发生的极端场景。投资管理人可以根据压力测试的结果采取措施，包括调整产品持仓结构、变更投资标的、暂停申赎等，必要时应实施应急预案。

第三节　不同类型基金的风险管理

投资风险管理贯穿基金整体投资流程，分为事前、事中以及事后三个环节：

（1）事前风险管理，主要包括对可投证券池、交易对手库的管理，以及按照法律法规、公司制度和产品合同规定设置基金的投资限制和需要监控的风险指标。

（2）事中风险管理，体现为在投资过程中，对持仓证券和基金整体风险指标进行监控，对不符合投资限制的投资指令进行预警或拦截，风险指标超过投资的时候及时调整组合。

（3）事后风险评估，包括风险指标计算、压力测试、风险收益归因等。

考点1　股票基金与混合基金的风险管理方法★★★

1. 股票基金的风险管理

（1）股票基金的风险

股票基金是高风险的投资基金品种，相对于混合基金、债券基金与货币基金，股票基金的预期收益与风险皆为最高。股票基金提供了一种长期而高额的增值性，但收益越高风险越大，股票基金面临较其他类型基金更高的投资风险，主要是非系统性和系统性风险。

①非系统性风险

股票基金通过分散投资可以大大降低个股投资的非系统性风险，可以设置个股最高比例来控制个股风险，实现风险分散化。

②系统性风险

不同类型的股票基金所面临的系统性风险不同：

▶单一行业投资基金会存在行业投资风险，以整个市场为投资对象的基金则不会存在行业风险。

▶单一国家型股票基金会面临较高的单一国家投资风险，全球股票基金则会较好地回避此类风险。

系统性风险往往是投资回报的来源，是投资组合需要主动暴露的风险。从风险管理的角度看，需要控制的是投资经理在该系统性风险的暴露是否符合投资方针的规定。

例题精选精练▶▶

(　　)往往是投资回报的来源，是投资组合需要主动暴露的风险。

A. 系统性风险　　B. 非系统性风险　　C. 财务风险　　D. 偶然事件风险

【答案】A

【解析】系统性风险往往是投资回报的来源，是投资组合需要主动暴露的风险。

（2）常用来反映股票基金风险的指标

①标准差

基金净值增长率的波动程度可以用标准差来计量，并通常按月计算。净值增长率波动程度越大，基金的风险就越高。在净值增长率服从正态分布时，可以期望2/3（约67%）的情况下，净值增长率会落入平均值正负1个标准差的范围内，95%的情况下基金净值增长率会落在正负2个标准差的范围内。

例题精选精练▶▶

假设基金净值增长率服从正态分布，则可以期望在(　　)概率下，净值增长率会落入平均值正负2个标准差的范围内。

A. 100%　　B. 95%　　C. 90%　　D. 67%

【答案】B

【解析】在净值增长率服从正态分布时，可以期望2/3（约67%）的情况下，净值增长率会落入平均值正负1个标准差的范围内，95%的情况下基金净值增长率会落在正负2个标准差的范围内。

②β系数

股票基金主要投资于股票，其净值变动与股票市场变化相关度较高。通常使用β的大小衡量一只股票基金面临的市场风险的大小。

▶如果基金的β系数为1，说明基金净值的变化与指数的变化幅度相当。

▶如果基金的β系数大于1，说明该基金是一只活跃或激进型基金。

▶如果基金的β系数小于1，说明该基金是一只稳定或防御型的基金。

例题精选精练▶▶

如果某基金的贝塔系数(　　)1，说明该基金是一只活跃或激进型基金。

A. 大于　　B. 等于　　C. 小于　　D. 远远小于

【答案】A

【解析】通常使用β的大小衡量一只股票基金面临的市场风险的大小。如果基金的β系数大于1，说明该基金是一只活跃或激进型基金。

③持股集中度

持股较为集中的投资组合，其面临的个股风险可能无法得到充分的分散。投资经理可能希望通过承担较高的个股风险来获取超额收益。前十大重仓股占比是衡量持股集中度的常用指标，其计算方法如下：

$$\text{前十大重仓股占比}=\frac{\text{前十大重仓股投资市值}}{\text{基金股票投资总市值}}\times 100\%$$

④行业投资集中度和持股数量

上式可以计算基金在前三大行业或前五大行业的行业投资集中度。

持股数量越多，基金的投资风险越分散，所面临的个股风险越低。

(3) 对股票基金风格暴露的分析

依据股票基金所持有的全部股票的平均市值、平均市盈率、平均市净率等指标，可以对股票基金的风格暴露进行分析。

①股票的平均市值

基金持股平均市值的计算既可以用算术平均法，也可以用加权平均法或其他较为复杂的方法。

▶算术平均市值，等于基金所持有全部股票的总市值除以其所持有的股票的全部只数。

▶加权平均市值，根据基金所持股票的比例进行股票市值的加权平均。

通过对平均市值的分析，可以看出基金对大盘股、中盘股和小盘股的投资风险暴露情况。

②平均市盈率和平均市净率

如果股票基金的平均市盈率、平均市净率小于市场指数的市盈率和市净率，可以认为该股票基金属于价值型基金；反之，该股票基金则可以归为成长型基金。

(4) 基金股票换手率

基金股票换手率通过对基金买卖股票频率的衡量，反映基金的操作策略。通常它可以用基金股票交易量的一半与基金平均净资产之比来衡量。

$$\text{基金股票换手率}=\frac{\text{期间基金股票交易量}/2}{\text{期间基金平均净资产}}$$

用基金股票交易量的一半作分子的原因在于，“一买一卖”才构成一次完整的换手。换手率的倒数为基金持股的平均时间。

(5) 股票基金年周转率

如果一只股票基金的年周转率为100%，意味着该基金持有股票的平均时间为1年。低周转率的基金倾向于对股票的长期持有，高周转率的基金则倾向于对股票的频繁买入与卖出。周转率高的基金，所付出的交易佣金与印花税也较高，会加重投资者的负担，对基金业绩造成一定的负面影响。

2. 混合基金的风险管理

(1) 混合基金的定义

混合基金是指同时投资于股票、债券和货币市场等工具，且不属于股票基金、债券基金和基金中任何一类的基金。其风险和预期收益低于股票基金，高于债券基金。

(2) 混合基金的分类

根据资产投资比例及投资策略，混合基金可分为偏股型基金、偏债型基金、平衡型基金等，一般而言，偏股型基金的风险和预期收益较高，偏债型基金相对较低，平衡型基金介于两者之间。

(3) 根据基金的股票仓位和面临的投资风险控制混合基金

目前法规下混合基金的股票仓位灵活，使得基金在市场下跌时有了规避系统性风险的可能。混合基金股票仓位较高时，可参照股票型基金，对基金行业集中度、持股集中度等风险指标进行监控；在债券仓位较高时，可参照债券型基金，侧重对基金组合久期、持债集中度等风险指标进行监控。

投资过程中的风险管理还需要回顾和评估，并根据基金组合状况和市场状况不断修正。

考点2 债券基金的风险管理方法★★★

1. 债券基金的内容

债券基金是指基金资产80%以上投资于债券的基金，其投资对象主要有国债、可转债、企业债等。债券基金通常具有低风险、低收益特征。

某些类型的债券基金也可以有一小部分资金投资于股票市场，另外，可转债和打新股也是此类债券基金获得收益的重要渠道，不过这类债券基金的风险也会较纯债基金（不投资股票等权益类证券）高。

例题精选精练▶▶

债券基金的主要投资对象包括(　　)。

Ⅰ. 国债　　Ⅱ. 可转债　　Ⅲ. 股票　　Ⅳ. 企业债

A. Ⅰ、Ⅱ、Ⅲ　　B. Ⅱ、Ⅲ、Ⅳ　　C. Ⅰ、Ⅱ、Ⅳ　　D. Ⅰ、Ⅱ、Ⅲ、Ⅳ

【答案】C

【解析】债券基金是指基金资产80%以上投资于债券的基金，其投资对象主要有国债、可转债、企业债等。债券基金通常具有低风险、低收益特征。

2. 债券基金的投资风险

债券基金的主要投资风险包括利率风险、信用风险、流动性风险、再投资风险、可转债的特定风险、债券回购风险和提前赎回风险。

(1) 利率风险

债券投资存在因利率上升或下跌所导致债券价格下跌或上涨的风险。

债券基金的久期是组合中所有债券的久期的加权平均值。债券基金久期越长，净值随利率的波动幅度就越大，所承担的利率风险就越高。通常用久期乘以利率变化来衡量利率变动对债券基金净值的影响。

债券基金常常以组合已有债券作为抵押品，融资买入更多债券，这个过程也叫加杠杆。杠杆会增大基金对利率变化的敏感度，增加基金的利率风险。通常用债券基金的总资产和净资产的比率来表示杠杆率。

债券基金的杠杆率可以超过100%，在目前的法规下：

①开放式债券基金的杠杆率上限为140%。

②封闭式债券基金的杠杆率上限为200%。

③定期开放式债券基金在开放期内的杠杆上限为140%。

④封闭期的杠杆上限为200%。

防范利率风险的措施是分散债券的期限，长短期配合。如果利率上升，短期投资可以迅速地找到高收益投资机会；若利率下降，长期债券却能保持高收益。总之，不要把所有的鸡蛋放在同一个篮子里。

注：债券基金通常用质押式回购或买断式回购进行融资。

（2）信用风险

信用风险主要指交易契约的一方无法履行义务的风险。信用风险的损失，可能由证券、期货、交换契约的一方违约而产生。根据信用风险的来源主要可以分为两类：债券信用风险和交易信用对手风险（见表9-3）。

表9-3 债券信用风险和交易信用对手风险

项目	债券信用风险	交易信用对手风险
概念	债券信用风险，主要是指发行债券的借款人可能因发生财务危机等因素，不能按期支付契约约定的债券利息或偿还本金，而使投资者蒙受损失	交易对手信用风险，主要指交易对手未能履行约定契约中的义务而造成经济损失的风险
内容	①信用评级机构要对债券进行评价，以反映其违约风险 ②一般来说，如果市场认为一种债券的违约风险相对较高，对债券的收益率就会较高，以弥补可能承受的损失 ③控制债券信用风险的最直接的办法就是不买主体经营状况不佳或信誉不高发行人发行的债券 ▶选择债券时，仔细了解公司的情况，包括公司的经营状况及其以往债券支付情况 ▶持有债券期间，尽可能对公司经营状况进行跟踪了解，以便及时做出卖出债券的抉择 ▶由于国债的投资风险较低，保守的投资者应尽量选择信用风险低的国债	①对未结算的证券、商品和外汇交易，从交易日开始都会面临交易对手风险，特别是交易对手的信用风险 ②交易对手信用风险可能与市场风险、流动性风险、法律风险和操作风险都有关系 ③由于未结算的证券、商品和外汇交易市场价值随着市场因素的变化而变化，并不确定，所以基金承担的交易对手信用风险也会产生变化
监控指标和管理方式	针对债券信用风险，主要监控指标有： ①基金所持债券的平均信用等级 ②各信用等级债的占比以及单个债券或发行人特定的信用风险 **注：**一般不同的投资标的会有不同的信用评估模型和信用违约矩阵	针对交易对手的信用风险，常见的监控指标和管理方式有： ①定期评估交易对手的信用资质 ②控制交易对手集中度和组合流动性 ③交易对手限额管理以及根据组合实际情况合理配置资产的投资期限和比例等

（3）流动性风险（见表9-4）

表9-4 流动性风险

<table>
<tr><th>项目</th><th colspan="2">内容</th></tr>
<tr><td>概念</td><td colspan="2">流动性风险指持有金融工具的一方无法以合理的价位迅速卖出或转换该金融工具而遭受的损失。另外也指所购买的债券，由于市场交易量少，因而发生变现困难、流通不易而导致的风险。此外，对于公募基金而言，投资者的大额赎回也可能导致流动性风险</td></tr>
<tr><td>流动性的高低</td><td colspan="2">①国债、政策性金融债的流动性通常高于企业债、公司债
②高等级信用债流动性一般好于低等级信用债
③公开募集债券流动性好于私募发行的债券（如中小企业私募债）</td></tr>
<tr><td>衡量流动性风险的指标</td><td colspan="2">衡量债券基金流动性风险的指标包括持仓集中度、流动受限资产比例、现金比例、短期可变现资产比例、区间可变现资产比例、可流通股票资产变现天数等</td></tr>
<tr><td rowspan="2">防范流动性风险采取的措施</td><td>基金管理人</td><td>需要对基金组合的变现天数分布、长期停牌股票、定向增发、流动性较差证券的投资情况进行持续监控，并根据实际情况适当调整组合结构</td></tr>
<tr><td>投资者</td><td>①尽量选择交易活跃的债券（如国债等），便于以较小的成本变现
②合理安排投资组合，避免债券到期日或者存款到期日过于集中，适度控制存量，适时调节增量
③准备一定的现金以备不时之需，毕竟为了应对流动性进行的债券转让通常都会增加债券交易的成本，并降低投资者的收益</td></tr>
</table>

（4）提前赎回风险

提前赎回风险是指对于含有提前赎回条款的公司债，发行公司可能在市场利率大幅下降时行使提前赎回权在到期日前赎回债券，从而使投资者因提前赎回导致的利息损失和降低再投资回报的风险。

在利率相对较高的时期，公司债的发行经常附有提前赎回条款。可提前赎回债券的债券发行人保留提前赎回债券的权利，可以按一定的金额，在债券到期之前赎回债券。

提前赎回条款给予发行人一种保障，使其可以在债券市场利率下降时赎回债券，以避免高息票利率的损失。对于证券投资者来讲，实行提前赎回条款则不利。提前赎回风险也会导致再投资风险。

（5）再投资风险

再投资风险是指债券持有者在持有期间收到的利息收入、到期时收到的本息、出售时得到的资本收益等，用于再投资所能实现的报酬，可能会低于当初购买该债券时的收益率。

再投资风险反映了利率下降对固定收益证券利息收入再投资收益的影响，这与利率上升所带来的价格风险（前面所提到的利率风险）互为消长。具体为当利率下降时，基金从投资的固定收益证券所得的利息收入进行再投资时，将获得较少的收益率。如果投资者只购买了短期债券，而没有购买长期债券，就会有再投资风险。

对于再投资风险，应采取的防范措施是分散债券的期限，长短期配合：

①假如利率上升，短期投资可迅速找到高收益投资机会。

②假如利率下降，长期债券却能保持高收益。

也就是说，要分散投资以分散风险，使一些风险能够相互抵消。

（6）可转债的特定风险（见表9－5）

表9－5 可转债的特定风险

项目		内容
概念		可转换债券简称可转债，是一种可以在特定时间、按特定条件转换为普通股票的特殊公司债券
特点	债权性	指可转换债券在转换成股票之前是纯粹的债券，也有规定的利率和期限，投资者可以选择持有债券到期，收取本息
	股权性	指可转换债券在转换成股票后，原债券持有人就由债权人变成了公司的股东，可参与企业的经营决策和红利分配，这也在一定程度上会影响公司的股本结构
	可转换性	是可转换债券的重要标志，如果持有人看好发债公司股票增值潜力，在宽限期之后可以行使转换权，按约定的条件将债券转换成股票 **注：**①转股权是投资者享有的、一般债券所没有的选择权。如果债券持有人不想转换，则可以继续持有债券，直到偿还期满时收取本金和利息，或者在流通市场出售变现 ②正因为具有可转换性，可转换债券利率一般低于普通公司债券利率，企业发行可转换债券可以降低筹资成本
投资风险	基准股票市价高于转股价格时	①可转债价格随股价的上涨而上涨，但也会随股价的下跌而下跌 ②持有者要承担股价波动的风险
	基准股票市价下跌到转股价格以下时	①持有者被迫转为债券投资者，因为转股会带来更大的损失 ②可转债利率一般低于同等级的普通债券，故会给投资者带来利息损失风险
	提前赎回风险	①可转债都规定发行者可以在发行一段时间后以某一价格赎回债券 ②这不仅限定了投资者的最高收益率，也给投资者带来再投资风险
	转换风险	①债券存续期内的有条件强制转换，也限定了投资者的最高收益率，但一般会高于提前赎回的收益率 ②到期的无条件强制转换，将使投资者无权收回本金，只能承担股票下跌的风险 ③我国可转债的部分品种具有强制性转股条款

注：可转换债券兼具债权和期权的特征，通常具有较低的票面利率。

（7）债券回购风险（见表9－6）

表9－6 债券回购风险

项目	内容
概念	债券回购是指双方以契约方式约定在将来某一日期以约定的价格（本金和按约定回购利率计算的利息），由债券的卖方（正回购方）向买方（逆回购方）再次购回该笔债券的交易行为

（续表）

项目	内容
分类	从交易发起人的角度出发： ①凡是抵押出债券，借入资金的交易就称为进行债券正回购 ②凡是主动借出资金，获取债券质押的交易就称为进行债券逆回购 这当中资金融出方的目的在于获得利息收入，而资金融入方的目的在于获得资金的使用权
面临的风险	①运用回购会面临交易对手信用风险 ②正回购比例高的债券基金杠杆也比较高，在信用风险集中爆发的时候，会使一些杠杆较大的基金也面临着亏损成倍放大的风险
防范措施	为防范债券回购风险可以采取的措施有： ①建立健全逆回购交易质押品管理制度，根据质押品资质审慎确定质押率水平 ②质押品按公允价值应足额，并持续监测质押品的风险状况与价值变动 ③在进行逆回购交易时，严格规范可接受质押品的资质

注：相对其他的交易来说，债券回购作为一种安全性高、收益稳定的投资品种，已成为一些机构对资金进行流动性管理的工具之一。

考点3　货币市场基金的风险管理方法★★★

1. 货币市场基金的概念及特点

货币市场基金是指投资于货币市场上短期品种（包括短期国债、银行存款、短期融资券以及信用等级很高的短期票券等）的一类基金。一般而言，货币市场基金的风险很小，是短期投资的良好选择。

货币市场基金以收益稳定、流动性强、购买限额低、资本安全性高等特点不断吸引投资者的关注。

2. 衡量货币市场基金的风险指标

衡量货币市场基金的风险指标主要有投资组合平均剩余期限和平均剩余存续期、融资回购比例、浮动利率债券投资情况以及投资对象的信用评级等。

（1）投资组合平均剩余期限和平均剩余存续期

货币市场基金投资组合平均剩余期限和平均剩余存续期分别是货币基金所持有的各项资产的剩余期限和剩余存续期的加权平均值。投资组合平均剩余期限和平均存续期越短，货币市场基金的流动性越好，利率风险越低。2016年2月1日起施行的《货币市场基金监督管理办法》规定货币市场基金投资组合的平均剩余期限不得超过120天，平均剩余存续期不得超过240天。

持有人集中度高的货币市场基金应根据实际情况，严格控制投资组合平均剩余期限和平均剩余存续期。中国证券监督管理委员会在2017年9月1日颁布，同年10月1日起施行的《公开募集开放式证券投资基金流动性风险管理规定》，针对货币市场持有人集中度情况，对货币市场基金的投资组合平均剩余期限和平均剩余存续期进行了进一步限制，具体规定如下：

①当货币市场基金前10名份额持有人的持有份额合计超过基金总份额的50%时，货币市

场基金投资组合的平均剩余期限不得超过60天，平均剩余存续期不得超过120天；投资组合中现金、国债、中央银行票据、政策性金融债券以及5个交易日内到期的其他金融工具占基金资产净值的比例合计不得低于30%。

②当货币市场基金前10名份额持有人的持有份额合计超过基金总份额的20%时，货币市场基金投资组合的平均剩余期限不得超过90天，平均剩余存续期不得超过180天；投资组合中现金、国债、中央银行票据、政策性金融债券以及5个交易日内到期的其他金融工具占基金资产净值的比例合计不得低于20%。

（2）融资回购比例

一般情况下货币市场基金的杠杆比例越高，其收益也越高，但风险也越大。因此在考虑比较不同货币市场基金收益率（通常指7日年化收益率）时，应同时考虑其杠杆运用情况。

根据目前法规，除非发生巨额赎回，连续3个交易日累计赎回20%以上或者连续5个交易日累计赎回30%以上的情形外，货币市场基金债券正回购的资金余额不得超过净资产的20%。所以货币市场基金的杠杆风险通常较债券基金低。

例题精选精练

一般情况下，货币市场基金债券正回购的资金余额不得超过净资产的(　　)。

A. 50%　　B. 10%　　C. 20%　　D. 30%

【答案】C

【解析】根据目前法规，除非发生巨额赎回，连续3个交易日累计赎回20%以上或者连续5个交易日累计赎回30%以上的情形外，货币市场基金债券正回购的资金余额不得超过净资产的20%。所以货币市场基金的杠杆风险通常较债券基金低。

（3）浮动利率债券投资情况

浮动利率债券，简称浮息债，是指票面利率定价为某一参考基准利率加上发行人规定的利差之和的债券，目前可参考的基准利率有一年定存利率、SHIBOR和回购利率。

货币市场基金可以投资剩余期限小于397天但剩余存续期超过397天的浮动利率债券。由于该债券实际剩余存续期往往很长（如10年），因此该券种在流动性、信用风险和利率风险上相对其他同样剩余期限的债券要高。在判断基金组合剩余期限分布时应充分考虑其浮息债投资情况。

（4）投资对象的信用评级

货币市场基金通常投资的是信用债券中的较高等级债券和其他金融工具。《公开募集开放式证券投资基金流动性风险管理规定》对此有详细规定：

①货币市场基金投资于主体信用评级低于AAA的机构发行的金融工具占基金资产净值的比例合计不得超过10%，其中单一机构发行的金融工具占基金资产净值的比例合计不得超过2%。前述金融工具包括债券、非金融企业债务融资工具、银行存款、同业存单、相关机构作为原始权益人的资产支持证券及中国证监会认定的其他品种。

②货币市场基金拟投资于主体信用评级低于AA+的商业银行的银行存款与同业存单的，应当经基金管理人董事会审议批准，相关交易应当事先征得基金托管人的同意，并作为重大事项履行信息披露程序。

基金管理人可以通过加强信用研究水平、提高信用债券入池要求、紧密跟踪发行人情况、降低组合集中度等方式降低债券信用违约风险。

3. 货币市场基金的估值方法

(1) 摊余成本法

货币市场基金通常采用摊余成本法进行估值核算，即估值对象以买入成本列示，按照票面利率或商定利率并考虑其买入时的溢价与折价，在其剩余期限内平均摊销，每日计提收益。

这种方法在债券市场价格向上走的时候是平安无事的，但是当债券市场价格下跌时，这种方法则可能虚高了债券的净值。

(2) 影子定价法

由于摊余成本法可能会隐藏风险，因此货币市场基金还存在另一种参考计算方法——影子定价法。

摊余成本法配合影子价格的使用是当前市场环境下较优的货币市场基金会计核算方法，而使用公允的影子价格，并严格执行偏离度调整策略，是使用摊余成本估值方法的必要保障措施。

考点4　指数基金、ETF、避险策略基金的风险管理方法★

1. 指数基金和 ETF 的风险管理

(1) 指数基金（见表9－7）

表9－7　指数基金

<table>
<tr><th>项目</th><th colspan="2">内容</th></tr>
<tr><td>概念</td><td colspan="2">指数基金是以指数成分股为投资对象的基金，主要目的是取得与指数相近的收益率，投资策略为被动投资，因其较低的管理费、申赎费等而具有成本优势。同时因其较高的透明度而受投资者青睐</td></tr>
<tr><td rowspan="2">分类</td><td>完全复制型指数基金</td><td>①力求按照基准指数的成分和权重进行配置
②其目标是最大限度地减小与标的指数的跟踪误差</td></tr>
<tr><td>增强型指数基金</td><td>①在将大部分资产按照基准指数权重配置的基础上，也用一部分资产进行积极的投资
②其目标是在紧密跟踪基准指数的同时获得高于基准指数的收益</td></tr>
<tr><td>标的指数</td><td colspan="2">①不同的指数基金跟踪不同的标的指数：
▶有些跟踪市场指数，如上证50指数、沪深300指数等
▶有些跟踪风格指数，如红利指数、中小板指数等
②指数基金所投资的标的指数成分股一般不能低于基金净资产的90%，这就意味着，如果标的指数进入单边下跌趋势，指数基金仍需跟踪标的指数，无法降低仓位和变换跟踪标的
注：指数基金的投资策略固定</td></tr>
<tr><td>风险指标</td><td colspan="2">指数基金的风险指标主要是跟踪误差：
①跟踪误差越大，反映其跟踪标的偏离度越大，风险越高
②跟踪误差越小，反映其跟踪标的偏离度越小，风险越低
注：管理人可以从基金分红、基金费用、现金留存和抽样复制等因素入手，实现对跟踪误差的控制</td></tr>
</table>

（2）ETF

ETF 属于开放式基金的一种特殊类型，它结合了封闭式基金和开放式基金的运作特点，投资者既可以向基金管理公司申购或赎回基金份额，同时，又可以像封闭式基金一样在二级市场上按市场价格买卖 ETF 份额，不过申购赎回必须以一篮子股票换取基金份额或者以基金份额换回一篮子股票。由于同时存在证券市场交易和申购赎回机制，投资者可以在 ETF 市场价格与基金单位净值之间存在差价时进行套利交易。套利机制的存在，使得 ETF 避免了封闭式基金普遍存在的折价问题。

根据投资方法的不同，ETF 可以分为指数基金和积极管理型基金，国外绝大多数 ETF 均是指数基金。目前国内推出的 ETF 也是指数基金。投资者买卖一只 ETF，就等同于买卖了它所跟踪的指数，可取得与该指数基本一致的收益。ETF 指数基金通常采用完全被动式的管理方法，以拟合某一指数为目标，兼具股票和指数基金的特色。

ETF 的风险主要有申购赎回清单出错、基金投资运作风险以及 ETF 认购期风险等。

①对于 ETF 的第一大风险点“申购赎回清单出错”，基金公司的事前防范措施是尽量减少人工调整指数权重，多渠道保证数据源正确性，特别关注成分股公司行为，基金分红等处理要减少手工、严格权限、专门审核，设置成分股现金替代标志及标志设置完毕前再次确认等制度和行为要求。此外，要审慎对待异常情况。

②与其他指数基金一样，首先 ETF 会不可避免地承担所跟踪指数面临的系统性风险。其次尽管套利交易的存在使得二级市场交易价格不会偏离基金份额净值太多，但受供求关系的影响，二级市场价格常常会高于或低于基金份额净值。此外，ETF 的收益率与所跟踪指数的收益率之间往往存在跟踪误差。抽样复制、现金流存、基金分红以及基金费用等都会导致跟踪误差。

2. 避险策略基金的风险管理

避险策略基金通常使用一种恒定比例投资组合保险技术（CPPI）实现避险，这种技术的基本思路是将大部分资产（保险底线）投入固定收益证券，以保证避险周期到期时能收回本金；同时将剩余的小部分资金（安全垫）乘以一个放大倍数投入股票市场，以博取股票市场的高收益。

如果股票市场上涨，CPPI 按照放大倍数计算出的投资股票市场的资金会增加，从而增加基金的投资收益；如果股票市场下跌时，CPPI 计算出的投资于股票市场的资金量会减少，基金会将一部分资金从股票市场转移至风险较小的债券市场，规避了股票市场下跌的风险，防止基金总资产低于事先确定的安全底线。

为实现避险策略，避险策略基金一般符合以下要求：

（1）避险策略基金投资于稳健资产不得低于基金资产净值的 80%，以获取稳定收益，尽力避免到期时投资本金出现亏损。

（2）稳健资产投资组合的平均剩余期限不得超过剩余避险策略周期。

（3）稳健资产以外的资产为风险资产，基金管理人应当建立客观研究方法，审慎建立风险资产投资对象备选库，并采取适度分散的投资策略。

（4）基金管理人应当审慎确定风险资产的投资比例。

（5）选择符合审慎监管要求的商业银行、保险公司，作为基金的保障义务人。

例题精选精练▶▶

关于避险策略基金的要求，下列说法错误的是(　　)。

A. 基金管理人应当审慎确定风险资产的投资比例

B. 稳健资产投资组合的平均剩余期限应超过剩余避险策略周期

C. 选择符合审慎监管要求的商业银行、保险公司，作为基金的保障义务人

D. 避险策略基金投资于稳健资产不得低于基金资产净值的80%

【答案】B

【解析】为实现避险策略，避险策略基金一般要求稳健资产投资组合的平均剩余期限不得超过剩余避险策略周期。

考点5　跨境投资所面临的风险和相应的管理方法★★

我国涉及跨境投资的基金，有QDII基金和港股通基金以及非本地基金公司管理的互认基金。

1. 跨境投资风险分类

跨境投资风险主要分为政治风险、汇率风险、税收风险、投资研究风险、交易和估值风险、合规风险六个部分。

(1) 政治风险

基金所投资的国家或地区宏观政策、社会经济环境一旦发生变化，都有可能导致市场波动而影响基金收益。基金公司应在内部及外部研究机构的支持下，密切关注有关国家或地区的政治、经济和产业政策的变化，适时调整投资策略以应对风险的变化。

(2) 汇率风险

基金投资于多个国家的证券时，需要将人民币与各外汇币种进行兑换，经过换汇后投资于境外市场以多种外币计价的金融工具，取得外汇盈利后需要重新兑换成人民币。这种运作模式在人民币汇率变动的情况下，与国内市场投资相比，需要面临因本币与外币之间汇率差异而引起投资风险。

(3) 税收风险

在投资各国或地区市场时，因各国或地区税收法律法规的不同，可能会就股息、利息、红利、资本利得等收益向各国、地区税务机构缴纳税金，包括预扣税，该行为可能会使得资产回报受到一定影响。各国、地区的税收法律法规的规定可能变化，或者加以具有追溯力的修订，所以可能须向相关国家或地区缴纳资产管理计划销售或估值当日并未预计的额外税项。

(4) 投资研究风险

投资研究风险主要关注以下两方面：

①债券信用风险。国外企业债券多数没有担保机构，而且担保机构本身也存在较大的信用风险，因此证券投资和交易对手都存在较大的信用风险暴露。

②衍生证券风险。在使用衍生证券进行套期保值时，需要准确计算衍生工具和挂钩的基础证券之间的相关性，然后根据定价模型计算持有数量，这一过程存在模型风险。

(5) 交易和估值风险

证券交易和估值风险是指在交易执行、估值清算等环节中存在的潜在风险。在委托国外交

易商交易结算过程中可能存在如下风险：

①交易结算风险。国外交易体系与国内存在较大的差异，交易的确认、核对、清算交割等任何一个步骤发生错误，都可能造成交易的失败和基金的损失。

②估值风险。跨境业务涉及多市场、多品种和多币种的估值核算问题，基金会计估值过程中经常会遇到数据来源不一致、证券交易不活跃、各国家税收制度不一样等问题，这些问题都是潜在的估值风险。

(6) 合规风控

由于各个国家的法规和制度不完全相同，对国外资金的监管限制也有所不同，因此应限制投资合规风险。

按照中国证监会要求，在投资股权具有关联关系的公司时必须合并计算持有的同一上市公司的总股本。同时，风险管理人员需要实时更新和掌握国外的最新监管要求，也要非常熟悉投资交易系统的投资限制设置。

例题精选精练

下列属于跨境投资风险的是(　　)。

Ⅰ. 政治风险　Ⅱ. 汇率风险　Ⅲ. 税收风险　Ⅳ. 投资研究风险

A. Ⅱ、Ⅲ　B. Ⅰ、Ⅱ、Ⅲ

C. Ⅱ、Ⅲ、Ⅳ　D. Ⅰ、Ⅱ、Ⅲ、Ⅳ

【答案】D

【解析】跨境投资风险主要分为政治风险、汇率风险、税收风险、投资研究风险、交易和估值风险、合规风险六个部分。

2. 跨境投资风险管理

跨境投资的风险管理主要有以下两点：

(1) 通过不同国家地区的资产组合配置分散风险

由于海外市场之间的关联性相对较低，基金可通过实施多个国家和地区之间的资产组合配置来有效分散系统性风险。当一个市场出现下跌时，其他市场的上升能够化解投资于单一市场所面临的风险，有助于提高经风险调整后的投资回报水平。

(2) 多币种投资和汇率避险操作相结合

QDII 基金投资于全球多币种市场，不仅可有效降低投资单一市场所面临的汇率风险，还可分享比人民币走势更好的货币对人民币升值带来的好处。此外，QDII 基金还可通过一些外汇远期合约和货币交换等衍生工具来进行汇率的避险操作。

本章强化训练

下列选项中只有一项最符合题目要求。不选、错选均不得分。

1. 下列不属于基金投资市场风险的是(　　)。

A. 经济周期性波动风险　B. 利率风险

C. 购买力风险　D. 信用风险

2. 一只股票基金的年周转率为 100%，意味着该基金持有股票的平均时间为(　　)年。

A. 1　B. 2　C. 3　D. 4

3. 关于基金投资流动性风险管理的主要措施，下列说法错误的是(　　)。

A. 制定流动性风险管理制度，平衡资产的流动性与盈利性，以适应投资组合日常运作需要

B. 当流动性风险指标达到或超出预警阈值时，应启动流动性风险预警机制，按照既定投资策略调整投资组合资产结构，或剔除个别流动性差的证券，以使组合的流动性维持在安全水平

C. 建立针对债券发行人的内部信用评级制度，结合外部信用评级，进行发行人信用风险管理

D. 及时对投资组合资产进行流动性分析和跟踪，包括计算各类证券的历史平均交易量、换手率和相应的变现周期

4. (　　)是评估证券或投资组合系统性风险的指标，反映投资对象对市场变化的敏感度。

A. 贝塔系数　　B. 下行风险　　C. 最大回撤　　D. 跟踪误差

5. 当投资境外的市场时，基金面临最大的风险是(　　)。

A. 利率风险　　B. 汇率风险

C. 购买力风险　　D. 经济周期性波动风险

6. 下列选项中，反映股票基金风险的指标包括(　　)。

Ⅰ. 标准差　　Ⅱ. 持股数量　　Ⅲ. 融资比例　　Ⅳ. 行业投资集中度

A. Ⅰ、Ⅱ、Ⅲ　　B. Ⅰ、Ⅱ、Ⅳ

C. Ⅱ、Ⅲ、Ⅳ　　D. Ⅰ、Ⅱ、Ⅲ、Ⅳ

7. 证券投资组合 p 的收益率的标准差为0.49，市场收益率的标准差为0.32，投资组合 p 与市场收益的相关系数为0.6，则该投资组合的贝塔系数为(　　)。

A. 0.4　　B. 0.65　　C. 0.92　　D. 1.53

8. 下列关于不同类型的股票基金所面临的系统性风险，描述正确的是(　　)。

Ⅰ. 不同类型的股票基金所面临的系统性风险不同

Ⅱ. 单一行业投资基金会存在行业投资风险

Ⅲ. 单一国家型股票基金会面临较高的单一国家投资风险

Ⅳ. 系统性风险往往是投资回报的来源，是投资组合被动暴露的风险

A. Ⅰ、Ⅱ　　B. Ⅱ、Ⅲ、Ⅳ

C. Ⅰ、Ⅱ、Ⅲ　　D. Ⅲ、Ⅳ

9. (　　)通常用来衡量投资组合在将来的表现和风险情况。

A. 事前风险测度　　B. 事后风险测度

C. 下行风险　　D. 风险价值

10. 下列基金品种中，风险最高的是(　　)。

A. 混合基金　　B. 股票基金　　C. 货币基金　　D. 债券基金

参考答案及解析

1. D【解析】市场风险是指基金投资行为受到宏观政治、经济、社会等环境因素对证券价格所造成的影响而面对的风险。市场风险包括政策风险、经济周期性波动风险、利率风险、

购买力风险、汇率风险等。

2. A【解析】如果一只股票基金的年周转率为100%，意味着该基金持有股票的平均时间为1年。换手率（周转率）的倒数为基金持股的平均时间。

3. C【解析】C项属于基金投资信用风险管理的主要措施之一。

4. A【解析】贝塔（β）系数是评估证券或投资组合系统性风险的指标，反映的是投资对象对市场变化的敏感度。贝塔系数是一个统计指标，采用回归方法计算。

5. B【解析】汇率风险指的是因汇率变动而产生的基金价值的不确定性。合格境内机构投资者（QDII）基金由于涉及外汇业务对汇率反应较为敏感，因而受汇率影响较大。当投资境外的市场时，基金面临最大的风险也是汇率风险。

6. B【解析】常用来反映股票基金风险的指标有标准差、β系数、持股集中度、行业投资集中度、持股数量等指标。

7. C【解析】贝塔（β）系数的计算公式为$\beta_p=\rho_{p,m}\cdot\dfrac{\sigma_p}{\sigma_m}$，式中：$\sigma_p$为投资组合$P$的标准差；$\sigma_m$为市场的标准差。所以该投资组合的贝塔系数$=0.6\times\dfrac{0.49}{0.32}=0.92$。

8. C【解析】系统性风险往往是投资回报的来源，是投资组合需要主动暴露的风险。不同类型的股票基金所面临的系统性风险不同。例如，单一行业投资基金会存在行业投资风险，而以整个市场为投资对象的基金则不会存在行业风险；单一国家型股票基金会面临较高的单一国家投资风险，而全球股票基金则会较好地回避此类风险。

9. A【解析】风险测度分事前和事后两类。其中，事前风险测度是在风险发生前，衡量投资组合在将来的表现和风险情况。

10. B【解析】股票基金是高风险的投资基金品种，相对于混合基金、债券基金与货币基金，股票基金的预期收益与风险皆为最高。

第十章 基金业绩评价

最新考纲要求

考试大纲	考查要点	能力等级
基金业绩评价概述	投资业绩评价的目的、原则和应该考虑的因素	★★★
绝对收益与相对收益	衡量绝对收益和相对收益的主要指标的定义和计算方法	★★★
	风险调整后收益的主要指标的定义、计算方法和应用	★★★
基金业绩归因	绝对收益归因和相对收益归因的区别	★★
基金主动管理能力、业绩持续性和风格分析	主动管理能力分析模型、基金业绩持续性分析和风格分析方法	★
基金业绩评价业务体系	国内外主流基金评价方法体系要点	★
全球投资业绩标准	全球投资业绩标准（GIPS）的目的、作用和要求	★★

核心考点解读

第一节　基金业绩评价概述

考点　投资业绩评价的目的、原则和应该考虑的因素★★★

1. 基金业绩评价的目的

基金业绩评价是指基金评价机构或评价人对基金的投资收益和风险及基金管理人的管理能力开展评级、评奖或单一指标排名等。基金业绩评价是促进基金行业健康发展的重要环节，建立一套完备的基金业绩评价体系无论对基金管理人还是基金投资者都具有非常重要的意义。

（1）对基金管理人而言

由于信息披露或者品牌宣传等外部需求，基金公司需要对所管理的基金进行业绩评价。同时，考虑基金经理的投资策略与投资风格不同，通过基金业绩评价有助于帮助基金公司更好地量化分析基金经理的业绩水平，为投资目标匹配、投资计划实施与内部绩效考核提供参考。

（2）对基金投资者而言

投资者投资基金的目标是多样化的，如保全资本、跑赢通货膨胀、获取较高的绝对收益、获取较高的风险调整后收益等，通过基金业绩评价，投资者可以辨识具有投资管理能力的基金经理，并通过跟踪基金策略理性选择与其投资目标相适应、反映相应投资管理能力的基金进行投资。

2. 基金业绩评价的原则

基金业绩评价应遵循如下原则（见表 10 - 1）：

表 10 - 1 基金业绩评价的原则

原则	内容
客观性原则	①基金业绩评价应公平对待所有评价对象，具有确定、一致的评价标准、评价方法体系和评价程序 ②评价过程和评价结果客观准确，输入可量化，结果可重复，避免主观因素的干扰
可比性原则	即基金业绩评价应将同类基金的风险收益交换效率进行比较，或者对同等风险（同等收益）的基金收益率（风险）进行比较
长期性原则	即基金业绩评价应注重对基金的长期评价，基金评价的目的不仅是对基金经理专业能力和投资水平进行评价，也为未来的投资提供参考信息，而两者都是以基金业绩具备持续性为前提的，这就需要基金业绩评价能够尽量区分投资管理的运气和能力

例题精选精练

基金业绩评价应遵循的原则有(　　)。

Ⅰ. 结算原则　Ⅱ. 客观性原则　Ⅲ. 可比性原则　Ⅳ. 长期性原则

A. Ⅰ、Ⅱ、Ⅲ　B. Ⅰ、Ⅲ、Ⅳ　C. Ⅱ、Ⅲ、Ⅳ　D. Ⅰ、Ⅱ、Ⅲ、Ⅳ

【答案】C

【解析】基金业绩评价应遵循的原则有：①客观性原则；②可比性原则；③长期性原则。

3. 基金业绩评价应考虑的因素

为了有效地进行基金业绩评价，以下因素须加以考虑（见表 10 - 2）：

表 10 - 2 基金业绩评价的因素

因素	内容
基金管理规模	①与小规模基金相比，规模较大的基金的平均成本更低 ②规模较大的基金可以有效地减少非系统性风险 ③基金业绩评价需考虑基金管理规模，分析比较规模加权的基金收益率 **注：**基金规模过大，对可选择的投资对象、被投资股票的流动性等都有不利影响
时间区间	同一基金在不同时间区间内的表现可能有很大的差距，不同基金在不同时间区间内的收益、风险不具有可比性，因此，基金业绩评价时需要考虑时间区间
综合考虑风险和收益	①基金业绩评价重在评价基金投资风险管理的能力，即基金产生风险调整后的超额收益的能力 ②风险调整后的超额收益有正负之分，基金产生正的风险调整后超额收益的能力是反映基金投资管理能力的最重要的指标，正的风险调整后的超额收益也是主动管理型基金为投资者创造经济效益的终极体现

例题精选精练

评价基金业绩需要考虑的因素包括(　　)。

Ⅰ. 基金管理规模　Ⅱ. 时间区间

Ⅲ. 基金经理的工作年限　Ⅳ. 综合考虑风险和收益

A. Ⅰ、Ⅱ、Ⅳ　　B. Ⅰ、Ⅱ、Ⅲ　　C. Ⅱ、Ⅲ、Ⅳ　　D. Ⅰ、Ⅱ、Ⅲ、Ⅳ

【答案】A

【解析】为了有效地进行基金业绩评价，以下因素须加以考虑：①基金管理规模；②时间区间；③综合考虑风险和收益。

第二节　绝对收益与相对收益

考点1　衡量绝对收益和相对收益的主要指标的定义和计算方法★★★

1. 绝对收益

收益率计算是基金业绩评价的第一步。绝对收益是证券或投资组合在一定时间区间内所获得的回报，测量的是证券或证券投资组合的增值或贬值，常用百分比来表示收益率。

绝对收益的计算有如下指标：

（1）持有区间收益率

投资者购买证券、基金等投资产品，关心的是在持有期间所获得的收益率。持有区间所获得的收益通常来源于两部分：资产回报和收入回报。资产回报是指股票、债券、房地产等资产价格的增加/减少；收入回报包括分红、利息等。

$$资产回报率=\frac{期末资产价格-期初资产价格}{期初资产价格}\times 100\%$$

$$收入回报率=\frac{期间收入}{期初资产价格}\times 100\%$$

例题精选精练▶▶

假设某投资者在2015年12月31日买入1股A公司股票，价格为50元。2016年12月31日，A公司发放2元分红，同时其股价为55元。那么在该区间内，持有区间收益率为(　　)。

A. 7%　　B. 13%　　C. 14%　　D. 12.6%

【例题】C

【解析】资产回报率＝（55－50）/50×100%＝10%，收入回报率＝2/50×100%＝4%，持有区间收益率＝资产回报率＋收入回报率＝10%＋4%＝14%。

（2）现金流和时间加权收益率

时间加权收益率是指在每单位时间期间计算其金额加权收益率后，计算整个时间期间收益率的几何平均数。它是一种类似于几何平均收益率，考虑了资金的时间价值，运用了复利思想的收益率。

时间加权收益率（R）的数学公式表达为：

$$R=(1+R_1)\times(1+R_2)\times\cdots\times(1+R_n)-1$$

时间加权收益率的计算方法将收益率计算区间分为子区间，每个子区间可以是一天、一周、一个月等。每个子区间以现金流发生时间划分，将每个区间的收益率以几何平均的方式相连接。这样基金的申购、赎回与分红等资金进出不影响收益率的计算。

注：时间加权收益率的计算方法符合中国证监会关于基金净值增长率计算的规定，也是全球投资业

绩标准（GIPS）的基本要求之一。

例题精选精练

某养老基金资产组合的年初值为50万美元，前6个月的收益率为15%，下半年发起人又投入50万美元，年底资产总值为118万美元，则其时间加权收益率为(　　)。

A. 9.77%　　B. 15.00%　　C. 18.00%　　D. 26.23%

【答案】D

【解析】前6个月的收益率为15%；后6个月的收益率 = [118 − 50 − 50 ×（1 + 15%）] / [（50 + 50 ×（1 + 15%）] = 9.77%；时间加权收益率 $R=(1+R_1)\times(1+R_2)-1=(1+15\%)\times(1+9.77\%)-1=26.23\%$。

(3) 平均收益率

在对不同基金多期收益率的衡量和比较上，常常会用到平均收益率指标。平均收益率一般可分为算术平均收益率和几何平均收益率。

①算术平均收益率（R_A），即计算各期收益率的算术平均值，其计算公式为：

$$R_A=\frac{\sum_{t=1}^{n}R_t}{n}\times 100\%$$

式中：R_t 表示 t 期收益率；n 表示期数。

②几何平均收益率（R_G），其计算公式为：

$$R_G=\left(\sqrt[n]{\prod_{i=1}^{n}(1+R_i)}-1\right)\times 100\%$$

▶几何平均收益率运用了复利的思想，即考虑了货币的时间价值，这一点与时间加权收益率类似，即时间加权收益率说明的是1元投资在 n 期内所获得的总收益率，而几何平均收益率是计算1元投资在 n 期内的平均收益率。

▶算术平均收益率大于几何平均收益率，两者之差随收益率波动加剧而增大。

▶由于几何平均收益率是通过对时间进行加权来衡量收益的情况，因此克服了算术平均收益率会出现的上偏倾向。

(4) 基金收益率

公募基金的资产净值常常以基金单位资产净值的形式公布，即基金净值除以总份额数，也称份额净值，其计算公式为：

期末基金单位资产净值 = 期末基金资产净值/期末基金单位总份额

与资产净值不同，基金单位资产净值不受基金份额申购赎回的影响。利用基金单位资产净值计算收益率，只需考虑分红。

假定红利发放后立即对本基金进行再投资，且红利以除息前一日的单位净值为计算基准立即进行再投资，分别计算每次分红期间的分段收益率，考察期间的时间加权收益率可由分段收益率连乘得到：

$$\begin{aligned}R&=[(1+R_1)(1+R_2)(1+R_3)\cdots(1+R_n)-1]\times 100\%\\&=\left(\frac{NAV_1}{NAV_0}\cdot\frac{NAV_2}{NAV_1-D_1}\cdots\frac{NAV_{n-1}}{NAV_{n-2}-D_{n-2}}\cdot\frac{NAV_n}{NAV_{n-1}-D_{n-1}}\right)\times 100\%\end{aligned}$$

式中：R_1 表示第一次分红前的收益率；R_2 表示第一次分红后到第二次分红前的收益率，

R_n 以此类推；NAV_0 表示期初份额净值；NAV_1，…，NAV_{n-1} 分别表示各期除息日前一日的份额净值；NAV_n 表示期末份额净值；D_1，D_2，…，D_n 分别表示各期份额分红。

以上计算方法的假设前提之一是，红利以除息前一日的单位净值减去每份基金分红后的单位净值为计算基准立即进行了再投资。在实际操作中，基金往往规定红利以除息日的单位净值为计算基准确定再投资份额。

2. 相对收益

基金的相对收益，又叫超额收益，代表一定时间区间内，基金收益超出业绩比较基准的部分。广义来说，相对收益的概念也涵盖了主动收益、阿尔法收益等。

相对收益可以采用算术法与几何法两种方法进行计算：

$$ER_a = R_p - R_b$$

$$ER_g = \frac{R_p + 1}{R_b + 1} - 1$$

其中，ER_a 代表算术法计算的相对收益；ER_g 代表几何法计算的相对收益；R_p 为基金收益；R_b 为基准收益。

注：算术法计算相对收益较为直观，应用也更广泛。

考点 2　风险调整后收益的主要指标的定义、计算方法和应用★★★

1. 风险调整后收益的主要指标的定义和计算方法（见表 10－3）

表 10－3　风险调整后收益的主要指标

指标	公式	内容
夏普比率（S_p）	$S_p = \frac{\overline{R_p} - \overline{R_f}}{\sigma_p}$ 式中：S_p 表示夏普比率；R_p 表示基金的平均收益率；$\overline{R_f}$ 表示平均无风险收益率；σ_p 表示基金收益率的标准差	①夏普比率是诺贝尔经济学奖得主威廉·夏普于 1966 年根据资本资产定价模型（CAPM）提出的经风险调整的业绩测度指标 ②基金收益率和无风险收益率应用平均值的原因，是在测度期间内两者都是在不断变化的 ③夏普比率数值越大，表示单位总风险下超额收益率越高 ④当组合超额收益为负数，除以较大（小）的总风险时，夏普比率得到较小（大）的负数，基金业绩反而变得较佳（差），由此会产生错误的评价结论
特雷诺比率（T_p）	$T_p = \frac{\overline{R_p} - \overline{R_f}}{\beta_p}$ 式中：T_p 表示特雷诺比率；$\overline{R_p}$ 表示基金的平均收益率；$\overline{R_f}$ 表示平均无风险收益率；β_p 表示系统风险	①特雷诺比率来源于 CAPM 理论，表示的是单位系统性风险下的超额收益率 ②在风险偏好一定的情况下，较大的 T_p 值对应的投资组合对投资者的吸引力更大 ③当组合超额收益为负数，除以较大（小）的系统风险时，特雷诺比例会得到较小（大）的负数，基金业绩反而变得较佳（差），由此会产生错误的评价结论

（续表）

指标	公式	内容
詹森 α	$\alpha_p=(\overline{R_p}-\overline{R_f})-\beta_p(\overline{R_M}-\overline{R_f})$ $=\overline{R_p}-[\overline{R_f}+\beta_p(\overline{R_M}-\overline{R_f})]$ 式中：$\overline{R_p}$表示基金的平均收益率；$\overline{R_f}$表示平均无风险收益率；β_p 表示系统风险；$\overline{R_M}$表示市场平均收益率	①詹森 α 衡量的是基金组合收益中超过 CAPM 预测值的那一部分超额收益 ②α_p 指标的范围及意义： ▶若 $\alpha_p=0$，说明基金组合的收益率与处于相同风险水平的市场指数的收益率不存在显著差异 ▶当 $\alpha_p>0$ 时，说明基金表现要优于市场指数表现 ▶当 $\alpha_p<0$ 时，说明基金表现要弱于市场指数的表现
信息比率（IR）	$IR=\dfrac{\overline{R_p}-\overline{R_b}}{\sigma_{p-b}}$ 式中：$\overline{R_p}$表示投资组合平均收益率；$\overline{R_b}$表示业绩比较基准平均收益率，两者之差即为超额收益；σ_{p-b}表示跟踪误差	①信息比率（IR）是对相对收益率进行风险调整的分析指标 ②信息比率是单位跟踪误差所对应的超额收益 ③信息比率越大，说明该基金在同样的跟踪误差水平上能获得更大的超额收益，或者在同样的超额收益水平下跟踪误差更小

注：风险调整后收益指标的计算均假定投资组合的风险与收益之间线性相关且在整个时间内均线性相关。

例题精选精练

1. 投资组合的平均收益率为15%，收益率标准差为21%，β 值为1.15，若平均无风险收益率为7%，则该投资组合的夏普比率为（　　）。

A. 0.06　　B. 0.15　　C. 0.21　　D. 0.38

【答案】D

【解析】根据投资组合中夏普比率的计算公式 $S_p=\dfrac{\overline{R_p}-\overline{R_f}}{\sigma_P}$，式中：$S_p$ 表示夏普比率；$\overline{R_p}$表示基金的平均收益率；$\overline{R_f}$表示平均无风险收益率；σ_p 表示基金收益率的标准差。则该投资组合的夏普比率 $S_p=\dfrac{15\%-7\%}{21\%}=0.38$。

2. 某基金的 β 值为1.2，平均收益率为16%，市场组合的平均收益率为12%，平均无风险利率为6%，其詹森 α 为（　　）。

A. 0.020　　B. 0.022　　C. 0.026　　D. 0.028

【答案】D

【解析】詹森 α 衡量的是基金组合收益中超过 CAPM 模型预测值的那一部分超额收益。用公式表示为：$\alpha_p=(\overline{R_p}-\overline{R_f})-\beta_p(\overline{R_M}-\overline{R_f})=\overline{R_p}-[\overline{R_f}+\beta_p(\overline{R_M}-\overline{R_f})]$，式中：$\overline{R_p}$表示基金的平均收益率；$\overline{R_f}$表示平均无风险收益率；$\beta_p$ 表示系统风险；$\overline{R_M}$表示市场平均收益率。将数据代入公式，该基金的詹森 $\alpha=16\%-[6\%+1.2\times(12\%-6\%)]=0.028$。

2. **特雷诺比率、詹森 α 与证券市场线的关系**

(1) 夏普比率、特雷诺比率、詹森 α 的关系

特雷诺比率与夏普比率相似，均假定风险与收益之间呈线性关系，两者的区别在于特雷诺比率使用的是系统性风险，夏普比率则对总体风险进行了衡量。对于一个充分分散化的基金组合，其总体风险等于系统性风险，因而特雷诺比率等于夏普比率。

詹森 α 与特雷诺指标一样，假定投资组合充分分散化，即投资组合的风险仅为系统性风险，用 β 系数衡量。詹森 α 指标仅在相同风险等级的基金群体中可以比较，在不同风险等级的基金群体中不可比较。

(2) 特雷诺比率、詹森 α 与证券市场线的关系

CAPM 是风险调整后收益指标的理论基础。我们使用 CAPM 将投资组合收益分解为与市场风险相关的 β 带来的收益以及超额的 α 收益（见图 10－1）。

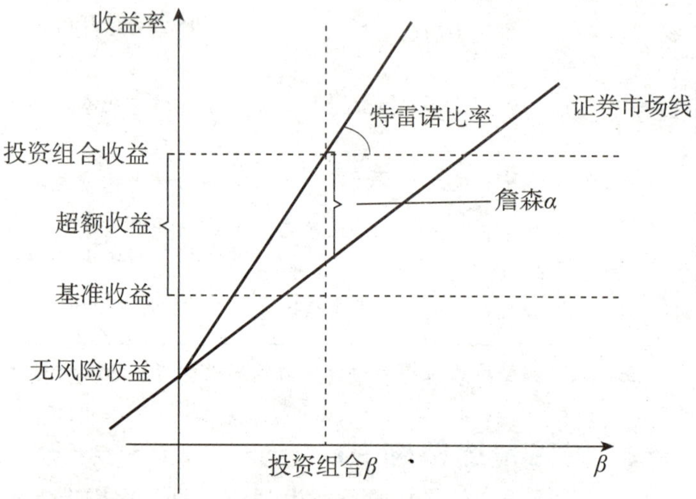

图 10－1　特雷诺比率、詹森 α 与证券市场线的关系

图中，证券市场线表示了市场风险暴露程度以及与之相对应的收益。詹森 α 是投资组合收益扣除市场风险暴露部分剩余的收益。特雷诺比率是无风险收益到投资组合收益两点间直线的斜率，反映了承担单位市场风险所获得的超额收益。

3. **风险调整后收益的主要指标的应用**

在应用 CAPM 进行事后风险调整时，应注意：

(1) 理论上的无风险收益率（证券市场线中使用的无风险收益率）与实际应用中的国债收益率往往不同。

(2) 没有被普遍接受或使用的完全具有代表性的市场指数。

(3) 证券的波动性会使统计误差变得很大，并对超额收益 α 的测度造成实质影响。

(4) β 系数并不是固定不变的。

考点 3　基金业绩评价的基准组合★

在基金业绩评价的各种模型中，多会涉及基准组合这一要素。传统的 CAPM 和 APT 的业绩度量的结果往往存在偏差。

实际操作中一般根据投资范围和投资目标选取基准指数，可以是全市场指数、风格指数，也可以是由不同指数复合而成的复合指数。如果一个基金的目标是投资特定市场或特定行业，就可以选取该市场或行业指数，如以创业板指数或医药生物行业指数作为业绩比较基准。此外，也可以选取几个指数的组合作为一个基金的业绩比较基准；混合型基金经常选取这样的业绩比较基准。

第三节 基金业绩归因

考点 绝对收益归因和相对收益归因的区别★★

1. 绝对收益归因

在绝对收益归因中，我们考察在特定区间内，每个证券和每个行业如何贡献到组合的整体收益。假设在考察区间内没有交易行为，每个证券的贡献为自身的收益率乘以其初始权重，即：

$$C_i = \frac{\mathrm{BMV}_i}{\sum_{i=1}^{n}\mathrm{BMV}_i} \times R_i$$

式中，BMV 表示证券期初市场价格；R 表示区间收益率；C 表示收益贡献；i 表示单个收益贡献因素；n 表示贡献因素总数量。

注：绝对收益归因提供了一个考察证券和行业收益的直观方式。

2. 相对收益归因

（1）对于追求相对收益的基金，管理人和投资者需要关心基金是如何跑赢或跑输其业绩比较基准的。

（2）对股票投资组合进行相对收益归因分析，最常用的是 Brinson 模型。Brinson 模型分两种：Brinson－Hood－Beebower（BHB）模型和 Brinson－Fachler（BF）模型。

（3）股票投资经理在考虑如何战胜指数时，可以进行各种不同的资产配置或挑选不同的证券。在 Brinson 模型中，资产配置效应是指把资金配置在特定的行业子行业或其他投资组合子集带来的超额收益；选择效应是挑选证券带来的超额收益。下面以 BHB 模型为例：

①资产配置效应

▶在一个持有期内，组合第 i 项投资子集的配置效应为该项投资子集在基准中的收益率乘以该项投资子集在投资组合与基准中的权重之差。

$$Allocation\ (i) = r_i^b \times (w_i^p - w_i^b)$$

式中：r_i^b 为基准中第 i 项投资子集的收益率；w_i^p 为第 i 项投资子集在投资组合中的权重；w_i^b 为第 i 项投资子集在基准中的权重。

▶对于投资组合整体而言，资产配置效应为所有投资子集的配置效应之和，即：

$$\begin{aligned}\sum Allocation\ (i) &= \sum r_i^b \times (w_i^p - w_f^b) \\ &= \sum r_i^b \times w_i^p - \sum r_i^b \times w_f^b\end{aligned}$$

式中：$\sum r_i^b \times w_i^p$ 是假定投资组合中各投资子集收益率与基准指数相应投资子集相同，而权重不变时，该投资组合的收益率；$\sum r_i^b \times w_i^b$ 为基准收益率。配置效应即为两者之差。这种分析方式能够将权重配置带来的影响独立出来。

②选择效应

▶在一个持有期内，组合第 i 项投资子集的选择效应为该项投资子集在组合和基准中的收益率之差乘以该项投资子集在投资组合中的权重：

$$Selection\ (i) = (r_i^p - r_i^b) \times w_i^p$$

上式中，r_i^p 为投资组合中第 i 项投资子集的收益率；r_i^b 为基准中第 i 项投资子集的收益率；w_i^p 为第 i 项投资子集在投资组合中的权重。

►对于投资组合整体而言，选择效应为所有投资子集配置效应之和，也就是每个投资子集超额收益的加权平均：

$$\sum Selection\ (i)\ = \sum (r_i^p - r_i^b)\ \times w_i^p$$

第四节　基金主动管理能力、业绩持续性和风格分析

考点　主动管理能力分析模型、基金业绩持续性分析和风格分析方法★

基金评价是一个复杂的问题，它不仅涉及基金业绩的度量，也包括基金业绩的主动管理能力、业绩持续性以及投资风格等多方面的分析和评估。

1. 主动管理能力分析

为有效评价基金主动投资管理能力，学者们提出不同的基于收益率的时间序列回归模型来检验基金经理有效获取超额收益的能力（见表 10－4）。

表 10－4　对基金经理市场时机把握能力进行检验的主要模型

研究者及时间	模型名称	模型结构	原理
Treynor Mazuy（1966 年）	T－M 模型	$R_p - r_f = a + b\ (R_m - r_f)\ + c\ (R_m - r_f)^2 + \varepsilon_p$ 如果 c 在统计上显著大于零，表明基金存在时机选择能力	通过基金经理根据市场上涨或下跌的预测，进行相应资产调整后的组合风险收益波动情况与市场风险收益波动情况的关系呈现直线、折线还是曲线，判断基金经理是否持续跑赢了市场
Henriksson Merton（1981 年）	H－M 模型	$R_p - r_f = a + b\ (R_m - r_f)\ + c\ (R_m - r_f)^2 D + \varepsilon_p$ D 是虚拟变量，当 $R_p - r_f > 0$ 时，$D = 1$，否则 $D = 0$，如果 D 在统计上显著大于零，表明基金存在时机选择能力	引入一个带有虚拟变量的模型
Chang Lewellen（1984 年）	C－L 模型	$R_p - r_f = a + b \times \min\ (0,\ R_m - r_f)\ + c \times \max\ (0,\ R_m - r_f)\ + \varepsilon_p$ 其中 b，c 分别表示空头市场与多头市场下的 β 系数，当 $c - b > 0$ 时，就表示基金经理人存在择时能力	根据市场买卖盘的强弱引进双 β 概念，通过比较两个 β 差值的大小，判断基金的择时能力

注： C－L 模型相比其他两个模型，具有更强的适用性。

上述模型均通过检验组合 β 值变动的有效性来判断基金经理的时机选择能力，如果基金经理不进行市场时机选择的操作，仅采取证券选择操作，投资组合的 β 值应该是稳定的；如果基

金经理能够成功地预测市场走势，并据此进行时机选择操作，组合的β值应该是变动的。

2. **基金业绩的持续性分析与预测**

基金业绩的持续性是指前期业绩较好的基金在未来一段时间内的业绩也会相对较好，而前期业绩较差的基金在未来一段时间内的业绩也会相对较差的现象。基金业绩的持续性分析着眼于对基金过去表现与未来表现之间关系的研究，亦即对基金业绩是否具有可预测性的研究。

早在夏普和詹森提出基金业绩的分析指标之时，有关基金业绩持续性的分析就已经开展。国外对基金业绩持续性的实证研究成果较多，用到的研究方法主要有以下三种。

（1）基于基金输赢变化的或然表的方法

或然表实际上是一张简单的概率分布表，反映的是所有样本基金在连续两个时期内分别处于"输赢""输输""赢输""赢赢"地位的数量。

（2）基金收益序列的回归系数检验

回归系数法主要是通过检验一组基金后期的业绩对前期业绩进行回归的斜率系数是否显著对业绩持续性进行判断。

（3）基金收益率排序的 Spearman 等级相关系数的检验

Spearman 等级相关系数检验法是将基金前后期的业绩进行排序，用 Spearman 等级相关系数检验前后期基金业绩排名顺序是否有变化。如果前后业绩排名具有显著正相关时，则表明基金业绩具有持续性。

3. **基金投资风格检验方法**

基金投资风格分析被广泛认为具有价值和适用性，是对基金进行业绩评价的前提。识别基金投资风格的方法有事前分析和事后分析两种。事前分析，是根据基金招募说明书中投资目标和投资策略来确定基金的投资风格；事后分析，是根据基金在实际运作期间表现出来的特征来识别其投资风格，具体可以分为两类——基于组合的风格分析和基于收益率的风格分析。学术界及业界的研究和应用主要集中于事后风格分析。

（1）基于组合的风格分析

基于组合的风格分析方法是目前评估基金投资风格的常用方法，一般是在某个时点上先将市场上所有股票分别按照某几项特征（如市值、账面市值比、过去收益率等）分档，然后再根据每只基金所持股票的各项特征值计算出该基金在每一项特征上的加权平均值（权重为各股票在投资组合中的市值比重），并比照股票分档点归入某一档，以此确定每只基金在该时点上的投资风格。在此基础上，再计算所有基金在每项特征上的平均值，与市场上所有股票在相应特征上的平均值相比较，或者计算在每一项特征的各档中，基金净值占全部基金总净值的比，与相应特征的各档中股票市值占所有股票总市值比较，以此评价基金的总体投资风格。

优点：采用此方法进行风格分析时，不需要复杂的算法和模型，仅通过对单一的证券分类，并按照统一的框架来确定风格特征。

缺点：最大的缺点是数据的适时性和收集成本。

注：在实践中，基于组合的风格分析方法被基金公司和评估机构广泛采用，如美国的 Morning Star 公司的基金投资风格箱方法等。

（2）基于收益率的风格分析

基于收益率的风格分析是资产收益率的多因素模型在风格分析中的运用，即根据基金的收益率对各种风格资产（以相应的风格指数代表）收益率的敏感性来确定基金的投资风格。

Sharp（1988，1992）提出了一个十二因素模型用于基金的投资风格分析，该方法是一种有限制的二次型优化方法，即通过在预先设定的一组基金指数上对基金的投资组合回报进行回归，来确定与基金实际行为近似的资产组合。按其描述可以表示为：

$$R_{pt} = \sum_{j=1}^{n} \beta_{pj} F_{jt} + \varepsilon_{pt}$$

式中：R_{pt}为基金的投资组合P在t时期的收益率；F_{jt}为第j种风格资产在t时期的收益率；β_{pj}为投资组合P的收益率对第j种风格资产的敏感系数，且β_{p1}，β_{p2}，$\cdots$，β_{pn}，$\geqslant 0$，$\sum_{j=1}^{n}\beta_{pj} = 1$；残差$\varepsilon_{pt}$表示基金投资组合收益率与同风格的被动组合收益率之差，因而可以用来解释基金的选择能力，包括选择证券能力与市场择时能力；$R_{pt} - \varepsilon_{pt}$解释了基金的投资风格。

根据上述公式用基金过去若干期的收益率数据与各风格资产的收益率数据进行多元线性回归，并采用二次规划方法估计敏感系数β_{pj}，所有敏感系数中最大者对应的资产类风格就是该基金的投资风格。

缺点：基于收益率的风格分析需要20～36个月的业绩，所以此方法不适用于新的投资组合或不能检验短期内风格的变化；且依赖于基准指数的选择，当基准指数相关性较低时较准确。

除此之外，一些学者运用数学规划、神经网络、混沌理论等提出了许多全新的基金业绩评价方法。但是由于这些方法需要较深的数理知识，且评价结果较为抽象不易理解，难于为人们所接受。至今，传统的基金业绩评价指标仍然是较为流行的。

第五节　基金业绩评价业务体系

考点　国内外主流基金评价方法体系要点★

1. 基金业绩评价业务介绍

2010年5月，中国证券业协会公布了第一批具有协会会员资格的基金评价机构名单，主要包括3家证券投资咨询机构及独立基金评价机构，分别为：晨星资讯（深圳）有限公司、天相投资顾问有限公司、北京济安金信科技有限公司；4家证券公司，分别为：中国银河证券股份有限公司、海通证券股份有限公司、招商证券股份有限公司、上海证券有限责任公司；3家基金评奖机构，分别为：中国证券报社、上海证券报社、深圳证券时报社有限公司。

基金业绩评价包括基金分类、评价指标计算、评价结果发布等多个环节，经过多年的发展和实践，国内外基金评价机构已经形成各具特色、各有侧重的基金业绩评价方法体系。

2. 国内外主流基金业绩评价体系的特点（见表10－5）

表10－5　国内外主流基金业绩评价体系的特点

特点	内容
基金分类	基金业绩评价机构的业务特色集中于基金类别细分，将基金依据基金合同、投资策略等进行细化分类，注重基础源数据的采集处理，以确保相同分类层级中各基金简单收益率的可比性

（续表）

特点	内容
方法模型	在单因素模型的基础上，结合国内基金投资实践，开发出多因素模型，精确度量股票型基金因承担债券市场风险产生的超额收益或债券型基金因承担股票市场风险产生的超额收益
充分考虑公募基金相对收益的特征	基金评价方法体系中充分考虑公募基金相对收益的特征，测度每只基金长期超越自身基准的能力，目的是鞭策基金管理人遵照基金契约与投资业绩基准，为投资者创造长期超额收益
充分考虑信息有效性因素	在基金评价过程中，为体现最近期数据在评价过程中包括最新有效信息的重要性，较近期赋予较高权重，综合考察基金创造超额收益的能力
关注基金的下行风险	注重考察基金风险管理能力、证券选择能力和时机选择能力三大投资管理能力的同时，重点关注基金的下行风险，因为组合向下的风险才是投资者真正担心的
其他	①有基金评价机构除了关注收益的因子回归以外，也考察基金组合重仓持有证券的特征 ②除了采用定量指标进行评价外，也关注定性指标等

注：为了便于投资者理解，目前多数基金业绩评价机构通过星级将基金在同类中的排名情况进行表示，这种方法的优势在于直观清晰，但投资者需要理解星级背后代表的各家评级机构评价方法和逻辑，也需要充分认识到基于历史数据和统计方法的局限性。

第六节　全球投资业绩标准

考点　全球投资业绩标准（GIPS）的目的、作用和要求★★

1. 全球投资业绩标准（GIPS）的作用

CFA 协会在 1995 年开始筹备成立全球投资业绩标准（GIPS）委员会，负责发展并制定单一绩效的呈现标准。该标准的作用是通过制定业绩报告，确保投资表现结果获得充分的声明与披露，并对实际情况做出完整的衡量与体现。

自 1999 年 CFA 协会正式批准 GIPS 为全球投资业绩标准以来，它已经逐渐为各国所接受。此后，GIPS 委员会随着行业的变化不定期对标准进行调整。

遵循 GIPS 可以提高业绩报告的透明度，确保在一致、可靠、公平且可比的基础上报告投资业绩数据，让不同投资管理机构的投资业绩具有可比性。

例题精选精练▶▶

遵循 GIPS 可以提高业绩报告的透明度，确保在(　　)且可比的基础上报告投资业绩数据，让不同投资管理机构的投资业绩具有可比性。

A. 一致、可靠、公平　　　　B. 简洁、可靠、公平

C. 一致、信用、公平　　　　D. 简洁、可靠、平衡

【答案】A

【解析】遵循 GIPS 可以提高业绩报告的透明度，确保在一致、可靠、公平且可比的基础上报告投资业绩数据，让不同投资管理机构的投资业绩具有可比性。

2. GIPS 特点

（1）GIPS 非强制，属于自愿参与性质，并代表业绩报告的最低标准。如其中条款条约与当地法律法规有冲突，则以当地法律为准，并需将该情况进行充分披露。

（2）GIPS 标准包含两套。一套为必须遵守的规定，投资管理机构必须在全体一致遵守所有规定的情况下，方可宣称已符合标准；另一套为推荐遵守的行业最高标准。为了实现 GIPS 的目标，公司在符合规定的同时，也应努力遵守最高标准。

（3）为了防止机构仅展示业绩良好的组合，GIPS 规定投资管理机构应将所有可自由支配于预期投资策略及收取管理费的组合，根据相同策略或投资目标，纳入至少一个以上的组合群。

（4）除成立未满 5 年的投资管理机构外，所有机构必须汇报至少 5 年以上符合 GIPS 的业绩，并于此后每年更新业绩，一直汇报至 10 年以上的业绩。公司可关联 2000 年 1 月 1 日之前不符合标准的业绩，但自该日起的业绩必须遵守最新的 GIPS 标准。

（5）GIPS 依赖于输入数据的真实性与准确性。投资管理机构应遵守 GIPS 规定的计算方式和呈现模式，并对规定内容进行充分的声明与披露。

3. GIPS 输入数据的相关规定

（1）自 2011 年 1 月 1 日起，组合必须以公允价值进行实际估值。对于交易不频繁或难以获取市价的证券，投资管理机构应采用受广泛认可的其他合理估值方式，并遵守 GIPS 估值原则。进行估值的日期应为月底或月内的最后一个交易日。

（2）2001 年 1 月 1 日前，组合必须至少每季度进行一次实际估值；2001 年 1 月 1 日后，对于估值周期的要求由季度更改为月度。自 2010 年 1 月 1 日起，组合须至少每月度进行一次实际估值，并在所有出现大额对外现金流的日子进行实际估值。

（3）自 2005 年 1 月 1 日起，投资管理机构必须采用交易日会计制。

（4）对固定收益类等应计利息的证券，必须采用权责发生制。

4. GIPS 收益率计算的相关规定

（1）必须采用总收益率，即包括实现的和未实现的回报以及损失并加上收入。

（2）必须采用经现金流调整后的时间加权收益率。不同时期的回报率必须以几何平均方式相关联。最低要求为：自 2005 年 1 月 1 日起，必须采用经每日加权现金流调整后的时间加权收益率；自 2010 年 1 月 1 日起，必须在所有出现大额对外现金流的日子对投资组合进行实际估值。

（3）投资组合的收益必须以期初资产值加权计算，或采用其他能反映期初价值及对外现金流的方法。

（4）在计算收益时，必须计入投资组合中持有的现金及现金等价物的收益。

（5）所有的收益计算必须扣除期内的实际买卖开支，而不得使用估计的买卖开支。

（6）自 2006 年 1 月 1 日起，投资管理机构必须至少每季度一次计算组合群的收益，并使用个别投资组合的收益以资产加权计算。自 2010 年 1 月 1 日起，必须至少每月一次计算组合群收益，并使用个别投资组合的收益以资产加权计算。

（7）若实际的直接买卖开支无法从综合费用中确定并分离出来，则在计算未扣除费用收益时，从收益中减去全部综合费用或综合费用中包含直接买卖开支的部分，而不得使用估计出的买卖开支；计算已扣除费用收益时，必须从收益中减去全部综合费用或综合费用中包含直接买卖开支及投资管理费用的部分，而不得使用估计的买卖开支。

例题精选精练

关于 GIPS 收益率计算的相关规定，下列表述错误的是（　　）。

A. 必须采用经现金流调整后的时间加权收益率

B. 必须采用总收益率，即包括实现的和未实现的回报以及损失

C. 自 2006 年 1 月 1 日起，投资管理机构必须至少每季度一次计算组合群的收益，并使用个别投资组合的收益以资产加权计算

D. 在计算收益时，必须计入投资组合中持有的现金及现金等价物的收益

【答案】B

【解析】GIPS 的作用是通过制定业绩报告，确保投资表现结果获得充分的声明与披露，并对实际情况做出完整的衡量与体现。关于收益率的计算，要求必须采用总收益率，即包括实现的和未实现的回报以及损失并加上收入。

5. GIPS 组合群设定的相关规定

（1）组合群必须以相同投资目标或策略定义。组合群应包含所有符合其定义的投资组合。组合群定义得太宽或太窄，均不利于投资者在投资管理机构间进行业绩比较。

（2）投资管理机构应及时将新的投资组合纳入组合群。已终止投资组合的历史业绩应保留在组合群内，直至管理期限内的最后一个完整汇报期。例如，汇报季度业绩时，于 7 月 15 日终止的投资组合业绩应保留于截至 6 月 30 日的组合群。同理，汇报年度业绩时，该组合业绩不应保留于当年的组合群，而是保留于上一个完整年度的组合群。

（3）除非正式修订组合的投资目标、范围、策略等适当理由，投资管理机构不可随意将投资组合在组合群间转换。

6. GIPS 信息披露与报告展示的相关规定

GIPS 关于信息披露与报告展示的条款众多，对于必须公开的具体信息以及必须在业绩报告里做出展示的内容做了详细的规定。具体条款在此不做详述，有兴趣者可上 GIPS 标准网站进行查询。GIPS 也允许投资管理机构在营销材料上按照 GIPS 有关规定，仅展示 GIPS 报告的简略版本，前提为必须注明 GIPS 详细报告可按需提供。

7. GIPS 另类资产及独立管理账户的业绩标准

GIPS 对于房地产与具有固定资产和固定投资人数的私募基金等另类资产业绩也做了相应规定。与传统资产相比，这些资产具有流动性较低、估值困难等特点，GIPS 也做了相应的调整。此外，GIPS 针对缴纳捆绑费用及由第三方管理的独立账户做了额外的规定。

8. GIPS 审计

为了增加投资管理机构符合 GIPS 标准的可信性，机构可自愿聘请独立第三方审计公司，审计 GIPS 合规情况。在通过审核后，机构可注明在符合 GIPS 标准的基础上，已通过第三方独立审计。如第三方认为机构不符合标准，则应出具说明解释具体原因。

本章强化训练

下列选项中只有一项最符合题目要求。不选、错选均不得分。

1. 绝对收益的计算指标不包括(　　)。

A. 持有区间收益率　　B. 时间加权收益率

C. 相对于业绩比较基准的收益　　D. 平均收益率

2. 某基金詹森 α 为2%，表示其表现(　　)。

A. 不如市场指数表现　　B. 优于市场指数表现

C. 等于市场指数表现　　D. 不确定

3. 某基金年度平均收益率为20%，假设无风险收益率为3%（年化），该基金的年化波动率为25%，贝塔系数为0.68，则该基金的特雷诺比率为(　　)。

A. 0.2　　B. 0.25　　C. 0.68　　D. 0.8

4. 投资者购买证券、基金等投资产品，关心的是在持有期间所获得的收益率。持有区间所获得的收益通常来源于两部分，即(　　)。

Ⅰ. 资产收益　　Ⅱ. 资产回报　　Ⅲ. 投资回报　　Ⅳ. 收入回报

A. Ⅰ、Ⅱ　　B. Ⅰ、Ⅲ　　C. Ⅱ、Ⅲ　　D. Ⅱ、Ⅳ

5. 假定在样本期内无风险利率为6%，市场资产组合的平均收益率为18%；基金A的平均收益率为17.6%，贝塔值为1.2；基金B的平均收益率为17.5%，贝塔值为1.0；基金C的平均收益率为17.4%，贝塔值为0.8。那么用詹森指数衡量，绩效最优的基金是(　　)。

A. 基金A+基金C　　B. 基金B

C. 基金A　　D. 基金C

6. 夏普比率、特雷诺比率、詹森 α 与CAPM模型之间的关系是(　　)。

A. 三种指数均以CAPM模型为基础　　B. 詹森 α 不以CAPM为基础

C. 夏普比率不以CAPM为基础　　D. 特雷诺比率不以CAPM为基础

7. 公募基金每天公布单位资产净值，其计算公式中不包括的因素是(　　)。

A. 期末基金单位资产净值　　B. 期末基金资产净值

C. 期末基金单位总利润　　D. 期末基金单位总份额

8. 假设某基金第一年的收益率为5%，第二年的收益率也是5%，其年几何平均收益率(　　)。

A. 小于5%　　B. 等于5%　　C. 大于5%　　D. 无法判断

9. 计算基金信息比率用到的变量是(　　)。

Ⅰ. 基金的 β 值　　Ⅱ. 投资组合平均收益率

Ⅲ. 基准组合的跟踪偏离度　　Ⅳ. 业绩比较基准平均收益率

A. Ⅰ、Ⅱ、Ⅲ　　B. Ⅱ、Ⅲ、Ⅳ　　C. Ⅰ、Ⅲ、Ⅳ　　D. Ⅲ、Ⅳ

参考答案及解析

1. C【解析】绝对收益的计算有如下指标：①持有区间收益率；②现金流和时间加权收益率；③基金收益率；④平均收益率。C项，基金相对于一定的业绩比较基准的收益是基金的相对收益。

2. B【解析】詹森α衡量的是基金组合收益中超过CAPM预测值的那一部分超额收益，用公式表示为：$\alpha_p=\overline{R_p}-[\overline{R_f}+\beta_p(\overline{R_M}-\overline{R_f})]$。式中，$\alpha_p$指标的范围及意义如下：若$\alpha_p=0$，说明基金组合的收益率与处于相同风险水平的市场指数的收益率不存在显著差异；当$\alpha_p>0$时，说明基金表现要优于市场指数表现；当$\alpha_p<0$时，说明基金表现要弱于市场指数的表现。

3. B【解析】特雷诺比率（T_p）表示的是单位系统风险下的超额收益率。用公式表示为：$T_p=\frac{\overline{R_p}-\overline{R_f}}{\beta_p}$。式中，$T_p$表示特雷诺比率；$R_p$表示基金的平均收益率；$R_f$表示平均无风险收益率；$\beta_p$表示系统风险。本题代入数值可得特雷诺比率$T_p=(20\%-3\%)/0.68=0.25$。

4. D【解析】投资者购买证券、基金等投资产品，关心的是在持有期间所获得的收益率。持有区间所获得的收益通常来源于两部分：资产回报和收入回报。

5. D【解析】詹森α的公式为$\alpha_p=\overline{R_p}-[\overline{R_f}+\beta_p(\overline{R_M}-\overline{R_f})]$。基金A的詹森指数$=17.6\%-[6\%+1.2\times(18\%-6\%)]=-2.8\%$；基金B的詹森指数$=17.5\%-[6\%+1.0\times(18\%-6\%)]=-0.5\%$；基金C的詹森指数$=17.4\%-[6\%+0.8\times(18\%-6\%)]=1.8\%$。因此基金C的绩效最优。

6. A【解析】夏普比率是诺贝尔经济学奖得主威廉·夏普于1966年根据资本资产定价模型（CAPM）提出的经风险调整的业绩测度指标；特雷诺比率来源于CAPM理论，表示的是单位系统性风险下的超额收益率；詹森α衡量的是基金组合收益中超过CAPM预测值的那一部分超额收益，即三种指数均以CAPM模型为基础。

7. C【解析】公募基金的资产净值常常以基金单位资产净值的形式公布，即基金净值除以总份额数，也称份额净值，其计算公式为：期末基金单位资产净值=期末基金资产净值/期末基金单位总份额。

8. B【解析】根据计算公式，可知该基金几何平均收益率（R_G）为：

$$R_G=\left(\sqrt[n]{\prod_{i=1}^{n}(1+R_i)}-1\right)\times100\%=\left(\sqrt{(1+5\%)\times(1+5\%)}-1\right)\times100\%=5\%。$$

9. B【解析】信息比率（IR）是对相对收益率进行风险调整的分析指标。用公式可以表示为：$IR=\frac{\overline{R_p}-\overline{R_b}}{\sigma_{p-b}}$。式中：$\overline{R_p}$表示投资组合平均收益率；$\overline{R_b}$表示业绩比较基准平均收益率，两者之差即为超额收益；σ_{p-b}表示跟踪误差。跟踪误差是证券组合相对基准组合的跟踪偏离度的标准差。

AMAC

第十一章 基金的投资交易与结算

最新考纲要求

考试大纲	考查要点	能力等级
基金参与证券交易所二级市场的交易与结算	证券投资基金场内证券交易市场和结算机构	★★
	场内证券结算的原则	★★★
	场内证券结算的方式	★★★
	场内证券结算的内容与模式	★
	证券投资基金场内交易与结算涉及的主要费用项目及收费标准	★★
	场内证券交易特别规定及事项	★★
银行间债券市场的交易与结算	银行间债券市场的发展与现状	★
	银行间债券市场的交易制度	★★★
	银行间市场的交易品种和类型	★★
	银行间债券结算类型和方式	★★★
	银行间债券结算业务类型	★★
海外证券市场投资的交易与结算	境外市场交易与结算规则	★
	QDII 开展境外投资业务的交易与结算情况	★★

核心考点解读

第一节　基金参与证券交易所二级市场的交易与结算

考点 1　证券投资基金场内证券交易市场和结算机构★★

1. 场内证券交易场所

场内证券交易的场所即证券交易所，是指在证券交易所内按一定的时间、一定的规则集中买卖已发行证券而形成的市场。在我国，根据《证券法》的规定，证券交易所是为证券集中交易提供场所和设施，组织和监督证券交易，实行自律管理的法人。证券交易所的设立和解散，由国务院决定。证券交易所作为进行证券交易的场所，其本身不持有证券，也不进行证券的买卖，当然更不能决定证券交易的价格。证券交易所应当创造公开、公平、公正的市场环境，保证证券交易所的职能正常发挥。

证券交易所的组织形式有会员制和公司制两种。我国上海证券交易所和深圳证券交易所都采用会员制，设会员大会、理事会和专门委员会。理事会是证券交易所的决策机构，理事会下面可以设立其他专门委员会。证券交易所设总经理，负责日常事务。总经理由国务院证券监督管理机构任免。

例题精选精练

关于我国证券交易所，下列表述错误的是(　　)。

A. 证券交易所应当创造公开、公平、公正的市场环境，保证证券交易所的职能正常发挥

B. 证券交易所的设立和解散，由国务院决定

C. 证券交易所是为证券集中交易提供场所和设施，组织和监督证券交易，实行自律管理的法人

D. 证券交易所作为进行证券交易的场所，其本身不持有证券，也不进行证券的买卖，但可以决定证券交易的价格

【答案】D

【解析】证券交易所作为进行证券交易的场所，其本身不持有证券，也不进行证券的买卖，当然更不能决定证券交易的价格。

2. **证券登记结算机构**

《证券法》规定，证券登记结算机构是为证券交易提供集中登记、存管与结算服务，不以营利为目的的法人。设立证券登记结算机构必须经国务院证券监督管理机构批准。

证券登记结算机构为证券市场提供安全、高效的证券登记结算服务。根据自律管理的要求，它需采取以下措施保证业务的正常运行：

（1）制定完善的风险防范机制和内部控制制度。

（2）建立完善的技术系统，制定由结算参与人共同遵守的技术标准和规范。

（3）建立完善的结算参与人准入标准和风险评估体系。

（4）对结算数据和技术系统进行备份，制定业务紧急应变程序和操作流程。

为防范证券结算风险，我国还设立了证券结算风险基金，用于垫付或弥补因违约交收、技术故障、操作失误、不可抗力等造成的证券登记结算机构的损失。

中国证券登记结算有限责任公司（简称中国结算公司）是我国的证券登记结算机构，该公司在上海和深圳两地各设一家分公司，其中上海分公司（简称中国结算公司上海分公司）主要针对上海证券交易所的上市证券，为投资者提供证券登记结算服务；深圳分公司（简称中国结算公司深圳分公司）主要针对深圳证券交易所的上市证券，为投资者提供证券登记结算服务。

考点2　场内证券结算的原则★★★

1. **法人结算原则**

证券登记结算机构以结算参与机构为单位办理证券资金的结算，即清算与交收。结算参与机构应以法人名义直接在证券登记结算机构开立结算账户，用于办理相关的结算业务。

（1）根据中国结算公司深圳分公司的规定，结算参与机构可以选择仅开立综合结算备付金账户用于资金交收，也可以选择同时开立综合结算备付金账户和非担保结算备付金账户用于资金交收。同时开立非担保结算备付金账户的结算参与机构，其担保交收业务及交易所场内证券发行资金通过综合结算备付金账户完成交收，非担保交收及代收代付业务将通过非担保结算

备付金账户完成交收。

（2）根据中国结算公司上海分公司的规定，结算参与人在中国结算公司上海分公司开立的结算资金账户包括五大类：担保交收账户、非担保交收账户、基金账户、结算保证金账户和价差保证金账户。中国结算公司上海分公司目前的结算账户体系如下（见图 11－1）：

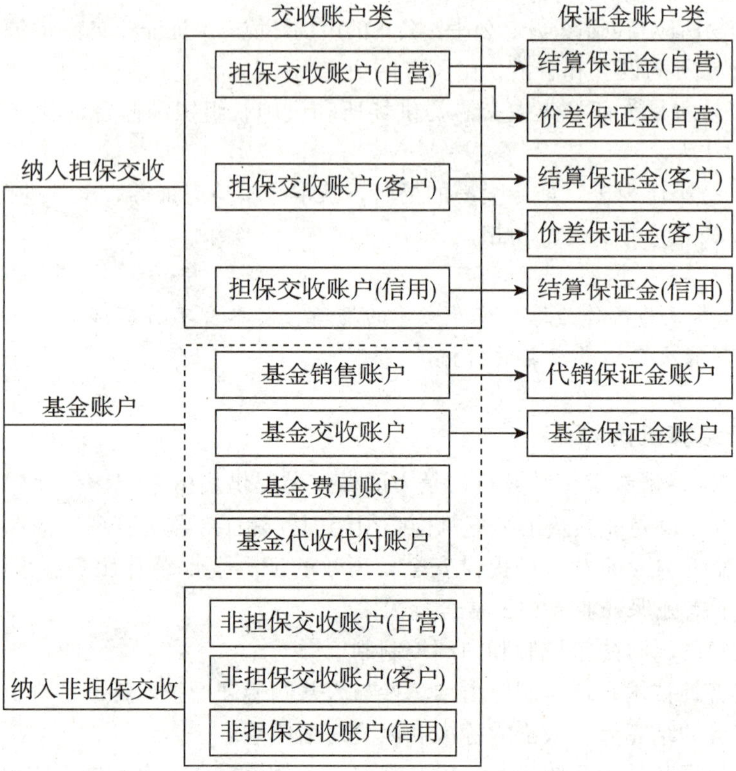

图 11－1　中国结算公司上海分公司结算账户体系

2. 共同对手方制度

共同对手方（CCP）是指在结算过程中，同时作为所有买方和卖方的交收对手并保证交收顺利完成的主体，一般由结算机构充当。如果买卖双方中的一方不能按约定条件履约交收，结算机构也要依照结算规则向守约一方先行垫付其应收的证券或资金。

共同对手方的引入，使得交易双方无须担心交易对手的信用风险，有利于增强投资信心和活跃市场交易。对于我国证券交易所市场实行多边净额清算的证券交易，证券登记结算机构（即中国结算公司）是承担相应交易交收责任的所有结算参与人的共同对手方。

例题精选精练

对于我国证券交易所市场实行多边净额清算的证券交易，（　　）是所有结算参与人的共同对手方。

A. 主承销商　　B. 证券交易所　　C. 中国结算公司　　D. 结算银行

【答案】C

【解析】对于我国证券交易所市场实行多边净额清算的证券交易，证券登记结算机构（即中国结算公司）是承担相应交易交收责任的所有结算参与人的共同对手方。

3. 货银对付原则

货银对付原则（DVP）又称款券两讫或钱货两清。货银对付是指证券登记结算机构与结算参与人在交收过程中，当且仅当资金交付时给付证券，证券交付时给付资金。通俗地说，就是“一手交钱，一手交货”。

根据货银对付原则，一旦结算参与人未能履行对证券登记结算机构的资金交收义务，证券登记结算机构就可以暂不向其交付其买入的证券，反之亦然。货银对付通过实现资金和证券的同时划转，可以有效规避结算参与人交收违约带来的风险，大大提高证券交易的安全性。

4. 分级结算原则

证券和资金结算实行分级结算原则：

（1）证券登记结算机构作为共同对手方提供多边净额结算服务时，证券登记结算机构负责与结算参与人之间的集中清算交收，结算参与人负责与客户之间的证券和资金的清算交收。

（2）证券登记结算机构不作为对手方提供结算服务时，由证券登记结算机构根据结算参与机构委托，代为完成与结算参与机构之间的证券和资金的清算交收。

（3）结算参与机构负责办理结算参与机构与客户之间的资金的清算交收。

实行分级结算，意味着对结算参与人接受投资者委托达成的证券交易，结算参与人需承担相应的证券或资金的交收责任。实行分级结算原则主要是出于防范结算风险的考虑。证券登记结算机构与客户没有直接业务联系，很难衡量客户的资质和风险；同时，由于客户数量较多、地区分布较散，在出现交收违约时，证券登记结算机构也很难处理。而对数量相对较少、实力相对较强、取得结算参与人资格的证券机构或其他机构而言，证券登记结算机构则可以有效采取风险管理措施。

注：在境外证券交易所市场，分级结算是普遍的做法。

考点3 场内证券结算的方式★★★

1. 净额结算方式

净额结算又称差额清算，指在一个清算期中，对每个结算参与人价款的清算只计其各笔应收、应付款项相抵后的净额，对证券的清算只计每一种证券应收、应付相抵后的净额。净额结算又分为双边净额结算和多边净额结算。

（1）双边净额结算

双边净额结算是指将结算参与人相对于另一个交收对手方的证券和资金的应收、应付额加以轧抵，得出该结算参与人相对于另一个交收对手方的证券和资金的应收、应付净额。

（2）多边净额结算

多边净额结算是指将结算参与人所有达成交易的应收、应付证券或资金予以充抵轧差，计算出该结算参与人相对于所有交收对手方累计的应收、应付证券或资金净额。

将结算参与人对应的所有双边净额结算结果加以累计，可以得出该结算参与人的多边净额结算结果；在引入共同对手方的情况下，计算该结算参与人相对于共同对手方的双边净额结算结果也相当于实现了多边净额结算。

例题精选精练

净额结算可分为（　　）。

Ⅰ. 单一净额结算　Ⅱ. 双边净额结算　Ⅲ. 多边净额结算　Ⅳ. 综合净额结算

A. Ⅰ、Ⅱ　B. Ⅰ、Ⅱ、Ⅲ　C. Ⅱ、Ⅲ　D. Ⅰ、Ⅱ、Ⅲ、Ⅳ

【答案】C

【解析】净额结算可分为双边净额结算和多边净额结算。

2. 全额结算方式

（1）定义

逐笔全额结算是指证券登记结算机构对每笔证券交易均独立结算，同一结算参与人应收资金（证券）和应付资金（证券）不轧差处理。

在交收时点，买卖双方应付资金和证券都符合要求的，完成交收；任何一方或双方结算参与人应付资金或应付证券不足的，交收失败。证券登记结算机构不作为双方的共同对手方，不提供交收担保。

（2）逐笔全额结算的特点

①资金（证券）的足额以单笔交易为最小单位，资金（证券）足额则全部交收，不足则全不交收，不分拆交收。

②交收期灵活，从实时逐笔全额（RTGS）到交收期为 $T+0\sim T+n$ 日不等。

③交收方式多样，结算参与人可以根据需要采用货银对付（DVP）、纯券过户等多种交收方式。

（3）目前中国结算公司上海和深圳分公司采用全额结算的产品（见表 11－1）

表 11－1　中国结算公司上海和深圳分公司的全额结算产品

市场	产品
中国结算公司上海分公司	私募债券转让、申购当日未卖出的跨市场 ETF 申购涉及的深市组合证券的现金替代、国债买断式回购到期购回、跨境 ETF 申购、货币 ETF 申购、大宗专场、不符合净额结算标准的公司债等其他债券交易、专项资产管理计划转让、非公开发行优先股的转让、部分发行类业务（股配债、老股东配售的增发、公司债场内分销）以及可交换公司债换股
中国结算公司深圳分公司	深市权证行权、约定购回、公司债协议交易、公募可交换债券协议交易、优先股协议交易、私募债、私募可交换债券、证券公司次级债、资产支持证券、股票质押式回购等交易，以现金申赎跨市场股票 ETF 申购对应的份额和现金替代、跨境 ETF 申购的份额和现金替代、跨市场债券 ETF 申赎的份额和申购的现金替代、以实物申赎的跨市场股票 ETF 申赎的份额和组合证券、跨境 ETF 赎回份额、以现金申赎的黄金 ETF 申赎的份额和申购的现金替代、证券发行及债券分销（国债分销除外），可转债转股、公募可交换债券换股、私募可交换债券换股，债券质押式协议回购（品种为国债、地方政府债、公司债、企业债、可分离债、资产支持证券、私募债、证券公司次级债等）

考点4　场内证券结算的内容与模式★

场内证券交易的结算包括证券交收与资金结算。资金结算可分为资金清算与资金交收两个过程。通过清算，确认交收日各交易参与方的债权、债务关系；通过交收，完成资金实际收付。

1. **证券交收**

证券交收包含两个层面的含义（见表11－2）：

表11－2　证券交收含义的两个层面

两个层面	内容
中国结算公司沪、深分公司与结算参与人的证券交收	①对于应付证券的结算参与人，中国结算公司沪、深分公司会将相应证券从其证券交收账户划付到中国结算公司沪、深分公司证券登记结算系统自身设立的“集中证券交收账户” ②对于应收证券的结算参与人，中国结算公司沪、深分公司会将相应证券从“集中证券交收账户”划付到其证券交收账户 ③中国结算公司沪、深分公司与结算参与人的证券交收一般称为“集中证券交收”
结算参与人与客户之间的证券交收	为完成相应的证券交收，结算参与人需委托中国结算公司沪、深分公司办理相应的证券划付 ①对于应付证券的客户，结算参与人需委托中国结算公司沪、深分公司在办理前述集中证券交收前，将相应证券从客户的证券账户划付到证券公司的证券交收账户 ②对于应收证券的客户，结算参与人需委托中国结算公司沪、深分公司在办理前述集中证券交收后，将相应证券从证券公司的证券交收账户划付到客户的证券账户

例题精选精练▶▶

下列选项中，属于证券交收环节含义的是(　　)。

A. 投资者与投资者之间的证券交收　　B. 证券公司与结算参与人之间的证券交收

C. 结算参与人与客户之间的证券交收　　D. 结算参与人与结算参与人之间的证券交收

【答案】C

【解析】证券交收包含两个层面的含义：①中国结算公司沪、深分公司与结算参与人的证券交收；②结算参与人与客户之间的证券交收。

2. **资金结算**

目前，托管资产的场内资金结算主要采用两种模式，即托管人结算模式和券商结算模式。

（1）托管人结算模式

托管人结算模式，是指托管资产场内交易形成的交收资金由托管人作为结算参与人与中国证券登记结算有限责任公司进行净额交收，然后由托管人负责与托管资产组合进行二级清算。

采用托管人结算模式的托管资产类型有证券投资基金、保险资产、企业年金基金、基金管理公司特定客户资产管理产品、证券公司单一客户资产管理计划、证券公司集合资产管理计划、QFII基金等。

托管人结算模式的前提条件是托管资产进行场内交易须通过专用交易单元，中国结算公司按交易单元将托管资产的交易和清算数据发送给托管人，并按交易单元合并清算与托管人进行净额交收。

托管人结算模式分为两级结算（见图11-2）：

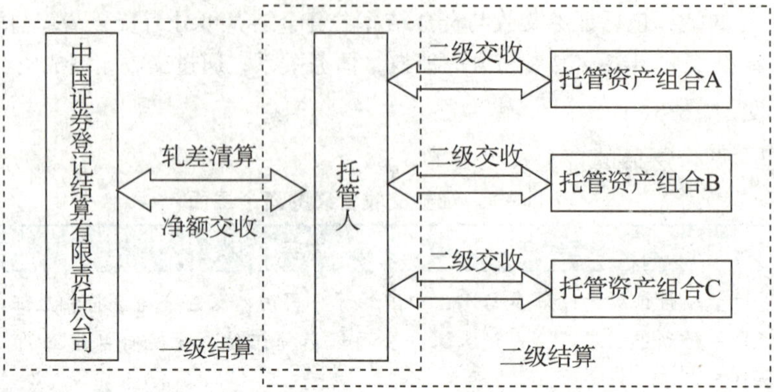

图11-2 托管人结算模式

①一级结算由托管人作为结算参与人代表托管资产与中国结算公司完成净额交收。

②二级结算由托管人根据交易和清算数据拆分计算后与托管资产组合完成二级交收。

托管人以自身名义在中国结算公司上海分公司、深圳分公司分别开立结算备付金账户，用于与中国结算公司之间完成最终不可撤销的证券与资金交收，净额交收资金通过PROP和D-COM系统划转。托管人通过托管业务系统完成与托管资产组合之间的二级交收资金划转。

（2）券商结算模式

券商结算模式也称为第三方存管模式，是指托管资产场内交易形成的交收资金由证券公司（即经纪人）作为结算参与人与中国证券登记结算有限责任公司进行交收，然后由证券公司负责与其客户进行二级清算，客户的交易资金完全独立保管于存管银行，而不存放在证券公司。

采用券商结算模式（第三方存管模式）的托管资产主要是证券公司单一客户资产管理计划、信托计划等。由于相关交易制度或交易成本等因素的限制，当托管资产的场内交易不能通过专用交易单元进行时，只能采用券商结算模式（QFII基金除外）。

证券公司作为托管资产的经纪人，代理进行场内交易，提供证券经纪服务。托管资产通过证券公司的交易单元进行场内交易，证券公司与中国结算公司进行其自有交易单元上所发生交易的资金结算，然后由证券公司依托其自身的柜台系统与托管资产组合之间进行场内证券交易资金的结算（见图11-3）。

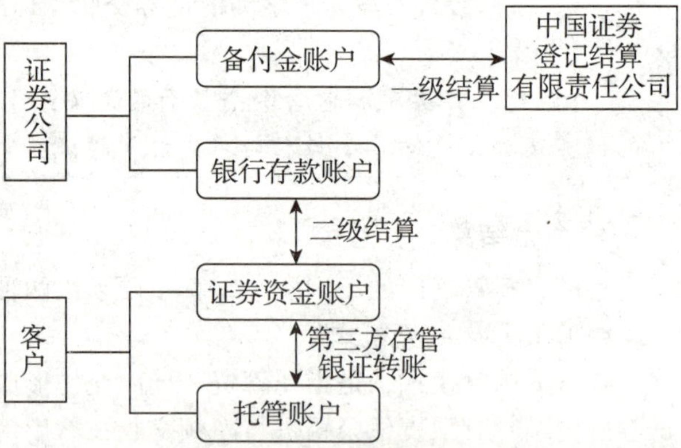

图11-3 券商结算模式

第三方存管中，证券公司为客户交易结算资金建立二级明细簿记账户（即证券资金账户），实现为每个客户单独立户管理；客户资金进出通过封闭式银证转账完成。

证券公司在存管银行开立客户交易结算资金汇总账户，用于集中存管客户交易结算资金。交易结算资金账户只得用于客户取款、证券交易资金交收和支付佣金手续费等用途。客户的证券资金账户与托管账户一一对应。

客户交易结算资金进出只能通过银证转账方式完成，证券公司不再提供客户资金存取服务，客户取出的交易结算资金只能回到其指定的银行账户，从而实现了客户交易结算资金的封闭运行。

例题精选精练▶▶

公募基金场内交易的一级结算由（　　）作为结算参与人与中国结算公司完成资金交收。

A. 基金注册登记机构　　B. 证券公司

C. 基金管理人　　D. 基金托管人

【答案】D

【解析】托管人结算模式分为两级结算：①一级结算由托管人作为结算参与人代表托管资产与中国结算公司完成净额交收；②二级结算由托管人根据交易和清算数据拆分计算后与托管资产组合完成二级交收。

考点5　证券投资基金场内交易与结算涉及的主要费用项目及收费标准★★

基金通过与券商签订交易单元租用合同，获得投资交易的路径。基金需要向券商支付交易佣金，还需要支付过户费、经手费、证管费、印花税等交易成本。

1. 佣金

佣金是投资者在委托买卖证券成交后按成交金额一定比例支付的费用，是证券经纪商为客户提供证券代理买卖服务收取的费用。此项费用由证券公司经纪佣金、证券交易所手续费及证券交易所交易监管费等组成。

佣金的收费标准因交易品种、交易场所的不同而有所差异：

（1）A股、B股、证券投资基金的交易佣金

根据中国证监会、原国家发展计划委员会（现为国家发展和改革委员会）、国家税务总局联合发布的《关于调整证券交易佣金收取标准的通知》，从2002年5月1日开始，A股、B股、证券投资基金的交易佣金实行最高上限和向下浮动制度。

①证券经纪商向客户收取的佣金（包括代收的证券交易监管费和证券交易所手续费等）不得高于证券交易金额的3‰，也不得低于代收的证券交易监管费和证券交易所手续费等。

②A股、证券投资基金每笔交易佣金不足5元的，按5元收取。

③B股每股交易佣金不足1美元或5港元的，按1美元或5港元收取。

（2）国债现券、企业债（含可转换债券）、国债回购以及出现的新的交易品种

国债现券、企业债（含可转换债券）、国债回购以及出现的新的交易品种，其交易佣金标准由证券交易所制定并报中国证监会和原国家发展计划委员会（现为国家发展和改革委员会）备案，备案15天内无异议实施。

2. 过户费

过户费是委托买卖的股票、基金成交后，买卖双方为变更证券登记所支付的费用。这笔收入属于中国结算公司的收入，由证券经纪商在同投资者清算交收时代为扣收，具体内容如下

（见表11－3）：

表11－3 过户费的收费规定

项目	规定
A股	上海证券交易所和深圳证券交易所A股过户费均按照成交金额的0.02‰向买卖双方投资者分别收取
B股	对于B股，虽然没有过户费，但中国结算公司要收取结算费： ①在上海证券交易所，结算费是成交金额的0.5‰ ②在深圳证券交易所，结算费是成交金额的0.5‰，但最高不超过500港元
优先股	对于优先股交易的登记过户费，上海市场和深圳市场均按照普通股下调20%（即0.016‰）向买卖双方投资者分别收取
ETF申购/赎回	①在上海市场，ETF申购/赎回时，过户费按照相应组合证券过户面额的0.5‰向投资者收取，但在各ETF成立后3年内按正常标准减半征收，且仅对涉及沪市成分股票的ETF收取 ②在深圳市场，ETF申购/赎回的过户费按证券过户面值的0.25‰向投资者收取，且不向债券ETF收取过户费
普通基金	普通基金交易目前不收过户费

注：在上海证券交易所，可交换债券换股时，按换股成交金额的0.02‰向投资者收取过户费。

例题精选精练

基金的过户费属于（　　）的收入。

A. 基金管理人　　B. 中国结算公司　　C. 证券交易所　　D. 基金托管人

【答案】B

【解析】过户费是委托买卖的股票、基金成交后，买卖双方为变更证券登记所支付的费用。这笔收入属于中国结算公司的收入，由证券经纪商在同投资者清算交收时代为扣收。

3. 印花税（见表11－4）

表11－4 印花税的内容

项目	内容
概念	①印花税是根据《中华人民共和国印花税暂行条例》规定，在A股和B股成交后对买卖双方投资者按照规定的税率分别征收的税金 ②我国税收制度规定，股票成交后，国家税务机关应向成交双方分别收取印花税
缴款手续	为保证税源，简化缴款手续，现行做法的步骤是： ①由证券经纪商在同投资者办理交收的过程中代为扣收 ②在证券经纪商同中国结算公司的清算、交收中集中结算 ③由中国结算公司统一向征税机关缴纳
我国印花税税率的调整情况	21世纪以来，我国证券交易的印花税税率标准调整情况为： ①2001年11月16日，A股、B股交易印花税税率统一下调为2‰ ②2005年1月24日，证券交易印花税税率从2‰再下调到1‰ ③2007年5月30日，证券交易印花税税率由1‰上调为3‰ ④2008年4月24日，证券交易印花税税率由3‰下调为1‰ ⑤2008年9月19日，证券交易印花税只对出让方按1‰征收，对受让方不再征收

注：关于各项费用的收取，上海证券交易所和深圳证券交易所有所不同，具体的费率结构请参见本章附表1和附表2。

考点6　场内证券交易特别规定及事项★★

1. **大宗交易**

大宗交易是指单笔数额较大的证券买卖。我国现行有关交易制度规定，如果证券单笔买卖申报达到一定数额的，证券交易所可以采用大宗交易方式进行。按照规定，证券交易所可以根据市场实际情况调整大宗交易的最低限额。

（1）上海证券交易所

上海证券交易所接受大宗交易的时间为每个交易日9：30—11：30、13：00—15：30。但如果在交易日15：00前处于停牌状态的证券，则不受理其大宗交易的申报。每个交易日15：00—15：30，交易所交易主机对买卖双方的成交申报进行成交确认。

（2）深圳证券交易所

深圳证券交易所于2009年1月12日起，启用综合协议交易平台（简称协议平台），取代原有大宗交易系统。协议平台接受交易用户申报的时间为每个交易日9：15—11：30、13：00—15：30。申报当日有效。当天全天停牌的证券，协议平台不接受其有关申报。协议平台按不同业务类型分别确认成交，具体确认成交的时间规定为：

①权益类证券大宗交易、债券大宗交易（除公司债券外），协议平台的成交确认时间为每个交易日15：00—15：30。

②公司债券的大宗交易、专项资金管理计划协议交易，协议平台的成交确认时间为每个交易日9：15—11：30、13：00—15：30。

2. **固定收益证券综合电子平台**

上海证券交易所固定收益平台的交易，自2007年7月25日起开始试行。固定收益平台的交易时间为9：30—11：30、13：00—14：00。交易商参加固定收益平台交易前，应通过固定收益平台注册可用于交易的证券账户。交易商在固定收益平台申报卖出固定收益证券的数量，不得超过其证券账户内可交易余额。交易商当日买入的固定收益证券，当日可以卖出。当日被待交收处理的固定收益证券，下一交易日可以卖出。

在固定收益平台进行的固定收益证券现券交易实行净价申报，申报价格变动单位为0.001元，申报数量单位为1手（1手为1 000元面值）。交易价格实行涨跌幅限制，涨跌幅比例为10%。涨跌幅价格计算公式为：

$$涨跌幅价格=前一交易日参考价格\times(1\pm10\%)$$

式中，前一交易日参考价格为该日全部交易的加权平均价，该日无成交的为上一交易日的加权平均价，依次类推。

3. **回转交易**

证券的回转交易是指投资者买入的证券，经确认成交后，在交收完成前全部或部分卖出。

根据我国现行的有关交易制度规定：

（1）债券竞价交易和权证交易实行当日回转交易，即投资者可以在交易日的任何营业时间内反向卖出已买入但未完成交收的债券和权证。

（2）B股实行次交易日起回转交易。

（3）深圳证券交易所对专项资产管理计划收益权份额协议交易也实行当日回转交易。

例题精选精练

关于回转交易，下列说法错误的是(　　)。

A. 回转交易是指投资者买入的证券，经确认成交后，在交收完成前全部或部分卖出的交易

B. 在我国证券交易所的交易品种中，权证交易实行当日回转交易

C. 目前，我国证券交易所的所有交易品种都不可以进行回转交易

D. 目前，在我国证券交易所的交易品种中，债券竞价交易和B股都可以进行回转交易

【答案】C

【解析】A项，证券的回转交易是指投资者买入的证券，经确认成交后，在交收完成前全部或部分卖出。B、C、D三项，根据我国现行有关交易制度规定，债券竞价交易和权证交易实行当日回转交易，即投资者可以在交易日的任何营业时间内反向卖出已买入但未完成交收的债券和权证；B股实行次交易日起回转交易；深圳证券交易所对专项资产管理计划收益权份额协议交易也实行当日回转交易。

4. 开盘价和收盘价

按照一般的意义，开盘价和收盘价分别是交易日证券的首、尾买卖价格。而在证券交易所，往往还要通过制度予以规范。

（1）开盘价

根据我国现行的交易规则，证券交易所证券交易的开盘价为当日证券的第一笔成交价。证券的开盘价格通过集合竞价方式产生。不能产生开盘价的，以连续竞价方式产生。按集合竞价产生开盘价后，未成交的买卖申报仍然有效，并按原申报顺序自动进入连续竞价。

（2）收盘价

在收盘价的确定方面，上海证券交易所和深圳证券交易所有所不同。

①上海证券交易所证券交易的收盘价为当日该证券最后一笔交易前1分钟所有交易的成交量加权平均价（含最后一笔交易）。当日无成交的，以前收盘价为当日收盘价。

②深圳证券交易所证券的收盘价通过集合竞价的方式产生。收盘集合竞价不能产生收盘价或未进行收盘集合竞价的，以当日该证券最后一笔交易前1分钟所有交易的成交量加权平均价（含最后一笔交易）为收盘价。当日无成交的，以前收盘价为当日收盘价。

5. 除权与除息

因送股或配股而形成的剔除行为称为除权，因派息而引起的剔除行为称为除息。

我国证券交易所是在权益登记日（B股为最后交易日）的次一交易日对该证券作除权、除息处理。除权（息）日该证券的前收盘价改为除权（息）日除权（息）参考价。除权（息）参考价的计算公式为：

$$\text{除权（息）参考价}=\frac{\text{前收盘价}-\text{现金红利}+\text{配股价格}\times\text{股份变动比例}}{1+\text{股份变动比例}}$$

在权证业务中，标的证券除权、除息，对权证行权价格会有影响，因此需要调整。根据有关规定，标的证券除权、除息的，权证的发行人或保荐人应对权证的行权价格、行权比例作相应调整并及时提交证券交易所。

（1）标的证券除权的，权证的行权价格和行权比例分别按下列公式进行调整：

$$新行权价格=\frac{原行权价格\times 标的证券除权日参考价}{除权前一日标的证券收盘价}$$

$$新行权比例=\frac{原行权比例\times 除权前一日标的证券收盘价}{标的证券除权日参考价}$$

（2）标的证券除息的，行权比例不变，行权价格按下列公式调整：

$$新行权价格=\frac{原行权价格\times 标的证券除息日参考价}{除息前一日标的证券收盘价}$$

例题精选精练▶▶

某上市公司每10股派发现金红利1.50元，同时按10配5的比例向现有股东配股，配股价格为6.40元。若该公司股票在除权除息日的前收盘价为11.05元，则除权（息）报价应为（　　）元。

A. 1.50　　B. 6.40　　C. 9.40　　D. 11.05

【答案】C

【解析】因送股或配股而形成的剔除行为称为除权，因派息而引起的剔除行为称为除息。则该公司的除权（息）参考价 $=\frac{前收盘价-现金红利+配股价格\times 股份变动比例}{1+股份变动比例}=$ $[(11.05-0.15)+6.40\times 0.5]\div(1+0.5)=9.40$（元）。

考点7　PROP和D-COM系统★

1. 参与人远程操作平台系统

参与人远程操作平台（PROP）系统是中国结算公司上海分公司为完善市场运作功能，规范清算交收、登记和存管业务，提高对市场服务的效率而开发的建立在中国结算公司上海分公司通信系统上的电子数据交换系统。结算参与人可通过PROP系统中的公用模块接收中国结算公司上海分公司发送的有关资金结算文件。

结算参与人可通过PROP系统中的交收模块进行备付金账户的总账查询和明细账查询。总账查询可实时查询到备付金账户的账户余额、可用余额、透支金额及存款积数。明细账查询可按任何指定的时间段和金额范围查询明细往来账目，并随时打印查询结果。每日业务终了后或者第二个工作日上午，结算参与人应主动通过PROP系统客户端进行交收账务查询和核对，以便发现问题，及时加以解决，确保账务一致。

结算参与人交收头寸及最低备付不足时，应及时向备付金账户补入资金。结算参与人应在其开户银行办理资金汇划手续，将资金划入中国结算公司上海分公司开立在各家结算银行的账户内。结算银行将资金划入中国结算公司上海分公司账户后，根据结算参与人在收款人处注明的备付金账号，通过PROP联网的PROP银行端系统向中国结算公司上海分公司发送入账指令，交收系统自动将资金贷记结算参与人的备付金账户。办理时间为8：30—16：00。

结算参与人在中国结算公司上海分公司的备付金账户中有超额备付时，可根据需要将资金划到经授权的预留银行收款账户。此外，结算参与人可根据需要，在上海分公司和深圳分公司之间直接划拨其存放的备付金。结算参与人要充分考虑资金在途及整体资金交收的需要，尽量保证结算资金的充足性、稳定性，避免因调配原因造成交收透支。办理时间为8：30—15：30。

对于15：00后的大额划款（超过1亿元），结算参与人须在当天13：00前向中国结算公司上海分公司提交预约申请，如因未及时预约导致划款失败的全部后果由结算参与人自行承担。

2. 深圳证券综合结算平台系统

深圳证券综合结算平台（D-COM）系统是中国结算公司深圳分公司为完善市场运作功能，规范清算交收、登记和存管业务，提高对市场服务的效率而开发的建立在深圳证券市场综合结算通信系统的，用于实现结算参与人与中国结算公司深圳分公司之间的数据交换的系统。

结算参与人可通过 D-COM 系统实时查询各资金结算账户余额、结算备付金账户可提款金额、尚未支付金额等信息。

中国结算公司深圳分公司最终交收时点为交收日 16：00，通过结算备付金账户，按照担保交收业务、非担保交收业务、发行业务、代收付业务的顺序，依次进行交收。

中国结算公司深圳分公司通过 D-COM 系统向结算参与人实时揭示其尚未支付金额或其可提款金额。结算参与人可根据需要将款项汇入中国结算公司深圳分公司在结算银行开立的结算备付金专用存款银行账户，汇款时，应在汇款凭证用途栏注明结算备付金账号（B001 × × × × × ×）并确保无误。未注明结算备付金账号或结算备付金账号有误导致资金无法及时到账的责任，由结算参与人自行承担。汇款后，结算参与人应通过 D-COM 系统联机查询该笔款项是否到账。如发现该笔款项未及时到账，应尽快与结算银行联系；结算参与人提款时，应确保指定收款银行名称、联行行号、账户名称、银行账号与预留在中国结算公司深圳分公司的账户信息一致，结算参与人提款截止时点为 15：30。

例题精选精练 ▶▶

下列关于 PROP 和 D-COM 系统的表述，错误的是(　　)。

A. PROP 是中国结算公司深圳分公司建立的电子数据交换系统

B. PROP 系统中，结算参与人交收头寸及最低备付不足的应及时向备付金账户补入资金

C. 中国结算公司深圳分公司通过 D-COM 系统向结算参与人实时揭示其尚未支付金额或其可提款金额

D. 结算参与人可通过 D-COM 系统实时查询各资金结算账户余额等信息

【答案】A

【解析】A 项，参与人远程操作平台（PROP）是中国结算公司上海分公司为完善市场运作功能，规范清算交收、登记和存管业务，提高对市场服务的效率而开发的建立在中国结算公司上海分公司通信系统上的电子数据交换系统。

第二节　银行间债券市场的交易与结算

考点 1　银行间债券市场的发展与现状★

1. 银行间债券市场的发展

全国银行间债券市场是以现代远程计算机系统联网技术为基础建立起来的场外债券市场，自 1997 年 6 月创立发展至今，已成为我国债券市场非常主要的组成部分，是货币政策和财政政策实施的最重要的金融市场。

我国自 1981 年恢复发行国债以来，债券市场已经过了 30 多年的发展历程：

（1）从起初单一的国债市场，发展到以政策性金融债、中央银行票据、商业银行次级债、短期融资券、超短期融资券、中期票据、国际开发机构债券等多品种的市场。

（2）从行政性摊派的发行市场，发展到基本市场化的发行、交易市场。

（3）从银行柜台凭证式国债市场、交易所债券市场，发展到目前以银行间债券市场为主体、包括交易所债券市场和银行柜台债券市场（凭证式、记账式国债）的多元化、分层次的债券市场体系，并且已成为中国金融市场的重要组成部分，为进一步完善我国金融市场体系和宏观调控体系发挥着非常重要的作用。

（4）特别是1997年建立的银行间债券市场，经过20年的发展，交易工具日益丰富，投资主体迅速扩大，交易结算量成倍递增，已发展成为具有资本市场和货币市场双重功能的场外债券市场，成为中国债券市场的主体。

2. 银行间债券市场的组织体系

（1）市场主管部门（见表11－5）

表11－5　市场主管部门的相关职能

主管部门	职能
中国人民银行	《中华人民共和国中国人民银行法》第4条规定，中国人民银行履行监督管理银行间债券市场职能，包括： ①拟订债券市场发展规划 ②研究开发债券市场新业务品种 ③制定市场管理规定，对市场进行全面监督和管理 ④审核、批准金融机构在银行间债券市场的有关资格 ⑤就债券市场有关业务进行指导，授权中介机构发布市场有关信息
中国人民银行分支机构	中国人民银行分支机构的职能包括： ①对辖区内债券交易活动进行日常监督和管理 ②对债券市场运行情况进行监测、研究和分析，防范跨市场风险，维护辖区内金融市场的平稳运行 ③支持和引导辖区内结算代理业务的开展，对结算代理业务实施动态监督，防范业务风险 ④组织辖区内的市场参与者进行业务培训和问题探讨 ⑤定期向总行报告辖区内债券市场情况，以及市场发展建议 ⑥充分发挥服务职能，为债券交易提供资金支付服务 ⑦中国人民银行分行可向债券登记托管结算机构和全国银行间同业拆借中心了解辖区内市场参与者的债券交易、结算等情况

（2）发行主体

目前，银行间债券市场的发行主体主要有财政部、中国人民银行、政策性银行、商业银行，以及被批准可以发债的金融类公司、工商企业等。

（3）投资主体

目前可以投资于银行间债券市场的投资主体包括金融机构和非法人产品。

①金融机构包括商业银行、农村信用联社、非银行金融机构、香港和澳门地区人民币清算行、境外央行、境外其他金融机构。

②非法人产品包括证券投资基金、企业年金基金、全国社保基金组合、保险产品、信托产品、基金公司特定客户资产管理计划、证券公司资产管理计划、商业银行理财产品、保险资产管理公司资管产品、RQFII产品、QFII产品。

（4）中介服务机构

银行间债券市场的中介服务机构主要是全国银行间同业拆借中心（简称同业中心）、中央国债登记结算有限责任公司（简称中央结算公司）和银行间市场清算所股份有限公司（简称上海清算所）。

①全国银行间同业拆借中心，主要为市场的投资者提供报价平台，为其交易提供电子成交登记服务，并按照中国人民银行的有关规定，对通过交易系统开展的债券交易活动进行监测。

②中央结算公司，主要为市场的发行人、投资人等各类参与主体提供国债、金融债券、企业债券和其他固定收益证券的发行、登记、托管、交易结算、信息发布等服务，并负责维护中债综合业务平台的正常运行。

③上海清算所，主要是为银行间市场提供以中央对手净额清算为主的直接和间接的本、外币清算服务，包括清算、结算、交割、保证金管理、抵押品管理、信息服务、咨询业务等。

例题精选精练▶▶

(　　)负责全国银行间债券市场交易的日常监测工作。

A. 中央结算公司　　B. 中国人民银行

C. 中国银行业协会　　D. 全国银行间同业拆借中心

【答案】D

【解析】全国银行间同业拆借中心主要为市场的投资者提供报价平台，为其交易提供电子成交登记服务，并按照中国人民银行的有关规定，对通过交易系统开展的债券交易活动进行监测。

考点2　银行间债券市场的交易制度★★★

1. 公开市场一级交易商制度

公开市场一级交易商制度，是指中国人民银行根据规定遴选符合条件的债券二级市场参与者作为中国人民银行的对手方，与之进行债券交易，从而配合中国人民银行货币政策目标的实现。

2. 做市商制度

做市商制度，是指在债券市场上，由具有一定实力和信誉的市场参与者作为特许交易商，不断向投资者报出某些特定债券的买卖价格，双向报价并在该价位上接受投资者的买卖要求，以其自有资金和债券与投资者进行交易的制度。

3. 结算代理制度

结算代理制度，是指经中国人民银行批准可以开展结算代理业务的金融机构法人，受市场其他参与者的委托，为其办理债券结算业务的制度。

例题精选精练▶▶

下列属于银行间债券市场交易制度的是(　　)。

Ⅰ. 共同对手方制度　　Ⅱ. 公开市场一级交易商制度

Ⅲ. 结算代理制度　　Ⅳ. 做市商制度

A. Ⅰ、Ⅱ　　B. Ⅲ、Ⅳ　　C. Ⅱ、Ⅲ、Ⅳ　　D. Ⅰ、Ⅱ、Ⅲ、Ⅳ

【答案】C

【解析】银行间债券市场的交易制度包括：①公开市场一级交易商制度；②做市商制度；③结算代理制度。A项属于场内证券交易清算与交收的原则。

考点 3　银行间市场的交易品种和类型★★

1. 银行间债券市场的交易品种

（1）债券

债券的交易品种主要有：国债、央行票据、地方政府债、政策性银行债、企业债、短期融资券、中期票据、商业银行债、资产支持证券、非银行金融债、中小企业集合票据、国际机构债券、政府支持机构债券、超短期融资券、同业存单等。

（2）回购

①分类

回购分为质押式回购和买断式回购两种：

▶质押式回购，是指一方（正回购方）在将回购债券出质给另一方（逆回购方），逆回购方在首期结算日向正回购方支付首期资金结算额的同时，交易双方约定在将来某一日期（即到期结算日）由正回购方向逆回购方支付到期资金结算额，同时逆回购方解除在回购债券上设定的质权的交易。

▶买断式回购，是指一方（正回购方）在将回购债券出售给另一方（逆回购方），逆回购方在首期结算日向正回购方支付首期资金结算额的同时，交易双方约定在将来某一日期（即到期结算日）由正回购方以约定价格（即到期资金结算额）从逆回购方购回回购债券的交易。

例题精选精练▶▶

关于买断式回购，下列表述正确的是（　　）。

A. 买断式回购到期由逆回购方以约定价格从正回购方购回回购债券

B. 买断式回购首期由正回购方将回购债券出售给逆回购方

C. 买断式回购到期由逆回购方向正回购方支付到期结算资金

D. 买断式回购首期由逆回购方将回购债券出售给正回购方

【答案】B

【解析】买断式回购是指一方（止回购方）在将回购债券出售给另一方（逆回购方），逆回购方在首期结算日向正回购方支付首期资金结算额的同时，交易双方约定在将来某一日期（即到期结算日）由正回购方以约定价格（即到期资金结算额）从逆回购方购回回购债券的交易。

②计算（见表 11－6）

表 11－6　首期、到期成交金额以及应计利息的计算

计算项目	分类	内容
首期成交金额的计算	在质押式回购中	首期资金结算额 = 正回购方融入资金数额
	在买断式回购中	首期资金结算额 =（首期交易净价 + 首期结算日应计利息）× $\frac{\text{回购债券数量}}{100}$

（续表）

计算项目	分类	内容
到期资金结算额的计算	在质押式回购中	到期资金结算额 = 首期资金结算额 × $\left(1 + 回购利率 \times \frac{实际占款天数}{365}\right)$
	在买断式回购中	到期资金结算额 =（到期交易净价 + 到期结算日应计利息）× $\frac{回购债券数量}{100}$
应计利息的计算	首期结算日应计利息	是指买断式回购中，回购债券自上次付息日（或起息日）至首期结算日为止（不含首期结算日）累计的按百元面值计算的债券发行人应付给债券持有人的利息，单位为元/百元面值
	到期结算日应计利息	是指买断式回购中，回购债券自上次付息日（或起息日）至到期结算日为止（不含到期结算日）累计的按百元面值计算的债券发行人应付给债券持有人的利息，单位为元/百元面值

（3）远期交易

债券远期交易（简称远期交易）是指交易双方约定在未来某一日期，以约定价格和数量买卖标的债券的行为。

远期交易标的债券券种应为已在全国银行间债券市场进行现券交易的中央政府债券、中央银行债券、金融债券和经中国人民银行批准的其他债券券种。远期交易的市场参与者应为进入全国银行间债券市场的机构投资者。

远期交易从成交日至结算日的期限（含成交日不含结算日）由交易双方确定，但最长不得超过365天。远期交易实行净价交易，全价结算。远期交易双方应于成交日或者次一工作日将结算指令及辅助指令发送至中央结算公司。远期交易到期应实际交割资金和债券。

任何一家市场参与者（基金管理公司运用基金财产进行远期交易的，为单只基金）的单只债券的远期交易卖出与买入总余额分别不得超过该只债券流通量的20%，远期交易卖出总余额不得超过其可用自有债券总余额的200%。

市场参与者中，任何一只基金的远期交易净买入总余额不得超过其基金资产净值的100%，任何一家外资金融机构在中国境内的分支机构的远期交易净买入总余额不得超过其人民币营运资金的100%，其他机构的远期交易净买入总余额不得超过其实收资本金或者净资产的100%。

2. 银行间债券市场的交易方式

银行间债券市场的交易以询价方式进行，自主谈判，逐笔成交。

进行债券交易，应订立书面形式的合同。合同应对交易日期、交易方向、债券品种、债券数量、交易价格或利率、账户与结算方式、交割金额和交割时间等要素做出明确的约定，其书面形式包括同业中心交易系统生成的成交单、电报、电传、传真、合同书和信件等。

债券回购主协议和上述书面形式的回购合同构成回购交易的完整合同。

参与者进行债券交易不得在合同约定的价款或利息之外收取未经批准的其他费用。

考点4　银行间债券结算类型和方式★★★

1. 债券结算的类型

（1）全额结算与净额结算

根据债券交易和结算的相互关系，债券结算可分为全额结算和净额结算两种类型（见表

11－7）。

表 11－7　全额结算与净额结算

项目	全额结算	净额结算
概念	全额结算也称逐笔结算，是指结算系统对每笔债券交易都单独进行结算，一个买方对应一个卖方，当一方遇券或款不足时，系统不进行部分结算	净额结算是指结算系统在设定的时间段内，对市场参与者债券买卖的净差额和资金净差额进行交收
适用范围	逐笔全额结算是最基本的结算方式，适用于高度自动化系统的单笔交易规模较大的市场 **注：**全额结算过程中，结算机构并没有参与到结算中去，不对结算完成进行担保	适合交易非常频繁和活跃的市场，尤其是在交易所撮合交易模式和做市商机制比较发达的场外市场 **注：**净额结算模式需要结算系统与资金清算系统紧密合作
特点或分类	①优点： ▶由于买卖双方是一一对应的，每个市场参与者都可监控自己参与的每一笔交易结算进展情况，从而评估自身对不同对手方的风险暴露 ▶由于逐笔全额进行结算，有利于保持交易的稳定和结算的及时性，降低结算本金风险 ②缺点：会对频繁交易的做市商有较高的资金要求，其资金负担较大，结算成本较高	净额结算有不同的分类： ①按净额交收的标的区分，有券款都实行净额交收、券或款有一种实行净额交收两种方式 ②按参与净额结算各方的关系区分，有双边净额结算和多边净额结算两种方式。在多边净额结算中，按照结算机构在结算中是否担当中央对手方，可以分为中央对手方净额结算和非中央对手方净额结算两种模式

（2）实时处理交收和批量处理交收

根据结算指令的处理方式，债券结算可分为实时处理交收和批量处理交收（见表 11－8）。

表 11－8　实时处理交收和批量处理交收

项目	实时处理交收	批量处理交收
概念	实时处理交收是指结算系统实时检查参与者券款情况，只要结算所需条件满足即可进行券款的交收	批量处理交收是将某一时段内满足条件的所有结算集中在一个特定时间段内集中进行处理
交收方式	只能以全额结算方式进行交收	可以以全额结算或净额结算方式进行交收
处理时间	实时处理的全额结算也就是实时全额结算，结算效率较高。其结算的本金风险较小，但对市场参与者的流动性要求也相对较高	批量处理交收一般按每个营业日进行，也有按其他时间段进行的

2. 债券结算的框架

（1）制度基础

目前，在银行间债券市场办理债券结算业务的基本制度依据是中国人民银行颁布的《全国银行间债券市场债券交易管理办法》《全国银行间债券市场债券登记托管结算管理办法》《全国银行间债券市场债券交易流通审核规则》。

此外，具体业务的操作还应遵守人民银行颁发的相关部门规章和重要通知，中央结算公司和上海清算所制定的一些与结算业务相关的业务规则和实施细则，以及参与者签署的关于某项业务的主协议等。

（2）业务系统

目前，办理债券结算业务系统是中债综合业务平台、上海清算所客户终端系统，与之相关的业务系统主要包括中国外汇交易中心本币交易系统和中国现代化支付系统。

①中债综合业务平台，是中央结算公司自主开发的第四代业务系统产品，该平台覆盖债券发行、登记、托管、结算以及付息兑付、资金拨付等整个业务处理流程，为市场参与者提供跨部门及分组合权限等风险管理，提供个性化统计、债券估值等一系列信息产品服务，能够使债券登记托管、债券过户、债券质押等业务处理在指定的时间内准确、安全、迅速地完成。

②中国外汇交易中心的本币交易系统，是为市场参与者提供达成债券交易的电子平台，中国外汇交易中心与中央结算公司、上海清算所实现了交易数据的接口联网运行，为银行间债券市场的参与者提供了数据直通式（STP）处理服务。

③中国现代化支付系统（CNAPS），是中国人民银行按照我国支付清算需要，并利用现代计算机技术和通信网络自主开发建设的，能够高效、安全处理各银行办理的异地、同城各种支付业务及其资金清算和货币市场交易的资金清算的应用系统。它是各银行和货币市场的公共支付清算平台，是中国人民银行发挥其金融服务职能的重要的核心支持系统。

3. 债券结算的重要日期

结算成员在银行间债券市场参与债券的交易结算时，应该掌握的重要日期为交易流通起始日、结算日、截止过户日和交易流通终止日。

（1）交易流通起始日

交易流通起始日是指某只债券在银行间债券市场开始交易流通的日期。

按照中国人民银行有关规章规定：

①中央政府债券、政策性金融债券可交易且期限在366天以上的，交易流通起始日是为该只债券的债权债务登记日后的第三个工作日；可交易且期限在366天（含）以下的，交易流通起始日为该只债券债权债务登记日的次一工作日。

②证券公司、企业短期融资券的交易流通起始日为该债券债权债务登记日的次一工作日。

③无论期限长短，央行票据的交易流通起始日均为债权债务登记日当天，其债权债务登记日为债券缴款日。

④需中国人民银行逐期审批的债券，其交易流通起始日为收到中国人民银行批复和发行人交易流通公告后的第三个工作日。

⑤企业债券在其债权债务登记日后的五个工作日内由中央结算公司安排其交易流通。

注：①②债券的债权债务登记日为债券缴款截止日的次一工作日（多次缴款的债券以最后一次缴款日为准）。

（2）结算日

结算日也称交易交割日，是指债券交易双方达成交易后实际执行债券交割和资金交收的日期。

①银行间债券市场现券交易的结算日有T+0和T+1两种，其中T为交易达成日。T+0结算是指在交易达成的当日办理债券结算；T+1结算是指在交易达成的次一营业日办理债券结算。

②回购业务的结算分为两次，第一次结算的执行日称为债券首期交割日，第二次称为债券

到期交割日。

③办理债券远期交易业务时，结算双方应在成交当日或次一工作日发送和确认内容完整并相匹配的远期交易结算指令。

（3）截止过户日

截止过户日是指债券登记托管结算机构为某只债券在银行间债券市场的交易结算办理相应债券过户的最后日期，该日日终后，债券登记托管结算机构不再办理该债券的交易结算业务。

（4）交易流通终止日

交易流通终止日是指某只债券在银行间债券市场交易流通终止的日期。

按规定，一般情况下各类债券的交易流通终止日为债券兑付日前的第三个工作日。从一只债券的交易流通终止日日初开始，该债券就停止在银行间债券市场交易流通，投资者不能对该债券进行报价交易。一只债券的截止过户日与其交易流通终止日是同一天，该日日终后债券登记托管结算机构不再办理该债券的结算业务。

4. 债券结算方式

结算方式是指在债券结算业务中，债券的所有权转移或权利质押与相应结算资金的交收这两者之间不同的制约形式。根据《银行间债券市场债券登记托管结算管理办法》，债券结算可采用纯券过户、见券付款、见款付券、券款对付四种结算方式（见表11－9）。

表11－9　债券结算方式

结算方式	概念	内容
纯券过户（FOP）	纯券过户是指交易结算双方只要求债券登记托管结算机构办理债券交割，款项结算自行办理 **注：**结算流程（见图11－4）	①这是一种交易双方建立在互相了解和信任基础上的一种结算方式，也是国外发达市场常用的一种结算方式 ②纯券过户的特点是快捷、简便，其本质是资金清算风险由交易双方承担 ③采用纯券过户结算方式应谨慎选择对手方
见券付款（PAD）	见券付款是指在结算日收券方通过债券登记托管结算机构得知付券方有履行义务所需的足额债券，即向对方划付款项并予以确认，然后通知债券登记托管结算机构办理债券交割的结算方式 **注：**结算流程（见图11－5）	①这是一种对收券方有利的结算方式，有利于收券方控制风险，但付券方会有一个风险敞口，付券方在选择此方式时应充分考虑对方的信誉情况 ②采用见券付款方式往往是收券方信用比付券方要好
见款付券（DAP）	见款付券是指付券方确定收到收券方应付款项后予以确认，要求债券登记托管结算机构办理债券交割的结算方式 **注：**结算流程（见图11－6）	①这是一种对付券方有利的结算方式，有利于付券方控制风险，但收券方会有一个风险敞口，该方式在收券方对付券方比较信赖的情况下可以采用 ②采用见款付券方式往往是付券方信用比收券方要好 ③在见款付券结算方式下，由于付款方资金可能会出现银行资金在途时间，因此在中央结算公司的中债综合业务平台中，允许结算资金有一个延迟到账的期限，即结算宽限期，为指定结算日后的次一营业日。但结算宽限期的存在绝不是允许付款方可以延迟一天划款，付款方的款项应在结算日划出

（续表）

结算方式	概念	内容
券款对付（DVP）	券款对付是指在结算日债券交割与资金支付同步进行并互为约束条件的一种结算方式 注：结算流程（见图 11－7）	①DVP 的特点是结算双方风险对等，是一种高效率、低风险的结算方式 ②DVP 一般需要债券结算系统和资金划拨清算系统对接，同步办理券和款的交割与清算结算，是国际债券结算行业提倡且较为安全高效的一种结算方式，也是发达债券市场最普遍使用的一种结算方式 ③券款对付的实现，可使相互并不熟悉或信用水平相差很大的交易双方安全迅速地达成债券交易结算

注：①根据人民银行 2013 年 12 号文的规定，目前银行间债券市场债券结算主要采用券款对付的方式。

②见券付款和见款付券这两种结算方式都是对一方有利，对另一方不利，双方在履行结算中的权利实际上并不对等，是结算双方信用不对等情况下的一种选择，也是"券款对付"未能实现情况下的权宜之计。

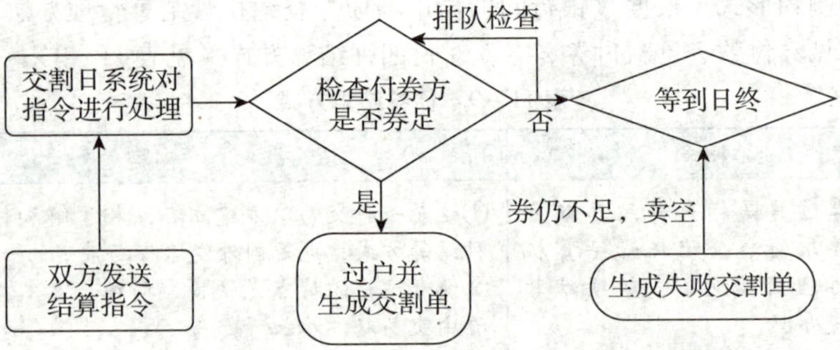

图 11－4　纯券过户结算流程

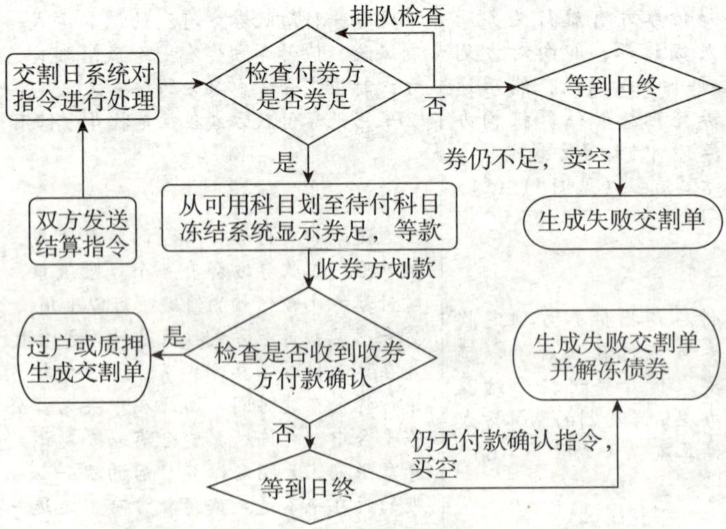

图 11－5　见券付款结算流程

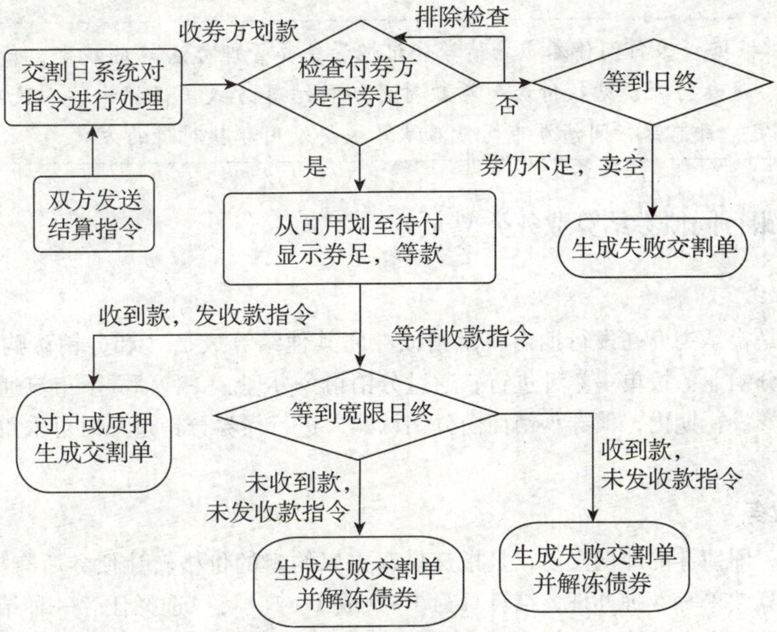

图 11－6　见款付券结算流程

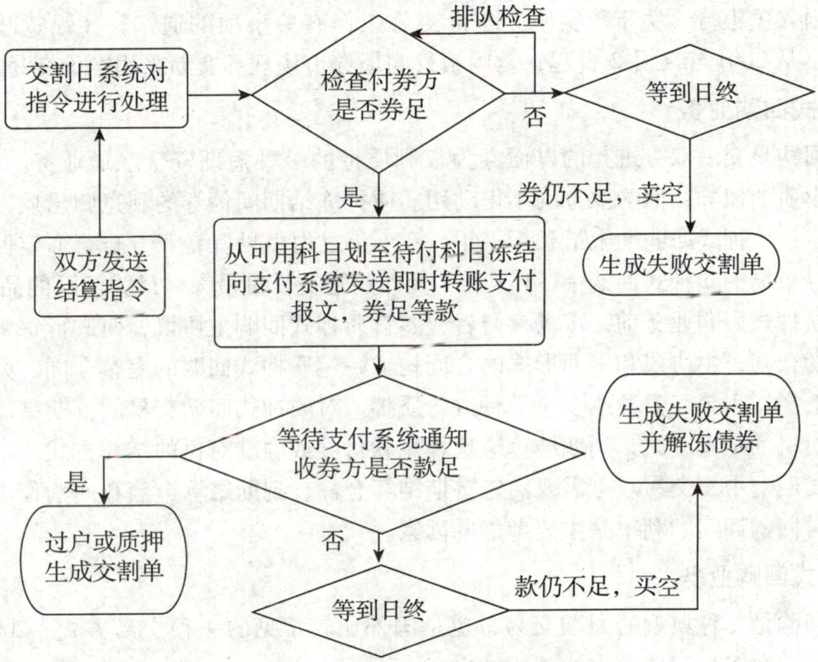

图 11－7　券款对付结算流程

例题精选精练

目前我国银行间债券交易的结算主要采用(　　)。

A. 见券付款　　B. 券款对付　　C. 纯券过户　　D. 见款付券

【答案】B

【解析】根据《银行间债券市场债券登记托管结算管理办法》的规定，债券结算可采用纯券过户、见券付款、见款付券、券款对付四种结算方式。根据中国人民银行2013年12号文的规定，目前银行间债券市场债券结算主要采用券款对付的方式。

考点5　银行间债券结算业务类型★★

1. **分销业务**

分销业务是指承销商在发行期内将承销债券向其他结算成员（和分销认购人）进行承销额度的过户。分销业务按单一券种进行，通过分销指令办理。一种债券上市流通之前允许办理分销业务。债券发行期内，债券承销商向分销认购人进行债券分销过户时可采用任意一种结算方式。

2. **现券业务**

现券买卖，即债券的即期交易，是指交易双方以约定的价格转让债券所有权的交易行为。现状交易的结算按单一券种办理，结算日为T+0或T+1，可以选择任意一种结算方式。市场参与者进行每笔现券交易均应订立书面形式的合同，其书面形式包括全国银行间同业拆借中心交易系统生成的成交单，或者合同书、信件和数据电文等形式。

按照中国人民银行《关于落实债券净价交易工作有关事项的通知》（银货政［2001］27号）的规定，从2001年7月2日起，全国银行间债券市场现券交易采用净价交易。

3. **质押式回购业务**

质押式回购是交易双方进行的以债券为权利质押的一种短期资金融通业务。在回购期内，资金融入方出质的债券，回购双方均不得动用。质押冻结期间债券的利息归出质方所有。中国人民银行规定，质押式回购期限最长为1年，在1年之内由投资者双方自行商定回购期限。在目前我国债券市场的质押式回购中，1天和7天回购是交易量最大、最为活跃的品种。

在办理质押式回购业务前，市场参与者应签订质押式回购主协议，而进行每笔交易时应订立书面形式的合同，主协议和书面形式的合同构成一笔质押式回购的完整合同。办理质押式回购结算时可选择使用单一券种或多个券种进行质押。对质押式回购交易的首期结算应选择见券付款或券款对付的结算方式，到期结算应选择见款付券或券款对付的结算方式。

在质押式回购中，交易双方需要商定首期结算金额、到期结算金额和回购债券数量，在确定上述要素时回购期间的利率是主要考虑的因素。

4. **买断式回购业务**

买断式回购是一种典型的回购交易，也是国外比较常见的一种交易方式。2004年5月20日，买断式回购在银行间债券市场正式推出。

与质押式回购不同，买断式回购期间资金融出方不仅可获得回购期间融出资金的利息收入，亦可获得回购期间债券的所有权和使用权。在买断式回购期内，该债券归逆回购方所有，逆回购方可以使用该笔债券，只要到期有足够的同种债券返还给正回购方即可。回购期间回购债券如发生利息支付，则所支付利息归债券持有人所有，因此交易双方在进行买断式回购时应考虑回购债券付息的问题。按规定，目前买断式回购的期限最长不得超过91天，具体期限由交易双方确定。

市场参与者进行买断式回购前应签订买断式回购主协议，而进行每笔交易时应订立书面形式的合同，主协议和书面形式的合同构成一笔买断式回购的完整合同。办理买断式回购结算时，结算双方在首期结算时可以按照交易对手的信用状况协商以约定品种和数量的债券（保证券）作为履约担保。

买断式回购以净价交易，全价结算，可选择的结算方式为券款对付、见券付款和见款付券三种方式。买断式回购的结算债券及用于担保的债券均应为单一券种，可选择的债券券种范围与现券买卖相同。买断式回购期间，交易双方不得换券、现金交割和提前赎回。

在买断式回购中，交易双方需要商定首期交易净价、到期交易净价和回购债券数量。中国人民银行规定，到期交易净价加债券在回购期间的新增应计利息应大于首期交易净价。

按照中国人民银行的规定，任何一家市场参与者在进行买断式回购交易时单只券种的待返售债券余额应小于该只债券流通量的20%，任何一家市场参与者待返售债券总余额应小于其在债券登记托管结算机构托管的自营债券总量的200%。

例题精选精练

中国人民银行规定，买断式回购到期交易净价加债券在回购期间的新增应计利息应(　　)首期交易净价。

A. 不大于　　B. 小于　　C. 大于　　D. 不小于

【答案】C

【解析】买断式回购期间，交易双方不得换券、现金交割和提前赎回。在买断式回购中，交易双方需要商定首期交易净价、到期交易净价和回购债券数量。中国人民银行规定，到期交易净价加债券在回购期间的新增应计利息应大于首期交易净价。

5. 债券远期交易

作为债券交易的金融衍生产品，中国人民银行于2005年6月15日在银行间债券市场正式推出了债券远期交易。债券远期交易是指交易双方约定在未来某一日期，以约定价格和数量买卖标的债券的行为。根据中国人民银行的规定，债券市场参与者进行远期交易时应签订远期交易主协议。市场参与者开展远期交易应通过同业中心交易系统进行，并逐笔订立书面形式的合同，其书面形式的合同为同业中心交易系统生成的成交单。交易双方认为必要时，可签订补充合同。远期交易主协议、同业中心交易系统生成的成交单和补充合同构成远期交易的完整合同。

依法成立的远期交易合同，对交易双方具有法律约束力，交易双方不得擅自变更或者解除。远期交易双方可按对手的信用状况协商建立履约保障机制，提供保证金或保证券。

债券远期交易从成交日至结算日的期限（含成交日不含结算日）为2～365天。远期交易实行净价交易，全价结算。结算双方应在成交日或次一工作日向中央结算公司及时发送和确认内容完整并相匹配的远期交易结算指令。远期交易可选择券款对付、见款付券和见券付款三种结算方式。远期交易到期应实际交割资金和债券。

6. 债券借贷业务

2006年11月20日，中国人民银行在银行间债券市场推出债券借贷业务。

债券借贷是债券融入方以一定数量的债券为质物，从债券融出方借入标的债券，同时约定在未来某一日期归还所借标的债券，并由债券融出方返还相应质物的债券融通行为。

债券借贷的期限由借贷双方协商确定，但最长不得超过365天。债券借贷期间，如果发生标的债券付息，债券融入方应及时向债券融出方返还标的债券利息。债券借贷的融入方应向融出方支付债券借贷费用，费用标准由借贷双方协商确定。

债券借贷首期采用券券对付（DVD）结算方式，到期可采用券券对付、返券付费解券（BLDAP）和券费对付（BLDVP）结算方式中的任何一种。

单个机构自债券借贷的融入余额超过其自有债券托管总量的30%（含）或单只债券融入余额超过该只债券发行量15%（含）起，每增加5个百分点，该机构应同时向同业中心和中央结算公司书面报告并说明原因。

7. 利率互换业务

2013年12月31日，中国人民银行批准上海清算所开展人民币利率互换集中清算业务。人民币利率互换集中清算，是指债券清算机构对市场参与者达成的利率互换交易进行合约替代，承继交易双方的权利及义务，成为中央对手方，并按多边净额方式计算各清算会员在相同结算日的利息净额，建立相应风险控制机制，保证合约履行，完成利息净额结算。

2014年1月和7月，上海清算所分别推出人民币利率互换集中清算和代理清算业务，使利率互换成为我国第一个集中清算的场外衍生品，有力地支持我国成为全球第三个实施场外金融衍生品强制集中清算机制的国家。纳入强制集中清算的品种包括：浮动端参考利率为SHIBOR隔夜、SHIBOR 3个月和7天回购定盘利率3个品种、期限在5年以下的利率互换交易。

第三节　海外证券市场投资的交易与结算

考点1　境外市场交易与结算规则★

1. 欧洲主要交易市场（见表11－10）

表11－10　欧洲主要交易市场

欧洲主要交易市场	内容
伦敦证券交易所（LSE）	①伦敦证券交易所（LSE）是世界四大证券交易所之一，欧洲最大的证券交易所，历史可追溯至1801年 ②作为世界上最国际化的金融中心，伦敦不仅是欧洲债券及外汇交易领域的全球领先者，还受理超过2/3的国际股票承销业务 ③伦敦的规模与位置，意味着它为世界各地的公司及投资者提供了一个通往欧洲的理想门户 ④在保持伦敦的领先地位方面，伦敦证券交易所扮演着中心角色，它运作国际最强的股票市场，其外国股票的交易超过其他任何证交所
法兰克福证券交易所（FWB）	①法兰克福证券交易所（FWB）是世界四大证券交易所之一，是仅次于伦敦证券交易所的欧洲第二交易所，也是德国最大的证券交易所 ②法兰克福证券交易所的证券交易业务全部由德国政府商会管理

（续表）

欧洲主要交易市场	内容
布鲁塞尔证券交易所—泛欧证券交易所	①布鲁塞尔证券交易所于1801年由拿破仑诏令建立于比利时布鲁塞尔。最知名的布鲁塞尔证券交易所指数是BEL20（比利时20种股票指数） ②2000年9月22日，布鲁塞尔证券交易所与巴黎证券交易所、阿姆斯特丹证券交易所合并，建立泛欧证券交易所 ③2002年年初，泛欧证券交易所又收购了葡萄牙里斯本证券交易所和伦敦国际金融期交所（LIFFE）。目前的欧洲已经形成了泛欧证券交易所、伦敦证券交易所和法兰克福交易所三足鼎立的局面 ④2007年3月底，泛欧证券交易所与纽约证券交易所合并组成纽约—泛欧证券交易所，并于2007年4月4日在纽交所和泛欧证券交易所同时挂牌上市。在欧洲5个国家和美国运营，员工共计1 437名，客户遍布全球160多个国家

例题精选精练▶▶

泛欧证券交易所的成员不包括（　　）。

A. 布鲁塞尔证券交易所

B. 巴黎证券交易所

C. 阿姆斯特丹证券交易所

D. 法兰克福证券交易所

【答案】D

【解析】2000年9月22日，布鲁塞尔证券交易所与巴黎证券交易所、阿姆斯特丹证券交易所合并，建立泛欧证券交易所。

2. 美洲主要交易市场（见表11-11）

表11-11　美洲主要交易市场

美洲主要交易市场	内容
纽约证券交易所（NYSE）	①纽约证券交易所，是上市公司总市值第一（2009年数据），IPO数量及市值第一（2009年数据），交易量第二（2008年数据）的交易所。2005年4月末，NYSE收购全电子证券交易所，成为一个营利性机构 ②纽约证券交易所的总部位于美国纽约州纽约市百老汇大街18号，在华尔街的拐角南侧
纳斯达克证券交易所（NASDAQ）	①纳斯达克证券交易所，由全美证券交易商协会（NASD）创立并负责管理，是全球第一个电子交易市场 ②纳斯达克证券交易所始建于1971年，是一个完全采用电子交易、为新兴产业提供竞争舞台、自我监管、面向全球的证券市场 ③纳斯达克证券交易所是全美也是世界最大的股票电子交易市场，也是世界上主要的股票市场中成长速度最快的市场，而且它是首家电子化的股票市场

3. 亚洲主要交易市场（见表 11－12）

表 11－12 亚洲主要交易市场

亚洲主要交易市场	内容
香港交易所（HKEx）	①香港交易及结算所有限公司，通称香港交易所，简称港交所，是全球主要交易所之一，也是一家在香港上市的控股公司，在香港及伦敦均有营运交易所 ②旗下成员包括香港联合交易所有限公司（简称联交所）、香港期货交易所有限公司、香港中央结算有限公司、香港联合交易所期权结算所有限公司及香港期货结算有限公司，以及世界首屈一指的基本金属市场——英国的伦敦金属交易所（LME） ③香港交易所内多种产品的结算及交收程序，分别由香港结算所、期权结算公司及期货结算公司这三个结算所办理 ④香港结算实行持续净额交收制度。在持续净额交收制度下，每一名中央结算系统参与者向其他中央结算系统参与者买入或卖出某一只证券，均会按滚动相抵销剩下的净买或净卖股份作为交收标准 ⑤交易所参与者通过自动对盘系统配对或申报的交易，必须于每个交易日（T日）后第二个交易日下午 3：45 前与中央结算系统完成交收，一般称为“T＋2”日交收制度（即交易/买卖日加两个交易日交收）
东京证券交易所	①东京证券交易所是日本的证券交易所之一，简称东证，总部位于东京都中央区日本桥兜町 ②东京证券交易所发展的历史虽然不长，但却是仅次于纽约证券交易所的世界第二大证券市场 ③东京证券交易所与大阪证券交易所、名古屋证券交易所并列为日本三大证券交易所，也是日本最重要的经济中枢
新加坡交易所（SGX）	新加坡交易所简称新交所，其前身新加坡证券交易所成立于 1973 年 5 月 24 日，同年 6 月 4 日开张营业。目前有 2 个主要的交易板，即第一股市及自动报价股市

4. 主要证券交易所交易及结算规则

世界主要证券交易所的结算规则如下（见表 11－13）：

表 11－13 世界主要证券交易所的结算规则

（2017 年 5 月 30 日）

国家（地区）	主要交易所	币种	交易时间（北京时间）	主要结算周期
美国	纽约证券交易所、 纳斯达克证券交易所	美元	21：30—4：00（夏令时）， 22：30—5：00（冬令时）	T＋3
韩国	韩国证券交易所、 科斯达克证券交易所	韩元	8：00—14：00	T＋2

（续表）

国家（地区）	主要交易所	币种	交易时间（北京时间）	主要结算周期
中国香港	香港交易所	港元	9：00—16：00	T+2
巴西	圣保罗交易所	巴西里亚尔	21：00—4：00	T+3
南非	约翰内斯堡交易所	南非兰特	15：00—23：00	T+3
泰国	泰国股票交易所	泰国铢	11：00—13：30， 15：30—17：30	T+3
马来西亚	马来西亚交易所 （KLSE）	林吉特	9：00—12：30， 14：30—17：00	T+3
墨西哥	墨西哥交易所	比索	21：30—4：00（夏令时）， 22：30—5：00（冬令时）	T+3
印度尼西亚	印度尼西亚交易所	印尼卢比	10：30—18：00	T+3
印度	孟买国家证券交易所	印度卢比	12：15—18：30	T+2
英国	伦敦证券交易所	英镑	15：00—23：30（夏令时） 16：00—00：30（冬令时）	T+2
卢森堡	卢森堡交易所	欧元	15：00—23：35（夏令时） 16：00—00：35（冬令时）	T+2
以色列	特拉维夫交易所	谢克尔	14：45—22：30（夏令时） 15：45—23：30（冬令时）	T+0
德国	法兰克福证券交易所	欧元	15：00—03：30（夏令时） 16：00—04：30（冬令时）	T+2

资料来源：根据各国（地区）证券交易所资料整理。

考点2　QDII开展境外投资业务的交易与结算情况★★

合格境内机构投资者（QDII）开展境外证券投资业务，应当由境内资产托管机构负责资产托管业务，可以委托境外证券服务机构代理买卖证券。中国证监会和国家外汇管理局依法按照各自职能对境内机构投资者境外证券投资实施监督管理。

1. 境外投资顾问

境外投资顾问（简称投资顾问）是指根据基金合同为境内机构投资者境外证券投资提供证券买卖建议或投资组合管理等服务并取得收入的境外金融机构。

境内机构投资者可以委托符合下列条件的投资顾问进行境外证券投资：

（1）在境外设立，经所在国家或地区监管机构批准从事投资管理业务。

（2）所在国家或地区证券监管机构已与中国证监会签订双边监管合作谅解备忘录，并保持着有效的监管合作关系。

（3）经营投资管理业务达5年以上，最近一个会计年度管理的证券资产不少于100亿美元或等值货币。

（4）有健全的治理结构和完善的内控制度，经营行为规范，最近5年没有受到所在国家或地区监管机构的重大处罚，没有重大事项正在接受司法部门、监管机构的立案调查。

境内基金管理公司、证券公司在境外设立的分支机构担任投资顾问的，可以不受第（3）项规定的限制。

2. 境外资产托管机构

境内机构投资者开展境外证券投资业务时，应当由符合有关规定的资产托管机构（简称托管人）负责资产托管业务。

托管人可以委托符合下列条件的境外资产托管人负责境外资产托管业务：

（1）在中国大陆以外的国家或地区设立，受当地政府、金融或证券监管机构的监管。

（2）最近一个会计年度实收资本不少于10亿美元或等值货币或托管资产规模不少于1 000亿美元或等值货币。

（3）有足够的熟悉境外托管业务的专职人员。

（4）具备安全保管资产的条件。

（5）具备安全、高效的清算、交割能力。

（6）最近3年没有受到监管机构的重大处罚，没有重大事项正在接受司法部门、监管机构的立案调查。

对基金、集合计划的境外财产，托管人可授权境外托管人代为履行其承担的受托人职责。境外托管人在履行职责过程中，因本身过错、疏忽等原因而导致基金、集合计划财产受损的，托管人应当承担相应责任。

境内机构投资者在获得中国证监会颁发的境外证券投资业务许可文件后，应按照有关规定向国家外汇管理局申请境外证券投资额度，并在国家外汇管理局核准的境外证券投资额度内进行投资。境内机构投资者应当在托管人处开立托管账户，托管基金、集合计划的全部资产。托管人应当为基金、集合计划开立结算账户和证券托管账户，用于与证券登记结算等机构之间的资金结算业务和证券托管业务。

托管账户、结算账户和证券托管账户的收入、支出范围应当符合有关规定，账户内的资金不得向他人贷款或提供担保。境内机构投资者应当定期向国家外汇管理局报告其额度使用及资金汇出、汇入情况。

例题精选精练

托管人委托负责境外资产托管业务的境外资产托管人应符合的条件不包括(　　)。

A. 最近3年没有受到监管机构的重大处罚

B. 托管资产规模不少于1 000亿美元或等值货币

C. 最近一个会计年度实收资本不少于10亿美元或等值货币

D. 境外托管机构的高级管理人员有5年以上从业经验

【答案】D

【解析】托管人可以委托符合下列条件的境外资产托管人负责境外资产托管业务：①在中国大陆以外的国家或地区设立，受当地政府、金融或证券监管机构的监管；②最近一个会计年度实收资本不少于10亿美元或等值货币或托管资产规模不少于1 000亿美元或等值货币；③有足够的熟悉境外托管业务的专职人员；④具备安全保管资产的条件；⑤具备安全、高效的清算、交割能力；⑥最近3年没有受到监管机构的重大处罚，没有重大事项正在接受司法部门、监管机构的立案调查。

3. QDII基金境外投资的流程

QDII基金境外投资的流程如下：

（1）基金会计在各投资市场开市前将头寸余额告知基金经理。

（2）基金经理/交易员通过交易系统下单给券商。

（3）券商在收到基金经理的指令后处理交易。

（4）交易部与券商通过OMGEO系统对每一笔交易进行实时比对，若发现差异直接与券商沟通，重新下达交易指令。

（5）在各交易市场收市后，券商按事先约定的时间将成交回报分别以电子和书面形式发送给管理公司。

（6）基金会计接收券商发送的成交回报。

（7）将券商发送的成交回报和彭博系统中导出的交易数据先同时导入金手指系统进行各项字段明细的校验，无误后可用作估值数据。

（8）成交回报复核无误后，将交易的结算指令通过与托管行约定的方式发给境内托管行。

（9）境内托管行收到结算指令后，将结算指令发给境外托管行。

（10）境外托管行在收到境内托管行的指令后，和券商做结算准备。

（11）境外托管行和券商同时将结算结果反馈给管理人。

（12）境外托管行将结算结果放在网银平台上供境内托管人和管理人自行查询。

附表1　上海证券交易所证券交易资金结算各项收费标准一览表

（信息更新日期：2015年12月2日）

一、受上交所委托代理收取费用的收费标准

证券品种	收费项目	费率	计算对象	买方结算参与人	卖方结算参与人	最终收费对象	备注
A股交易	印花税	0.001	成交金额		付	投资者交税务机关	
	经手费	0.000 048 7	成交金额	付	付	结算单位交上交所	大宗交易的交易经手费费率是正常标准的70%
	证管费	0.000 02	成交金额	付	付	结算单位交证监机构	
优先股交易/转让	印花税	0.001	成交金额		付	投资者交税务机关	
	经手费	0.000 001	成交金额	付	付	结算单位交上交所	大宗交易的交易经手费费率是正常标准的90%，最高不超过100元/笔
	证管费	0.000 02	成交金额	付	付	结算单位交证监机构	
B股交易	印花税	0.001	成交金额		付	投资者交税务机关	
	经手费	0.000 048 7	成交金额	付	付	结算单位交上交所	大宗交易的交易经手费费率是正常标准的70%
	证管费	0.000 02	成交金额	付	付	结算单位交证监机构	

（续表）

<table>
<tr><th colspan="2">证券品种</th><th>收费项目</th><th>费率</th><th>计算对象</th><th>买方结算参与人</th><th>卖方结算参与人</th><th>最终收费对象</th><th>备注</th></tr>
<tr><td rowspan="6">债券现券交易</td><td>国债
地方政府债</td><td>经手费</td><td>0.000 001，最高不超过每笔100元</td><td>成交金额</td><td>付</td><td>付</td><td>结算单位交上交所</td><td>大宗交易的交易经手费费率与正常标准相同</td></tr>
<tr><td>公司债券（包括：企业债券、分离交易的可转换公司债券、证券公司短期债券）</td><td>经手费</td><td>0.000 001，最高不超过每笔100元</td><td>成交金额</td><td>付</td><td>付</td><td>结算单位交上交所</td><td>大宗交易的交易经手费费率与正常标准相同</td></tr>
<tr><td>可转换公司债券（包括：可交换公司债券）</td><td>经手费</td><td>0.000 001，最高不超过每笔100元</td><td>成交金额</td><td>付</td><td>付</td><td>结算单位交上交所</td><td>大宗交易的交易经手费费率与正常标准相同</td></tr>
<tr><td>中小企业私募债券（包括：并购重组私募债券）</td><td>经手费</td><td>0.000 001，最高不超过每笔100元</td><td>成交金额</td><td>付</td><td>付</td><td>结算单位交上交所</td><td>大宗交易的交易经手费费率与正常标准相同</td></tr>
<tr><td>资产支持证券</td><td>经手费</td><td>0.000 001，最高不超过每笔100元</td><td>成交金额</td><td>付</td><td>付</td><td>结算单位交上交所</td><td>大宗交易的交易经手费费率与正常标准相同</td></tr>
<tr><td>政策性金融债</td><td>经手费</td><td>0.000 001，最高不超过每笔100元</td><td>成交金额</td><td>付</td><td>付</td><td>结算单位交上交所</td><td>大宗交易的交易经手费费率与正常标准相同</td></tr>
<tr><td rowspan="9">债券质押式回购</td><td>204001（1天）</td><td>经手费</td><td>0.000 000 5</td><td>成交金额</td><td>付</td><td>付</td><td rowspan="3">结算单位交上交所</td><td rowspan="3">暂免</td></tr>
<tr><td>204002（2天）</td><td>经手费</td><td>0.000 001</td><td>成交金额</td><td>付</td><td>付</td></tr>
<tr><td>204003（3天）</td><td>经手费</td><td>0.000 001 5</td><td>成交金额</td><td>付</td><td>付</td></tr>
<tr><td>204004（4天）</td><td>经手费</td><td>0.000 002</td><td>成交金额</td><td>付</td><td>付</td><td rowspan="6">结算单位交上交所</td><td rowspan="6">暂免</td></tr>
<tr><td>204007（7天）</td><td>经手费</td><td>0.000 002 5</td><td>成交金额</td><td>付</td><td>付</td></tr>
<tr><td>204014（14天）</td><td>经手费</td><td>0.000 005</td><td>成交金额</td><td>付</td><td>付</td></tr>
<tr><td>204028（28天）</td><td>经手费</td><td>0.000 01</td><td>成交金额</td><td>付</td><td>付</td></tr>
<tr><td>204091（91天）</td><td>经手费</td><td>0.000 015</td><td>成交金额</td><td>付</td><td>付</td></tr>
<tr><td>204182（182天）</td><td>经手费</td><td>0.000 015</td><td>成交金额</td><td>付</td><td>付</td></tr>
</table>

（续表）

证券品种		收费项目	费率	计算对象	买方结算参与人	卖方结算参与人	最终收费对象	备注
买断式国债回购（203＊＊＊）	7 天期	经手费	0.000 006 25	成交金额	付	付		
	28 天期	经手费	0.000 025	成交金额	付	付		
	91 天期	经手费	0.000 037 5	成交金额	付	付		
证券投资基金交易（包括：创新型封闭式证券投资基金）		经手费	0.000 045	成交金额	付	付	结算单位交上交所	大宗交易的交易经手费费率是正常标准的 50%
ETF 交易		经手费	0.000 045	成交金额	付	付	结算单位交上交所	1. 大宗交易的交易经手费费率是正常标准的 50% 2. 货币 ETF 及债券 ETF 暂免
上证 LOF（含分级基金）交易		经手费	0.000 045	成交金额	付	付	结算单位交上交所	大宗交易的交易经手费费率是正常标准的 50%
权证交易		经手费	0.000 045	成交金额	付	付	结算单位交上交所	
投资基金认购		手续费	0.002 5	成交金额	收	付	主承销商付，其他券商收	
投资基金配售		手续费	0.002 5	成交金额	付	收	主承销商付，其他券商收	

（续表）

证券品种		收费项目	费率	计算对象	换股申报方结算参与人	债券发行人指定结算参与人	最终收费对象	备注
可交换债券换股		印花税	0.001	换股成交金额		付	投资者交税务机关	
		经手费	0.000 048 7	换股成交金额	付	付	结算单位交上交所	
		证管费	0.000 02	换股成交金额	付	付	结算单位交证监机构	
业务类别		收费项目	收费标准		资金融出方结算参与人	资金融入方结算参与人	最终收费对象	备注
股票质押式回购	初始交易	经手费	0.000 01，每笔起点5元，最高不超过100元	成交金额		付	结算单位交上交所	

二、结算费用收费标准

证券品种	收费项目	费率	计算对象	买方结算参与人	卖方结算参与人	最终收费对象	备注
A股交易	过户费	0.000 02	成交金额	付	付	投资者交中国结算	
优先股交易/转让	过户费	0.000 016	成交金额	付	付	投资者交中国结算	
B股交易	结算费	0.000 5	成交金额	付	付	投资者交中国结算	
ETF期权交易	结算费	0.3	成交数量	付	付	结算单位交中国结算	试点初期卖出开仓交易暂免
ETF期权行权	结算费	0.6	成交数量	付		结算单位交中国结算	买方即行权方
权证交易	结算费	0.000 015	成交金额	付	付	结算单位交中国结算	
权证行权	过户费	0.000 5	行权股票的过户面额	付		投资者交中国结算	
	结算费	0.000 015	成交金额	付		行权方结算单位交中国结算	

（续表）

证券品种	收费项目	费率	计算对象	买方结算参与人	卖方结算参与人	最终收费对象	备注
专项资产管理计划转让	结算费	0.000 015	成交金额	付	付	结算单位交中国结算	

证券品种	收费项目	费率	计算对象	申购方结算参与人/赎回方结算参与人	最终收费对象	备注
ETF 申购/赎回	过户费	0.000 5	相应组合证券的过户面额	付	ETF 申购/赎回时，投资者交中国结算	1. 在各 ETF 成立后三年内按正常标准减半收取 2. 仅对涉及沪市成分股票的 ETF 收取
货币基金申购/赎回	结算费	0.000 01	申购或赎回所涉基金份额面值	付	结算单位交中国结算	暂免

业务类别	收费项目	费率	计算对象	换股申报方结算参与人	债券发行人指定结算参与人	最终收费对象	备注
可交换债券换股	过户费	0.000 02	换股成交金额	付	付	投资者交中国结算	

证券品种	收费项目	标准	计算对象	基金管理人	最终收费对象	备注
ETF 申购/赎回	申购/赎回登记结算费	每年 30 万元	每只 ETF	付	基金管理人交中国结算	含中国结算对基金管理人提供的所有登记结算服务
货币基金申购/赎回	登记结算服务费	每年 15 万元	每只货币基金	付	基金管理人交中国结算	含中国结算对基金管理人提供的所有登记结算服务

（续表）

<table>
<tr><th colspan="2">证券品种</th><th>收费项目</th><th>收费标准</th><th>资金融出方结算参与人</th><th>资金融入方结算参与人</th><th>最终收费对象</th><th>备注</th></tr>
<tr><td rowspan="2">股票质押式回购</td><td>初始交易</td><td>质押登记费</td><td rowspan="2">股票：500 万股以下（含）部分按该部分面值的 1‰收取，超 500 万股的部分按该部分面值的 0.1‰收取，起点 100 元
债券/基金：500 万元/份以下（含）部分按该部分面值的 0.5‰收取，超 500 万元/份的部分按该部分面值的 0.05‰收取，起点 100 元</td><td></td><td>付</td><td>投资者交中国结算</td><td></td></tr>
<tr><td>补充质押</td><td>质押登记费</td><td></td><td>付</td><td>投资者交中国结算</td><td></td></tr>
</table>

三、证券结算风险基金收费标准

<table>
<tr><th colspan="2">证券品种</th><th>收费项目</th><th>费率</th><th>计算对象</th><th>买方结算参与人</th><th>卖方结算参与人</th><th>最终收费对象</th><th>备注</th></tr>
<tr><td>国债</td><td></td><td rowspan="18">证券结算风险基金</td><td>0.000 01</td><td>成交金额</td><td>付</td><td>付</td><td rowspan="18">结算单位交证券结算风险基金，由中国结算管理</td><td rowspan="18">按照《证券结算风险基金管理办法》的有关规定，自 2008 年 1 月 1 日起，仅对交纳期未满一年的结算参与人计收证券结算风险基金，对其他结算参与人暂停计收</td></tr>
<tr><td>地方政府债</td><td></td><td>0.000 01</td><td>成交金额</td><td>付</td><td>付</td></tr>
<tr><td rowspan="10">债券质押式回购
债券质押式报价回购
买断式国债回购</td><td>1 天期</td><td>0.000 000 5</td><td>成交金额</td><td>付</td><td>付</td></tr>
<tr><td>2 天期</td><td>0.000 001</td><td>成交金额</td><td>付</td><td>付</td></tr>
<tr><td>3 天期</td><td>0.000 001 5</td><td>成交金额</td><td>付</td><td>付</td></tr>
<tr><td>4 天期</td><td>0.000 002</td><td>成交金额</td><td>付</td><td>付</td></tr>
<tr><td>7 天期</td><td>0.000 005</td><td>成交金额</td><td>付</td><td>付</td></tr>
<tr><td>14 天期</td><td>0.000 01</td><td>成交金额</td><td>付</td><td>付</td></tr>
<tr><td>28 天期</td><td>0.000 02</td><td>成交金额</td><td>付</td><td>付</td></tr>
<tr><td>91 天期</td><td>0.000 06</td><td>成交金额</td><td>付</td><td>付</td></tr>
<tr><td>182 天期</td><td>0.000 12</td><td>成交金额</td><td>付</td><td>付</td></tr>
<tr><td>A 股</td><td></td><td>0.000 03</td><td>成交金额</td><td>付</td><td>付</td></tr>
<tr><td>基金</td><td></td><td>0.000 03</td><td>成交金额</td><td>付</td><td>付</td></tr>
<tr><td>上证 LOF（含分级基金）</td><td></td><td>0.000 03</td><td>成交金额</td><td>付</td><td>付</td></tr>
<tr><td>ETF</td><td></td><td>0.000 03</td><td>成交金额</td><td>付</td><td>付</td></tr>
</table>

注：根据《约定购回式证券交易及登记结算业务办法》（上证会字［2012］252 号）第五十八条规定，约定购回式证券交易相关税费按现有股票、基金或债券现券交易收费标准在初始交易及购回交易中收取，过户费在现有收费标准基础上对超过 500 元的部分暂免收取。

附表2　深圳证券交易所交易类业务收费标准

（2015年8月10日发布）

业务分类	收费项目	收费标准	最终交费对象	最终收费单位	备注
A股交易	经手费	按交易金额的0.048 7‰双向收取	投资者	深交所	1. A股大宗交易经手费、登记过户费按集中交易费率下浮30%收取 2. 要约收购相关收费参照A股交易执行 3. 优先股经手费、登记过户费按普通股收费标准下调20%收取，监管费、印花税不变，同时暂不收取证券结算风险基金
	监管费	按交易金额的0.02‰双向收取	投资者	证监会	
	印花税	按成交金额的1‰向卖方收取	投资者	税务机关	
	登记过户费	按交易金额的0.02‰双向收取	投资者	中国结算深圳分公司	
	证券结算风险基金	按成交金额的0.03‰双边收取	结算参与人	证券结算风险基金专户	
B股交易	经手费	按成交金额的0.048 7‰双边收取	投资者	深交所	B股大宗交易经手费按集中交易费率下浮50%收取
	监管费	按成交金额的0.02‰双边收取	投资者	证监会	
	印花税	按成交金额的1‰向卖方收取	投资者	税务机关	
	结算费	按成交金额的0.5‰双边收取，每笔最高500港币	投资者	中国结算深圳分公司	
基金交易	经手费	按成交金额的0.048 7‰双边收取	投资者	深交所	1. 基金包括封闭式基金、LOF、ETF等品种 2. 基金大宗交易经手费按集中交易费率下浮50%收取 3. 债券ETF、货币ETF暂免收取经手费
	监管费	免收			
	证券结算风险基金	按成交金额的0.03‰双边收取	结算参与人	证券结算风险基金专户	
ETF申购/赎回	经手费	暂免收取		深交所	债券ETF不收取组合证券过户费
	组合证券过户费	按证券过户面额0.25‰向投资者单边收取	投资者	中国结算深圳分公司	

（续表）

业务分类	收费项目	收费标准	最终交费对象	最终收费单位	备注
货币市场基金场内申购/赎回	结算费	按申购或赎回所涉基金份额面值的0.001‰收取，但现阶段暂免	结算参与人	中国结算深圳分公司	
权证交易	经手费	按成交金额的0.045‰双边收取	投资者	深交所	
	监管费	免收			
	结算费	按清算金额的0.015‰双边收取	结算参与人	中国结算深圳分公司	
权证、现金选择权行权	结算费	按清算金额的0.015‰向结算参与人单边收取	结算参与人	中国结算深圳分公司	不通过交易系统申报的B股现金选择权的手工行权业务，不收取结算费
	行权股票过户费	按股票面值的0.5‰向投资者单向收取 B股现金选择权按照股票过户面额的0.5‰折算为外币（外币汇率以现金选择权行权清算当日中国人民银行发布的汇率中间价为准）	投资者	中国结算深圳分公司	
国债现货交易	经手费	成交金额在100万元以下（含100万元）每笔收0.1元；成交金额在100万元以上每笔收10元	投资者	深交所	
	证券结算风险基金	按成交金额的0.01‰双边收取	结算参与人	证券结算风险基金专户	

（续表）

业务分类	收费项目	收费标准	最终交费对象	最终收费单位	备注
可转债现货交易	经手费	按成交金额的0.04‰双边收取	投资者	深交所	综合协议交易平台债券交易经手费与集中竞价交易系统经手费收取标准相同
	监管费	免收			
企业债、分离交易可转债现货交易	经手费	成交金额在100万元以下（含100万元）每笔收0.1元；成交金额在100万元以上每笔收10元	投资者	深交所	
	监管费	免收			
公司债、证券公司次级债现货交易	经手费	成交金额在100万元以下（含100万元）每笔收0.1元；成交金额在100万元以上每笔收10元	投资者	深交所	
	监管费	免收			
	结算费	按清算金额的0.015‰双边收取	结算参与人	中国结算深圳分公司	
中小企业私募债现货交易	经手费	成交金额在100万元以下（含100万元）每笔收0.1元；成交金额在100万元以上每笔收10元	投资者	深交所	
	监管费	免收			
	结算费	按清算金额的0.015‰双边收取	结算参与人	中国结算深圳分公司	
中小企业可交换私募债换股	经手费	免收			
	印花税	换股金额的1‰	换股时的股票转出方	税务机关	
专项资产管理计划	经手费	成交金额在100万元以下（含100万元）每笔收0.1元；成交金额在100万元以上每笔收10元	投资者	深交所	
	监管费	免收			
	结算费	按清算金额的0.015‰双边收取	结算参与人	中国结算深圳分公司	

（续表）

业务分类	收费项目	收费标准	最终交费对象	最终收费单位	备注
债券回购交易	经手费	暂免	投资者	深交所	
	证券结算风险基金	1 天期　成交额的千万分之五 2 天期　成交额的千万分之十 3 天期　成交额的千万分之十五 4 天期　成交额的千万分之二十 7 天期　成交额的千万分之五十 14 天期　成交额的十万分之一 28 天期　成交额的十万分之二 91 天期　成交额的十万分之六 182 天期　成交额的十万分之十二	结算参与人	证券结算风险基金专户	
股票质押式回购	经手费	按每笔初始交易质押标的证券面值1‰收取，最高不超过100元人民币	证券公司	深交所	
	质押登记费	股票：500万股以下（含）部分按该部分面值的1‰收取，超500万股的部分按该部分面值的0.1‰收取，起点100元 基金：500万份以下（含）部分按该部分面值的0.5‰收取，超500万份的部分按该部分面值的0.05‰收取，起点100元 债券：500万元以下（含）部分按该部分面值的0.5‰收取，超500万元的部分按该部分面值的0.05‰收取，起点100元	融入方	中国结算深圳分公司	

注：1. 根据《证券结算风险基金管理办法》的相关规定，自2008年1月1日起对结算参与人暂停计收证券结算风险基金，但交纳期未满一年的结算参与人除外。

2. 印花税、经手费、监管费为中国结算公司代国家税务机关、深圳证券交易所、中国证券监督管理委员会等机构扣收的税费。

3. 根据《约定购回式证券交易及登记结算业务办法》第五十六条规定，约定购回式证券交易相关税费按现有股票、基金或债券现券大宗交易收费标准在初始交易及购回交易中收取。

本章强化训练

1. 证券登记结算机构为证券交易提供的服务包括(　　)。

Ⅰ. 证券登记　　Ⅱ. 交易结算　　Ⅲ. 证券存管　　Ⅳ. 确定交易价格

A. Ⅰ、Ⅱ　　B. Ⅱ、Ⅲ　　C. Ⅰ、Ⅱ、Ⅲ　　D. Ⅰ、Ⅱ、Ⅲ、Ⅳ

2. 目前，托管资产的场内资金结算主要采用两种模式，即________和________。(　　)

A. 共同对手方结算模式；逐笔清算模式　　B. 托管人结算模式；券商结算模式

C. 净额交收模式；全额交收模式　　D. 货银对付模式；轧差交收模式

3. 市场参与者待返售债券总余额应小于其在债券登记托管结算机构托管的自营债券总量的(　　)。

A. 100%　　B. 300%　　C. 200%　　D. 50%

4. 关于投资者参与证券交易所债券质押式回购，下列说法中错误的是(　　)。

A. 质押冻结期间债券的利息归证券交易所所有

B. 质押式回购期限最长为1年，在1年之内由投资者双方自行商定回购期限

C. 在质押式回购中，交易双方需要商定首期结算金额、到期结算金额和回购债券数量

D. 在办理质押式回购业务前，市场参与者应签订质押式回购主协议

5. 根据我国现行的交易规则，证券交易所证券交易的开盘价为(　　)。

A. 当日证券的第一笔买入委托价　　B. 当日证券的第一笔成交价

C. 证券上一交易日的最后一笔成交价　　D. 当日证券的第一笔卖出委托价

6. 从2002年5月1日开始，A股、B股、证券投资基金的交易佣金实行(　　)。

A. 最低下限和向上浮动制度　　B. 最高上限和向下浮动制度

C. 无区间浮动制度　　D. 固定比例制度

7. 关于证券经纪商向客户收取的佣金标准，下列表述正确的是(　　)。

Ⅰ. 不得高于证券交易金额的3‰

Ⅱ. 国债回购佣金由证券交易所制定

Ⅲ. 不得低于代收的证券交易监管费和证券交易所手续费

Ⅳ. 企业债的交易佣金标准备案一星期内无异议则正式实施

A. Ⅰ、Ⅱ、Ⅲ　　B. Ⅱ、Ⅲ、Ⅳ　　C. Ⅰ、Ⅱ、Ⅳ　　D. Ⅰ、Ⅲ

8. 在我国，证券交易所是(　　)。

A. 实行自律管理的法人　　B. 以营利为目的的法人

C. 不以证券营利为目的的机关　　D. 不以营利为目的的机关

9. 上海证券交易所和深圳证券交易所的组织形式分别属于(　　)。

A. 公司制；公司制　　B. 会员制；会员制　　C. 会员制；公司制　　D. 公司制；会员制

10. 为保证业务的正常运行，下列关于证券登记结算机构所采取的措施，说法错误的是(　　)。

A. 制定完善的风险防范机制和内部控制制度

B. 建立完善的操作系统，制定由结算参与人共同遵守的操作标准和规范

C. 建立完善的结算参与人准入标准和风险评估体系

D. 对结算数据和技术系统进行备份，制定业务紧急应变程序和操作流程

11. 在我国，根据市场情况，有权调整大宗交易最低限额的是(　　)。

A. 证券业协会　　B. 证券登记结算公司

C. 证券交易所　　D. 中国证监会

12. 在固定收益平台进行的固定收益证券现券交易实行净价申报，申报价格变动单位为________，申报数量单位为________。(　　)

A. 0.01 元；1 手　　B. 0.01 元；10 手　　C. 0.001 元；1 手　　D. 0.001 元；10 手

13. 某 A 股的股权登记日收盘价为 30 元/股，配股方案为每 10 股配 5 股，配股价为 10 元/股，则该股除权参考价为(　　)元/股。

A. 16.25　　B. 20　　C. 23.33　　D. 25

14. 证券公司在存管银行开立的客户交易结算资金账户不能用于(　　)。

A. 客户取款　　B. 客户存款

C. 证券交易资金交收　　D. 支付佣金手续费

15. (　　)是全球第一个股票电子交易市场。

A. 纳斯达克证券交易所　　B. 纽约证券交易所

C. 伦敦证券交易所　　D. 法兰克福证券交易所

16. 境内机构投资者可以委托符合一定条件的投资顾问进行境外证券投资，这些条件不包括(　　)。

A. 在境外设立，经所在国家或地区监管机构批准从事投资管理业务

B. 经营投资管理业务达 10 年以上

C. 最近 5 年没有受到所在国家或地区监管机构的重大处罚

D. 最近一个会计年度管理的证券资产不少于 100 亿美元或等值货币

参考答案及解析

1. C【解析】《证券法》规定，证券登记结算机构是为证券交易提供集中登记、存管与结算服务，不以营利为目的的法人。设立证券登记结算机构必须经国务院证券监督管理机构批准。

2. B【解析】目前，托管资产的场内资金清算主要采用两种模式：①托管人结算模式；②券商结算模式，也称第三方存管模式。

3. C【解析】按照中国人民银行的规定，任何一家市场参与者在进行买断式回购交易时单只券种的待返售债券余额应小于该只债券流通量的 20%，任何一家市场参与者待返售债券总余额应小于其在债券登记托管结算机构托管的自营债券总量的 200%。

4. A【解析】A 项，质押式回购是交易双方进行的以债券为权利质押的一种短期资金融通业务。在回购期内，资金融入方出质的债券，回购双方均不得动用。质押冻结期间债券的利息归出质方所有。

5. B【解析】按照一般的意义，开盘价和收盘价分别是交易日证券的首、尾买卖价格。根据我国现行的交易规则，证券交易所证券交易的开盘价为当日证券的第一笔成交价。证券的开盘价格通过集合竞价方式产生。不能产生开盘价的，以连续竞价方式产生。

6. B【解析】根据中国证监会、原国家发展计划委员会（现为国家发展和改革委员会）、国家税务总局联合发出的《关于调整证券交易佣金收取标准的通知》，从 2002 年 5 月 1 日开

始，A 股、B 股、证券投资基金的交易佣金实行最高上限和向下浮动制度。

7. A【解析】证券经纪商向客户收取的佣金（包括代收的证券交易监管费和证券交易所手续费等）不得高于证券交易金额的3‰，也不得低于代收的证券交易监管费和证券交易所手续费等。国债现券、企业债（含可转换债券）、国债回购以及以后出现的新的交易品种的交易佣金标准由证券交易所制定并报中国证监会和原国家发展计划委员会（现为国家发展和改革委员会）备案，备案 15 天内无异议实施。

8. A【解析】在我国根据《证券法》的规定，证券交易所是为证券集中交易提供场所和设施，组织和监督证券交易，实行自律管理的法人。

9. B【解析】证券交易所的组织形式有会员制和公司制两种。我国上海证券交易所和深圳证券交易所都采用会员制，设会员大会、理事会和专门委员会。

10. B【解析】证券登记结算机构为证券市场提供安全、高效的证券登记结算服务。根据自律管理的要求，它需采取以下措施保证业务的正常运行：①制定完善的风险防范机制和内部控制制度；②建立完善的技术系统，制定由结算参与人共同遵守的技术标准和规范；③建立完善的结算参与人准入标准和风险评估体系；④对结算数据和技术系统进行备份，制定业务紧急应变程序和操作流程。

11. C【解析】我国现行有关交易制度规定，如果证券单笔买卖申报达到一定数额的，证券交易所可以采用大宗交易方式进行。按照规定，证券交易所可以根据市场实际情况调整大宗交易的最低限额。

12. C【解析】在固定收益平台进行的固定收益证券现券交易实行净价申报，申报价格变动单位为0.001 元，申报数量单位为1 手（1 手为1 000 元面值）。交易价格实行涨跌幅限制，涨跌幅比例为 10%。涨跌幅价格计算公式为：涨跌幅价格 = 前一交易日参考价格 × (1 ± 10%)。

13. C【解析】该股的除权（息）参考价为：

$$\text{除权（息）参考价} = \frac{\text{前收盘价} - \text{现金红利} + \text{配股价格} \times \text{股份变动比例}}{1 + \text{股份变动比例}}$$

$$= \frac{30 + 10 \times 0.5}{1 + 0.5} \approx 23.33\ （元/股）$$

14. B【解析】证券公司在存管银行开立客户交易结算资金汇总账户，用于集中存管客户交易结算资金。交易结算资金账户只得用于客户取款、证券交易资金交收和支付佣金手续费等用途。客户的证券资金账户与托管账户一一对应。

15. A【解析】纳斯达克证券交易所是一个完全采用电子交易、为新兴产业提供竞争舞台、自我监管、面向全球的证券市场。纳斯达克证券交易所是全球第一个电子交易市场。

16. B【解析】境内机构投资者可以委托符合下列条件的投资顾问进行境外证券投资：①在境外设立，经所在国家或地区监管机构批准从事投资管理业务；②所在国家或地区证券监管机构已与中国证监会签订双边监管合作谅解备忘录，并保持着有效的监管合作关系；③经营投资管理业务达 5 年以上，最近一个会计年度管理的证券资产不少于 100 亿美元或等值货币；④有健全的治理结构和完善的内控制度，经营行为规范，最近 5 年没有受到所在国家或地区监管机构的重大处罚，没有重大事项正在接受司法部门、监管机构的立案调查。

第十二章 基金的估值、费用与会计核算

AMAC

最新考纲要求

考试大纲	考查要点	能力等级
基金资产估值	基金资产估值的概念和应用	★★★
	基金资产估值的法律依据和应用	★★★
	基金资产估值的重要性和需要考虑的因素	★
	基金资产估值的责任主体	★★★
	基金资产估值的估值程序及基本原则	★★★
	不同投资品种的估值方法及基金暂停估值的情形	★★
	QDII 基金资产估值的特殊规定	★
基金费用	基金费用的种类	★
	基金管理费、托管费及销售服务费的计提标准及计提方式	★★★
	不列入基金费用的项目种类	★
基金会计核算	基金会计核算的特点及主要内容	★★★
基金财务会计报告分析	基金财务报告分析的主要内容	★★★

核心考点解读

第一节　基金资产估值

考点 1　基金资产估值的概念和应用★★★

基金资产估值是指通过对基金所拥有的全部资产及全部负债按一定的原则和方法进行估算，进而确定基金资产公允价值的过程。基金资产总值是指基金全部资产的价值总和。从基金资产中扣除基金所有负债即是基金资产净值。基金资产净值除以基金当前的总份额，就是基金份额净值。用公式表示为：

$$基金资产净值 = 基金资产 - 基金负债$$

$$基金份额净值 = \frac{基金资产净值}{基金总份额}$$

基金份额净值是计算投资者申购基金份额、赎回资金金额的基础，也是评价基金投资业绩的基础指标之一。

例题精选精练 ▶▶

假定某基金的总资产为 35 亿元，总负债为 5 亿元，发行在外的基金总份额为 30 亿份，那么其基金份额净值为(　　)元。

A. 1.00　　B. 1.16　　C. 1.23　　D. 1.35

【答案】A

【解析】基金份额净值 = (基金资产 − 基金负债) /基金总份额 = (35 − 5) /30 = 1.00 (元)。

考点 2　基金资产估值的法律依据和应用★★★

基金估值主体在现有基金法律体系中是完备的，无论是《证券投资基金法》还是中国证监会关于基金合同的格式要求、基金估值业务规定等都明确规定，基金管理人是基金估值的第一责任主体。

根据《证券投资基金法》第 19 条和第 36 条的规定，基金管理公司应履行计算并公告基金资产净值的责任，确定基金份额申购、赎回价格；托管人应履行复核、审查基金管理公司计算的基金资产净值和基金份额申购、赎回价格的责任。

根据《基金合同的内容与格式》要求，基金合同应列明基金资产估值事项，包括估值日、估值方法、估值对象、估值程序、估值错误的处理、暂停估值的情形、基金净值的确认和特殊情况的处理。

根据 2017 年 9 月 5 日公布并施行的《中国证监会关于证券投资基金估值业务的指导意见》要求，基金管理人应制定基金估值和份额净值计价的业务管理制度，明确基金估值的程序和技术；建立估值委员会，健全估值决策体系；使用可靠的估值业务系统；确保估值人员熟悉各类投资品种的估值原则及具体估值程序；完善相关风险监测、控制和报告机制。

例题精选精练 ▶▶

根据《基金合同的内容与格式》要求，基金合同应列明(　　)。

Ⅰ. 估值错误的处理　Ⅱ. 暂停估值的情形　Ⅲ. 基金净值的确认　Ⅳ. 估值程序

A. Ⅰ、Ⅱ　　B. Ⅰ、Ⅱ、Ⅲ　　C. Ⅱ、Ⅲ、Ⅳ　　D. Ⅰ、Ⅱ、Ⅲ、Ⅳ

【答案】D

【解析】根据《基金合同的内容与格式》要求，基金合同应列明基金资产估值事项，包括估值日、估值方法、估值对象、估值程序、估值错误的处理、暂停估值的情形、基金净值的确认和特殊情况的处理。

考点 3　基金资产估值的重要性和需要考虑的因素★

1. 基金资产估值的重要性

基金份额净值是开放式基金申购份额、赎回金额计算的基础，直接关系到基金投资者的利益。

广义上讲，投资者申购一份基金所付出的金额应该相当于在市场上按当前价格购买对应的资产，而赎回的投资者从基金中获取的金额也应是基金在市场上按当前价格出售相应资产所能获得的金额。这就是在估值过程中一般均采用资产最新价格的原因。否则，申购或赎回的价格错误将会引起基金资产价值的稀释或浓缩。

注：基金份额净值必须是公允的。

2. 基金资产估值需考虑的因素

（1）估值频率

基金一般都按照固定的时间间隔对基金资产进行估值，通常监管法规会规定一个最小的估值频率。基金估值的频率是由基金的组织形式、投资对象的特点等因素决定的，并在相关的发行法律文件中明确列示。

①对开放式基金来说，估值的时间通常与开放申购、赎回的时间一致。

②封闭式基金每周披露一次基金份额净值，但每个交易日也都进行估值。

③海外的基金多数是每个交易日估值，但也有一部分基金是每周估值一次，有的甚至每半个月、每月估值一次。

注：目前，我国的开放式基金于每个交易日估值，并于次日公告基金份额净值。

（2）交易价格及其公允性

①当基金只投资于交易活跃的证券时，直接采用市场交易价格就可以对基金资产估值。

②当基金投资于交易不活跃的证券时，对基金资产进行估值时要非常慎重，其中证券资产的流动性是非常关键的考虑因素。

③如果证券的公允价值是由基金管理人通过估值技术获得的，基金托管人应对管理人所采用的估值技术的科学性、合理性、合法性等方面进行审查，以保证通过估值技术获得的估值结果是公允的。

（3）估值方法的一致性及公开性

①估值方法的一致性

估值方法的一致性是指基金在进行资产估值时均应采取同样的估值方法，遵守同样的估值规则，基金管理人对投资品种进行估值时应保持程序和技术的一致性。同一基金管理人对管理的不同基金持有的具有相同特征的同一投资品种的估值原则、程序及技术应当一致。

为确保估值程序和技术的持续适用性，基金管理人应建立定期复核和审阅机制，以确保相关估值程序和技术不存在重大缺陷。当改变估值技术导致基金资产净值的变化在0.25%以上的，基金管理人应就所采用的相关估值技术、假设及输入值的适当性等咨询会计师事务所的专业意见。

②估值方法的公开性

估值方法的公开性是指基金管理人应履行与基金估值相关的披露义务，应当在半年度和年度报告中披露估值程序、估值技术及重大变化、假设、输入值、对基金资产净值及当期损益的影响等对基金估值有重大影响的信息；当基金管理人改变估值技术时，应本着最大限度保护基金份额持有人的原则及时进行临时公告。

会计师事务所在对基金年度财务报告出具审计报告时，应对报告期间基金的估值技术及其重大变化，特别是对估值的适当性，采用外部信息进行估值的客观性和可靠性程度，以及相关披露的充分性和及时性等发表意见。

例题精选精练▶▶

关于基金资产估值需要考虑的因素，下列表述错误的是（　　）。

A. 当基金只投资于交易活跃的证券，直接采用市场交易价格对基金资产估值

B. 封闭式基金每周披露一次基金份额净值，每个交易日都进行估值

C. 海外基金的估值频率较低，一般是每月估值一次

D. 交易所上市的股指期货合约以估值当日结算价进行估值

【答案】C

【解析】C项，海外的基金有一部分是每周估值一次，有的甚至每半个月、每月估值一次。

考点4　基金资产估值的责任主体★★★

我国基金资产估值的责任人是基金管理人，基金托管人对基金管理人的估值结果负有复核责任。

为准确、及时进行基金估值和份额净值计价，基金管理人应制定基金估值和份额净值计价的业务管理制度，明确基金估值的程序和技术；建立估值委员会，健全估值决策体系；使用可靠的估值业务系统；确保估值人员熟悉各类投资品种的估值原则及具体估值程序；完善相关风险监测、控制和报告机制；建立定期复核和审阅机制，以确保相关程序和技术不存在重大缺陷。

基金管理人应充分理解相关估值原则及技术，与托管人充分协商，谨慎确定公允价值。托管人在复核、审查基金资产净值和基金份额申购、赎回价格之前，应认真审阅基金管理公司采用的估值原则及技术。当对估值原则及技术有异议时，托管人有义务要求基金管理人做出合理解释，通过积极商讨达成一致意见。

为提高估值的合理性和可靠性，中国证券投资基金业协会建立了基金估值工作机制，在充分征求行业意见并向中国证监会报备后，对没有活跃市场或在活跃市场不存在相同特征的资产或负债报价的投资品种提出估值指引，并定期对其出台的估值指引进行评估和修订。

基金管理人和托管人在进行基金估值、计算基金份额净值及相关复核工作时，可参考基金业协会的估值指引，但是并不能免除相关责任。即使基金管理人选择服务机构进行估值，也不能免除管理人的相关责任。

考点5　基金资产估值的估值程序及基本原则★★★

1. 估值程序

（1）基金份额净值是按照每个开放日闭市后，基金资产净值除以当日基金份额的余额数量计算。

（2）基金日常估值由基金管理人进行。基金管理人每个交易日对基金资产估值后，将基金份额净值结果发给基金托管人。

（3）基金托管人按基金合同规定的估值方法、时间、程序对基金管理人的计算结果进行复核，复核无误后签章返回给基金管理人，由基金管理人对外公布，并由基金注册登记机构根据确认的基金份额净值计算申购、赎回数额。月末、年中和年末估值复核与基金会计账目的核对同时进行。

例题精选精练

关于基金估值程序，下列表述错误的是（　　）。

A. 基金份额净值是按照每个开放日闭市后，基金资产净值除以当日基金份额的余额数量计算

B. 由基金托管人对外公布基金管理人的计算结果

C. 基金日常估值由基金管理人进行

D. 基金托管人对基金管理人的计算结果进行复核

【答案】B

【解析】基金托管人按基金合同规定的估值方法、时间、程序对基金管理人的计算结果进行复核，复核无误后签章返回给基金管理人，由基金管理人对外公布。

2. 估值的基本原则

（1）存在活跃市场且能够获取相同资产或负债报价的投资品种：

①在估值日有报价的，除会计准则规定的例外情况外，应将该报价不加调整地应用于该资产或负债的公允价值计量。

②估值日无报价且最近交易后未发生影响公允价值计量的重大事件的，应采用最近交易日的报价确定公允价值。

③有充足证据表明估值日或最近交易日的报价不能真实反映公允价值的，应对报价进行调整，确定公允价值。

与上述投资品种相同，但具有不同特征的，应以相同资产或负债的公允价值为基础，并在估值技术中考虑不同特征因素的影响。特征是指对资产出售或使用的限制等，如果该限制是针对资产持有者的，那么在估值技术中不应将该限制作为特征考虑。此外，基金管理人不应考虑因其大量持有相关资产或负债所产生的溢价或折价。

（2）不存在活跃市场的投资品种：

①应采用在当前情况下适用并且有足够可利用数据和其他信息支持的估值技术确定公允价值。

②采用估值技术确定公允价值时，应优先使用可观察输入值，只有在无法取得相关资产或负债可观察输入值或取得不切实可行的情况下，才可以使用不可观察输入值。

（3）如经济环境发生重大变化或证券发行人发生影响证券价格的重大事件，使潜在估值调整对前一估值日的基金资产净值的影响在0.25%以上的，应对估值进行调整并确定公允价值。

考点6　不同投资品种的估值方法及基金暂停估值的情形★★

1. 不同投资品种的估值方法

（1）交易所发行未上市品种的估值

①首次发行未上市的股票和权证，采用估值技术确定公允价值，在估值技术难以可靠计量公允价值的情况下按成本计量。

②送股、转增股、配股和公开增发新股等发行未上市股票，按交易所上市的同一股票的市价估值。

③交易所发行未上市或未挂牌转让的债券，在存在活跃市场的情况下，应以活跃市场上未经调整的报价作为计量日的公允价值；活跃市场报价未能代表计量日公允价值的情况下，应对市场报价进行调整以确认计量日的公允价值；对于不存在市场活动或市场活动很少的情况下，则应采用估值技术确定其公允价值。

例题精选精练

下列关于交易所发行未上市品种的估值方法，表述错误的有(　　)。

A. 首次发行未上市的股票和权证，采用估值技术确定公允价值

B. 交易所发行未挂牌转让的债券，在存在活跃市场的情况下，应以活跃市场上未经调整的报价作为计量日的公允价值

C. 交易所发行未上市的债券，对于不存在市场活动或市场活动很少的情况下，应采用估值技术确定其公允价值

D. 公开增发的未上市新股，采用估值技术估值

【答案】D

【解析】D项，送股、转增股、配股和公开增发新股等发行未上市股票，按交易所上市的同一股票的市价估值。

(2) 交易所上市交易的非流通受限品种的估值

①交易所上市交易的非流通受限股票和权证以其估值日在证券交易所挂牌的市价进行估值。

②交易所上市交易或挂牌转让的不含权固定收益品种，按照第三方估值机构提供的相应品种当日的估值净价估值，含权固定收益品种按照第三方估值机构提供的相应品种当日的唯一估值净价或推荐估值净价估值，第三方估值机构提供的估值价格与交易所收盘价存在差异的，若基金管理人认定交易所收盘价更能体现公允价值，应采用收盘价。

③交易所上市交易的可转换债券按当日收盘价作为估值全价。

④交易所上市的股指期货合约以估值当日结算价进行估值。

⑤交易所上市的不存在活跃市场的有价证券，采用估值技术确定公允价值。对交易所上市的资产支持证券品种和私募债券，鉴于其交易不活跃，各产品的未来现金流也较难确认，按成本估值。

例题精选精练

关于投资品种的估值，下列表述错误的是(　　)。

A. 交易所上市的私募债券按成本估值

B. 交易所上市的不存在活跃市场的有价证券，采用估值技术确定公允价值

C. 交易所上市的股指期货合约以估值当日结算价进行估值

D. 交易所上市交易的可转债按第三方估值机构提供的估值净价估值

【答案】D

【解析】D项，在交易所上市交易的可转换债券按当日收盘价作为估值全价。

(3) 交易所上市交易的流通受限品种的估值

在发行时明确一定期限限售期的股票，包括但不限于非公开发行的股票、首次公开发行股票时公司股东公开发售的股份、通过大宗交易取得的带限售期的股票等，参考流通受限股票的估值指引进行估值。

①流通受限股票按以下公式确定估值日该股票的价值：

$$FV=S\times(1-LoMD)$$

式中：FV表示估值日该流通受限股票的价值；S表示估值日在证券交易所上市交易的同

一股票的公允价值；$LoMD$ 表示该流通受限股票剩余限售期对应的流动性折扣。

②引入看跌期权计算该流通受限股票对应的流动性折扣，计算公式如下：

$$LoMD=\frac{P}{S}$$

式中：P 是估值日看跌期权的价值。

③证券投资基金持有的流通受限股票在估值日按平均价格亚式期权模型（AAP 模型）确定估值日看跌期权的价值。AAP 模型计算公式如下：

$$P=S\bar{e}^{qT}\left[N\left(\frac{\nu\sqrt{T}}{2}\right)-N\left(-\frac{\nu\sqrt{T}}{2}\right)\right]$$

$$\nu\sqrt{T}=\sqrt{\sigma^2T+\ln\left[2\left(e^{\sigma^2T}-\sigma^2T-1\right)\right]-2\ln\left(e^{\sigma^2T}-1\right)}$$

式中：S 表示估值日在证券交易所上市交易的同一股票的公允价值；T 表示剩余限售期，以年为单位表示；σ 表示股票在剩余限售期内的股价的预期年化波动率；q 表示股票预期年化股利收益率；N 表示标准正态分布的累积分布函数。

（4）交易所停止交易等非流通品种的估值

①因持有股票而享有的配股权，从配股除权日起到配股确认日止，如果收盘价高于配股价，按收盘价高于配股价的差额估值。收盘价等于或低于配股价，则估值为零。

②对停止交易但未行权的权证，一般采用估值技术确定公允价值。

③对于因重大特殊事项而长期停牌股票的估值，需要按估值基本原则判断是否采用估值技术，估值技术包括指数收益法、可比公司法、市场价格模型法和估值模型法等，供管理人对基金估值时参考。

（5）全国银行间债券市场交易的固定收益品种的估值

全国银行间债券市场交易的固定收益品种，采用第三方估值机构提供的相应品种当日的估值价格。

①不含权的固定收益品种，以第三方估值机构提供的相应品种当日的估值净价进行估值。

②含权的固定收益品种，以第三方估值机构提供的相应品种当日的唯一估值净价或推荐估值净价进行估值。含投资人回售权的固定收益品种，回售登记期截止日（含当日）后未行使回售权的按照长待偿期所对应的价格进行估值。

③对银行间市场未上市，且第三方估值机构未提供估值价格的债券，在发行利率与二级市场利率不存在明显差异、未上市期间市场利率没有发生大的变动的情况下，按成本估值。

（6）基金中基金投资的证券投资基金的估值方法

①基金中基金投资的境内非货币市场基金，按所投资基金估值日的份额净值估值；基金中基金投资的境内货币市场基金，按所投资基金前一估值日后至估值日期间（含节假日）的万份收益计提估值日基金收益。

②基金中基金投资的 ETF 基金，按所投资 ETF 基金估值日的收盘价估值；ETF 联接基金投资的 ETF 基金，按所投资 ETF 基金估值日的份额净值估值；基金中基金投资的境内上市开放式基金（LOF），按所投资基金估值日的份额净值估值；基金中基金投资的境内上市定期开放式基金、封闭式基金，按所投资基金估值日的收盘价估值。基金中基金投资的境内上市交易型货币市场基金，如所投资基金披露份额净值，则按所投资基金估值日的份额净值估值；如所投资基金披露万份（百份）收益，则按所投资基金前一估值日后至估值日期间（含节假日）的万份（百份）收益计提估值日基金收益。

③如遇所投资基金不公布基金份额净值、进行折算或拆分、估值日无交易等特殊情况，基金管理人根据以下原则进行估值：

►以所投资基金的基金份额净值估值的，若所投资基金与基金中基金估值频率一致但未公布估值日基金份额净值，按其最近公布的基金份额净值为基础估值。

►以所投资基金的收盘价估值的，若估值日无交易，且最近交易日后市场环境未发生重大变化，按最近交易日的收盘价估值；如最近交易日后市场环境发生了重大变化，可使用最新的基金份额净值为基础或参考类似投资品种的现行市价及重大变化因素调整最近交易市价，确定公允价值。

►如果所投资基金前一估值日至估值日期间发生分红除权、折算或拆分，基金管理人应根据基金份额净值或收盘价、单位基金份额分红金额、折算或拆分比例、持仓份额等因素合理确定公允价值。

（7）其他投资品种的估值方法

①黄金 ETF 投资

黄金 ETF 投资的黄金现货实盘合约按估值日金交所的当日收盘价估值，估值日无交易的，以最近收盘价估值；黄金 ETF 投资的黄金现货延期交收合约按估值日金交所的当日结算价估值，估值日无交易的，以最近结算价估值；全现金替代申赎方式下，基金管理人和基金托管人应按照基金法律文件确定的估值方法对黄金 ETF 的可退申购退补款和可退赎回代卖款进行估值。

②港股通投资的股票

港股通投资的股票，在基金估值日，按其在港交所的收盘价估值；估值日无交易的，以最近交易日的收盘价估值。港股通投资持有外币证券资产估值涉及港币对人民币汇率的，可参考当日中国人民银行或其授权机构公布的人民币汇率中间价，或其他可以反映公允价值的汇率进行估值。基金合同对汇率有明确约定的，按照基金合同的约定执行。

2. 计价错误的处理及责任承担

（1）基金管理公司应制定估值及份额净值计价错误的识别及应急方案。当估值或资产净值计价错误实际发生时，基金管理人应立即纠正，及时采取合理措施防止损失进一步扩大。当错误达到或超过基金资产净值的 0.25% 时，基金管理人应及时向中国证监会报告。

（2）基金管理公司和托管人在进行基金估值、计算或复核基金份额净值的过程中，未能遵循相关法律法规规定或基金合同约定，给基金财产或基金份额持有人造成损害的，应分别对各自行为依法承担赔偿责任。因共同行为给基金财产或基金份额持有人造成损害的，应承担连带赔偿责任。

3. 暂停估值的情形

当基金有以下情形时，可以暂停估值：

（1）基金投资所涉及的证券交易所遇法定节假日或因其他原因暂停营业时。

（2）因不可抗力或其他情形致使基金管理人、基金托管人无法准确评估基金资产价值时。

（3）占基金相当比例的投资品种的估值出现重大转变，而基金管理人为保障投资人的利益已决定延迟估值。

（4）如出现基金管理人认为属于紧急事故的任何情况，会导致基金管理人不能出售或评估基金资产的。

（5）中国证监会和基金合同认定的其他情形。

考点7　QDII 基金资产估值的特殊规定★

1. 估值责任人

根据《合格境内机构投资者境外证券投资管理试行办法》的有关规定，基金托管人在履行职责时应确保基金的份额净值按照有关法律法规、基金合同和集合资产管理合同规定的方法进行计算。在实践中，基金管理公司是 QDII 基金的会计核算和资产估值的责任主体，托管人负有复核责任。

2. QDII 基金份额净值的计算及披露

在《关于实施〈合格境内机构投资者境外证券投资管理试行办法〉有关问题的通知》（证监发〔2007〕81 号）中，对 QDII 基金的净值计算及披露做了明确规定：

（1）基金份额净值应当至少每周计算并披露一次，如基金投资衍生品，应当在每个工作日计算并披露。

（2）基金份额净值应当在估值日后 2 个工作日内披露。

（3）基金份额净值应当以人民币或美元等主要外汇货币单独或同时计算并披露。

（4）基金资产的每一买入、卖出交易应当在最近份额净值的计算中得到反映。

（5）流动性受限的证券估值可以参照国际会计准则进行。

（6）衍生品的估值可以参照国际会计准则进行。

（7）境内机构投资者应当合理确定开放式基金资产价格的选取时间，并在招募说明书和基金合同中载明。

（8）开放式基金净值及申购、赎回价格的具体计算方法应当在基金、集合计划合同和招募说明书中载明，并明确小数点后的位数。

例题精选精练▶▶

QDII 基金份额净值应当至少________计算并披露一次，如基金投资衍生品，应________计算并披露。（　　）

A. 每个工作日；每个工作日　　B. 每月；每周

C. 每月；每个工作日　　D. 每周；每个工作日

【答案】D

【解析】《关于实施〈合格境内机构投资者境外证券投资管理试行办法〉有关问题的通知》对 QDII 基金的净值计算及披露作了明确规定，其中，基金份额净值应当至少每周计算并披露一次，如基金投资衍生品，应当在每个工作日计算并披露。

第二节　基金费用

考点1　基金费用的种类★

在基金运作过程中涉及的费用可分为两大类：

（1）不参与基金的会计核算的费用

基金销售过程中发生的由基金投资者自己承担的费用，主要包括申购费、赎回费及基金转换费。这些费用直接从投资者申购、赎回或转换的金额中收取。

（2）需直接从基金资产中列支的费用

下列与基金有关的费用可以从基金财产中列支：

①基金管理人的管理费。

②基金托管人的托管费。

③销售服务费。

④基金合同生效后的信息披露费用。

⑤基金合同生效后的会计师费和律师费。

⑥基金份额持有人大会费用。

⑦基金的证券交易费用。

⑧按照国家有关规定和基金合同约定，可以在基金财产中列支的其他费用。

对于不收取申购费（认购费）、赎回费的货币市场基金，基金管理人可以依照相关规定从基金财产中持续计提一定比例的销售服务费，专门用于本基金的销售和对基金持有人的服务。

注：本节所述基金费用仅指第二类费用，其种类及计提标准一般都在基金合同及基金招募说明书中明确规定。

例题精选精练

需直接从基金资产中列支的费用不包括(　　)。

A. 基金管理费　　B. 基金托管费

C. 持有人大会费用　　D. 申购费、赎回费

【答案】D

【解析】基金管理过程中发生的费用，主要包括基金管理费、基金托管费、持有人大会费用等。这些费用需直接从基金资产中列支。

考点2　基金管理费、托管费及销售服务费的计提标准及计提方式★★★

1. 基金管理费、基金托管费和基金销售费

（1）定义

基金管理费是指基金管理人管理基金资产而向基金收取的费用。

基金托管费是指基金托管人为基金提供托管服务而向基金收取的费用。

基金销售服务费是指从基金资产中扣除的用于支付销售机构佣金以及基金管理人的基金营销广告费、促销活动费、持有人服务费等方面的费用。

（2）计提标准

目前，我国的基金管理费、基金托管费及基金销售服务费均是按前一日基金资产净值的一定比例逐日计提，按月支付。

例题精选精练

目前，我国的基金管理费通常按前一日基金资产净值的一定比例________计提，________支付。(　　)

A. 每日；按月　　B. 每日；按周　　C. 每月；按年　　D. 每月；按季

【答案】A

【解析】目前，我国的基金管理费、基金托管费及基金销售服务费均是按前一日基金资产净值的一定比例逐日计提，按月支付。

（3）计算方法

$$H=\frac{E \cdot R}{\text{当年实际天数}}$$

式中：H 表示每日计提的费用；E 表示前一日的基金资产净值；R 表示年费率。

2. 基金交易费

基金交易费指基金在进行证券买卖交易时所发生的相关交易费用。目前，我国证券投资基金的交易费用主要包括印花税、交易佣金、过户费、经手费、证管费。交易佣金由证券公司按成交金额的一定比例向基金收取，印花税、过户费、经手费、证管费等则由登记公司或交易所按有关规定收取。

参与银行间债券市场交易的，还需向中央国债登记结算有限责任公司或银行间市场清算所股份有限公司支付银行间账户服务费，向全国银行间同业拆借中心支付交易手续费等服务费用。

3. 基金运作费

基金运作费指为保证基金正常运作而发生的应由基金承担的费用，包括审计费、律师费、上市年费、分红手续费、持有人大会费、开户费、银行汇划手续费等。

按照有关规定，发生的上述费用如果影响基金份额净值小数点后第 4 位的，应采用预提或待摊的方法计入基金损益。

发生的费用如果不影响基金份额净值小数点后第 4 位的，应于发生时直接计入基金损益。

考点 3　不列入基金费用的项目种类★

下列费用不列入基金费用：

（1）基金管理人和基金托管人因未履行或未完全履行义务导致的费用支出或基金财产的损失。

（2）基金管理人和基金托管人处理与基金运作无关的事项发生的费用。

（3）基金合同生效前的相关费用，包括但不限于验资费、会计师和律师费、信息披露费用等费用。

例题精选精练 ▶▶

下列选项中，应列入基金费用的是（　　）。

A. 基金管理人和基金托管人因未履行或未完全履行义务导致的费用支出或基金财产的损失

B. 基金管理人和基金托管人处理与基金运作无关的事项发生的费用

C. 基金合同生效前的相关费用，包括但不限于验资费、会计师和律师费、信息披露费等费用

D. 在基金销售过程中由投资者承担的费用

【答案】D

【解析】下列费用不列入基金费用：①基金管理人和基金托管人因未履行或未完全履行义务导致的费用支出或基金财产的损失；②基金管理人和基金托管人处理与基金运作无关的事项发生的费用；③基金合同生效前的相关费用，包括但不限于验资费、会计师和律师费、信息披露费等费用。

第三节　基金会计核算

考点1　基金会计核算的特点★★★

1. 基金会计核算的概念

基金会计核算是指收集、整理、加工有关基金投资运作的会计信息，准确记录基金资产变化情况，及时向相关各方提供财务数据以及会计报表的过程。

基金管理公司是证券投资基金会计核算的责任主体，对所管理的基金应当以每只基金为会计核算主体，独立建账、独立核算，保证不同基金在名册登记、账户设置、资金划拨、账簿记录等方面相互独立。同时，基金托管人也需要对所托管的证券投资基金进行会计核算，并将有关结果同基金管理公司相核对。

我国基金的会计年度为公历每年1月1日至12月31日。基金核算以人民币为记账本位币，以人民币元为记账单位。

2. 基金会计核算的特点（见表12－1）

表12－1　基金会计核算的特点

特点	内容
基金会计主体	①会计主体是会计为之服务的特定对象： ▶企业会计核算以企业为会计核算主体 ▶基金会计以证券投资基金为会计核算主体 ▶基金会计的责任主体是对基金进行会计核算的基金管理公司和基金托管人，其中前者承担主会计责任 ②界定会计主体的意义在于： ▶将证券投资基金的管理主体即基金管理公司的经营活动与证券投资基金的投资管理活动区别开来 ▶将基金管理公司管理的不同基金之间的投资管理活动区别开来。明确了会计主体，就界定了从事会计工作和提供会计信息的空间范围
基金会计分期	①传统的会计分期一般以年度、半年、季度和月份为单位，分期反映会计主体的财务状况 ②对于证券投资基金来说，基金会计期间划分以周甚至是日为核算披露期间 ③目前，我国的基金会计核算均已细化到日： ▶开放式基金的申购、赎回逐日进行 ▶逐日计算债券利息、银行存款利息等 ▶逐日预提或待摊影响到基金份额净值小数点后第4位的费用 ▶逐日对基金资产进行估值确认，货币市场基金一般每日结转损益，等等

（续表）

特点	内容
基金资产会计分类	①根据《企业会计准则第22号——金融工具确认和计量》，金融资产在初始确认时划分为四类： ▶以公允价值计量且其变动计入当期损益的金融资产 ▶持有至到期投资 ▶贷款和应收款项 ▶可供出售的金融资产 其中，以公允价值计量且其变动计入当期损益的金融资产包括交易性金融资产和指定为以公允价值计量且其变动计入当期损益的金融资产 ②根据《企业会计准则第22号——金融工具确认和计量》，金融负债在初始确认时划分为两类： ▶以公允价值计量且其变动计入当期损益的金融负债 ▶其他金融负债 其中，以公允价值计量且其变动计入当期损益的金融负债包括交易性金融负债和指定为以公允价值计量且其变动计入当期损益的金融负债 **注：**除非基金合同另有约定，基金持有的金融资产和承担的金融负债通常归类为以公允价值计量且其变动计入当期损益的金融资产和金融负债

例题精选精练▶▶

关于证券投资基金会计核算的特点，下列表述错误的是（　　）。

A. 基金会计核算主体是证券投资基金

B. 货币市场基金一般每日结转损益

C. 传统的会计分期一般以年度、半年、月份和日为单位

D. 基金会计的责任主体是基金管理人和托管人

【答案】C

【解析】C项，传统的会计分期一般以年度、半年、季度和月份为单位，分期反映会计主体的财务状况。

考点2　基金会计核算的主要内容★★★

1. 基金的会计核算对象

根据《证券投资基金会计核算业务指引》，基金的会计核算对象包括资产类、负债类、资产负债共同类、所有者权益类和损益类的核算，涉及基金的投资交易、基金申购和赎回、基金持有证券的上市公司行为、基金资产估值、基金费用计提和支付、基金利润分配等基金经营活动。

例题精选精练▶▶

基金的会计核算对象不包括（　　）。

A. 资产　　B. 损益类　　C. 基金申购和赎回　　D. 资产损益共同类

【答案】D

【解析】根据《证券投资基金会计核算业务指引》，基金的会计核算对象包括资产类、负债类共同类、所有者权益类和损益类的核算，涉及基金的投资交易、基金申购和赎回、基金持有证券的上市公司行为、基金资产估值、基金费用计提和支付、基金利润分配等基金经营活动。

2. 基金会计核算的内容（见表12－2）

表12－2　基金会计核算的内容

核算项目	内容
证券和衍生工具交易核算	①证券投资基金主要投资于政策允许范围内的有价证券和衍生金融工具 ②包括股票、债券、资产支持证券、权证等有价证券和衍生金融工具的买卖及回购交易等
权益核算	①权益核算是指与基金持有证券的上市公司有关的、所有涉及该证券权益变动并进而影响基金权益变动的事项 ②包括发行新股、发放股息和红利、配股等公司行为的核算
利息和溢价核算	①包括债券的利息、银行存款利息、清算备付金利息、回购利息等 ②各类资产利息均应按日计提，并于当日确认为利息收入
费用核算	①包括计提基金管理费、托管费、预提费用、摊销费用、交易费用等 ②这些费用一般按日计提，并于当日确认为费用
基金申购与赎回核算	开放式基金还需对基金份额的申购与赎回情况、转入与转出情况以及基金份额拆分进行会计核算
估值核算	基金逐日对其资产按规定进行估值，并于当日将投资估值增（减）值确认为公允价值变动损益
利润核算	①利润核算是指会计期末结转基金损益，并按照规定对基金分红、除权、红利再投资等进行核算 ②证券投资基金一般在月末结转当期损益，按固定价格报价的货币市场基金一般逐日结转损益
基金财务会计报告	①根据有关规定，基金管理公司应及时编制并对外提供真实、完整的基金财务会计报告 ②财务会计报告分为年度、半年度、季度和月度财务会计报告。半年度、年度财务会计报告至少应披露会计报表和会计报表附注的内容。基金会计报表包括资产负债表、利润表及净值变动表等报表
基金会计核算的复核	①对于国内证券投资基金的会计核算，基金管理人与基金托管人按照有关规定，分别独立进行账簿设置、账套管理、账务处理及基金净值计算 ②基金托管人按照规定对基金管理人的会计核算进行复核并出具复核意见

第四节　基金财务会计报告分析

考点1　基金财务报告分析的目的★

（1）基金财务会计报告是指基金对外提供的反映基金某一特定日期的财务状况和某一会计期间的经营成果、现金流量等会计信息的文件。

（2）财务会计报告包括会计报表及其附注和其他应当在财务会计报告中披露的相关信息和资料。

①基金会计报表包括资产负债表、利润表和净值变动表等报表。

②基金会计报表附注包括重要会计政策和会计估计、会计政策和会计估计变更、差错更正的说明、报表重要项目的说明和关联方关系及其交易等内容。

（3）一般而言，基金财务会计报告分析可以达到以下目的：

①评价基金过去的经营业绩及投资管理能力。

②通过分析基金现时的资产配置及投资组合状况来了解基金的投资状况。

③预测基金未来的发展趋势，为基金投资者的投资决策提供依据。

例题精选精练

关于财务会计报告的相关内容，下列说法错误的是（　　）。

A. 财务会计报告包括会计报表及其附注和其他应当在财务会计报告中披露的相关信息和资料

B. 基金会计报表包括资产负债表、利润表和权益变动表等报表

C. 基金会计报表附注包括重要会计政策和会计估计、会计政策和会计估计变更以及差错更正的说明、报表重要项目的说明和关联方关系及其交易等内容

D. 基金财务会计报告是指基金对外提供的反映基金某一特定日期的财务状况和某一会计期间的经营成果、现金流量等会计信息的文件

【答案】B

【解析】基金会计报表包括资产负债表、利润表和净值变动表等报表。

考点2　基金财务报告分析的主要内容★★★

1. 基金持仓结构分析

股票投资、债券投资和银行存款等现金类资产分别占基金资产净值的比例等指标，在基金定期报告的投资组合报告中披露。其计算方式如下：

$$股票投资占基金资产净值的比例=\frac{股票投资}{基金资产净值}$$

$$债券投资占基金资产净值的比例=\frac{债券投资}{基金资产净值}$$

$$银行存款等现金类资产占基金资产净值的比例=\frac{现金类资产合计}{基金资产净值}$$

在基金的定期报告中，还披露股票投资在各行业的分布情况，通过行业分布可以分析出基金的重点投资方向。

$$某行业投资占股票投资的比例=\frac{该行业股票投资市值}{股票投资总额}$$

在分析基金的持仓结构时，还可以将基金持仓结构的变化与基准指数的变化进行对比分析，从而了解基金的资产配置情况与能力。

注：在进行持仓结构的分析时应注意，股票投资占基金资产净值的比例如发生少量的变动，并不意味着基金经理一定进行了增仓或减仓操作，因为市场波动也可能引起计算结果的变动。

2. 基金盈利能力和分红能力分析

在基金定期报告中，基金一般会披露本期利润、本期已实现收益、加权平均基金份额本期利润、本期加权平均净值利润率、本期基金份额净值增长率、期末可供分配利润、期末可供分配基金份额利润、期末基金资产净值、期末基金份额净值等指标，通过这些指标可以分析基金的盈利能力和分红能力。

3. 基金收入情况分析

基金收入包括利息收入、投资收益、公允价值变动损益和其他收入。其中，利息收入包括存款利息收入、债券利息收入、资产支持证券利息收入和买入返售金融资产收入，投资收益包括股票投资收益、债券投资收益、资产支持证券投资收益、衍生工具收益和股利收益。

对于证券投资基金来说，这些收入是其份额净值变动的源泉，通过分析基金的收入结构可以了解基金的投资情况。通过对基金收入来源的分析，尤其是通过基金间收入来源结构的比较分析，可以更为深入地了解该基金具体投资状况。

例题精选精练

基金收入主要来源不包括(　　)。

A. 股利收益　　B. 存款利息收入　　C. 债券利息收入　　D. 证券价格波动率

【答案】D

【解析】基金收入包括利息收入、投资收益、公允价值变动损益和其他收入。其中，利息收入包括存款利息收入、债券利息收入、资产支持证券利息收入和买入返售金融资产收入，投资收益包括股票投资收益、债券投资收益、资产支持证券投资收益、衍生工具收益和股利收益。

4. 基金费用情况分析

基金费用一般包括管理人报酬、托管费、销售服务费、交易费用、利息支出和其他费用。由于目前管理人报酬、托管费和销售服务费是按净值的一定比例计提支付，在计算基金净值时已经将费用扣除，大部分股票基金投资者对此并不太敏感。但对于货币市场基金及债券基金来说，费用的高低对于基金净值有着较大的影响。

5. 基金份额变动分析

对于开放式基金来说，基金的份额会随申购、赎回活动而变动，基金定期报告中一般会披露基金份额的变动情况和基金持有人的结构。通过对基金份额变动情况和持有人结构的比较分析，可以了解投资者对该基金的认可程度。

一般来说，如果基金份额变动较大，则会对基金管理人的投资有不利影响；反之则有助于基金投资的稳定。如果基金持有人中个人投资者较多，则该基金的规模相对会稳定；如果基金持有人中机构投资者较多，表明机构比较认可该基金的投资。

例题精选精练

通过对________和________的比较分析，可以了解投资者对该基金的认可程度。(　　)

A. 基金盈利能力；持有人结构　　B. 基金份额变动情况；持有人结构

C. 基金份额变动情况；基金盈利能力　　D. 基金分红能力；持有人结构

【答案】B

【解析】通过对基金份额变动情况和持有人结构的比较分析，可以了解投资者对该基金的认可程度。一般来说，如果基金份额变动较大，则会对基金管理人的投资有不利影响；反之则有助于基金投资的稳定。如果基金持有人中个人投资者较多，则该基金的规模相对会稳定；如果基金持有人中机构投资者较多，表明机构比较认可该基金的投资。

6. **基金投资风格分析**

不同基金有不同的投资风格，根据基金披露的投资组合情况可以从不同角度进行分析，以了解基金的投资风格。

(1) 持仓集中度分析。通过计算持仓的前10只股票占基金净值的比例可以分析基金是否倾向于集中投资。

(2) 基金持仓股本规模分析。通过基金持有股票的股本规模分析，可以了解基金所投资的上市公司股票的规模偏好。

(3) 基金持仓成长性分析。通过分析基金所持有的股票的成长性指标，可以了解基金投资的上市公司的成长性。

本章强化训练

1. (　　)是指通过对基金所拥有的全部资产及全部负债按一定的原则和方法进行估算，进而确定基金资产公允价值的过程。

A. 基金资产估值　　B. 基金份额净值　　C. 基金资产净值　　D. 基金份额申购

2. 基金的存款利息收入计提方式为(　　)。

A. 按周计提　　B. 按月计提　　C. 按日计提　　D. 按季计提

3. QDII基金的会计核算和资产估值的责任主体是(　　)。

A. 基金管理公司　　B. 基金托管人

C. 中国证监会　　D. 中国证券投资基金业协会

4. 依照《证券投资基金会计核算办法》规定，发生的基金运作费用如果影响(　　)小数点后第4位的，应采用预提或待摊的方法计入基金损益。

A. 基金资产总值　　B. 基金份额净值　　C. 基金资产净值　　D. 基金所有者权益

5. 下列关于基金会计核算的特点，表述错误的是(　　)。

A. 基金管理公司的经营活动和证券投资基金的投资管理活动应独立建账、独立核算

B. 目前，我国基金会计核算的会计区间细化到日

C. 为了提高核算效率，同一基金管理公司管理的所有基金可以合并建账、统一核算

D. 基金会计核算主体为证券投资基金

6. 假设某基金某日持有的某三种股票的数量分别为100万股、500万股和1 000万股，每股的收盘价分别为30元、20元和10元，银行存款为10 000万元，对托管人或管理人应付的报酬为5 000万元，应付税费为5 000万元，已出售的基金份额为20 000万份，则基金份额净值为(　　)元。

A. 1.09　　B. 1.15　　C. 1.35　　D. 1.53

7. 当基金份额净值计价错误达到基金资产净值的(　　)时，基金管理人应及时向中国证监会报告。

A. 0.10%　　B. 0.25%　　C. 0.50%　　D. 0.75%

8. 暂停对基金估值的情形有(　　)。

Ⅰ. 基金投资所涉及的证券交易所遇法定节假日或因其他原因暂停营业时

Ⅱ. 因不可抗力或其他情形致使基金管理人、基金托管人无法准确评估基金资产价值时

Ⅲ. 占基金相当比例的投资品种的估值出现重大转变，而基金管理人为保障投资人的利益

已决定延迟估值

Ⅳ. 如出现基金管理人认为属于紧急事故的任何情况，会导致基金管理人不能出售或评估基金资产的

A. Ⅰ、Ⅱ、Ⅲ　　B. Ⅱ、Ⅲ、Ⅳ　　C. Ⅰ、Ⅱ、Ⅳ　　D. Ⅰ、Ⅱ、Ⅲ、Ⅳ

9. 为保证基金正常运作而发生的，应由基金承担的费用为(　　)。

A. 基金管理费　　B. 基金交易费　　C. 基金托管费　　D. 基金运作费

10. 股票投资、债券投资和银行存款等现金类资产分别占基金资产净值的比例等指标，在基金定期报告的投资组合报告中披露。这属于基金财务会计报告分析的(　　)。

A. 基金持仓结构分析　　B. 基金盈利能力和分红能力分析

C. 基金收入情况分析　　D. 基金费用情况分析

参考答案及解析

1. A【解析】基金资产估值是指通过对基金所拥有的全部资产及全部负债按一定的原则和方法进行估算，进而确定基金资产公允价值的过程。

2. C【解析】利息主要包括债券的利息、银行存款利息、清算备付金利息、回购利息等。各类资产利息均应按日计提，并于当日确认为利息收入。

3. A【解析】在实践中，基金管理公司是 QDII 基金的会计核算和资产估值的责任主体，基金托管人负有复核责任。

4. B【解析】基金运作费指为保证基金正常运作而发生的应由基金承担的费用，包括审计费、律师费、上市年费、分红手续费、持有人大会费、开户费、银行汇划手续费等。按照有关规定，发生的这些费用如果影响基金份额净值小数点后第 4 位的，应采用预提或待摊的方法计入基金损益。发生的费用如果不影响基金份额净值小数点后第 4 位的，应于发生时直接计入基金损益。

5. C【解析】C 项，基金管理公司是证券投资基金会计核算的责任主体，对所管理的基金应当以每只基金为会计核算主体，独立建账、独立核算，保证不同基金在名册登记、账户设置、资金划拨、账簿记录等方面相互独立。

6. B【解析】基金份额净值 = （基金资产 - 基金负债）/基金总份额 = （100×30 + 500×20 + 1 000×10 + 10 000 - 5 000 - 5 000）/20 000 = 1.15（元）。

7. B【解析】当估值或资产净值计价错误实际发生时，基金管理人应立即纠正，及时采取合理措施防止损失进一步扩大。当错误达到或超过基金资产净值的 0.25% 时，基金管理人应及时向中国证监会报告。

8. D【解析】当基金有以下情形时，可以暂停估值：①基金投资所涉及的证券交易所遇法定节假日或因其他原因暂停营业时；②因不可抗力或其他情形致使基金管理人、基金托管人无法准确评估基金资产价值时；③占基金相当比例的投资品种的估值出现重大转变，而基金管理人为保障投资人的利益已决定延迟估值；④如出现基金管理人认为属于紧急事故的任何情况，会导致基金管理人不能出售或评估基金资产的；⑤中国证监会和基金合同认定的其他情形。

9. D【解析】基金运作费指为保证基金正常运作而发生的应由基金承担的费用，包括审计费、律师费、上市年费、分红手续费、持有人大会费、开户费、银行汇划手续费等。

10. A【解析】基金持仓结构分析包括股票投资、债券投资和银行存款等现金类资产分别占基金资产净值的比例等指标，在基金定期报告的投资组合报告中披露。除此之外，在基金的定期报告中，还披露股票投资在各行业的分布情况，通过行业分布可以分析出基金的重点投资方向。

AMAC 第十三章 基金的利润分配与税收

最新考纲要求

考试大纲	考查要点	能力等级
基金利润及利润分配	基金利润来源及相关财务指标的主要内容	★★★
	利润分配对基金份额净值的影响	★★★
	基金分红的不同方式和货币市场基金利润分配的特殊规定	★★
基金税收	基金投资活动中涉及的税收项目	★★★
	投资者投资基金涉及的税收项目	★★★

核心考点解读

第一节　基金利润及利润分配

考点1　基金利润来源及相关财务指标的主要内容★★★

1. 基金利润的主要内容

（1）基金利润的定义

基金利润是指基金在一定会计期间的经营成果。利润包括收入减去费用后的净额、直接计入当期利润的利得和损失等。

（2）基金利润的来源

基金收入来源主要包括利息收入、投资收益以及其他收入。基金资产估值引起的资产价值变动作为公允价值变动损益计入当期损益（表13－1）。

表13－1　基金利润的来源

来源	定义	内容
利息收入	利息收入指基金经营活动中因债券投资、资产支持证券投资、银行存款、结算备付金、存出保证金、按买入返售协议融出资金等而实现的利息收入	具体包括债券利息收入、资产支持证券利息收入、存款利息收入、买入返售金融资产收入等
投资收益	投资收益是指基金经营活动中因买卖股票、债券、资产支持证券、基金等实现的差价收益，因股票、基金投资等获得的股利收益，以及衍生工具投资产生的相关损益，如卖出或放弃权证、权证行权等实现的损益	具体包括股票投资收益、债券投资收益、资产支持证券投资收益、基金投资收益、衍生工具收益、股利收益等

（续表）

来源	定义	内容
其他收入	其他收入是指除上述收入以外的其他各项收入	包括赎回费扣除基本手续费后的余额、手续费返还、ETF替代损益，以及基金管理人等机构为弥补基金财产损失而付给基金的赔偿款项等 **注：**这些收入项目一般根据发生的实际金额确认
公允价值变动损益	公允价值变动损益指基金持有的采用公允价值模式计量的交易性金融资产、交易性金融负债等公允价值变动形成的应计入当期损益的利得或损失	公允价值变动损益于估值日对基金资产按公允价值估值时予以确认

例题精选精练

基金利润来源之一的投资收益包括（　　）。

Ⅰ.存款利息收入　Ⅱ.股利利益　Ⅲ.股票投资收益　Ⅳ.衍生工具收益

A. Ⅰ、Ⅱ　B. Ⅰ、Ⅱ、Ⅲ　C. Ⅱ、Ⅲ、Ⅳ　D. Ⅰ、Ⅱ、Ⅲ、Ⅳ

【答案】C

【解析】投资收益是指基金经营活动中因买卖股票、债券、资产支持证券、基金等实现的差价收益，因股票、基金投资等获得的股利收益，以及衍生工具投资产生的相关损益。具体包括：①股票投资收益；②债券投资收益；③资产支持证券投资收益；④基金投资收益；⑤衍生工具收益；⑥股利收益等。

2. 与基金利润有关的财务指标

根据目前的有关规定，与基金利润有关的财务指标如下（见表13－2）：

表13－2　与基金利润有关的财务指标

财务指标	内容
本期利润	①本期利润是基金在一定时期内全部损益的总和，包括记入当期损益的公允价值变动损益 ②该指标既包括了基金已经实现的损益，也包括了未实现的估值增值或减值，是一个能够全面反映基金在一定时期内经营成果的指标
本期已实现收益	本期已实现收益指基金本期利息收入、投资收益、其他收入（不含公允价值变动损益）扣除相关费用后的余额，是将本期利润扣除本期公允价值变动损益后的余额，反映基金本期已经实现的损益
期末可供分配利润	①指期末可供基金进行利润分配的金额，为期末资产负债表中未分配利润与未分配利润中已实现部分的孰低数 ②由于基金本期利润包括已实现和未实现两部分： ►如果期末未分配利润的未实现部分为正数，则期末可供分配利润的金额为期末未分配利润的已实现部分 ►如果期末未分配利润的未实现部分为负数，则期末可供分配利润的金额为期末未分配利润（已实现部分扣减未实现部分）

（续表）

财务指标	内容
未分配利润	①未分配利润是基金进行利润分配后的剩余额 ②未分配利润将转入下期分配

例题精选精练

能够全面反映基金在一定时期内经营成果的财务指标是(　　)。

A. 期末可供分配利润　　B. 本期利润

C. 未分配利润　　D. 本期已实现收益

【答案】B

【解析】本期利润是基金在一定时期内全部损益的总和，包括记入当期损益的公允价值变动损益。该指标既包括了基金已经实现的损益，也包括了未实现的估值增值或减值，是一个能够全面反映基金在一定时期内经营成果的指标。

考点2　利润分配对基金份额净值的影响★★★

1. 基金利润分配对基金份额净值的影响

基金进行利润分配会导致基金份额净值的下降，但对投资者的利益没有实际影响。

2. 封闭式基金的利润分配

根据《公开募集证券投资基金运作管理办法》有关规定：封闭式基金的收益分配，每年不得少于一次；封闭式基金年度收益分配比例不得低于基金年度可供分配利润的90%。基金收益分配后基金份额净值不得低于面值。

注：封闭式基金只能采用现金分红。

3. 开放式基金的利润分配

开放式基金分红是指基金管理人根据基金利润情况，按投资者持有基金份额数量的多少进行利润分配。

我国开放式基金按规定需在基金合同中约定每年基金利润分配的最多次数和基金利润分配的最低比例。同时要求基金收益分配后基金份额净值不能低于面值；即基金收益分配基准日的基金份额净值减去每单位基金份额收益分配金额后不能低于面值。每一基金份额享有同等分配权。

例题精选精练

我国的开放式基金按规定需在基金合同中约定每年基金利润分配的________次数和基金利润分配的________比例。(　　)

A. 最多；最低　　B. 最少；最高　　C. 最多；最高　　D. 最少；最低

【答案】A

【解析】我国开放式基金按规定需在基金合同中约定每年基金利润分配的最多次数和基金利润分配的最低比例。同时要求基金收益分配后基金份额净值不能低于面值，即基金收益分配基准日的基金份额净值减去每单位基金份额收益分配金额后不能低于面值。每一基金份额享有同等分配权。

考点3 基金分红的不同方式和货币市场基金利润分配的特殊规定★★

1. 基金分红的不同方式

开放式基金分红的登记、过户由登记机构的TA系统来处理。一份基金分红公告中应当包含的内容主要有收益分配方案、时间和发放办法等。

开放式基金的分红方式有两种：

（1）现金分红方式

根据基金利润情况，基金管理人以投资者持有基金单位数量的多少，将利润分配给投资者。这是基金分红采取的最普遍的形式。

（2）分红再投资转换为基金份额

分红再投资转换为基金份额是指将应分配的净利润按除息后的份额净值折算为新的基金份额进行基金收益分配。

注：根据有关规定，基金收益分配默认为采用现金方式。开放式基金的基金份额持有人可以事先选择将所获分配的现金利润，转为基金份额，即选择分红再投资。基金份额持有人事先没有做出选择的，基金管理人应当支付现金。

2. 基金份额的分拆、合并（见表13－3）

表13－3 基金份额的分拆、合并

项目	内容
概念	基金分拆是指在保证投资者的投资总额不发生改变的前提下，将一份基金按照一定的比例分拆成若干份，每一基金份额的单位净值也按相同比例降低，是对基金的资产进行重新计算的一种方式
目的	基金份额分拆通过直接调整基金份额数量达到降低基金份额净值的目的，但并不影响基金的已实现收益、未实现利得等
分类	①分拆比例大于1的分拆定义为基金份额的分拆 ②分拆比例小于1的分拆定义为基金份额的合并
规律	基金分拆行为是相对的： ①当基金的净值过高时，通过基金份额的分拆可以降低其净值 ②当基金的净值过低时，通过基金份额的合并可以提高其净值，这种行为通常称为逆向分拆
作用	①可以降低投资者对价格的敏感性 ②有利于基金持续营销 ③有利于改善基金份额持有人结构 ④有利于基金经理更为有效的运作资金，从而贯彻基金运作的投资理念与投资哲学 ⑤有效解决“被迫分红”的问题 ⑥有效降低交易成本，减少频繁买卖对证券市场的冲击

（续表）

项目	内容
基金分拆和基金分红的区别	①基金投资者可以根据个人的具体情况以及基金行情的变化自主更改分红的方式；基金的分拆中基金投资者并没有类似的权利 ②在基金投资者选择现金分红的方式时，基金分拆和基金分红的区别： ▶选择现金分红方式的投资者在获得现金分红的同时，其所拥有的基金份额并不发生改变 ▶在这样的情况下，基金分红有大量的现金流出，基金的资产规模也会发生改变 ▶基金分红时机的选择与基金分拆时机的选择有所不同： a. 基金所持有的资产的价格处于股票价格的持续上升期，进行基金分红必将要求基金管理者卖出价格持续上涨的部分资产，这种行为将会影响基金未来收益的提高或者基金收益的持续性增长 b. 基金的分拆不需要卖出基金的资产，只是对原有的结构进行形式上的分解，对时机的要求没有那么严格

例题精选精练

下列关于基金份额分拆、合并的说法，错误的是(　　)。

A. 基金份额分拆不影响基金的已实现收益、未实现利得

B. 基金份额分拆通过直接调整基金份额数量达到降低基金份额净值的目的

C. 基金份额的合并能够提高基金的净值

D. 基金份额分拆会提高投资者对价格的敏感性

【答案】D

【解析】D项，基金份额分拆可以降低投资者对价格的敏感性，有利于基金持续营销，有利于改善基金份额持有人结构，有利于基金经理更为有效地运作资金，从而贯彻基金运作的投资理念与投资哲学。

3. **货币市场基金的利润分配**

《货币市场基金监督管理办法》第10条规定：“对于每日按照面值进行报价的货币市场基金，可以在基金合同中将收益分配的方式约定为红利再投资，并应当每日进行收益分配。”

《货币市场基金监督管理办法》第15条规定：“当日申购的基金份额自下一个交易日起享有基金的分配权益，当日赎回的基金份额自下一个交易日起不享有基金的分配权益，但中国证监会认定的特殊货币市场基金品种除外。”

具体而言，货币市场基金每周五进行分配时，将同时分配周六和周日的利润；每周一至周四进行分配时，则仅对当日利润进行分配。对于普通的货币市场基金品种，投资者于周五申购或转换转入的基金份额不享有周五和周六、周日的利润，投资者于周五赎回或转换转出的基金份额享有周五和周六、周日的利润。

节假日的利润计算基本与在周五申购或赎回的情况相同。投资者在法定节假日前最后一个开放日的利润将与整个节假日期间的利润合并后于法定节假日最后一日进行分配。法定节假日结束后第一个开放日起的分配规则同日常情况下的分配规则一样。投资者于法定节假日前最后一个开放日申购或转换转入的基金份额不享有该日和整个节假日期间的利润，投资者于法定节

假日前最后一个开放日赎回或转换转出的基金份额享有该日和整个节假日期间的利润。

例题精选精练▶▶

假设投资者在2017年8月4日（周五）申购了份额，那么基金将从(　　)开始计算其权益。

A. 8月5日（周六）　　B. 8月6日（周日）

C. 8月7日（周一）　　D. 8月8日（周二）

【答案】C

【解析】投资者于周五申购或转换转入的基金份额不享有周五和周六、周日的利润，投资者于周五赎回或转换转出的基金份额享有周五和周六、周日的利润。

第二节　基金税收

考点1　基金投资活动中涉及的税收项目★★★

1. 增值税

增值税是以商品（含应税劳务）在流转过程中产生的增值额作为计税依据而征收的一种流转税。从计税原理上说，增值税是对商品生产、流通、劳务服务中多个环节的新增价值或商品的附加值征收的一种流转税。增值税为价外税，也就是由消费者负担，有增值才征收，未增值不征收。

2016年5月1日起，全国范围内全面推开营业税改征增值税（简称营改增）试点，金融业纳入试点范围，由缴纳营业税改为缴纳增值税，增值税税率为6%。2016年12月财政部、国家税务总局发布的《关于明确金融、房地产开发、教育辅助服务等增值税政策的通知》规定："资管产品运营过程中发生的增值税应税行为，以资管产品管理人为增值税纳税人"。

根据《营业税改征增值税试点有关事项的规定》，存款利息不征收增值税。

根据《营业税改增值税试点过渡政策的规定》，对下列金融商品转让收入免征增值税：香港市场投资者（包括单位和个人）通过基金互认买卖内地基金份额，证券投资基金（封闭式证券投资基金、开放式证券投资基金）管理人运用基金买卖股票、债券。根据《关于进一步明确全面推开营改增试点金融业有关政策的通知》，证券投资基金开展质押式买入返售取得的金融同业往来利息收入免征增值税。

2. 印花税

根据财政部、国家税务总局的规定，从2008年9月19日起，基金卖出股票时按照1‰的税率征收证券（股票）交易印花税。而对买入交易不再征收印花税，即对印花税实行单向征收。

3. 所得税

对证券投资基金从证券市场中取得的收入，包括买卖股票、债券的差价收入，股权的股息、红利收入，债券的利息收入及其他收入，暂不征收企业所得税。对基金取得的股利收入、债券的利息收入、储蓄存款利息收入，由上市公司、发行债券的企业和银行在向基金支付上述收入时代扣代缴20%的个人所得税。

对证券投资基金从上市公司取得的股息红利所得，根据财政部、国家税务总局和中国证监会2015年9月联合发布的《关于上市公司股息红利差别化个人所得税政策有关问题的通知》，自2015年9月8日起，上市公司股息红利差别化个人所得税政策是指：个人从公开发行和转让市场取得的上市公司股票，持股期限在1个月以内（含1个月）的，其股息红利所得全额计入应纳税所得额；持股期限在1个月以上至1年（含1年）的，暂减按50%计入应纳税所得额；上述所得统一适用20%税率计征个人所得税。持股期限超过1年的，股息红利所得暂免征收个人所得税。

股息红利差别化个人所得税政策实施前，上市公司股息红利个人所得税的税负为10%。该政策实施后，股息红利所得按持股时间长短确定实际税负。因此，个人投资者持股时间越长，其股息红利所得个人所得税的税负就越低。

例题精选精练

对基金取得的股利收入、债券的利息收入、储蓄存款利息收入，由上市公司、发行债券的企业和银行在向基金支付上述收入时代扣代缴(　　)的个人所得税。

A. 5%　　B. 10%　　C. 20%　　D. 50%

【答案】C

【解析】对基金取得的股利收入、债券的利息收入、储蓄存款利息收入，由上市公司、发行债券的企业和银行在向基金支付上述收入时代扣代缴20%的个人所得税。

考点2　投资者投资基金涉及的税收项目★★★

1. 机构投资者买卖基金的税收（见表13－4）

表13－4　机构投资者买卖基金的税收

税收项目	内容
增值税	①根据《营业税改征增值税试点有关事项的规定》，机构投资者买卖基金份额属于金融商品转让，应按照卖出价扣除买入价后的余额为销售额计征增值税。但机构投资者购入基金、信托、理财产品等各类资产管理产品持有至到期，不属于金融商品转让 ②根据《营业税改征增值税试点过渡政策的规定》，合格境外投资者（QFII）委托境内公司在我国从事证券买卖业务、香港市场投资者通过基金互认买卖内地基金份额取得的收入免征增值税
印花税	机构投资者买卖基金份额暂免征收印花税
所得税	①机构投资者在境内买卖基金份额获得的差价收入，应并入企业的应纳税所得额，征收企业所得税；机构投资者从基金分配中获得的收入，暂不征收企业所得税 ②对内地企业投资者通过基金互认买卖香港基金份额取得的转让差价所得，计入其收入总额，依法征收企业所得税 ③对内地企业投资者通过基金互认从香港基金分配取得的收益，计入其收入总额，依法征收企业所得税

例题精选精练

下列关于机构投资者买卖基金产生的税收的表述，正确的是(　　)。

A. 对机构投资者买卖基金份额征收印花税

B. 对内地企业投资者通过基金互认从香港基金分配取得的收益，免征企业所得税

C. 对机构投资者从基金分配中获得的收入征收企业所得税

D. 对机构投资者在境内买卖基金份额获得的差价收入，应征收企业所得税

【答案】D

【解析】A 项，机构投资者买卖基金份额暂免征收印花税；B 项，对内地企业投资者通过基金互认从香港基金分配取得的收益，计入其收入总额，依法征收企业所得税；C 项，机构投资者从基金分配中获得的收入，暂不征收企业所得税。

2. 个人投资者投资基金的税收（见表 13－5）

表 13－5　个人投资者投资基金的税收

税收项目	内容
增值税	根据《营业税改征增值税试点过渡政策的规定》，个人买卖基金份额的行为免征增值税
印花税	①个人投资者买卖基金份额暂免征收印花税 ②对香港市场投资者通过基金互认买卖、继承、赠予内地基金份额，按照内地现行税制规定，暂不征收印花税 ③对内地投资者通过基金互认买卖、继承、赠予香港基金份额，按照香港特别行政区现行印花税税法规定执行
所得税	①个人投资者买卖基金份额获得的差价收入，在对个人买卖股票的差价收入未恢复征收个人所得税以前，暂不征收个人所得税 ②个人投资者从基金分配中获得的股票的股利收入、企业债券的利息收入，由上市公司、发行债券的企业和银行在向基金支付上述收入时，代扣代缴 20% 的个人所得税。证券投资基金从上市公司分配取得的股息红利所得，按上述《关于上市公司股息红利差别化个人所得税政策有关问题的通知》实施。个人投资者从基金分配中取得的收入，暂不征收个人所得税 ③个人投资者从基金分配中获得的国债利息、买卖股票差价收入，在国债利息收入、个人买卖股票差价收入未恢复征收所得税以前，暂不征收所得税 ④个人投资者从封闭式基金分配中获得的企业债券差价收入，按现行税法规定，应对个人投资者征收个人所得税 ⑤个人投资者申购和赎回基金份额取得的差价收入，在对个人买卖股票的差价收入未恢复征收个人所得税以前，暂不征收个人所得税 ⑥对内地个人投资者通过基金互认买卖香港基金份额取得的转让差价所得，自 2015 年 12 月 18 日起至 2018 年 12 月 17 日止，三年内暂免征收个人所得税 ⑦内地个人投资者通过基金互认从香港基金分配取得的收益，由该香港基金在内地的代理人按照 20% 的税率代扣代缴个人所得税

3. **基金管理人和基金托管人的税收**

基金管理人、基金托管人从事基金管理和基金托管活动取得的收入，依照税法的规定征收增值税和企业所得税。

例题精选精练▶▶

目前，我国对个人投资者买卖基金份额，(　　)印花税。

A. 征收2%　　B. 征收1%　　C. 暂不征收　　D. 征收4%

【答案】C

【解析】个人投资者买卖基金份额暂免征收印花税。

本章强化训练

1. 基金在一定会计期间的经营成果称为(　　)。

A. 基金利润　　B. 基金税收　　C. 基金分拆　　D. 基金分红

2. 下列关于个人投资者买卖基金印花税的说法，正确的是(　　)。

A. 买入时暂不征收印花税，卖出时才征收印花税

B. 卖出时暂不征收印花税，买入时才征收印花税

C. 双边征收印花税

D. 暂免征收印花税

3. 根据《公开募集证券投资基金运作管理办法》有关规定，封闭式基金年度收益分配比例不得低于基金年度可供分配利润的(　　)。

A. 90%　　B. 60%　　C. 80%　　D. 70%

4. 下列属于基金收入来源中其他收入来源的是(　　)。

Ⅰ. 赎回费余额　　Ⅱ. ETF替代损益　　Ⅲ. 存款利息收入　　Ⅳ. 手续费返还

A. Ⅰ、Ⅲ　　B. Ⅱ、Ⅳ　　C. Ⅰ、Ⅱ、Ⅳ　　D. Ⅰ、Ⅱ、Ⅲ、Ⅳ

5. 下列关于基金利润分配的表述，错误的是(　　)。

A. 开放式基金按规定需在基金合同中约定每年基金利润分配的最多次数和基金利润分配的最低比例

B. 基金进行利润分配会导致基金份额净值下降，但对投资者的利益没有实际影响

C. 投资者周五申请赎回的货币基金份额，不享有周六、周日的利润分配

D. 封闭式基金只能采用现金分红

6. 基金的利润来源包括(　　)。

Ⅰ. 利息收入　　Ⅱ. 投资收益　　Ⅲ. 手续费返还　　Ⅳ. 管理费收入

A. Ⅰ、Ⅱ　　B. Ⅰ、Ⅳ

C. Ⅰ、Ⅱ、Ⅲ　　D. Ⅰ、Ⅱ、Ⅲ、Ⅳ

7. 与基金利润有关的财务指标中，本期利润和本期已实现收益的关系是(　　)。

A. 本期已实现收益 = 本期利润 - 本期公允价值变动损益后的余额

B. 本期利润 = 本期已实现收益 - 本期公允价值变动损益

C. 本期利润 = 本期已实现收益

D. 两者没有关系

8. 一只基金在利润分配前的份额净值是1.23元，假设每份基金分配0.05元，进行利润分配后的基金份额净值将会下降到(　　)元。

A. 1.16　　B. 1.18　　C. 1.23　　D. 1.28

9. 个人从公开发行和转让市场取得的上市公司股票，持股期限在1个月以上至1年（含1年）的，暂减按(　　)计入应纳税所得额。

A. 30%　　B. 40%　　C. 45%　　D. 50%

参考答案及解析

1. A【解析】基金利润是指基金在一定会计期间的经营成果。利润包括收入减去费用后的净额、直接计入当期利润的利得和损失等。

2. D【解析】对于投资者买卖基金产生的税收可分为：①机构投资者买卖基金的税收，包括增值税、印花税和所得税；②个人投资者投资基金的税收，包括增值税、印花税和所得税。其中，不论对于个人投资者还是机构投资者买卖基金份额均暂免征收印花税。

3. A【解析】根据《公开募集证券投资基金运作管理办法》有关规定：封闭式基金的收益分配，每年不得少于一次；封闭式基金年度收益分配比例不得低于基金年度可供分配利润的90%。基金收益分配后基金份额净值不得低于面值。

4. C【解析】其他收入是指除利息收入和投资收益以外的其他各项收入，包括赎回费扣除基本手续费后的余额、手续费返还、ETF替代损益，以及基金管理人等机构为弥补基金财产损失而付给基金的赔偿款项等。这些收入项目一般根据发生的实际金额确认。

5. C【解析】C项，《关于货币市场基金投资等相关问题的通知》规定：当日申购的基金份额自下一个工作日起享有基金的分配权益，当日赎回的基金份额自下一个工作日起不享有基金的分配权益。具体而言，货币市场基金每周五进行分配时，将同时分配周六和周日的利润。投资者于周五赎回或转换转出的基金份额享有周五和周六、周日的利润。

6. C【解析】基金利润是基金资产在运作过程中所产生的各种利润。基金利润来源主要包括利息收入、投资收益以及其他收入。基金资产估值引起的资产价值变动作为公允价值变动损益计入当期损益。其他收入包括赎回费扣除基本手续费后的余额、手续费返还、ETF替代损益，以及基金管理人等机构为弥补基金财产损失而付给基金的赔偿款项等。

7. A【解析】本期已实现收益指基金本期利息收入、投资收益、其他收入（不含公允价值变动损益）扣除相关费用后的余额，是将本期利润扣除本期公允价值变动损益后的余额，反映基金本期已经实现的损益。

8. B【解析】基金进行利润分配会导致基金份额净值的下降。基金利润分配前的份额净值是1.23元，每份基金分配0.05元，则分配后基金份额净值 = 1.23 − 0.05 = 1.18（元）。

9. D【解析】个人从公开发行和转让市场取得的上市公司股票，持股期限在1个月以内（含1个月）的，其股息红利所得全额计入应纳税所得额；持股期限在1个月以上至1年（含1年）的，暂减按50%计入应纳税所得额。

第十四章

AMAC

基金国际化的发展概况

最新考纲要求

考试大纲	考查要点	能力等级
海外市场发展	投资基金国际化投资概况	★
	海外市场的监管情况	★
	各国基金国际化概况	★
中国基金国际化发展	QFII、RQFII、QDII 的概念、规则和发展概况	★★★
	基金互认、沪港通、深港通和债券通的重要意义	★★

核心考点解读

第一节　海外市场发展

考点 1　投资基金国际化投资概况★

1. 投资基金国际化的产生与发展

投资基金进行跨境投资、销售或管理，被称为投资基金国际化。

国际化基金的投资标的遍布全球，通常以欧、美、日等发达国家和新兴市场国家为主要区域，其目的在于充分把握各国证券价格上升的潜力，并在一定程度上分散投资风险。

投资基金的国际化是伴随着经济全球化、证券市场国际化的发展趋势而出现的。经济全球化进程把发达国家、新兴工业化国家和发展中国家都卷入世界市场范围之中，为投资基金在全球范围内的广泛发展创造了条件。而金融市场的国际化趋势主要表现在国际融资证券化、证券投资国际化、证券交易国际化等方面，又为投资基金的国际化发展奠定了良好的基础。加上投资基金自身所具有的较强渗透力，目前各个国家或地区的基金行业组织都在加强联系，克服投资基金国际交流的障碍，以推动投资基金的国际化发展。

从 20 世纪 80 年代开始，随着金融及投资市场出现国际一体化的大发展，基金的运营及销售出现了全球化及国际化的趋势。除了基金投资范围国际化，基金注册、基金管理以及基金相关服务跨国化之外，基金的跨国销售也成为大趋势。

近年来西方发达国家的各类投资基金的国际化发展进程令人瞩目，基金作为一种投资工具克服了个人在财力、时间和知识上的不足，以极大的优势迅速发展，走出国界成为一种世界范围内的投资工具。在美国，由于其证券市场开放程度较高，世界各国资产管理公司都热衷于在其境内发行基金。

例题精选精练▶▶

投资基金国际化不包括(　　)。

A. 投资基金跨境投资

B. 投资基金跨境销售

C. 投资基金跨境管理

D. 投资基金跨境宣传

【答案】D

【解析】投资基金进行跨境投资、销售或管理，被称为投资基金国际化。

2. 投资基金国际化的意义

从投资角度来看，本国基金投资于国际证券市场，目的是能够自由地选择投资地域和投资标的，把握不同区域的投资机会，最大化基金投资者利益；同时资产规模的扩大，能使基金管理公司以较少的单位成本获取较大的规模效益。

从风险分散角度来看，国际化基金在全球不同的证券市场上进行资产配置，可以较大幅度地减少非系统性风险，甚至对于系统性风险的对冲都能起到一定的作用。特别是，近年来发达国家与发展中国家呈现不同步的经济周期，当发达国家经济处于低谷时，新兴的发展中国家仍然以较高的速度发展，通过在发展中国家和发达国家进行资产分配，可以一定程度上减少发达国家证券投资收益下降的冲击。

对于投资对象国而言，国外基金在本国证券市场上投资，购买本国证券市场上的投资产品，是一种较好的融资方式。

例题精选精练▶▶

从投资角度来看，投资基金国际化的意义不包括(　　)。

A. 能够自由地选择投资地域和投资标的

B. 可以较大幅度地减少非系统性风险

C. 资产规模的扩大，能使基金管理公司以较少的单位成本获取较大的规模效益

D. 把握不同区域的投资机会，最大化基金投资者利益

【答案】B

【解析】从投资角度来看，本国基金投资于国际证券市场，目的是能够自由地选择投资地域和投资标的，把握不同区域的投资机会，最大化基金投资者利益；同时资产规模的扩大，能使基金管理公司以较少的单位成本获取较大的规模效益。B项属于从风险分散角度来看投资基金国际化的意义。

考点2　海外市场的监管情况★

1. 投资基金监管的国际化发展概况

（1）国际证监会组织投资基金监管的基本制度

国际证监会组织（IOSCO）成立于1983年，现有近200个成员机构，总部设在西班牙马德里。它是目前证券投资基金监管领域最重要的国际组织，也是在推进证券、期货、基金市场监

管的全球性多边合作与协调方面做得最好的国际组织。目前，中国证监会已加入该组织的全部委员会。

为了实现对证券投资基金在全球范围内的有效监管，国际证监会组织对其进行了详细的规制，有关监管制度集中体现在其1998年9月发布的《证券监管目标和原则》。除证券监管的一般目标和原则，国际证监会组织还在1994年发布了《集合投资事业监管原则》。国际证监会组织关于投资基金监管的基本制度如下。

例题精选精练▶▶

（　　）是目前证券投资基金监管领域最重要的国际组织。

A. 国际证监会组织（IOSCO）

B. 欧盟（EU）

C. 经济合作与发展组织（OECD）

D. 世贸组织（WTO）

【答案】A

【解析】国际证监会组织（IOSCO）是目前证券投资基金监管领域最重要的国际组织，也是在推进证券、期货、基金市场监管的全球性多边合作与协调方面做得最好的国际组织。

①关于证券投资基金的监管原则

国际证监会组织对监管证券投资基金所应遵循的原则作了明确的规定：

▶监管机构应建立向希望出售或管理证券投资基金的个人或机构发牌并实施监管的一套标准。

▶监管机构应制定有关证券投资基金的法定模式、构成以及分离和保护客户资产的法规。

▶监管机构应依据发行人信息披露相同原则要求证券投资基金进行披露，从而判断证券投资基金是否适合于一个特定投资者并评估投资者在该组合中权益的价值。

▶监管机构应确立证券投资基金资产评估、基金单位定价和赎回的一个适当和透明的依据。

此外，国际证监会组织指出，一国监管机构应规范证券投资基金的法定模式和结构，以便投资者能评估他们在基金中的权益，并且使投资者的资金和其他主体的资金能够区分并分离。监管机构应确保通过法律、行为准则或委托协议等有关规定在证券投资基金的章程文件中明确说明投资者面临的风险。

②关于基金管理人的监管制度

国际证监会组织认为，各国立法应明确规定证券投资基金管理人的资格标准，并应考虑如下因素：基金管理人的诚信程度，资本是否充足，是否具有特定的权力和职责，是否具备完善的内部管理程序和健全的内控机制。

国际证监会组织提出，一国监管机构应对基金管理人及其代理人进行全面监管，包括对证券投资基金的登记注册和审批权、对基金运作的检查权、涉嫌违规行为时的调查权及纠正权。

③关于保护投资者权益的制度

国际证监会组织认为，对证券投资基金的适当监管对于实现保护投资者的目标至关重要，监管机构应采取下述各种监管措施确保投资者的合法权益（见表14－1）：

表14－1　监管机构保护投资者合法权益的监管措施

监管措施	内容
向投资者充分披露有关信息	▶证券投资基金及其管理人应向投资者和潜在投资者披露影响证券投资基金价值的重大事件，此种披露应能帮助投资者了解该证券投资基金的性质及其风险与收益的关系，从而使投资者在评估基金业绩时不单纯注重收益，而对收益可能导致的风险也给予关注 ▶披露的内容包括对基金投资策略的披露及对投资组合收取的各项费用的披露 ▶披露目标应为：在考虑到不同类型的投资者的前提下，以浅显易懂的方式向投资者及时提供充分信息，以评估这种证券投资基金对于他们是否适合或在何种程度上适合
保护客户资产	▶建立保全客户资产，使其免遭基金管理公司无法清偿风险的有效机制，对于保护投资者具有十分重要的意义 ▶监管机构应在其管辖区域内，根据有关破产和投资服务方面的法律法规及保护投资者的需要，选择最能达到保护客户资产总体目标的机制 ▶监管机构应在其管辖区域内对交割过程进行有效监管，确保客户所有证券的交割独立于投资公司证券的交割
公平、准确地进行资产评估和定价	▶监管机构应尽量确保证券投资基金的所有资产都能公平、准确地定价，基金的资产净值也应准确计算 ▶投资者通过有关资产价值和定价的信息应能评估其业绩表现
证券投资基金的份额赎回	有关证券投资基金的法律法规应使投资者能根据基金章程所确定的条件赎回基金单位，并确保暂停赎回时能保护投资者的利益

例题精选精练▶▶

证券投资基金及其管理人应向投资者和潜在投资者披露的信息不包括(　　)。

A. 影响证券投资基金价值的重大事件　　B. 基金投资策略

C. 对投资组合收取的各项费用　　D. 针对特定投资者的信息

【答案】D

【解析】证券投资基金及其管理人应向投资者和潜在投资者披露影响证券投资基金价值的重大事件，此种披露应能帮助投资者了解该证券投资基金的性质及其风险与收益的关系，从而使投资者在评估基金业绩时不单纯注重收益，而对收益可能导致的风险也给予关注。披露的内容包括对基金投资策略的披露及对投资组合收取的各项费用的披露。

④关于基金跨境活动的监管合作与协调制度（见表14－2）

表14－2　基金跨境活动的监管合作与协调制度

监管合作与协调制度	内容
相互提供信息	国际证监会组织强调，跨境活动涉及的双方主管机构必须尽可能为对方提供有关从事跨境活动的基金的信息，除就例行性事务提供一个定期交换信息的机制外，信息交换措施更可为双方主管机构提供一个早期预警机制的功能性渠道

（续表）

监管合作与协调制度	内容
提供自发性协助	▶自发性协助是指一方主管机构未经他方主管机构的请求，就其所取得与他方主管机构有关的信息，主动提供给他方主管机构 ▶国际证监会组织技术委员会发布的《跨国投资管理行为的合作与监督宣言》规定，如任何一方拥有可协助他方执行其监管职能的信息，即使没有任何他方提出要求，拥有信息的一方也可主动自愿地提供或安排他人提供该信息
对证券投资基金管理人进行实地检查	国际证监会组织提出了三种可供选择的模式，来实现对东道国主管机构境内的证券投资基金管理人的实地检查： ▶母国主管机构进行检查模式 ▶双方主管机构联合检查模式 ▶东道国主管机构进行检查模式

⑤关于证券投资基金监管机构职能的制度

国际证监会组织认为，各国证券投资基金监管机构应明确自身的责任，这一责任最好是由法律明确规定的。监管机构在履行监管职能的过程中，应确保自身的独立性，拥有独立的经费来源、人力及其他资源以确保独立行使其职权。确保程序的合法性、公平性和公正性。

例题精选精练▶▶

关于证券投资基金监管机构职能的制度，下列说法错误的是(　　)。

A. 应确保自身的独立性

B. 应拥有独立的经费来源、人力及其他资源

C. 确保程序的合法性、公平性和公正性

D. 其责任必须由法律明确规定

【答案】D

【解析】D 项，国际证监会组织认为，各国证券投资基金监管机构应明确自身的责任，这一责任最好是由法律明确规定的。

⑥关于自律监管的制度

国际证监会组织认为，应根据基金市场的规模和复杂程度，适当发挥自律组织进行直接监管的职责。

国际证监会组织制定和完善投资基金的监管准则，主要由国际证监会组织下辖的技术委员会第五工作小组完成。从 1994 年起，该组织先后制定和公布了超过 30 项有关投资基金的准则或报告。

（2）欧盟投资基金监管的基本制度

欧盟（EU）金融市场的投资基金大体上可以分为两类：

①证券投资基金，从事可转让证券集合投资计划业务的投资基金。

②另类投资基金，它是活跃在欧盟市场上的诸如对冲基金、不动产基金、私募股权和风险投资基金、商品基金、基础设施基金以及投资于这些基金的基金等各类型投资基金的合称。

欧盟的证券投资基金监管体系以《可转让证券集合投资计划指令》（UCITS 指令）为核心。UCITS 指令旨在为欧盟各成员国的开放式基金建立一套跨境监管标准，欧盟成员国各自以立法形式认可该指令后，本国符合 UCITS 指令要求的基金即可在其他成员国面向个人投资者发售，无须再申请认可。同时，符合 UCITS 指令要求的基金管理公司可以管理在其他会员国发行的基金。该指令也为欧盟各成员国监管机构信息共享与协作架设了基本框架，分散在各成员国法律与监管制度下的证券投资基金，被纳入统一的信息披露与监管体系之下。

另类投资基金受《另类投资基金管理人指令》（AIFMD）监管。AIFMD 结束了欧盟成员国对另类投资基金的监管各自为政且水平各异的状态，协调成员国对另类投资基金的活动实现有效监管。

例题精选精练

下列不属于欧盟金融市场的另类投资基金的是（　　）。

A. 不动产基金　　B. 证券投资基金

C. 对冲基金　　D. 风险投资基金

【答案】B

【解析】欧盟金融市场的投资基金大体可分为两类：①证券投资基金，从事可转让证券集合投资计划业务的投资基金；②另类投资基金，它是活跃在欧盟市场上的诸如对冲基金、不动产基金、私募股权和风险投资基金、商品基金、基础设施基金以及投资于这些基金的基金等各类型投资基金的合称。

（3）经合组织投资基金监管规定

经济合作与发展组织简称经合组织（OECD），是由 30 多个市场经济国家组成的政府间国际经济组织，旨在共同应对全球化带来的经济、社会和政府治理等方面的挑战，并把握全球化带来的机遇。经合组织的作用之一是聘请知名的专家学者探讨制定社会经济政策，为各国政府提供建议。

在经合组织国家内部，投资基金又称作“集合投资计划”。该组织于 20 世纪六七十年代率先在国际范围内进行投资基金监管标准的研究和制定，1971 年公布了《证券集合投资机构经营标准规则》，对基金公司的架构、基金估值与定价、投资范围、基金销售、信息披露等方面加以规范。虽然与其他国际组织之后出台的一系列投资基金监管规则相比，该文件仍有许多不足之处，但在当时许多国家投资基金法律制度都还不完善，市场欺诈等行为屡屡发生的背景下，经合组织制定的这份监管标准仍起到了较好作用。

经合组织在 2005 年发表了《集合投资计划治理白皮书》（简称《白皮书》），提出了该组织对新时期投资基金治理及监管的原则性建议。《白皮书》共有六个部分（见表 14 - 3）：

表 14 - 3　《白皮书》的六个部分

部分	内容
第一部分 法律法规框架	①所有投资基金都应当在合适的法律法规框架下经营 ②投资基金的设立没有唯一最优的形式 ③监管当局在投资基金治理框架的构建过程中起到决定性作用 ④基金运作的国内标准应与国际公认的准则相一致

（续表）

部分	内容
第二部分 投资者权利	该部分认为基金投资者拥有的权利包括： ①受到法律保护免受因基金经营者欺诈、疏忽或利益冲突而导致的损失 ②享受出色的基金管理服务 ③重大事项知情 ④受到基金公司公平对待，在清晰透明的条件下赎回开放式基金份额，以及权益受损时向相关机构申诉等
第三部分 基金行业 经营者的角色	①基金行业协会、自律组织以及基金管理公司应当在满足法律法规要求的前提下制定更严格的行为准则，更好地取信于投资者 ②基金销售者或理财顾问向投资者推销投资产品时负有推荐合适产品及提供正确销售信息的责任
第四部分 市场纪律与 市场体系	①增加市场的透明度，监管当局和各类组织应该不断改善投资基金运作的市场体系 ②加强对投资者的教育有利于改善其金融知识能力，有助其做出明智的决策 ③相关信息应当通过大众传媒、财经传媒、专门的基金出版物以及咨询分析机构等众多渠道传播 ④在信息传播中，现代化信息技术也应当充分运用
第五部分 透明度与信息 公开	①强调投资基金有义务通过招募说明书及定期报告向投资者提供有助其做出明智决策的足够信息 ②基金费用、销售佣金、运作成本应以高透明度向投资者公布，这一目的最好通过公司自律及市场竞争促成，但有时候也需要监管当局进行直接监管而达到
第六部分 投资基金的 内部治理	①投资基金公司内部应有相关部门负责公司的整体运作，向投资者负责，通常这一部门是公司的董事会 ②投资基金经营的唯一目的是维护投资者的利益，基金应完善内部机制，解决与投资者相关的利益冲突 ③基金公司应委任恰当的托管人为投资者保管资产，应对资产作经常性估值，且估值方法符合法规及行业惯例 ④基金公司应制定内部政策确保其内部运作符合相关法规要求 ⑤基金公司应设立独立于其管理团队的稽查部门，该部门审查公司是否依法依规运作，以及与投资者利益相关的所有信息

例题精选精练

经合组织在2005年发表了《集合投资计划治理白皮书》，其中包括了六个部分。下列不属于“市场纪律与市场体系”部分内容的是(　　)。

A. 加强对投资者的教育有利于改善金融知识能力

B. 相关信息应当通过众多渠道传播

C. 投资者在权益受损时有向相关机构申诉的权利

D. 在信息传播中，应当充分运用现代化信息技术

【答案】C

【解析】《集合投资计划治理白皮书》共有六个部分：①法律法规框架；②投资者权利；③基金行业经营者的角色；④市场纪律与市场体系；⑤透明度与信息公开；⑥投资基金的内部治理。其中，“市场纪律与市场体系”部分的建议为：①增加市场的透明度，监管当局和各类组织应该不断改善投资基金运作的市场体系；②加强对投资者的教育有利于改善其金融知识能力，有助其做出明智的决策；③相关信息应当通过大众传媒、财经传媒、专门的基金出版物以及咨询分析机构等众多渠道传播；④在信息传播中，现代化信息技术也应当充分运用。C 项属于“投资者权利”部分的内容。

2. 欧盟的基金法规与监管一体化进程

20 世纪 80 年代以来，以欧盟国家为主的欧洲各国证券市场经历了一个分化组合的过程，欧洲各国的证券市场逐步走向一体化。与此相对应的是，欧盟各国进行了多种形式的证券监管国际合作，其证券监管法律制度也趋于一体化。

欧盟可转让证券集合投资计划（UCITS），是欧盟跨境投资基金的主要模式。1985 年 12 月 20 日，欧洲委员会通过了《可转让证券集合投资计划指令（简称 UCITS 指令），标志着欧洲投资基金市场开始朝着一体化方向发展。UCITS 指令历经几轮修订，目前已经发展到 UCITS 五号指令，并且六号指令的改革内容也已提上日程。

近几十年来，由于以对冲基金、私募股权基金为代表的新型集合投资方式异军突起，2011 年 6 月 8 日，欧洲议会和欧洲理事会为规范这些另类基金的管理进一步颁布了《另类投资基金管理人指令》（AIFMD）。该指令的颁布标志着欧盟境内的对冲基金、私募股权基金等另类基金的管理人不再处于监管真空中，其核准、持续经营和透明度等问题都有了明确的监管依据。

目前，根据 UCITS 指令成立的基金在很多市场都可以进行销售和投资，UCITS 基金已经发展成为具有广泛国际影响的基金品牌。欧盟也正致力于通过建立和完善 AIFMD，使 AIFMD 基金成为另类基金监管的通行标准。因此，UCITS 指令和 AIFMD 对基金国际化的发展具有重要影响作用。

例题精选精练

欧盟跨境投资基金的主要模式是(　　)。

A. 欧盟可转让证券集合投资计划

B. 对冲基金

C. 风险投资基金

D. 私募股权基金

【答案】A

【解析】欧盟可转让证券集合投资计划（UCITS），是欧盟跨境投资基金的主要模式。对冲基金、私募股权基金为代表的新型集合投资方式的监管依据为《另类投资基金管理人指令》（AIFMD）。

（1）《可转让证券集合投资计划指令》（UCITS 指令）

①UCITS 一号指令

1985 年 12 月，欧盟的前身欧共体发布 UCITS 一号指令。UCITS 一号指令全文共有 11 章，

59个条文，包括一般规定和适用范围、UCITS的核准、单位信托基金和公司型基金的组织结构及基金管理人和托管人的规定、投资政策、信息披露、基金销售、监管机关等。

▶指令的适用范围（见表14－4）

表14－4　指令的适用范围

项目	内容
概念	UCITS基金是指那些从公众募集资金、以风险分散为原则、只投资于可转让证券的基金。持有人以基金单位净值进行申购和赎回
形式	基金形式可以是共同基金、契约式单位信托基金或公司型基金
不属于UCITS基金的范围	指令规定下列基金不属于UCITS基金的范围： a. 封闭式基金 b. 在欧盟内不向公众宣传并销售相应基金份额的基金 c. 基金份额只向非欧盟成员国的公众销售的基金 d. 投资与借款政策与指令规定不符的基金
指令的管辖原则	指令的管辖原则以母国为主，东道国为辅： a. 基金以其注册国或管理基金的基金管理公司的注册国为母国。各成员国应要求基金或基金管理公司的总部位于其注册地 b. 根据母国管辖为主的原则，在基金及基金管理公司的核准、监管、投资、销售、信息披露、法律适用等方面都由母国的监管机关行使管辖权，东道国则可以在基金销售及信息披露等方面行使管辖权。所谓的单一护照，就是指取得了母国核准的基金，视同在欧盟其他成员国取得了核准，可以进行跨境销售

▶UCITS基金的核准，基金管理人和托管人的资格

对于单位信托而言，要求核准基金管理人、基金托管人和基金规则；对于公司型基金，则核准基金章程和基金托管人。监管机关在基金管理公司、基金公司及基金托管人的董事有良好的声誉和足够履行职务的经验时，方可给予核准。基金管理人、托管人、基金规则及基金章程的改变均要获得监管机关的批准。

对于基金管理人和托管人的资格与条件，指令规定得比较宽松和简单，基本采取市场化的取向。

对于基金管理人，只要求其有充足的财政资源，可以确保有效履行义务和承担责任。根据指令的规定，基金管理公司只能从事基金管理业务。对于基金托管人，指令规定基金资产应交由基金托管人保管。托管人不得委托第三方履行其全部或部分资产保管责任。托管人应确保基金发售、申购、赎回、基金单位净值的计算符合法律及基金规则。托管人应当是受公众控制的机构，并有充分的财力和专业人员，保证可以有效履行其职责。成员国应确定何种机构可以作为托管人。

注：托管人应与基金管理人在同一国注册，如在另一国注册，应在管理人所在国设立机构。一家机构不能既担任管理人又担任托管人。法律、基金规则或章程应规定更换托管人的条件，并确保发生更换时持有人的利益得到保护。

▶关于投资政策的规定。

投资政策是指令的重点内容，包括可投资的品种、投资禁止及投资限制等（见表 14－5）。

表 14－5　投资政策的规定

政策	规定
投资品种的规定	a. 基金可投资于成员国或非成员国证券交易所正式上市的可转让证券，或在成员国、非成员国其他有管制的、正常运作的、被认可的、对公众开放的可转让证券 b. 基金可投资于近期发行的、已取得许可将于一年内在证券交易所或有管制的市场上市的可转让证券 **注：**基金投资于以上规定以外的可转让证券，不得高于基金资产的 10%；投资于可转让的并可确定价值的债券的比例也不得高于 10%。两者之和也不能高于 10%
基金的投资比例限制与投资禁止	a. 基金投资于同一主体发行的证券，不得超过基金资产净值的 5%。成员国可将此比例提高到 10% b. 基金投资于一个主体发行的证券超过 5% 时，该类投资的总和不得超过基金资产净值的 40% c. 基金投资于一个成员国政府或其地方政府、非成员国政府、成员国参加的国际组织发行或担保的可转让证券，比例可提高到 35% d. 在持有人利益得到保护的前提下，成员国监管机关可允许基金 100% 投资于政府或国际组织发行或担保的证券，但在此情形下，应投资于不少于 6 个主体发行的证券，对每个主体发行证券的投资比例不得超过 30% e. 基金不得通过取得有表决权股票对发行主体的管理施加重大影响，不得持有一个发行主体 10% 以上无表决权股票、债券和基金。但如投资于政府或国际组织发行或担保的可转让证券则不在此限。基金行使认购权时，可以不受以上规定的限制 f. 基金不得持有贵金属或其证书 g. 投资公司、管理人或托管人无权代表基金借款，但成员国可以允许基金临时借入不超过基金资产 10% 的款项 h. 投资公司、管理人或托管人不得代表基金贷款或作担保人
基金信息披露的规定	a. 基金管理公司应公告招募说明书、年度报告、半年报告及其他重要信息 b. 关于申购与赎回价格，规定应至少一个月公布两次。如不损害持有人利益，监管机关可以允许一个月一次
关于基金在其他成员国销售的规定	a. 基金应遵守其他成员国有关不在指令范围内的销售规定。基金可以在其他成员国做销售广告，并遵守有关规定。其他成员国的销售与广告规定不得有歧视 b. 基金还应采取必要的措施，确保基金的赎回款项的支付及信息披露符合东道国法律的规定。基金在母国以外的成员国销售时，应通知母国及东道国的监管机关，并向东道国监管机关提供母国有关机关的批准文件、基金规则或公司章程、招募说明书、最新的年度和半年报告、销售的具体安排等 c. 基金可以在通知东道国监管机关两个月后销售，除非后者做出不批准的决定 d. 基金在其他成员国销售时，应使用该国至少一种官方语言 e. 在进行业务活动时，基金可使用与母国同样的名称；在可能出现混淆的情形时，则应进行解释与澄清

例题精选精练

下列选项中，不属于UCITS一号指令中关于基金信息披露的规定的是( )。

A. 基金投资于同一主体发行的证券，不得超过基金资产净值的5%

B. 基金管理公司应公告招募说明书、年度报告、半年报告及其他重要信息

C. 规定申购与赎回的价格，应至少一年公布两次

D. 申购与赎回价格，如不损害持有人利益，监管机关可以允许一个月公布一次

【答案】A

【解析】基金信息披露的规定包括：①指令的规定与其他国家的要求大致相同，如基金管理公司应公告招募说明书、年度报告、半年报告及其他重要信息。②关于申购与赎回价格，规定应至少一个月公布两次。如不损害持有人利益，监管机关可以允许一个月一次。A项属于基金的投资比例限制与投资禁止的规定。

②UCITS二号指令

20世纪90年代，欧盟开始讨论对UCITS一号指令进行修补，并于2000年5月形成了对UCITS一号指令的修改草案，简称为UCITS二号指令，但是UCITS二号指令最终未能进入实施阶段。

③UCITS三号指令

2001年12月4日，欧洲经济和财政部长委员会通过了对UCITS指令的修订。此次修订包括两份文件，分别是规范管理公司和简要招募说明书的指令（简称UCITS管理指令），和规范UCITS投资的指令（简称UCITS产品指令）。新的UCITS指令称为UCITS三号指令，自2002年2月13日起生效。

UCITS三号指令与UCITS一号指令相比最大的突破在于为UCITS管理公司提供了“欧盟护照”，即在欧盟任何一个成员国都可设立UCITS管理公司，欧盟各成员国不得为非本国的UCITS管理公司设置额外障碍。UCITS三号指令还规定，UCITS管理公司所管理的投资公司以及基金，必须在募集工作完成之前免费向投资者提供一份简明易懂的招募说明书并涵盖所有能够帮助投资者得出正确判断的相关信息。此外，UCITS三号指令扩大了UCITS基金可以投资的金融工具的范围。

UCITS三号指令中管理指令和产品指令的具体内容如下（见表14-6）：

表14-6 UCITS三号指令中管理指令和产品指令的内容

项目	内容
管理公司的护照	新指令为UCITS的管理公司颁发“护照”，并对管理公司提出新的最低资本要求： ▶管理公司的起始资本不能低于12.5万欧元 ▶管理资产超过2.5亿欧元时，管理公司资本应增加相当于管理资产0.02%的资本（起始资本和新增资本合计最高可不超过1 000万欧元） ▶资本在任何情况下不能低于13周的“固定经营成本”（固定经营成本根据欧盟的《资本充足指引》决定） 另外，根据新指令，管理公司可在满足若干条件的情况下将管理公司的义务委托给第三方。这些条件主要包括： ▶监管机构得到适时通知 ▶管理公司承担最终责任 ▶监管不受妨碍 ▶投资人的最大利益不受影响

（续表）

项目	内容
更复杂的风险分散规则	UCITS 产品指令制定的风险分散规则有： ▶沿用“5% -10% -40%规则”，即一只 UCITS 基金投资于同一机构发行的可转让证券的比例不超过基金资产的5%，成员国可以将该比例提高至10%，条件是一只 UCITS 基金持有的这类超过5%投资比例限制的可转让证券的总资产不能超过基金资产的40% ▶当可转让证券或货币市场工具由一个成员国、其他国家或成员国参与的国际组织发行或担保时，上述5%的比例限制可以提高到35% ▶一只 UCITS 基金投资于同一机构发行的货币市场工具、银行存款或 OTC 衍生产品的资产总值不能超过基金资产的20% ▶引入“同一机构”的定义。为计算投资比例限制的目的，凡是同一集团内根据会计准则合并报表的所有公司将被视为同一机构
更广泛的投资品种	▶UCITS 产品指令扩大了 UCITS 的投资范围，使得许多创新的基金品种可以符合 UCITS 的标准，从而获得自由进入其他成员国市场的“护照” ▶依据 UCITS 产品指令，UCITS 新增的投资品种包括货币市场工具、其他投资基金、银行存款、金融衍生工具和指数基金等
更广泛的业务范围	新指令允许 UCITS 基金的管理公司在提供基金管理服务之外，可同时为个人或机构（包括养老基金）提供投资组合管理服务，以及作为非核心业务的投资咨询、（包括第三方所管理基金的）基金保管和行政事务管理服务
引入简要招募说明书	简要招募说明书使用更加通俗易懂的语言，在内容和格式上使用统一的标准，便于投资者理解和进行比较
进一步加强对投资者的保护	包括管理公司必须引入风险管理程序，随时监控和计算基金的风险水平；更广泛的信息披露义务，定期向监管机关报送基金信息；管理公司遵守为投资人最大利益服务的行为准则等
过渡条款	根据新指令的要求，欧盟成员国必须在新指令公布后18个月内（2003年8月13日之前）将新指令的内容转化为国内法，该国内法必须在2004年2月13日前生效。与此同时，为了保障平稳过渡，新指令中规定了一个“祖父条款”，允许根据 UCITS 一号指令设立的 UCITS 基金可以延用原指令至2007年2月13日

例题精选精练▶▶

UCITS 三号指令中管理指令和产品指令的具体内容包括（　　）。

Ⅰ. 更简单的风险分散规则　　Ⅱ. 更广泛的投资品种

Ⅲ. 引入简要招募说明书　　Ⅳ. 更广泛的业务范围

A. Ⅰ、Ⅱ　　B. Ⅲ、Ⅳ　　C. Ⅱ、Ⅲ、Ⅳ　　D. Ⅰ、Ⅱ、Ⅲ

【答案】B

【解析】UCIUTS 三号指令中管理指令和产品指令的具体内容包括：①管理公司的护照；②更复杂的风险分散规则；③更广泛的投资品种；④更广泛的业务范围；⑤引入简要招募说明书；⑥进一步加强对投资者的保护；⑦过渡条款。

④UCITS 四号指令

2009 年 1 月，UCITS 四号指令草案在欧洲议会获得通过。

UCITS 四号指令的修改主要体现在以下五个方面：

▶引进基金管理公司通行证。基金管理公司将被允许直接从事跨境基金管理，而不需要在基金所在地指定服务提供商，除非托管银行有此要求。

▶跨境分销程序实现简化，注册流程更简便，并支持 UCITS 部门更快速地启动跨境营销。

▶为 UCITS 基金的国内和跨境合并创建法律框架，允许 UCITS 基金整合，设立便利跨境基金并购的程序，加快现有的大型基金并购小型基金的趋势。

▶引进主从结构基金以促进（大多由税收驱动的）资产池的组建，允许某一 UCITS（从基金）被另一 UCITS（主基金）完全投资，帮助 UCITS 基金实现更大的规模经济和更低的经营成本，使得法律框架对于有意创立基金的机构投资者更具吸引力。

▶以最新标准化的“投资人关键信息”文件替换原有的简化募股书。后者通常被认为太过复杂而不利于投资者的理解，而新的标准化关键投资者信息文件则能向投资者提供公平、清晰和易懂的信息。

UCITS 四号指令在基金信息披露、注册手续与基金合并等方面进一步简化，允许主从结构基金跨境运营，敦促各国监管层开放信息平台进行跨国协作，以期达到以下目的：

▶更好地整合内部市场，使投资者能以更低的价格拥有更多的选择机会。

▶通过高标准的信息和更有效的监管向投资者提供适当的保护。

▶根据市场的发展情况及时调整监管框架，以维持欧洲该行业的竞争力。

例题精选精练▶▶

UCITS 四号指令的目的不包括(　　)。

A. 敦促各国监管层开放信息平台进行跨国协作

B. 使投资者以更低的价格拥有更多的选择机会

C. 向投资者提供适当的保护

D. 维持欧洲该行业的竞争力

【答案】A

【解析】UCITS 四号指令在基金信息披露、注册手续与基金合并等方面进一步简化，允许主从结构基金跨境运营，敦促各国监管层开放信息平台进行跨国协作，以期达到以下目的：①更好地整合内部市场，使投资者能以更低的价格拥有更多的选择机会；②通过高标准的信息和更有效的监管向投资者提供适当的保护；③根据市场的发展情况及时调整监管框架，以维持欧洲该行业的竞争力。A 项为 UCITS 四号指令为达到相关目的采取的措施。

⑤UCITS 五号指令

2014 年 7 月 23 日，欧盟正式发布第 2014/91/EU 号指令（简称 UCITS 五号指令），修订关于可转让证券集合计划托管职能、薪酬政策和处罚制裁等方面法律、条例和管理规定协调的 UCITS 四号指令，并于 2014 年 9 月 17 日起正式实施。

UCITS 五号指令对 UCITS 托管机构的资格、职能及其责任，UCITS 管理公司的薪酬政策及处罚惩戒等方面进行了一系列补充和更新。

UCITS 五号指令中的补充和更新主要包括以下方面（见表 14－7）：

表 14－7　UCITS 五号指令中的补充和更新

项目		内容
有关托管机构的新规定	托管机构的资格条件	▶新指令要求每一只 UCITS 基金需委任唯一一家托管机构 ▶除了各国的国家中央银行和欧盟授权的信贷机构，满足下列条件的第三类机构亦可作为 UCITS 基金的托管机构： a. 根据各成员国法律授权开展托管活动 b. 满足一定的资本要求 c. 接受审慎监管和持续监督
	托管机构的转授权	▶新指令规定了托管机构可以将资产保管职能授权于满足特定条件的第三方（次托管机构），但不能授权于该次托管进行现金管理职能和一般监督职能 ▶UCITS 基金托管机构应采取必要措施确保次托管机构在发生破产清算的情况下，由次托管机构保管的 UCITS 基金资产不属于破产清算财产 ▶对于资产保管职能的转授，应该将被转授权的次托管机构及可能存在的利益冲突披露在 UCITS 基金的招募说明书中
	托管机构的现金管理职能	▶新指令规定托管机构应监督 UCITS 基金的现金流及确保 UCITS 基金确已收到认购/申购资金 ▶托管机构应确保所有现金正确记录在以 UCITS 基金名义、以代表 UCITS 基金行事的管理公司名义或以代表 UCITS 基金行事的托管机构名义开立的账户中
	托管机构的责任承担	托管机构应对下列损失承担责任： ▶UCITS 基金或 UCITS 基金投资者所托管资产（金融工具）发生的损失，除非托管机构能够证明损失在其合理控制范围之外，即便其采取所有合理努力也不能避免不良后果的事件造成，则托管机构不承担责任 ▶由于托管机构的疏忽或故意不妥善履行其义务造成的 UCITS 基金或 UCITS 基金投资者的所有损失
引入管理人薪酬政策		管理公司薪酬政策中的薪酬结构应包括以下事项： ▶不同类别的职员的薪酬计算标准 ▶除了例外情况，禁止保证的可变薪酬 ▶固定薪酬、可变薪酬和自助养老金的规定 ▶提前终止雇用合同情况下应支付的薪酬
完善处罚惩戒体系		▶UCITS 五号指令提供了违反该指令的情形的详尽清单以及相应的惩戒处罚方式。处罚方式包括公告、暂停或撤销管理公司授权及最高额行政罚款 ▶罚款为违规行为所产生利益金额的至少两倍。且对于机构，罚金可达至少 500 万欧元或其总营业额的 10%；对于个人，则罚金至少为 100 万欧元 ▶欧盟监管机构将会把任何行政处罚公开在其官方网页上，并维持至少 5 年

（2）《另类投资基金管理人指令》（AIFMD）

欧盟《另类投资基金管理人指令》规范了另类投资基金（AIF）管理人的核准、运作条件、在欧盟境内销售和管理欧盟另类投资基金的权利、透明度要求等内容。它的出台为在欧盟全境建立统一的管理和监督另类投资基金管理人的监督体系扫除了法律障碍。

AIFMD 由 10 章 71 条和 4 个附录组成。与其他欧盟金融立法指令一样，AIFMD 旨在提供一个统一的欧盟内部市场，并为所有另类投资基金管理人（包括欧盟另类投资基金管理人和非欧盟另类投资基金管理人）在欧盟内的所有活动提供一个协调一致、严格的规制和监管框架。

该指令的主要内容包括以下方面：

①注册监管

新立法中最重要的内容就是引入了“欧盟护照”的概念，它实际上就是从事私募股权投资的运营执照。凡是要在欧盟金融市场上运营的私募股权投资基金，基金管理人必须先向监管机构注册，以取得“护照”，并接受信息披露、杠杆运用、流动性管理等方面的监管。私募股权投资机构总部设在欧盟的，只要在一个欧盟成员国的监管机构进行注册，就可获得在全欧盟运营的权利；但对总部设在欧盟以外的私募股权投资基金，必须向 ESMA 提出申请以取得运营“护照”。

资产管理规模未达到 1 亿欧元或资产管理规模达到 5 亿欧元但不使用财务杠杆且投资 5 年内无赎回权的私募股权投资基金管理人可以豁免注册。这部分豁免的私募股权投资基金管理人虽然不需要欧盟的“护照”，但也需要在其母国注册，并提供所管理的私募基金的投资策略、主要的风险敞口及风险集中度等信息。

例题精选精练

关于 AIFMD 指令中的注册监管，下列说法错误的是（　　）。

A. 引入了“欧盟护照”的概念

B. 只要在一个欧盟成员国的监管机构进行注册，就可获得在全欧盟运营的权利

C. 资产管理规模未达到 5 亿欧元的私募股权投资基金管理人可以豁免注册

D. 总部设在欧盟以外的私募股权投资基金，必须向欧洲证券和市场管理局提出申请以取得运营护照

【答案】C

【解析】C 项，资产管理规模未达到 1 亿欧元或资产管理规模达到 5 亿欧元但不使用财务杠杆且投资 5 年内无赎回权的私募股权投资基金管理人可以豁免注册。

②监管机构设置

欧盟各成员国在 AIFMD 的框架下制定具体规则，并由其证券监管部门负责日常监管。同时，新设的 ESMA 负责对各成员国证券监管部门的监督和协调，加强欧盟层面的监管机构设置。

ESMA 负责起草相关监管和执行技术准则，确保各国对 AIFMD 的一致应用；可以建议成员国证券监管部门修改有关措施，防范系统性风险；评估“护照”系统的作用，进而决定是否向非欧盟的私募股权投资基金发放；各国监管机构每季度向 ESMA 提交已发“护照”和注销“护照”的私募股权投资基金管理人情况表，ESMA 对已发“护照”的基金管理人、其管理的投资基金以及发照国进行电子登记。

③基金杠杆水平和流动性要求

AIFMD 没有规定最高的杠杆水平，私募股权投资基金管理人自行设定相关杠杆限制并将

总体杠杆率、获取杠杆的主要渠道（包括现金、证券、衍生品等）向各成员国监管部门备案说明。同时，监管部门可以对杠杆水平进行评估并要求修改。AIFMD 规定私募股权投资基金管理人应对其管理的投资基金制定合适的流动性管理系统和程序，并确保私募股权投资基金的运营策略、流动性及其赎回政策相符。

④管理人薪酬

为约束私募股权投资基金高管人员可能进行的风险行为，AIFMD 进一步限制了高管人员的薪酬结构和政策，包括规定40%的绩效薪酬要延缓3～5年支付；奖金应视基金的表现发放，如果基金表现太差可以使用薪酬追回条款。

⑤资金托管

所有私募股权投资基金都必须进行托管，托管机构可以是银行、公证员、律师或其他能履行相关的保管职能的受法律或监管认可的专业机构，但托管机构须在私募股权投资基金所在国有办事处或是分支机构。另外，托管人应对其故意或过失的情况下造成的损失承担赔偿责任。

⑥私募股权投资基金的“资产剥离”规定

严格限制私募股权投资基金采用“资产剥离”方式实现短期高额获利。规定私募股权投资基金收购公司2年内不允许通过分红、减持、赎回等形式进行资产转让，进而阻止它们为短期持有资产而进行收购活动。私募股权投资基金持有公司10%及以上股权时，应向公司及其他股东进行披露。同时，还应确保公司董事会向员工通报此持股情况。

⑦初始资本金要求

AIFMD 要求私募股权投资基金管理机构初始资本金不应少于12.5万欧元；管理资产规模超过2.5亿欧元的，初始资本金不低于12.5万欧元另加上超过2.5亿欧元部分的0.02%比例；自我管理的基金，初始资本金不低于30万欧元。

欧盟实施 AIFMD 的主要目的是更好地管理另类投资基金的系统性风险，提高其透明度，加强对投资者的保护。受 AIFMD 影响的主要机构包括欧盟所有非 UICTS 基金管理人和在欧洲管理或销售基金的非欧盟管理人。AIFMD 自2013年7月22日起开始实施，并可有一年的过渡期。自过渡期结束日起，所有欧盟另类投资基金管理人在另类投资基金的管理和销售方面都必须遵守该指令，非欧盟管理人在欧盟国家销售另类投资基金也要遵守该指令。由于 AIFMD 的复杂性，欧盟各国实施 AIFMD 的进度也不完全一致。截至2014年7月22日，还有冰岛、挪威等八个欧盟国家尚未完成将 AIFMD 转化为国内立法的程序。

总体上看，AIFMD 代表了迄今为止对包括对冲基金、私募股权基金在内的众多另类投资基金最严格的监管立法。它必然对另类投资基金的活动以及对国际金融市场产生深远的影响。

考点3　各国基金国际化概况★

1. 英国基金投资国际化概况

英国投资基金国际化具有里程碑意义的事件发生于1997年。其背景是欧盟于1985年颁布的 UCITS 指令，该指令旨在推进欧盟关于建设欧洲金融服务统一市场的目标。

由于英国的法律体系与其他欧盟国家的法律体系存在较大的差别，于是英国政府专门为公司型开放式基金（OEIC）的创立确立了新的法律框架，通过 OEIC 制度来达到符合 UCITS 基金的要求，进而可以在全欧盟范围内进行销售。截至2016年年底，英国基金业管理资产规模达10 454亿英镑，其中公司型开放式基金是英国基金业的主流组织模式之一。

英国资产管理行业的国际化非常充分。目前，英国已发展成为欧洲最大的资产管理中心，在全球范围也是除美国之外最大的资产管理市场。

2. 美国基金投资国际化概况

美国基金的国际化投资进程是伴随着其他国家的证券市场开放而不断往前推进的。随着外国资本市场的逐步开放和金融全球化过程的提速，美国投资基金对外投资的力度也在加大。

美国基金国际化的另一表现是基金海外发售募集资金。基金资金的海外募集也取决于东道国的证券市场开放度和监管力度。由于共同基金的世界市场化水平还很低，各国为保护本国投资人权益，对凡是通过电视、广播、电子媒体、报纸、杂志等在本国公开募集销售的外国基金，在法律上做出了严格的规定。所以直接在国外募集基金成本很高。但是美国基金经常通过与东道国国内的基金进行合作来进行国际化发售，以降低募集成本。

3. 卢森堡

作为欧洲第一、世界第八大金融中心，卢森堡拥有全球第二大基金资产管理市场、全世界20%的管理资产，同时也是另类投资基金的中心。

早在20世纪60年代，卢森堡就开始仿效瑞士严密的银行保密制度，加之对金融行业极其优越的税收优惠政策，卢森堡吸引了大量金融机构，来自20多个国家的150多家银行和近200个金融企业在卢森堡设立了分支机构。目前，在卢森堡设有3 800多家基金法人机构，多为银行集团或投资银行集团在卢森堡的本土化机构，形成了独具特色的离岸基金服务。

卢森堡的监管机构与政府均效率极高，以金融创新及对新法律法规的快速适应而闻名。卢森堡是欧洲第一个推行UCITS指令的国家，是目前全球最大的UCITS基金注册地。

卢森堡率先成为基金管理中心有两方面，一方面是因为它能为投资者提供有利于投资的基础条件，另一方面是因为它独特的基金税收环境。这些有利条件包括：

（1）保护投资者的优良传统。

（2）稳定的政治环境和强劲的经济实力。

（3）专业水平高且反应快速的监管机构。

（4）前瞻性的立法。

（5）涵盖几乎所有相关专业领域的金融机构。

（6）众多擅长产品开发、管理和行销等各方面业务的投资基金专家。

（7）投资基金技术解决方案领域的丰富经验，包括多个股份类别以及聚合投资。

（8）在UCITS和非UCITS基金跨境注册领域拥有丰富经验的律师、审计师和税务顾问。

4. 爱尔兰

爱尔兰是欧洲最主要的基金注册地之一。自1985年UCITS一号指令启动以来，爱尔兰已成为跨境UCITS基金的同义词，其注册基金资产的近80%都属于UCITS基金。

爱尔兰之所以成为广受认可的国际投资基金中心，是由于其在国际合作、国内监管以及税收等方面具有显著优势，拥有完善的基金注册法规和制度，监管体系比较健全。

例题精选精练▶▶

下列关于基金国际化的说法，正确的是（　　）。

A. 英国投资基金是另类投资基金的中心

B. 卢森堡基金国际化的表现之一是基金海外发售募集资金

C. 美国政府专门为公司型开放式基金（OEIC）的创立确立了新的法律框架

D. 爱尔兰注册基金资产的近80%都属于UCITS基金

【答案】D

【解析】A项，作为欧洲第一、世界第八大金融中心，卢森堡拥有全球第二大基金资产管理市场、全世界20%的管理资产，同时也是另类投资基金的中心；B项，美国基金国际化的表现之一是基金海外发售募集资金；C项，英国政府专门为公司型开放式基金（OEIC）的创立确立了新的法律框架。

第二节　中国基金国际化发展

考点1　QFII的概念、规则和发展概况★★★

1. QFII的概念

合格境外机构投资者（QFII），是我国在资本项目未完全开放的背景下选择的一种过渡性资本市场开放制度。具体来说，是我国通过制度安排允许符合条件的境外机构投资者汇入一定额度的外汇资金，转换为我国货币，通过境内专门机构严格监管的账户投资境内证券市场，其在境内的资本利得、股息红利等经相关机构审核后方可汇出境外的制度。这一过渡性安排旨在实现在利用外资的同时，又通过外汇管制和宏观调控的手段避免外资对国内证券市场冲击的目标。

2. QFII的设立标准

（1）QFII主体资格的认定

申请合格境外投资者资格，应当具备下列条件：

①申请人的财务稳健，资信良好，达到中国证监会规定的资产规模等条件：

▶对资产管理机构（即基金管理公司）而言，其经营资产管理业务应在2年以上，最近一个会计年度管理的证券资产不少于5亿美元。

▶对保险公司而言，成立2年以上，最近一个会计年度持有的证券资产不少于5亿美元。

▶对证券公司而言，经营证券业务5年以上，净资产不少于5亿美元，最近一个会计年度管理的证券资产不少于50亿美元。

▶对商业银行而言，经营银行业务10年以上，一级资本不少于3亿美元，最近一个会计年度管理的证券资产不少于50亿美元。

▶对其他机构投资者（养老基金、慈善基金会、捐赠基金、信托公司、政府投资管理公司等）而言，成立2年以上，最近一个会计年度管理或持有的证券资产不少于5亿美元。

②申请人的从业人员符合所在国家或者地区的有关从业资格的要求。

③申请人有健全的治理结构和完善的内控制度，经营行为规范，近3年未受到监管机构的重大处罚。

④申请人所在国家或者地区有完善的法律和监管制度，其证券监管机构已与中国证监会签订监管合作谅解备忘录，并保持着有效的监管合作关系。

⑤中国证监会根据审慎监管原则规定的其他条件。

另外《管理办法》在政策上适度倾斜于养老基金、保险基金和共同基金等中长期投资者，在符合《管理办法》规定的前提下，这些基金的申请将会得到优先考虑。

例题精选精练▶▶

关于申请合格境外投资者资格应当具备的条件，下列说法错误的是(　　)。

A. 申请人的从业人员符合所在国家或者地区的有关从业资格的要求

B. 申请人近2年未受到监管机构的重大处罚

C. 申请人的财务稳健，资信良好，达到中国证监会规定的资产规模等条件

D. 申请人所在国家或者地区有完善的法律和监管制度

【答案】B

【解析】B项，申请合格境外投资者资格应满足申请人有健全的治理结构和完善的内控制度，经营行为规范，近3年未受到监管机构的重大处罚。

（2）投资额度的规定

国家对合格投资者的境内证券投资实行额度管理。国家外汇管理局对单家合格投资者投资额度实行备案和审批管理。合格投资者在取得证监会资格许可后，可通过备案的形式，获取不超过其资产规模或管理的证券资产规模一定比例（简称基础额度）的投资额度；超过基础额度的投资额度申请，须经国家外汇管理局批准。境外主权基金、央行及货币当局等机构的投资额度不受资产规模比例限制，可根据其投资境内证券市场的需要获取相应的投资额度。

（3）投资范围、持股比例的规定（见表14－8）

表14－8　合格境外机构投资者投资范围、持股比例的规定

项目	规定
合格境外机构投资者在经批准的投资额度内，可以投资的人民币金融工具	①在证券交易所交易或转让的股票、债券和权证 ②在银行间债券市场交易的固定收益产品 ③证券投资基金 ④股指期货 ⑤中国证监会允许的其他金融工具 注：合格投资者可以参与新股发行、可转换债券发行、股票增发和配股的申购
境外投资者的境内证券投资，应当遵循的持股比例限制	①单个境外投资者通过合格投资者持有一家上市公司股票的，持股比例不得超过该公司股份总数的10% ②所有境外投资者对单个上市公司A股的持股比例总和，不超过该上市公司股份总数的30% 注：境外投资者根据《外国投资者对上市公司战略投资管理办法》对上市公司战略投资的，其战略投资的持股不受上述比例限制

例题精选精练▶▶

单个境外投资者通过合格投资者持有境内一家上市公司股票的，持股比例不得超过该公司股份总数的(　　)。

A. 30%　　B. 5%　　C. 20%　　D. 10%

【答案】D

【解析】境外投资者的境内证券投资，应当遵循下列持股比例限制：①单个境外投资者通过合格投资者持有一家上市公司股票的，持股比例不得超过该公司股份总数的10%；②所有境外投资者对单个上市公司A股的持股比例总和，不超过该上市公司股份总数的30%。

（4）资金管制的规定

合格投资者的投资本金锁定期为3个月，自合格投资者累计汇入投资本金达到等值2 000万美元之日起计算。本金锁定期是指禁止合格投资者将投资本金汇出境外的期限。

（5）托管人资格的规定

QFII托管人具有保管合格境外投资者托管的全部资产，办理有关结汇、售汇、收汇、付汇和人民币资金结算业务，监督投资者投资运作等职责。每个合格投资者只能委托1个托管人，并可以更换托管人。托管人应当具备下列条件：

①设有专门的资产托管部。

②实收资本不少于80亿元人民币。

③有足够的熟悉托管业务的专职人员。

④具备安全保管合格投资者资产的条件。

⑤具备安全、高效的清算、交割能力。

⑥具备外汇指定银行资格和经营人民币业务资格。

⑦最近3年没有重大违反外汇管理规定的记录。

注：外资商业银行境内分行在境内持续经营3年以上的，可申请成为托管人，其实收资本数额条件按其境外总行的计算。

3. QFII机制的意义

QFII机制的实施吸引了境外符合资格的机构投资者来中国资本市场投资，为中国资本市场带来大量新增的境外资金，具有重大意义：

（1）促使中国的封闭资本市场向开放的市场转变。

（2）促进国内证券市场投资主体多元化以及上市公司行为规范化。

（3）促进国内投资者的投资理念趋于理性化。

（4）加快我国证券市场金融创新步伐，实现我国证券市场运行规则与国际惯例的接轨。

例题精选精练

下列关于我国QFII机制的意义，说法错误的是(　　)。

A. 可以为境内金融资产提供风险分散渠道，并有效分流储蓄，化解金融风险

B. 可以促进国内证券市场投资主体多元化以及上市公司行为规范化

C. 资本市场的逐步开放能够使国内证券市场的法律机制、会计制度、信息披露标准、交易规则、自律机构、市场参与者的行为模式等方面逐渐与国际接轨

D. 促进国内投资者的投资理念趋于理性化

【答案】A

【解析】A项属于合格境内机构投资者（QDII）机制的意义。

4. QFII 的发展概况

（1）我国 QFII 的发展历程（见表 14－9）

表 14－9　我国 QFII 的发展历程

发展时间	内容
2002 年 11 月 5 日	经国务院批准，中国证监会和中国人民银行发布了《合格境外机构投资者境内证券投资管理暂行办法》，并于当年 12 月 1 日正式实施 注：这标志着 QFII 制度在我国正式进入操作阶段
2002 年 12 月 1 日	上海证券交易所和深圳证券交易所发布了《合格境外机构投资者证券交易实施细则》
2006 年 8 月 24 日	我国将上述暂行办法更新为《合格境外机构投资者境内证券投资管理办法》，以鼓励长期资金入境，促进证券市场的发展
2012 年 7 月 27 日	证监会发布了新的《关于实施〈合格境外机构投资者境内证券投资管理办法〉有关问题的规定》，新规定与废止的规定相比降低了批准获入 QFII 的资格要求，扩大了可投资的范围，放宽了 QFII 开立证券账户的条件，简化了审批程序，为吸引更多的境外机构投资者入市做了制度准备
2003 年 5 月 23 日	瑞士银行和野村证券株式会社成为我国第一批获准入境的境外机构投资者
2003 年 7 月 9 日	瑞士银行通过电话下达了第一单交易指令，意味着 QFII 正式在我国证券市场上实际参与投资
2005 年开始	以共同基金为代表的资产管理公司迅速进入，并很快成为我国 QFII 的主要类别
2008 年 金融危机后	境外机构投资者申请 QFII 资格重新趋于活跃
2011 年以来	我国开始重点引入主权财富基金、中央银行、养老基金、保险公司等长期资金
2012 年 下半年开始	随着 QFII 准入门槛的进一步降低，越来越多中资金融机构的海外子公司或附属机构取得 QFII 资格
截至 2016 年 12 月	总共有 305 家境外机构获得了 QFII 资格，累积批准投资额度 873.09 亿美元

从构成来看，我国 QFII 的五大群体是资产管理公司、商业银行、证券公司、主权财富基金和中央银行，其中资产管理公司以约 61% 的数量占比和 47% 的额度占比成为我国 QFII 的主要构成部分。QFII 成为我国证券市场除了基金公司、证券公司、信托公司之外的另一类重要机构投资者。

（2）我国 QFII 机制的特点

从我国 QFII 制度的内容设计上来看，具有以下特点：

①QFII 制度引入时的跳跃式发展。

②QFII 准入的主体范围扩大、要求提高。

③我国对 QFII 制度的设计内容进行局部调整，特别是针对国外发展比较蓬勃的各类养老基金、慈善基金、保险基金等做了政策上的倾斜，通过降低资格标准、加强资金流动性等方式吸引这类长期机构投资者。

（3）QFII 投资 A 股市场的形式及投资风格

目前 QFII 在 A 股市场主要采取三种投资模式：

①自营模式，指采用自营资金进行投资，这种投资模式满足很多境外养老基金、捐赠基金等机构自主投资的需求，成为其全球投资组合的一部分。

②基金模式，指机构投资者在境外直接面向海外投资者发行单纯 A 股基金，或者含有 A 股投资的基金。

③客户资金管理模式，指发行私募或专户产品管理客户资金投资 A 股市场。

考点 2　RQFII 的概念、规则和发展概况★★★

1. RQFII 的概念和规则

在 2011 年年底推出人民币合格境外机构投资者（RQFII）试点的基础上，2013 年 3 月 1 日，中国证监会发布《人民币合格境外机构投资者境内证券投资试点办法》和《关于实施〈人民币合格境外机构投资者境内证券投资试点办法〉的规定》，明确境内基金管理公司、证券公司、商业银行、保险公司等香港子公司或注册地以及主要经营地在香港地区的金融机构可参与人民币合格境外机构投资者（RQFII）试点，并放宽了对 RQFII 的资产配置限制，允许机构根据市场情况自行决定产品类型。

7 月，中国证监会、中国人民银行及国家外汇管理局决定将 RQFII 试点在新加坡（500 亿元额度）、伦敦（800 亿元额度）等地进一步拓展，为推动人民币离岸市场发展、扩大资本市场对外开放注入了新的活力。

截至 2016 年年底，中国证监会共批准 217 家 RQFII 机构，其中 177 家 RQFII 机构获批投资额度增至 5 284.75 亿元人民币。

2. RQFII 的发展概况

在各类 RQFII 机构中，基金系 RQFII 机构成为主力。随着 RQFII 政策逐步放宽，RQFII 机构也开始陆续拓展美国、欧洲市场。

2013 年 11 月，嘉实国际联合德意志资产及财富管理公司合作发行的“嘉实沪深 300 中国 A 股 ETF”在纽约证券交易所上市，成为首只在美国上市的直接投资于中国 A 股的实物 ETF，也是第一只在美国上市的 RQFII 产品。

2013 年 11 月，嘉实国际联合德意志资产及财富管理公司合作在卢森堡发行了投资于中国 A 股的 ETF，成为欧洲的首只 RQFII 产品。

考点 3　QDII 的概念、规则和发展概况★★★

1. QDII 的概念

2007 年 6 月 18 日，中国证监会颁布的《合格境内机构投资者境外证券投资管理试行办法》规定，符合条件的境内基金管理公司和证券公司，经中国证监会批准，可在境内募集资金进行境外证券投资管理。这种经中国证监会批准可以在境内募集资金进行境外证券投资的机构称为合格境内机构投资者（QDII）。

QDII 是在人民币没有实现可自由兑换、资本项目尚未开放的情况下，有限度地允许境内投资者投资境外证券市场的一项过渡性的制度安排。目前，除了基金管理公司和证券公司外，商业银行等其他金融机构也可以发行代客境外理财产品。

例题精选精练

QDII 基金在________募集资金，在________进行投资。（　）

A. 境外；境外　　B. 境外：境内　　C. 境内；境内　　D. 境内；境外

【答案】D

【解析】2007 年 6 月 18 日，中国证监会颁布的《合格境内机构投资者境外证券投资管理试行办法》规定，符合条件的境内基金管理公司和证券公司，经中国证监会批准，可在境内募集资金进行境外证券投资管理。这种经中国证监会批准可以在境内募集资金进行境外证券投资的机构称为合格境内机构投资者（QDII）。

2. QDII 的设立标准

现行的《合格境内机构投资者境外证券投资管理试行办法》对申请成立 QDII 基金的机构投资者资格、QDII 投资范围、境外投资顾问以及境外资产托管人的条件分别做出了规定。

（1）申请成立 QDII 基金的机构投资者应当符合下列条件：

①申请人的财务稳健，资信良好，资产管理规模、经营年限等符合中国证监会的规定。

对基金管理公司而言，净资产不少于 2 亿元人民币，经营证券投资基金管理业务达 2 年以上，在最近一个季度末资产管理规模不少于 200 亿元人民币或等值外汇资产。

对证券公司而言，各项风险控制指标符合规定标准，净资本不低于 8 亿元人民币，净资本与净资产比例不低于 70%，经营集合资产管理计划业务达 1 年以上，在最近一个季度末资产管理规模不少于 20 亿元人民币或等值外汇资产。

②拥有符合规定的具有境外投资管理相关经验的人员，即具有 5 年以上境外证券市场投资管理经验和相关专业资质的中级以上管理人员不少于 1 名，具有 3 年以上境外证券市场投资管理相关经验的人员不少于 3 名。

③具有健全的治理结构和完善的内控制度，经营行为规范。

④最近 3 年没有受到监管机构的重大处罚，没有重大事项正在接受司法部门、监管机构的立案调查。

⑤中国证监会根据审慎监管原则规定的其他条件。

例题精选精练

关于申请成立 QDII 基金的机构投资者应符合的条件，下列说法错误的是（　）。

A. 对基金管理公司而言，净资产不少于 2 亿元人民币，经营证券投资基金管理业务达 2 年以上

B. 对证券公司而言，净资本不低于 8 亿元人民币，净资本与净资产比例不低于 70%

C. 有 5 年以上境外证券市场投资管理经验和相关专业资质的中级以上管理人员不少于 1 名

D. 最近1年没有受到监管机构的重大处罚，没有重大事项正在接受司法部门、监管机构的立案调查

【答案】D

【解析】D项，申请成立QDII基金的机构投资者要求最近3年没有受到监管机构的重大处罚，没有重大事项正在接受司法部门、监管机构的立案调查。

（2）QDII基金的投资范围（见表14－10）：

表14－10　QDII基金的投资范围

项目	内容
根据有关规定，除中国证监会另有规定外，QDII基金可投资的金融产品或工具	①银行存款、可转让存单、银行承兑汇票、银行票据、商业票据、回购协议、短期政府债券等货币市场工具 ②政府债券、公司债券、可转换债券、住房按揭支持证券、资产支持证券等及经中国证监会认可的国际金融组织发行的证券 ③与中国证监会签署双边监管合作谅解备忘录的国家或地区证券市场挂牌交易的普通股、优先股、全球存托凭证和美国存托凭证、房地产信托凭证 ④在已与中国证监会签署双边监管合作谅解备忘录的国家或地区证券监管机构登记注册的公募基金 ⑤与固定收益、股权、信用、商品指数、基金等标的物挂钩的结构性投资产品 ⑥远期合约、互换及经中国证监会认可的境外交易所上市交易的权证、期权、期货等金融衍生产品
除中国证监会另有规定外，QDII基金不得有的行为	①购买不动产 ②购买房地产抵押按揭 ③购买贵重金属或代表贵重金属的凭证 ④购买实物商品 ⑤除应付赎回、交易清算等临时用途以外，借入现金。该临时用途借入现金的比例不得超过基金、集合计划资产净值的10% ⑥利用融资购买证券，但投资金融衍生品除外 ⑦参与未持有基础资产的卖空交易 ⑧从事证券承销业务 ⑨中国证监会禁止的其他行为

例题精选精练

关于QDII基金的投资范围，下列表述正确的是（　　）。

Ⅰ. 银行存款　　Ⅱ. 住房按揭支持证券

Ⅲ. 所有的公募基金　　Ⅳ. 经中国证监会认可的国际金融组织发行的证券

A. Ⅰ、Ⅱ、Ⅲ　　B. Ⅰ、Ⅱ、Ⅳ　　C. Ⅱ、Ⅲ、Ⅳ　　D. Ⅰ、Ⅱ、Ⅲ、Ⅳ

【答案】B

【解析】Ⅲ项，根据有关规定，除中国证监会另有规定外，QDII基金可投资于在已与中国证监会签署双边监管合作谅解备忘录的国家或地区证券监管机构登记注册的公募基金，而非所有的公募基金。

（3）境内机构投资者进行境外证券投资时，可以委托境外投资顾问为其提供证券买卖建议或投资组合管理等服务。

境外投资顾问应当符合下列条件：

①在境外设立，经所在国家或地区监管机构批准从事投资管理业务。

②所在国家或地区证券监管机构已与中国证监会签订双边监管合作谅解备忘录，并保持着有效的监管合作关系。

③经营投资管理业务达5年以上，最近一个会计年度管理的证券资产不少于100亿美元或等值货币。

④有健全的治理结构和完善的内控制度，经营行为规范，最近5年没有受到所在国家或地区监管机构的重大处罚，没有重大事项正在接受司法部门、监管机构的立案调查。

（4）境内机构投资者开展境外证券投资业务时，应当由具有证券投资基金托管资格的银行（简称托管人）负责资产托管业务。而托管人可以委托符合下列条件的境外资产托管人负责境外资产托管业务：

①在中国大陆以外的国家或地区设立，受当地政府、金融或证券监管机构的监管。

②最近一个会计年度实收资本不少于10亿美元或等值货币或托管资产规模不少于1 000亿美元或等值货币。

③有足够的熟悉境外托管业务的专职人员。

④具备安全保管资产的条件。

⑤具备安全、高效的清算、交割能力。

⑥最近3年没有受到监管机构的重大处罚，没有重大事项正在接受司法部门、监管机构的立案调查。

3．QDII机制的意义

QDII机制的意义具体来说有以下四方面：

（1）QDII机制可以为境内金融资产提供风险分散渠道，并有效分流储蓄、化解金融风险。同时，实行QDII机制有利于推动内地证券机构走向国际市场，给有实力的内地券商和基金更大的发展空间和积累国际业务经验的机会，增强自身竞争力。我国的机构投资者也可借此在国际金融市场中得到锻炼，有助于培养其研发队伍和投资队伍，提高我国金融企业的竞争力和产品创新能力。

（2）实行QDII机制有利于引导国内居民通过正常渠道参与境外证券投资，减轻资本非法外逃的压力，将资本流出置于可监控的状态。

（3）建立QDII机制有利于支持香港特区的经济发展。

（4）在法律方面，通过实施QDII制度，必然增加国内对国际金融法律、法规、惯例等规则的关注，从长远来说能够促进我国金融法律法规与世界金融制度的接轨。同时，推出QDII制度对于从实践经验中完善我国外汇管理机制，改善我国国际收支平衡机制，构建平稳坚实的法律基础，以及建设经济发展的和谐环境等均有重要的意义。

4．我国QDII的改革方向

中国证监会修订了《合格境内机构投资者境外证券投资管理试行办法》（简称《试行办法》），并于2013年3月向社会发布了征求意见稿。该征求意见稿反映了我国QDII设立标准及监督管理未来的发展方向，主要修订内容包括：

（1）调整证券经营机构 QDII 业务的资格准入条件。

①对基金管理公司，取消了净资产不少于 2 亿元、经营基金管理业务 2 年以上、资产管理规模不少于 200 亿元的规定。

②对于证券公司，取消了净资本不低于 8 亿元人民币、经营集合资产管理计划业务 1 年以上的规定。

修改后，在人员配备、公司治理、内控制度、规范经营等方面符合条件的公司均可申请 QDII 业务资格。

（2）豁免基金管理公司境外子公司担任 QDII 业务的境外投资顾问的条件，理顺母子公司的合作机制。

根据《试行办法》，QDII 业务的境外投资顾问必须经营证券投资管理业务 5 年以上且管理资产规模达到 100 亿美元。对于证券公司境外分支机构，《试行办法》豁免了上述限制。为理顺基金管理公司与境外子公司的合作机制，比照《试行办法》对证券公司境外分支机构的处理，此次修改豁免了基金管理公司境外分支机构担任投资顾问的条件。

（3）根据实践情况调整 QDII 产品的业绩披露标准。

根据《试行办法》配套规则，QDII 产品应当按照全球投资表现标准（GIPS）计算和表述投资业绩。不再要求 QDII 产品采用 GIPS 进行业绩披露。

（4）调整 QDII 产品投资金融衍生品的市场范围。

此次修改将 QDII 产品投资金融衍生品的市场范围由“我会认可的境外交易所”调整为“与我会签署监管合作备忘录（MOU）的国家或地区的交易所”。

（5）完善外汇额度管理的有关表述。

根据 QDII 业务实践，此次修改将原来的表述“境内机构投资者应当根据市场情况、产品特性等在募集方案中设定合理的额度规模上限，向国家外汇局备案，并按照有关规定到国家外汇局办理相关手续。基金、集合计划存续期内的额度规模管理应当按照有关规定进行”，修改为“境内机构投资者在获得中国证监会颁发的境外证券投资业务许可文件后，应按照有关规定向国家外汇局申请境外证券投资额度，并在国家外汇局核准的境外证券投资额度内进行投资”。

5. QDII 的发展概况

我国 QDII 基金分为四大类，即股票型基金、债券型基金、混合型基金和另类投资基金。在产品类型上，我国 QDII 基金以股票型基金为主，且有相当部分集中于港台地区股票和美国股票。QDII 基金可以人民币、美元或其他主要外汇货币为计价货币募集。

（1）我国 QDII 基金的发展历程（见表 14－11）

表 14－11　我国 QDII 基金的发展历程

发展时间	内容
2006 年 9 月 6 日	国家外汇管理局发布了《关于基金管理公司境外证券投资外汇管理有关问题的通知》，明确了符合规定条件的基金公司可以申请办理境外证券投资业务
2006 年 11 月 2 日	中国第一只试点债券型 QDII 基金——华安国际配置基金发行，初始额度为 5 亿美元

（续表）

发展时间	内容
2007 年 6 月 18 日	中国证监会发布了《合格境内机构投资者境外证券投资管理试行办法》，对市场准入、审批程序、境外投资顾问设置、资产托管以及资金运作等方面做出了具体详细的规定
2007 年 9—10 月	首批股票型 QDII 基金发行，作为试点，南方、华夏、嘉实和上投摩根四家基金公司先后推出其首只 QDII 产品。我国的 QDII 基金正式开始投入运行
2008 年上半年	随着全球金融危机的演变，QDII 基金的发行规模都不是很大
2008 年下半年	金融危机最严重的时刻，QDII 基金暂停发行，在此期间，受金融危机影响，QDII 基金大幅亏损，净值损失较大
2010 年以后	在全球宏观经济逐渐好转时，QDII 基金才又重新发起募集。随后几年，QDII 基金逐渐建立起自己的操作风格，整体上获得不错的收益
截至 2016 年 12 月 31 日	我国 QDII 基金数目为 177 只，基金净值达 984 亿元人民币

（2）我国 QDII 基金产品的特点

①QDII 基金的投资范围较为广泛，包括了几乎所有发达国家和绝大部分新兴市场的股票和（非对冲）基金。

②QDII 基金的投资组合较为丰富。

③在投资管理过程中，国内基金公司除了借助境外投资顾问的力量外，还可以组成专门的投资团队参与境外投资的整个过程，具有完全的主动决策权，体现出专业性强、投资更为积极主动的特点。

④QDII 基金产品的门槛较低，起点仅为 1 000 元人民币，适合更为广泛的投资者参与。

（3）我国 QDII 基金的投资风格

QDII 基金本质上是一个跨国投资组合。

①从投资风格来看，我国 QDII 基金有增值型、积极成长型、稳健成长型和指数型等各种投资风格。

►增值型基金投资着眼于资本快速增长，由此带来资本增值，风险高、收益也高。

►积极成长型基金的目标是获取最大资本利得，投资标的以具有高度发展潜力但目前股利不多或并无股利分派之新兴产业或新设立公司的普通股为主。

►稳健成长型基金投资于具有发展潜力的股票，但是较为保守。

►指数型基金完全复制某一指数的组合，我国部分 QDII 基金就是以纳斯达克 100 指数或者 H 股指数为参照组合。

②从投资类型来看，我国 QDII 基金多数为股票型，资产配置和交易方式多种多样。

►在行业配置上，按照全球行业分类标准（GICS），目前我国 QDII 基金较多投资于金融和能源行业，投资组合的权重股偏重于香港特区上市的红筹股。

►就投资地域组合而言，各基金以香港特区市场和美国市场为主，部分 QDII 基金国别配置较为分散，包含的国家（地区）数目超过 10 个，基本以欧美发达市场为主，同时搭配新兴国家市场。

除了指数型基金跟踪特定指数之外，我国 QDII 基金的业绩比较基准多数采用了国际上比较通行的基准，即摩根士丹利资本国际（MSCI）制定的各种指数，或者将几个指数加权平均作为业绩比较基准。

例题精选精练

投资于具有发展潜力的股票，但是较为保守的基金投资风格是（　　）。

A. 增值型　　B. 积极成长型　　C. 指数型　　D. 稳健成长型

【答案】D

【解析】A 项，增值型基金投资着眼于资本快速增长，由此带来资本增值，风险高、收益也高；B 项，积极成长型基金的投资标的以具有高度发展潜力但目前股利不多或并无股利分派之新兴产业或新设立公司的普通股为主；C 项，指数型基金完全复制某一指数的组合。

考点 4　合资基金管理公司和境外分支机构的业务概况★

1. 合资基金管理公司的业务概况

（1）合资基金管理公司的设立形式及标准

根据《国务院关于管理公开募集基金的基金管理公司有关问题的批复》（国函〔2013〕132 号）规定，中外合资基金管理公司的境外股东应当具备下列条件：

①为依其所在国家或者地区法律设立，合法存续并具有金融资产管理经验的金融机构，财务稳健，资信良好，最近 3 年没有受到监管机构或者司法机关的处罚。

②所在国家或者地区具有完善的证券法律和监管制度，其证券监管机构已与中国证监会或者中国证监会认可的其他机构签订证券监管合作谅解备忘录，并保持着有效的监管合作关系。

③实缴资本不少于 2 亿元人民币的等值可自由兑换货币。

④经国务院批准的中国证监会规定的其他条件。

香港特别行政区、澳门特别行政区和台湾地区的金融机构比照适用上述规定。

中外合资基金管理公司外资持股比例或者拥有权益的比例，累计（包括直接持有和间接持有）不得超过我国证券业对外开放所做的承诺。目前，外资持股比例上限为不超过 49%。根据香港与内地于 2013 年 8 月 29 日签署的《内地与香港关于建立更紧密经贸关系的安排》（CEPA）第十份补充协议，允许符合条件的港资金融机构按照内地有关规定在内地设立合资基金管理公司，港资持股比例可达 50% 以上。

例题精选精练

关于中外合资基金管理公司的境外股东应当具备的条件，下列表述错误的是（　　）。

A. 最近 2 年没有受到监管机构或者司法机关的处罚

B. 实缴资本不少于 2 亿元人民币的等值可自由兑换货币

C. 所在国家或者地区具有完善的证券法律和监管制度

D. 所在国家或者地区证券监管机构已与中国证监会或者中国证监会认可的其他机构签订证券监管合作谅解备忘录

【答案】A

【解析】A项，根据《国务院关于管理公开募集基金的基金管理公司有关问题的批复》的相关规定，中外合资基金管理公司的境外股东应为依其所在国家或者地区法律设立，合法存续并具有金融资产管理经验的金融机构，财务稳健，资信良好，最近3年没有受到监管机构或者司法机关的处罚。

（2）合资基金管理公司的发展

2002年6月，中国证监会颁布《外资参股基金管理公司设立规则》，正式允许外资参股基金管理公司。2002年10月16日，国泰君安证券公司与德国安联集团申请设立的国联安基金管理公司获准筹建。2002年12月26日，首家合资基金公司——招商基金管理公司成立。截至2014年8月，我国共批准设立合资基金管理公司48家，占到全部95家基金管理公司的一半。合资基金公司的外资股东带来了先进的投资、风控和人才培养理念，合资基金公司的发展是中国基金行业国际化进程的重要组成部分。

2. 境外分支机构的业务概况

（1）境外分支机构的设立形式及标准

中国证监会2008年4月发布的《关于证券投资基金管理公司在香港设立机构的规定》提出了我国基金管理公司在境外设立分支机构的形式与标准。

规定指出，基金管理公司的境外机构可以采取分公司、办事处、子公司及中国证监会允许的其他形式。

规定对基金管理公司申请设立香港特区（或其他境外地区）分支机构主要提出以下要求：具备设立分支机构的基本条件；全面评估经营状况；保持良好的财务状况；加强风险管理；申请报批；重大事项报告。其中，基金管理公司申请到香港特区设立机构，应当具备《证券投资基金管理公司管理办法》在2012年9月修订后的基本条件为：

①公司治理健全，内部监控完善，经营稳定，有较强的持续经营能力。

②公司最近1年内没有因违法违规行为受到行政处罚或者刑事处罚。

③公司没有因违法违规行为正在被监管机构调查，或者正处于整改期间。

④拟设立的子公司、分支机构有符合规定的名称、办公场所、业务人员、安全防范设施和与业务有关的其他设施。

⑤拟设立的子公司、分支机构有明确的职责和完善的管理制度。

⑥中国证监会规定的其他条件。

（2）境外分支机构业务情况

根据毕马威（KPMG）和上海证券基金评价研究中心的统计数据，截至2015年年底共有23家内地基金公司、29家内地证券公司在香港设立了子公司。目前这些子公司总体盈利情况良好，具有一定的市场竞争力，部分公司还通过股权收购的方式收购了香港当地的证券经营机构。从业务布局来看，成立时间较长的公司已具备一定规模，也形成了各自的特色。从产品思路来看，部分先行的基金公司已推出多样化业务及产品，如杠杆及反向ETF、UCITS基金等，并将业务范围从中国内地及香港延伸至欧美市场。

注：我国证券服务机构的境外子公司普遍集中在香港。

考点5　基金互认、沪港通、深港通和债券通的重要意义★★

1. 基金互认

基金互认是基金跨市场销售的一种制度性安排。在这种制度下，在一国（地区）监管体系下注册的基金，不需要在另一个国家或地区都进行注册，或履行一定简便程序后，就可以直接销售。具体内容如下（见表14－12）：

表14－12　基金互认的内容

时间	内容
2013年10月	区域范围较小的东盟国家达成基金互认协议。由新加坡金融管理局、马来西亚证券监督委员会和泰国证券交易所委员会签署谅解备忘录，就建立东盟集体投资计划达成协议，3国的零售和非零售投资者将可以自由跨境交易
2014年6月	澳大利亚、韩国、新西兰、新加坡、菲律宾和泰国发布咨询文件，拟推行亚洲地区基金护照（ARFP）计划。根据该咨询文件，一些基金互认要求已经较为明确： ①互认基金的管理人应有5年以上管理历史 ②最低资产管理规模大于5亿美元 ③互认基金在其本土市场应当是持续的开放式产品 ④货币基金及上市交易基金互认需要遵循两地规则 同时，咨询文件就集体投资计划的管理规则、投资者保护、对业界的影响等问题进行了咨询，以进一步完善互认计划
2015年5月22日	中国证监会与香港证监会正式开展了内地与香港基金互认工作签署备忘录，同时发布《香港互认基金管理暂行规定》，自2015年7月1日起施行，标志着内地与香港基金互认工作正式启动
2015年12月18日	中国证监会注册了首批香港互认基金，共3只，分别是恒生中国H股指数基金、行健宏扬中国基金、摩根亚洲总收益债券基金；香港证监会注册了首批内地互认基金，共4只，分别是华夏回报混合证券投资基金、工银瑞信核心价值混合型证券投资基金、广发行业领先混合型证券投资基金和汇丰晋信大盘股票型证券投资基金

2. 沪港通与深港通

（1）沪港通与深港通的概念

为了推动新一轮高水平对外开放，进一步促进内地和香港资本市场双向开放和健康发展，2014年4月10日，中国证监会正式批复上海证券交易所和香港联合交易所开展沪港股票市场交易互联互通机制试点，简称沪港通。2014年11月17日，沪港通下的股票正式开始交易。沪港通分为沪股通和港股通两个部分。

2016年8月16日，中国证监会和香港证监会共同签署了深港通联合公告，批复了深港通试点，2016年12月5日，深港通下的股票正式开始交易，港股市场与内地市场互联互通再度升级。深港通主要制度安排参照沪港通，也分为深股通和港股通两部分。

（2）沪港通和深港通的重要意义

沪港通及深港通的开通，在内地与香港之间搭建起资本流通的桥梁，极大地活跃了人民币资本市场。其重要意义表现为以下四个方面（见表 14－13）：

表 14－13　沪港通和深港通的重要意义

意义	内容
刺激人民币资产需求，加大人民币交投量	沪港通和深港通的双向交易均以人民币作为结算单位，这在一定程度上促进了人民币的交投量与流转量增加，为人民币国际化打下了坚实的基础
推动人民币跨境资本流动	沪港通和深港通允许境外投资者通过香港经纪商购买在上海和深圳证券交易所上市的股票，这种方式增加了境外人民币资本的投资品种，扩展了投资渠道
构建良好的人民币回流机制	人民币国际化要求人民币具备良好的流动性： ①港股通为内地人民币资金提供了收益更高的投资出路 ②沪股通、深股通又为人民币创造了回流渠道 通过境内与境外资本流动性的加强，为人民币注入了新鲜活力。这种闭合回路式的资本流动设计，保障了人民币资本账户渐进有序的开放
完善国内资本市场	沪港通与深港通的构建，将倒逼内地资本市场制度进行改革，形成更加完善的监管、交易制度

例题精选精练

关于沪港通，下列表述错误的是(　　)。

A. 沪港通分为沪股通和港股通两部分

B. 沪港通股票市场交易互联互通机制试点是于2014年经中国证监会批准的

C. 沪港通的双向交易分别以人民币和港币作为结算单位

D. 沪港通允许境外投资者通过香港经纪商购买在上海证券交易所上市的股票

【答案】C

【解析】C 项，沪港通和深港通的双向交易均以人民币作为结算单位，这在一定程度上促进了人民币的交投量与流转量增加，为人民币国际化打下了坚实的基础。

3. 债券通

2017 年 5 月 16 日，中国人民银行和香港金融管理局联合公告，宣布开展香港与内地债券市场互联互通合作，简称债券通。

和之前南北同时开通的沪港通、深港通有所不同，债券通将会遵循“先北后南”的逐步开放格局，即首先开放香港与其他国家和地区的境外投资者购买内地债券的“北向通”，再由两地监管当局适时扩展允许内地投资者投资香港债券市场的“南向通”。2017 年 7 月 3 日，“北向通”正式启动。

继沪港通、深港通后，债券通的开通标志着人民币国际化的重要进展，也是中国扩大金融市场特别是银行间债券市场开放的有力举措。

本章强化训练

下列选项中只有一项最符合题目要求。不选、错选均不得分。

1. 国际证监会组织认为，各国立法应明确规定证券投资基金管理人的资格标准，需要考虑的因素不包括(　　)。

A. 基金管理人的诚信程度　　　　B. 是否取得基金执业资格

C. 资本是否充足　　D. 是否具有特定的权力和职责

2. 基金跨境活动的监管合作与协调制度的内容包括(　　)。

Ⅰ. 提供自发性协助　　Ⅱ. 相互提供信息

Ⅲ. 保护客户资产　　Ⅳ. 对证券投资基金管理人进行实地检查

A. Ⅱ、Ⅲ、Ⅳ　　B. Ⅰ、Ⅱ、Ⅲ　　C. Ⅲ、Ⅳ　　D. Ⅰ、Ⅱ、Ⅳ

3. 下列 QDII 基金的行为中，符合证监会规定的是(　　)。

A. 购买不动产和房地产抵押按揭

B. 购买贵重金属或代表贵重金属的凭证

C. 购买实物商品

D. 借入临时用途现金比例为基金资产净值的 5%

4. 下列监管措施中，不能确保投资者合法权益的是(　　)。

A. 向投资者充分披露有关信息

B. 公平、准确地进行资产评估和定价

C. 确保客户所有证券的交割依附于投资公司证券的交割

D. 确保投资者能根据基金章程所确定的条件赎回基金单位

5.《集合投资计划治理白皮书》是由(　　)于 2005 年发表的。

A. WTO　　B. 国际证监会

C. 欧盟　　D. 经济合作与发展组织

6. UCITS 三号指令与 UCITS 一号指令相比最大的突破在于(　　)。

A. 提出了基金投资于同一主体发行的证券，不得超过基金资产净值的 5%

B. 提出了规范管理公司和简要招募说明书的指令

C. 扩大了 UCITS 基金可以投资的金融工具的范围

D. 为 UCITS 管理公司提供了“欧盟护照”

7. 外资商业银行境内分行在境内持续经营(　　)年以上的，可申请成为托管人。

A. 1　　B. 2　　C. 3　　D. 4

8. 下列选项中，QFII 基金托管人应具备的条件有(　　)。

Ⅰ. 设有专门的资产托管部

Ⅱ. 实收资本不少于 50 亿元人民币

Ⅲ. 有足够的熟悉托管业务的专职人员

Ⅳ. 最近 3 年没有重大违反外汇管理规定的记录

A. Ⅰ、Ⅱ、Ⅲ　　B. Ⅱ、Ⅲ、Ⅳ　　C. Ⅰ、Ⅲ、Ⅳ　　D. Ⅰ、Ⅱ、Ⅲ、Ⅳ

9. 卢森堡为投资者提供有利于投资的基础条件，这些有利条件不包括(　　)。

A. 保护投资者的优良传统　　B. 稳定的政治环境和强劲的经济实力

C. 专业水平高且反应快速的监管机构　　D. 完善的基金注册法规和制度

10. 我国 QDII 基金产品的特点不包括(　　)。

A. QDII 基金的投资范围较为广泛　　B. QDII 基金的投资组合较为丰富

C. QDII 基金适合更为广泛的投资者参与　　D. QDII 基金产品的门槛较高

11. 关于投资品种的规定，下列说法错误的是(　　)。

A. 基金可投资于成员国或非成员国证券交易所正式上市的可转让证券

B. 基金可投资于近期发行的、已取得许可将于一年内在证券交易所或有管制的市场上市的可转让证券

C. 基金投资于可转让的并可确定价值的债券的比例不得高于5%

D. 基金投资于规定以外的可转让证券，不得高于基金资产的10%

12. 欧盟《另类投资基金管理人指令》的主要内容不包括(　　)。

A. 注册监管　　B. 监管机构设置

C. 基金杠杆水平和流动性要求　　D. 完善外汇额度管理制度

13. 我国QFII机制的特点不包括(　　)。

A. QFII制度引入时的跳跃式发展

B. QFII准入的主体范围扩大、要求提高

C. 我国对QFII制度的设计内容进行局部调整，特别是针对国外发展比较蓬勃的各类养老基金、慈善基金、保险基金等做了政策上的倾斜

D. QFII基金的投资组合较为丰富

14. 下列选项中，不属于QDII机制的意义的是(　　)。

A. QDII机制可以为境内金融资产提供风险分散渠道，并有效分流储蓄，化解金融风险

B. 实行QDII机制有利于保持交易的稳定性和结算的及时性

C. 建立QDII机制有利于支持香港特区的经济发展

D. 实行QDII机制有利于引导国内居民通过正常渠道参与境外证券投资，减轻资本非法外逃的压力，将资本流出置于可监控的状态

15. 合格境外机构投资者在经批准的投资额度内，可以投资的人民币金融工具不包括(　　)。

A. 证券投资基金

B. 股指期货

C. 在证券交易所交易或转让的股票、债券和权证

D. 在银行间债券市场交易的非固定收益产品

参考答案及解析

1. B【解析】国际证监会组织认为，各国立法应明确规定证券投资基金管理人的资格标准，并应考虑如下因素：基金管理人的诚信程度，资本是否充足，是否具有特定的权力和职责，是否具备完善的内部管理程序和健全的内控机制。

2. D【解析】基金跨境活动的监管合作与协调制度的内容包括：①相互提供信息；②提供自发性协助；③对证券投资基金管理人进行实地检查。

3. D【解析】除中国证监会另有规定外，QDII基金不得有下列行为：①购买不动产。②购买房地产抵押按揭。③购买贵重金属或代表贵重金属的凭证。④购买实物商品。⑤除应付赎回、交易清算等临时用途以外，借入现金。该临时用途借入现金的比例不得超过基金、集合计划资产净值的10%。⑥利用融资购买证券，但投资金融衍生品除外。⑦参与未持有基础资产的卖空交易。⑧从事证券承销业务。⑨中国证监会禁止的其他行为。

4. C【解析】C项，监管机构应在其管辖区域内对交割过程进行有效监管，确保客户所有

证券的交割独立于投资公司证券的交割。

5. D【解析】经济合作与发展组织在2005年发表了《集合投资计划治理白皮书》(简称《白皮书》),提出了该组织对新时期投资基金治理及监管的原则性建议。

6. D【解析】D项,UCITS三号指令与UCITS一号指令相比最大的突破在于为UCITS管理公司提供了“欧盟护照”,即在欧盟任何一个成员国都可设立UCITS管理公司,欧盟各成员国不得为非本国的UCITS管理公司设置额外障碍。

7. C【解析】外资商业银行境内分行在境内持续经营3年以上的,可申请成为托管人,其实收资本数额条件按其境外总行的计算。

8. C【解析】QFII基金托管人应当具备下列条件:①设有专门的资产托管部;②实收资本不少于80亿元人民币;③有足够的熟悉托管业务的专职人员;④具备安全保管合格投资者资产的条件;⑤具备安全、高效的清算、交割能力;⑥具备外汇指定银行资格和经营人民币业务资格;⑦最近3年没有重大违反外汇管理规定的记录。

9. D【解析】D项,爱尔兰拥有完善的基金注册法规和制度,监管体系比较健全。

10. D【解析】D项,QDII基金产品的门槛较低,大部分金融投资产品认购门槛为几万元甚至几十万元人民币,而QDII基金产品起点仅为1 000元人民币,适合更为广泛的投资者参与。

11. C【解析】C项,基金投资于规定以外的可转让证券,不得高于基金资产的10%;投资于可转让的并可确定价值的债券的比例不得高于10%。

12. D【解析】欧盟《另类投资基金管理人指令》(AIFMD)的主要内容包括以下方面:①注册监管;②监管机构设置;③基金杠杆水平和流动性要求;④管理人薪酬;⑤资金托管;⑥私募股权投资基金的“资产剥离”规定;⑦初始资本金要求。

13. D【解析】从我国QFII机制的内容设计上来看,具有以下特点:①QFII制度引入时的跳跃式发展;②QFII准入的主体范围扩大、要求提高;③我国对QFII制度的设计内容进行局部调整,特别是针对国外发展比较蓬勃的各类养老基金、慈善基金、保险基金等做了政策上的倾斜,通过降低资格标准、加强资金流动性等方式吸引这类长期机构投资者。

14. B【解析】QDII机制的意义具体来说有以下四方面:①QDII机制可以为境内金融资产提供风险分散渠道,并有效分流储蓄,化解金融风险;②实行QDII机制有利于引导国内居民通过正常渠道参与境外证券投资,减轻资本非法外逃的压力,将资本流出置于可监控的状态;③建立QDII机制有利于支持香港特区的经济发展;④在法律方面,通过实施QDII制度,必然增加国内对国际金融法律、法规、惯例等规则的关注,从长远来说能够促进我国金融法律法规与世界金融制度的接轨。

15. D【解析】合格境外机构投资者在经批准的投资额度内,可以投资于下列人民币金融工具:①在证券交易所交易或转让的股票、债券和权证;②在银行间债券市场交易的固定收益产品;③证券投资基金;④股指期货;⑤中国证监会允许的其他金融工具。